国家社科基金
GUOJIA SHEKE JIJIN HOUQI ZIZHU XIANGMU
后期资助项目

《大学》学引论

Theoretical Introduction to
The Great-Learning'ology

程旺 著

中国人民大学出版社
·北京·

国家社科基金后期资助项目
出版说明

　　后期资助项目是国家社科基金设立的一类重要项目，旨在鼓励广大社科研究者潜心治学，支持基础研究多出优秀成果。它是经过严格评审，从接近完成的科研成果中遴选立项的。为扩大后期资助项目的影响，更好地推动学术发展，促进成果转化，全国哲学社会科学工作办公室按照"统一设计、统一标识、统一版式、形成系列"的总体要求，组织出版国家社科基金后期资助项目成果。

全国哲学社会科学工作办公室

序一

传统儒学与经学有着密不可分的联系，或者可以说，儒学的核心就是经学（李学勤先生语）。儒家有一个源远流长的经典诠释传统，其主要的立言方式，就是通过经典的诠释来表达思想，创构义理系统。这种思想生产和立言方式，注重经典和文化的生命整体性和历史连续性，与西方哲学那种"载之空言"、偏重认知和逻辑的思想建构方式，有很大的区别。

20世纪初以来，中国传统思想学术的现代转型，经历了一个依照西方学术概念框架进行学科化建构的过程，包括儒学在内的中国传统思想学术，被纳入"哲学"这一学术框架下来作新的系统建构。这一学术转型，当然有其历史的必然性，但也带来了不少问题。其中重要的一点，就是研究范式、诠释原则的"拿来"性和外在化所导致的儒学精神特质与生命整体性意义的缺失。近年来，关于经学、经学与哲学、经学与理学关系的讨论，成为儒学、儒家哲学研究的一个热点，便与学界对这一问题的反思有密切的关系。回归儒家的经典诠释传统，基于经学和经典系统内在的生命整体性来重新理解儒学，成为儒学、儒家哲学研究一条新的思想和学术进路。程旺博士《〈大学〉学引论》一书，就是一部在这方面具有独到见解的学术著作。

本书并不是一般性地讲经学和经学史，而是从宋明儒《大学》诠释与理学建构互动关系的角度，在"《大学》学"的历史和逻辑展开历程中，来具体地揭示宋明理学哲学精神之丰富深刻的思想内涵。

儒家据经典的诠释以立言，各个时代面临不同的问题，其思想的取向与关注的经典亦因此有别。宋儒的"心性义理之学"，其经典的依据，乃由汉唐儒的五经系统转向以四书为中心而辅以五经的经典系统。在这里，四书的经典系统与心性义理系统的建构，乃相为表里、不可或分的两个方面。由前一方面言之，可谓之经学；由后一方面言之，则可称之为哲学。哲学是一种以不同层级的个性化表出其普遍性理念的学问，这种经典诠释与义理建构的内在一体性，规定了理学作为一种哲学的独特精神内涵。

就思想结构而言，《大学》三纲八目的系统，由心性内圣工夫外显于治平外王事业，可以说是儒家内圣外王之道及其价值理念的一个纲领性表述。因此，宋儒在学问规模和思想系统的建构方面，又特别重视并取资于《大学》。程子以为《大学》乃孔子之遗言，圣学入德之门，故为学者所当先务。朱子亦谓《大学》为圣学"提挈纲领"，其学问规模，"首尾该备""纲领可寻""节目分明""工夫有序"，堪为儒家"垂世立教之大典"（《四书或问》卷一）。朱子集宋代理学之大成，以《大学》居四书之首，颇有为理学确立学问规模与为学次第之意。四书的体系，凸显了孔、曾、思、孟的道统传承。朱子又着力构建有宋以来的学术新统，将道学的谱系，追踪至周子、二程，所编《近思录》，撷取周、张、二程四子之言，被视为程朱道学的入门之书。《近思录》十四卷的结构，与《大学》之结构规模若合符节而转加邃密，从中可看到宋儒对理学思想内容和体系结构的理解。① 可以说，《大学》诠释对于宋明理学的体系建构，实具有"发论依据之中心"（钱穆先生语）的意义。

《〈大学〉学引论》一书，着力于通过《大学》诠释与理学建构的互动关系来揭示《大学》学和宋明理学的思想内涵，这与作者对其所提出的"《大学》学"这一概念的理解有密切的关系。② 作者在学界一般所言"《礼记》学"和"四书学"之外，提出一个独立的"《大学》学"的概念。其所理解的《大学》学，包括广义的和狭义的两个维度。广义的《大学》学包括对《大学》之思想诠释及其年代、著者、考据训诂、版本流变等问题的研究。狭义的《大学》学则主要是指对有关《大学》思想诠释及其历史演进的研究。实质上，在宋明儒把《大学》凸显为其学说之义理架构与思想生产的独立经典依据或"发论依据之中心"以前，有关《大学》的学术讨论还仅属于一般《礼记》学的内容，而独立的《大学》学尚付阙如。由此可以说，独立的《大学》学与宋明理学之间，存在着一种发生意义上

---

① 《朱子语类》卷一〇五："《近思录》逐篇纲目：（一）道体；（二）为学大要；（三）格物穷理；（四）存养；（五）改过迁善，克己复礼；（六）齐家之道；（七）出处、进退、辞受之义；（八）治国、平天下之道；（九）制度；（十）君子处事之方；（十一）教学之道；（十二）改过及人心疵病；（十三）异端之学；（十四）圣贤气象。"

② 程旺：《"儒学代数学"——从〈大学〉到〈大学〉学刍议》，《儒家典籍与思想研究》第十一辑，北京大学出版社，2019。

的同步性。《〈大学〉学引论》一书基于狭义的《大学》学来规定"《大学》学"这一学术概念的内涵，考察《大学》的诠释史，深入探讨《大学》诠释与宋明理学建构之间的生成关系，这一研究进路，立意独特亦颇切合历史的实际。它对于我们切实地理解《大学》、《大学》学以及宋明理学的哲学精神，有着重要的学术和理论意义。

本书含内、外、附三篇。内篇循《大学》格、致、诚、正的序列，展开对宋明儒基于《大学》诠释的心性工夫论阐述；外篇主要借船山有关《大学》修、齐、治、平的思想诠释，展现《大学》学和宋明儒内外一体的政教精神；附篇则搜集疏释宋明以下诸儒有关《大学》图说之源流，借以构画《大学》学的诠释谱系，形成一个严整有序的结构体系。本书对具体的经学诠释的处理，亦颇有特点。在这方面，作者并未采取一般流行的那种寻章摘句式的诠释模式，亦不单纯因循历史演进而罗列人物，而是采取类似于专题化的研究视角，对《大学》影响下的理论范式、政教结构、脉络谱系等思想和学术层面，分别予以专题化的探索。作者特别强调《大学》诠释对宋明理学哲学精神和体系建构所产生的重大影响，认为《大学》不仅为宋明理学提供了"发论依据"，还塑造着理论范式的"演进大势"。着重从朱子"格物教"到阳明"良知教"到蕺山"诚意教"再到船山"正心教"这样一个历史与逻辑统一的演进历程，来具体地揭示《大学》学与宋明理学的学术和思想内涵。这一研究视角和由此提出的一系列新的学术观点，是值得关注的。此外，作者对"《大学》图"的发掘也颇为新颖，表现出别具一格的特色，为作者后续拓展出"四书图"研究奠定了良好基础。其对《大学集说》的整理等工作，也有一定的文献价值。

程旺君 2012 年考入北京师范大学跟我攻读中国哲学专业的博士学位，这部《〈大学〉学引论》，就是在他的博士学位论文基础上修订、增补而成的。在博士学位就读期间，程旺君就表现出了较好的学术史视野，具有较强的学术敏感性。由于《大学》诠释在宋明理学体系建构中的重要地位，《大学》学作为专经学史的研究，对于理解宋明理学的精神，具有特殊的意义。程旺君 2013 年选择做"《大学》学"这个课题时，学界经学热、四书学热已经起步，但四书学还没有全面铺开到专经化研究的深度。应当说，这个选题是当时学界较早的聚焦《大学》的四书学专门研究。后来相关研究已越来越多，这一选题的学术价值和思想的预见性，也逐步展现出来。当然，这个选题仍然具有很大的可拓展性，仍然是深入探索儒家哲学的一个很重要的思想透视点。现在，本书即将作为国家社科基金后期资助项目的成果出版，程旺君希望我能为此书写一篇序，于是重新浏览书稿，谈了以上这些不成熟的想法，以为本书序言。希望程旺君继续努力，更上层楼，在学术研究方面取得更大的成绩！

李景林

甲辰仲春序于成都川大花园南园寓所

序二

程旺兄大著《〈大学〉学引论》行将付梓，令予为之序。某遽闻其语而惶恐然，顾予何人也，焉有资格为序？然旺兄执意甚坚，屡辞不获命，不得已略述陋见如下，以塞其责。

本书立意高卓，别具只眼。《大学》经程朱发明改造以来，地位极速提升，俨为四书学这一新经学系统之首，对近世以来中国思想文化影响甚巨。凡欲于儒家义理有所立言者，莫不欲借《大学》之宝地以播其新论，拈《大学》之字眼以扬其宗旨。如朱子之格物、阳明之致知、蕺山之诚意、船山之正心。今人对上述四者之说，虽亦颇多阐发，然多置其于专人研究中，少有对《大学》加以综贯而论者。《大学》学原虽有如宋代《大学》之断代研究、阳明《大学》之专人研究、《大学》改本之专题研究、郑朱《大学》之比较研究等，然就《大学》学作为一系统之学而言，实有待推进。本书之作，即有见于《大学》研究之分，而欲综论其全，此乃本书立意不同凡响之高屋建瓴处。盖论者实有一整全之《大学》学观念孕育于胸，进而于广博的《大学》学中扣紧狭义之《大学》学，以突出《大学》思想诠释之内涵。内篇选取《大学》诠释最具代表性之学者对格、致、诚、正四个核心概念之诠释，以为《大学》思想支点及范式转进，以搭建《大学》学之体系。论者所搭建之《大学》学体系，其用心不唯为《大学》学研究铺砖，而更瞩目于经学与哲学、政治与教化之重要议题。论者之初心，即有鉴于有关经学史/哲学史研究之分隔，而试图呈现经学与哲学之一体，其取径实在于经学哲学。此既遥承宋明儒治《大学》之精神，又近接马一浮、金景芳治学由经学而入之学脉。

本书结构精巧，脉络分明。全书由引言、内篇、外篇、附篇、结语等部分构成，形成层次分明、首尾呼应的整体。引言先明其宗，依次论《大学》之思想旨趣、路径指向、内在驱动。《大学》之思想旨趣具体归纳为大人之学、教化之学、整体规划之学、"儒学代数学"。《大学》的三层含义为头脑义、形式义和代入义，即《大学》是阐明儒家思想的纲领之学，具有无限丰富的开放性。论者给出《大学》学的任务是通过"思想史的《大学》"与"《大学》的思想史"双向互动来呈现《大学》的思想诠释和文本诠释，但无论是《大学》自身思想还是通过《大学》来表达思想，皆不能脱离《大学》文本。由此提出《大学》学的内在驱动来自两个空间：走向《大学》文本的"文本空间"和由《大学》出发的"思想空间"，即文本诠释与思想创造，经学与哲学之间的张力。论者明确该书宗旨是从整体性来把握《大学》学的哲学精神，其所倚重的资源是《大学》学中最具哲学意义的宋明理学。换言之，是作为哲学的《大学》学，此部分内容在内篇中通过对格、致、诚、正四目的阐发呈现。继而在外篇中论及修、齐、治、平四目之外王学，二者相得益彰，构成对《大学》内圣外王之道的全面阐发。论者由此更进一步，探讨了极富特色的《大学》诠释图解模式，论述《大学》诠释所体现的谱系精神，所论视野开阔，综贯古今。总之，通过引言开宗名义，内篇、外篇核心呈现，附篇诠释谱系，全书构成眉目清晰、条理畅达、内外兼顾的有机整体。

本书哲史并举，论从史出。全书意在建构一套《大学》学的思想体系和理论框架，其所重者在《大学》学哲学层面，而似未措意于《大学》之史，于浩如烟海的《大学》学术史、蔚为热点的《大学》研究史皆甚少着墨。然此并非论者忽视《大学》之史，恰恰相反，全书对史颇为重视，且在隐显二层皆有表现。就隐微层言，论者以龚定庵"欲知大道，必先为史"为原则，以史思为路径，因史论以见《大学》之道，在"寓作于述"中实现"以史拓论"，以"了解之同情"的精神进入《大学》的历史世界。就显性层论，其附录部分收入了《大学》古本与改本举隅、《大学集说》校点、《大学沿革论》《大学沿革论校正》等有关《大学》史的材料，对于理解《大学》的哲学精神和学术脉络皆具有很高的参考价值。此几份材料涉及《大学》重要论题，体现了论者的匠心独运。《大学》古本与改本之文本变化、取舍，实体现了诠释者对《大学》义理理解之不同，故文本之争实是义理之别。《大学集说》收入自汉至宋数十家说，对于了解宋代《大学》学具有极高的史料价值，可谓一部简明的宋代《大学》诠释史。至于选入朱子后学王柏之两篇《大学》文字，一则阐发了宋末之前《大学》演变史，二则记载了《大学》改本史上具有重要意义的车若水之观点。

本书学论结合，述作兼具。本书予读者印象最深者是其精巧的体系组织、远大的学术抱负、突出的创新精神、果敢的儒学担当。从书名即可知，该书追求学与论的结合。一方面重视《大学》学的阐发，如内外篇着眼于理学大家朱子、阳明、蕺山、船山之观点剖析，思想对话，附录从《大学》图解诠释史依次论述朱子、黎立武、程复心、伍庸伯等说，体现了很深的述学之功。另一方面则对《大学》学加以体系性建构，是谓《大学》学论。此对《大学》具体研究成果甚多，而对《大学》作为独立之学加以论述甚少之情况，实为有益补充。就四书单经之学而言，《论语》学、《孟子》学因二者本即为独立之书，且在宋代之前已立为经书而影响早著，故实不存在独立之过程。尽管《孟子》因纳入四书系统而提升了地位，但与《大学》仍有不同。《中庸》与《大学》虽俱隶属于《礼记》，然因《中庸》义理深远，多涉性命之学，且与易学关系紧密，其地位实在《大学》之上。如唐李翱《复性书》，北宋道学开山周敦颐、张载之学皆颇重《中庸》，佛教高僧亦重《中庸》，如智圆自号"中庸子"。然而就四书学而言，《大学》却是其绝对核心，朱子对《大学》的重视远非他书可比，自言一生只看破两种文字，《大学》即为其一。然而，朱子之《大学》始终被置于四书话语下论之，故《大学》虽然脱离《礼记》而又被纳入四书，还是未能获得真正的独立地位。而本书则旗帜鲜明地提出《大学》当自成其学而无所依附之问题，并从宏观上勾勒了《大学》学的基本内核和理论框架。本书颇多良工心苦、别有会心之论，盖旺兄所从事者，乃有本有原之学。继本书之后，旺兄当推出其后续佳作，是所望焉。

许家星

2024 年 3 月 17 日谨记于京师

目 录

引　言

　　经典是文化生活的本源。一个时代的文化自觉往往以经典的认同和回归为征兆。现时代的读经热、国学热，反映出社会民众追寻文化主体性和心灵归属感的需求，是文化自觉的鲜明体现。在此背景下，当前学界对于经学研究的热切和关注，相应地蕴含着回应时代要求和民众需求的深层诉求，可称之为学术自觉的表现。国学的主流在儒学，儒学的核心在经学，经学的精华在四书，四书的纲领在《大学》。本书选取《大学》及其诠释史为主要考察对象，希望以此为基础性脉络，立足文化自觉和学术自觉的时代背景，对四书学、经学、儒学，乃至国学研究的学术性、思想性及其对深层诉求的回应作出一些推进。

　　在儒家经典系统中，《大学》称得上是经典中的经典，在儒学传统上发挥着结构性奠基的重要影响，历久而弥新。究其原因，根本在于它提纲挈领地回答了作为儒家核心义理的两个人生切要问题——人应该成为什么样的人？人如何成为这种人？简单地说，前一个问题，《大学》通过明确具体的人生"规模"整体设计作了回答；后一个问题，《大学》则提供了人生修为的具体工夫节目及其次第。《大学》作为一个哲学性的体系，对人生切要问题作出具体性的审思和回答，为儒家文化滋养下的人们，提供着普遍性的人生指点。历代（主要是宋代之后）的《大学》研究经久不衰，也无不是出于对《大学》哲理体系的认同，并以个性化的诠释实现延续。从《大学》走向《大学》学，以历代《大学》诠解的经典文献为基础，以具体的问题意识切入，阐发其个性化的思想意蕴，呈现出普遍性的价值启示，这是本书的基本研究理路。

一、《大学》思想之旨趣

　　首先应明确《大学》这一文本的思想旨趣何在，或者说，《大学》作为一个哲学体系，其自身的义理进路是在何种意义层次上展开的。这关系到《大学》问题意识的具体衡定，也是对《大学》之"道"进行考察的必要前提。我们可以从四个维度对《大学》思想旨趣加以定位：其一，《大学》乃大人之学；其二，《大学》乃教化之学；其三，《大学》乃整体规划之学；其四，《大学》乃"儒学代数学"。①

其一，《大学》乃大人之学。朱熹明确将《大学》定位为"大人之学"。朱子所谓的"大人之学"，《或问》解释为对小子之学言，这是从年龄层级上言"大人"。从年龄角度理解"大人"，可以避免其等级属性之别。所以朱子在《大学章句》序中指出"天子之元子、众子，以至公、卿、大夫、元士之适子，与凡民之俊秀"在年满十五岁之后，皆入大学学习。我们知道，中国传统的"大人"观念，既可以"位"言，也可以"德"言。以位言，大人指公卿大夫以至天子等居位之人；以德言，大人指大德之人，居仁由义，以天下为度，正己而物正者也。《大学》之旨趣，可将两方均涵盖进来。以位言，大人必经学，方能知职分之所当为，与其治世之目标；以德言，大人经此学，则有以垂教万民、志在天下之规模。使有位之大人，知其所当为之分；使有德之大人，明其所当期之的。一方面，学的观念得到肯定和倡扬，将大人之"大"纳之于学方得，不过，如孔颖达所释，能够正心、修身、齐家、治国以至盛德著明于天下，方能称为"学之大者"。另一方面，为人的应然状态指明方向，王船山训释《大学章句》道："谓夫大学者，所以教人修己治人而成大人之德业者也"②，就说明了这个道理。更重要的是，"大人之学"为达致价值理想和德业境界提供了工夫论的进路。也就是说，"大人之学"之"大"不仅具名词义，而且具动词义。《大学》乃"大"人之学。"大"为光大、成就、教育养长的意思。何以为"大"？为有工夫节目、为学次第尔。《大学》工夫节目详备、为学次第分明，从条目上讲，有物、知、意、心、身、家、国、天下，内外涵括，包罗全面；从次第上讲，包括格、致、诚、正、修、齐、治、平，一一承进，功效明著；而且，《大学》工夫，首尾为一，有本有末、有先有后、有始有终，次序有节，相承谨严。宋儒王柏形容为："博

---

① 这里提出的四点定位主要侧重从内在的哲理逻辑层面揭示其思想旨趣，并不意味着《大学》意涵仅限于此四面，如扩展至应用性的层面，《大学》也可被定位为"帝王之学"，真德秀《大学衍义》、丘濬《大学衍义补》、湛若水《圣学格物通》等著作，为帝王为治为学提供资鉴，以裨治道，即可很好地展现《大学》作为"帝王之学"的面向。

② 王夫之：《四书训义》（一），岳麓书社，2011，第43页。

而不露，约而不晦""血脉不断，而节拍从容"①。《大学》工夫义呈现出以下特点：入手性、全面性、次序性、延展性。由此工夫教法以建立大本、挺立身心、安定立身处世之极则，大中至正之道可得而入。在此教法的规模下，人之"大"的豁显、扩充与提升，生命情态可达到相应的境界，用王阳明的说法："大人者，以天地万物为一体者也"。真正的"大人"境界，下切社会人伦，上合天道之序，最终与宇宙生命相会通："大人者，与天地合其德，与日月合其明，与四时合其序，与鬼神合其吉凶。先天而天弗违，后天而奉天时"（《易传·文言》）。所以说，《大学》"指学道之正路"（胡宏语），是"学者入圣域衢路"（张九成语），"入德之门，无如《大学》"（伊川语）、"须从此学则不差"（明道语），诚非虚言。

由"大"人之学可成就大成之境，故大人之学也被称作大成之学。"大成"是指完备的、圆满的状态。大成之学，与小成之学相对。小成之学即小学。古无《小学》之作，朱熹及其弟子刘清之集古人嘉言善行编订了《小学》一书，认为小学是学习爱亲、敬长、隆师、亲友之道，洒扫、应对、进退之节，以及礼、乐、射、御、书、数之文等生活日用方面的伦理知识和实践技艺。与小学的初级教育相接，《大学》属于高等教育，是以人格修养和治国理政为主要内容的理论性价值导向和人生指引。这个角度，"大成之学"是从学习等级的高低来定位的。而《礼记·学记》讲"知类通达，强立而不反，谓之大成"，强调在学问的深度和志向的坚定程度上定位"大成"。其实，这两方面是相通不悖的。经过小学阶段的历练，而能自觉地触类旁通，推至修己安人、成己成物的治平之道，才能真正"知类通达"；而真正的"强立而不反"，必然会坚定从小学到大学的层层升进。两方面结合，就不仅是时间上从小学阶段栽培涵养到大学阶段的教育历程，而且是集历时与共时为一体，坚定并通达于从明明德到治国平天下的内外效验。"明明德于天下"乃"直指全提""非圣人不能道也"②，亦非大成之境不能为，故陆象山言"欲明明德于天下，是入《大学》标的"③。这当然不意味着对小学之教的轻视，相反，"小成之学"乃"大成

---

① 程旺校正：《〈大学沿革论〉〈大学沿革后论〉校正》，李景林、李祥俊主编：《京师中国哲学》第六辑，黑龙江人民出版社，2016，第304页。

② 程旺校正：《〈大学沿革论〉〈大学沿革后论〉校正》，李景林、李祥俊主编：《京师中国哲学》第六辑，第304页。

③ 陆九渊：《陆九渊集》，中华书局，1980，第262页。

之学"的必要基础，故必"因小学之成功，以着大学之明法"①。《学记》对"大成"的定位也并未脱离学制，七年方"小成"，九年乃"大成"，并且其所发明的小成之教正是服习《大学》所应切以为意的："《大学》以发明其所学之道，推之大，析之密，自宋以来为学者所服习，而此篇所论亲师敬业为入学之事，故或以为末而未及其本，然玩其旨趣，一皆格物致知之实功，为大学始教之切务，则抑未可以为末而忽之也。此之不讲，乃有凌躐卤莽以谈性命而诡于佛、老者，为正学之大蠹，固君子所深惧也已。"② 不过，从"学制"的角度理解《大学》，应避免走入相应的误区。一是以"大学"学制的流行年代来推定《大学》的成书年代。如徐复观先生考察认为，大学观念是适应秦的大一统所出现的观念，流行于西汉初年，由此认为《大学》为秦统一天下之后，西汉政权成立之前的作品。③ 且不说殷卜辞中即已有"大学"的说法④，孔子开创儒家门庭，以六艺教人，教学过程中常论及己立立人、己达达人、博施济众、修己以安人、修己以安百姓、修己以安天下等价值理念，所以儒家原不必于后世大学之制后方建立"大学之道"的理论。⑤ 二是读"大"为"太"，径以大学作太学，以之为成均、上庠、辟雍，意指古代的教育机构，但如此理解实过于偏狭，明儒张岱于此言道："近人以大学属之成均、辟雍，谓天子之学，不与庶方、小侯同者，此是大学止一学宫名耳。然则改其文曰：'成均、辟雍之道，在明明德'，可乎？"⑥ 学习制度、教育制度固可成为理解《大学》的一个角度，但不能过分胶执。⑦

其二，《大学》乃教化之学。朱子关于《大学》的定位对此点作出了较为细致的说明。朱子六十岁时作《大学章句序》，代表了他思想定型后的成熟看法，在这篇序文中，朱子特别强调《大学》作为教化之学的意义：面对"教化陵夷、风俗颓败"的局面，朱子认为"一有聪明睿智能尽其性者出于其间，则天必命之以为亿兆之君师，使之治而教之"。分而言之，《大学》教化之对象为"自天子之元子、众子，以至公、卿、大夫、元士之适

---

① 朱熹：《四书章句集注》，中华书局，1983，第2页。
② 王夫之：《礼记章句》，岳麓书社，2011，第869页。
③ 徐复观：《中国人性论史》，华东师范大学出版社，2005，第161-166页。
④ 姚孝遂、肖丁：《小屯南地甲骨考释》，中华书局，1985，第211页。
⑤ 李景林：《教养的本原》，辽宁人民出版社，1998，第七章第一节。
⑥ 张岱：《四书遇》，浙江古籍出版社，1985，第1页。
⑦ 王夫之提示道：十五而入大学，乃学内圣外王之道，读如大学或太学，义理上是一致的，只是"以大学为学宫名，非论学之道，故取义于大人"（王夫之：《礼记章句》，第1469页）。

子，与凡民之俊秀，皆入大学"；教化之必要在于"天降生民，则既莫不与之以仁义礼智之性矣。然其气质之禀或不能齐"，是以需通过教化使之"知其性""复其性""全其性"；教化之内容为"穷理、正心、修己、治人之道"，这些内容是自身本性之所本有之物，并非外在强加而来的，所以学习者应明了"其学焉者，无不有以知其性分之所固有，职分之所当为"；其着力点在于"本之人君躬行心得之余，不待求之民生日用彝伦之外"；教化之方法则"外有以极其规模之大，而内有以尽其节目之详"。循此以进，君子可得闻大道之要，小人可得蒙至治之泽，最终达至"治隆于上，俗美于下"的教化效果。朱子在整个《大学》诠释发展史上，具有笼罩性的影响，他的看法值得注意，虽然这并不意味着完全赞同朱子的相关论证。通常我们将"教化"理解为政教风化和教育感化，这并不错，但不尽透彻。教化之道，是因人之性以自明，体现为诚于中形于外的特色，本质上即为己之学；同时，自教而教他，在社会的个体生命中，以人格感召的形式实现文化理念的扩展推行，实现社会民众整体的文化认同和价值奠基。

通过"明明德""新民/亲民""止于至善"三纲领之意涵分析，可以简要说明这个问题。"明德"非朱子阳明所谓虚灵不昧者，亦非牟宗三所谓只是果地上的德行（不具备心性本体的意义），此皆不免掺杂己义而立说。郑注："明明德谓显明其至德也"，孔疏："在明明德者，言大学之道在于章明己之光明之德，谓身有明德而更章显之"，不失文理，但未曲尽其义。《大学》引《书》之"明德"语，不同于其从直接的行为和功利效果而言之旧义，而直从内心修养言；引《诗经·太甲》"顾諟天之明命"，即天之所以命我，与"克明德""克明峻德"并称，统归于"皆自明也"，这与孔子"天生德于予"的思想一脉相承。《大学》提到一处"性"字："好人之所恶，恶人之所好，是拂人之性"，未明言"性"之含义，但以人之好恶所同证人性之义，孟子的论证理路与之合辙。故以先秦儒家心性论而观，《大学》虽未直言天道性命，但自明其明德的思想，确含着先天的人性根据义，其后《中庸》"天命之谓性，率性之谓道"可于此得其雏形。[①]"明德"之自明，根源于人的本性，因由本心良知的显现而挺立起内在价值信念，在此基础上挺立起人的整个存在，并实现德化天下的成就。当然，其中需要经过以德性相通为前提的己立立人、己达达人的新民阶段。明德为本，在以德应物的意义上亦包含着家国天下等价值性事实之

---

① 关于"明德"心性意涵之分析，可参李景林：《教养的本原》，第七章第四节。

应然之末。新民始于自新，是贯通明德之义的新民，正如朱子所言："自新之至，而新民之端也"，本具其内圣之本，而不仅仅是无德性奠基的霸道功业式治国平天下。关于新民与亲民，程朱主新民，阳明力驳程朱新民而主亲民，实则二说均有据，且新与亲之义可相通，因所言之主体不同故可有异也。以位之大人如君主则为亲民，以德之大人如君子则为新民。以有位言亲民，无位而亲民则无应；以有德言新民，无德而新民失其正；君主有德亦可新民，君子有位也可亲民。此朱子所谓国家化民成俗之意、君子修己治人之方。新民之教，蕴含着某种特殊意义的养民之义①，即通过教化活动为内核而得出"亲民"的效果，具有立足明德基础而实现德业成就的必然性；而亲民，不能不因现实事功成就为前提才得以可能，而且理想的亲民亦无法脱离以德为基础、以新为归趣。所以说新民可以涵摄亲民，亲民则不必然转出新民。阳明所谓亲"兼教、养意"，此处的"兼"亦是综合地兼，无法脱离相应前提来开展，"新"之与否也并不具备现实必然性，而"新"导出"亲"则是符合《大学》"明明德于天下"的内在逻辑必然性的。与此相应，《学记》"化民易俗，近者说服而远者怀之，此大学之道也"、《孟子》"人伦明于上，小民亲于下"之说，亦皆以新民（"化民易俗""明人伦"）为努力方向，而随附导出亲民之效（"近悦远来""小民亲于下"）。可见，新、亲二义相较，新民之义更为首出。新-亲本末一体式效验链亦当为通义，新-亲并存可尽《大学》"在新民"之极。由明德而新民，乃自新而觉他，自明而化民，民新而有亲，此过程的推至即"止于至善"，非别有一至善。止诸明德、止诸新民，以求至乎其极为归，立身成德以成圣。在历叙工夫往复的一段，《大学》以"古之欲明明德于天下者"开端，而不言"古之欲平天下者"，就透露出《大学》以"明德"为本的本体意义，其后节目的展开，说明此本体需经教化工夫以落实与开显。② 教化工夫的逐层达致及总体历程，一一呈现出止于至善的境界追

---

① "新"具"养"意，教之觉之即为养，一个相近的例证："孟子曰：中也养不中，才也养不才；故人乐有贤父兄也。如中也弃不中，才也弃不才；则贤不肖之相去，其间不能以寸"（《孟子·离娄下》）。

② 有观点认为，作为《大学》起手工夫的是"诚意"，而非格物致知。格致并不是单独的工夫，更不是朱子所主张的即物穷理。格物致知本不缺传，物乃诚意心身家国天下，物有本末之物；知乃诚正修齐治平，知所先后之知。格此致此则近道矣。格物致知乃启蒙，其后即教化推行，从诚意工夫入手，层层推进，拾级而上，直到实现治平。这样亦契合明德新民之旨。内圣外王应从诚意入手展开，但诚意之内圣之学的开启，又以格物致知的启蒙为先决条件。《大学》作为教化之学，不排斥启蒙，从启蒙到教化，直到止于至善，方为大学之道。

求。明明德、新民、止于至善，分别彰显出《大学》教化之学的本体义、工夫义与境界义，相互涵蕴，整体贯通。郑玄解《大学》题为"大学者，以其记博学，可以为政也"，对《大学》的政治功效多有肯认，但毕竟还是依"末""用"起义，未能兼明其"本""体"。《大学》所蕴为政治民的现实关怀，从其究竟义来讲，实灌注着以自明明德为根基、明明德于天下为过程的教化精神。教化的实质即立足内在本体而实现由内而外的主体转化，并在主体实存达至普遍化状态中展开的推致活动。① 《大学》之教的思想理路：从本末言，则举本统末，本末一体；从体用言，则即体即用，体用不二；统之归于教化，展之方成全体大用。李二曲说得好："《大学》，孔门授受之教典，全体大用之成规也……吾人无志于学则已，苟志于学，则当依其次第，循序而进……自然德成材达，有体有用，顶天立地，为世完人。"②

其三，《大学》乃整体规划之学。《大学》提纲挈领地表述了儒家内圣外王之道，一般认为合于"忠恕"精神，常以"一以贯之"的忠恕之道来解读。③ 此论不差，但还需申论。余英时指出，儒家非常重要的一个特点是主张"整体规划"（the Confucian project）：通过内圣外王的活动或实践历程，以建立一个合理的人间秩序。④ 儒家整体规划之学的系统表述在《大学》，但此处所言"整体规划"并非仅限内与外的勾连，"整体"是上下内外的统合，故还应包括上与下的贯通，这亦是"一以贯之"的应有之义。

首先，就上下的层面看，《大学》内含上下贯通之义。有学者分别从格物、知止观念的独特阐释中对此有所陈示。如饶宗颐"以本经证本经"，主张结合《礼记》来考抉《大学》古训之旨，认为《大学》所论乃"成身之事"，《礼记》讲成身之道应"不过乎物"，故《大学》先言格物，不是

---

① 正如李景林教授指出的："教化思想的根基是一个既超越又内在的本体。就个体而言，教化就是本体对实存的转化过程；教化的观念落实到社会生活上，则是通过经典传习、礼乐等方式，达到一种本于人性的移风易俗的社会教化。"参李景林：《教化观念与儒学的未来发展》，《人文杂志》2009 年第 1 期。

② 李颙：《二曲集》，中华书局，1996，第 401 页。

③ 如崔述：《洙泗考信余录》（《崔东壁遗书》，上海古籍出版社，1983，第 373 - 374 页），钱大昕：《大学论》（《嘉定钱大昕全集·潜研堂文集》，江苏古籍出版社，1997，第 22 - 23 页）等。

④ 余英时：《宋明理学与政治文化》，吉林出版集团，2008，附录三"试说儒家的整体规划"。

斤斤于一事一物，而必以"宇宙真理之原则性"为其内在精神，也正是《礼记·哀公问》所云"成身之要，必贵乎天道"的道理，格物由此就与行健变通、厚德载物、继明照于四方的《易》道精神接通，因此可以说《大学》格物之义，是贯乎天人而通于《易》的，仅从穷格外物的角度是无法解透其义的，其实质乃据天人合一之义来立论的。① 叶秀山提出，理解《大学》要认清"止"的意义，止不是停止，而是立定、站立，要让万事万物都能找到"自己"的"位置"，各安其"位"，则会天下太平，这是《大学》的一贯之义，所以《大学》除了知识论、伦理学、社会学的层面，还有一层形而上的意义在，就是要为人生寻求本体的依据。② 这些不同视角的研究均指示出，观《大学》之筹划，无非上下之间的双向互通。工夫所至，即其本体：修己安人、达至至善之极，优入圣域，此下学上达也；本天而有，天德本然：明德之德、新民亲民之教，无一非人，无一非天，此修人证天也。朱子言"天未始不为人，而人未始不为天"，得其义。

其次，就内外层面看，内圣外王之理念困结及其现代境遇还需要审思。失却了家国同构的社会基础和制度模式，面对现时代新外王之要求，内圣而外王的理论进路还具备可能性与合理性吗？对于现代社会中原子式的个人，外王的实现何以可能？对于认同自由、民主观念的现代人，外王的关怀何以必要？就第一个疑问而言，余英时指出：儒家内圣具有群体取向和公共取向的特点，是一个公共性、群体性的观念，是一个从小我一步步推广到大我的全体，必然包含着一个博施济众、修己安百姓的外王化过程。一方面，外王应紧扣内圣而言，并非所有的事功都称得上是外王，另一方面，外王在大大小小任何生活圈子里均可展开，并非专指全面更新治道，并非专指政治秩序，生活秩序亦然。从广义的"为政"看，能近取譬，外王无息之停。新民必本于明德，而明德所以为新民，内圣必须展开为外王，外王必以内圣为本，内圣与外王是知行相须、体用一源的关系。故内圣外王是一连续的活动过程，通过内圣外王以重建秩序，最后必然导致合理人间秩序的实现。③ 就第二个疑问而言，杜维明提出，信赖社群的观念作为沟通修身齐家与治国平天下的桥梁，从而实现个人修身与政治变革之间的连续性（continuum）：以修身和齐家为根，以治理社群（the

---

① 饶宗颐：《格物论》，《澄心论萃》，上海文艺出版社，1996。
② 叶秀山：《试读〈大学〉》，《中国哲学史》2000 年第 1 期。
③ 余英时：《朱熹的历史世界》，生活·读书·新知三联书店，2011，第 912－922 页。

ordering of the community)、治国、平天下为枝，根枝的区分却使人感觉
到从个人到家庭、社群、国家，以至天下的一个动态转化过程。儒家强调
修身的核心性，但是并没有削弱整体努力（corporate effort）的必要性。
自我要本真地体现人性，必须克服自我中心主义，也只有通过整体的努
力，家庭、社群、国家乃至天下才能实现仁或者全面的人性化。自我经过
改造以后，作为个体同时作为共同体超越了利己思想、裙带关系、地方的
狭隘性、种族中心主义和人类中心主义，最终实现与天地万物为一体。①
狄百瑞对杜维明"修身"的能动认识很赞赏，认为按照这种认识，修身的
转化力从自我和家庭向外向上一直延伸到普天下甚至宇宙本身，而且杜氏
把社群塞进家庭和国家之间，使《大学》修身之后的序列本身就包含着儒
家可能创造出来的任何一种类型的信赖社群，虽然《大学》中没有明确表
述应该存在的社群部分，不过对于现代思维来说，只有在家庭和国家之间
安插一个中间阶段，这个源头观念才显得完整。其实，早在朱熹、王阳
明、黄宗羲、顾炎武等，就非常关心社群范围内积极参与乡约的重要性或
强调学校和书院的公共角色。② 就第三个疑问而言，朱子有一则评论颇具
针对性，不无启发意义："君子之心，豁然大公，其视天下，无一物而非
吾心之所当爱，无一事而非吾职之所当为，虽或势在匹夫之贱，而所以尧
舜其君、尧舜其民者，亦未尝不在其分内也。又况大学之教，乃为天子之
元子、众子，公侯、卿大夫、士之适子，与国之俊选而设，是皆将有天下
国家之责而不可辞者，则其所以素教而预养之者，安得不以天下国家为己
事之当然，而预求有以正其本，清其源哉……学者而视天下之事，以为己
事之所当然而为之，则虽甲兵、钱谷、笾豆、有司之事，皆为己也……"③
君子之心豁然大公，万事万物皆为其所照，不在其性分之外，进德修业之
君子，自然怀具家国天下之心、教化万方之情，不论在位与否，即使身为
普通民众，亦以之为不可推辞的道德责任。在此责任意识下担当起的天下
家国之事，在自觉当为的意义上，乃君子为己之学的表现及对其的积极促
进，外王事业的挺立和展开正成为自我教化、自我成就的过程。是以，不
论在教化成德还是现代转化的意义上，《大学》之内圣外王仍是可行的，

---

① 杜维明：《论儒学的宗教性》，段德智译，武汉大学出版社，1999，第 134 - 135 页。
② 狄百瑞：《儒家的困境》，黄水婴译，北京大学出版社，2009，第 116 - 117 页。
③ 朱熹：《朱子全书》第 6 册，上海古籍出版社、安徽古籍出版社，2010，第 513 -
514 页。

也是必要的，并未在现代社会丧失和消解掉其合理价值。① 故《大学》之整体规划，实乃十字打开、内外上下贯通之学。大学之道非仅横摄系统，亦含着纵摄系统，贯通天人，纵横打开，即存有即活动，此乃儒学之通义——合外内、贯上下。一方面，整体规划之学发见了儒学伦理政教之纲领的《大学》的形上意蕴；另一方面，这一形上意蕴未疏离《大学》作为教化之学的宗旨，在内圣外王、明德新民的不断推扩的指向至善的教化工夫实践中，涵贯着此整体规划之学的全体大用。

其四，《大学》乃"儒学代数学"。《大学》三纲八目之架构严密规整，理论脉络之展开条畅顺适，概念范畴明晰且颇具涵盖性，体现出鲜明的"形式"性。如朱子对《大学》分经别传，以之为立规模之典，称之为"纲目""间架""腔子""地盘""坯模""食次册""行程历"等。牟宗三先生称《大学》"列出一个综括性的、外部的（形式的）主客观实践之纲领"②。但若由此径谓《大学》只是一个空壳子，"只说一个当然，而未说出其所以然，在内圣之学之义理方向上为不确定者，究往哪里走，其自身不能决定"③，并认为《大学》只是客观地说、形式地说而非存在地说，则有待商榷，否则似不免导向价值虚无主义，《大学》亦非儒学所能羁络矣。一方面，"教化之学"对其内圣之学之根基的贞定，并非在内圣上无方向；另一方面，"整体规划"之学于上下贯通之义的揭橥，亦非仅为"横摄系统"。所谓读《大学》以立其规模，亦是此意，"规模"即规矩、模范，规矩言其内容有法可依，模范言其形式有型可范。从形式上看，《大学》为一腔子、间架，节目清晰，此所谓形式义；从思想取向言之，《大学》归宗儒学，且以明德内蕴心性本体之义，此所谓头脑义。八目非仅条目形式，而是皆内具头脑，如平天下与治其国者，异端杂学亦可有言，但

---

① 关于《大学》"整体规划"之旨，论者易谈其"内外"的一层，而少见其"上下"的一层，两层是契合相关的，"内外"中亦有"上下"，"上下"不离其"内外"。就其常见的"内外"层，即内圣外王而言，其实也内蕴着"上下"这一层，是社会意识（内外）与超越意识（上下）的两面一体，如此才能将其理解透彻。恰如有学者所陈示的："'内圣外王'这个观念蕴涵着一种'人格主义'。这种人格主义一方面强调人的社会性，认为人的社会性与人之所以为人有其不可分的关系。因此，人必须参与社会，参与政治。这些'外向'的义务是人格的一部分……。另一方面，儒家的'内圣'思想含有超越意识，儒家相信人的本性来自天赋，因此，在这基础上，个性永远得保存其独立自主，而不为群性所淹没。这种'人格主义'，综和群性与个性，而超乎其上，消弭了西方现代文化中个人主义与集体主义的对立，可以针砭二者偏颇之弊病，为现代社会思想提供一个新的视角。"（张灏：《幽暗意识与民主传统》，新星出版社，2006，第44-45页）

② 牟宗三：《心体与性体》（下），吉林出版集团，2013，第20页。

③ 牟宗三：《心体与性体》（下），第18-19页。

《大学》定之孝悌慈之义与絜矩之道，则儒学之体立焉。各条目之头脑，又无不本于"明德"，本末一体，终始一贯，故可曰"明明德于天下"也。由此，并非任何异端杂学皆可援《大学》以为"正"说，也并非任何异端杂学都可援入以"乱"《大学》。《大学》之头脑义与形式义不可偏废。①

头脑义和形式义结合起来，笔者认为《大学》实可称为"儒学代数学"，即从本体和工夫两个层面奠定儒学之为儒学的基本规模，提供儒学基本的理论架构和思想范式（或曰"公式"）。由此，《大学》的"儒学代数学"特质也就具有了第三层意涵：《大学》在后世儒学（尤其宋明儒学）发展脉络中备受期重，与《周易》作为"宇宙代数学"（冯友兰语）而"皆可援易以为说"（《四库提要》）相类，或援之为说，或代入己义，成为儒家传道阐教之圣典。这第三层意涵，也正显示出从《大学》走向《大学》学的内在必然性。

不过，"儒学代数学"视域下的《大学》，对时刻展开着的《大学》学过程所"代入"之义需加措意："先儒（如朱、王）所论《大学》，恒自谓不过发明古人之遗义，实则是先儒之谦德使然，其在儒学史上树立一新义，亦未尝不与《大学》之思想有相衔接之处；然若视之为《大学》一文文义之直接注释，则不免于枘凿，而其思想相衔接处，亦皆不在《大学》之明文，而惟在其隐义；此隐义之提出，亦实一思想之发展，而非必即《大学》本文或《大学》著者之心中之所有，实不当徒视为其注释。"② 在这个过程中，应对"代入"的新义和隐义摆正态度。"本义""原意"，在经文写作出来之后，已不再是作者和经文本身所能完全控制的，所谓的"本义""原意"只能由其解读者来寻求。但我们并不否认有一个客观的原意或本义存在，或许无法完全达到，但依然能在不断的探求中去接近它，事实上，很多新义和隐义的植入，也是以探求经文本义的面目出现的。同时，经文的"本义"在后世的阐发中往往因创造性的解读，而获得深化，这种创造性，或许是某种"误读"，但不失其发展之意义，而单纯以追寻原意为目的的注疏，却可能不免成为经义的桎梏。所以，只有追寻原意与创造新义的辩证统一，才能共同造就以经学为根柢之中国哲学传统的长盛不衰。《大学》在融贯新诠层次上所具有的巨大张力，使其"儒学代数学"

---

① 杨儒宾从形式性和方向性也对此问题作出了说明，并以之为《大学》之基础义。参杨儒宾：《〈大学〉与"全体大用"之学》，《杭州师范大学学报（社会科学版）》2012年第5期。

② 唐君毅：《中国哲学原论·导论篇》，中国社会科学出版社，2005，第183页。

的功效发扬无余；而在"儒学代数学"意义上，《大学》亦由之成为儒学发展谱系中不可或缺的重要因子。

二、"儒学代数学"的路径指向

以上对《大学》的思想旨趣略作阐微。《大学》作为儒学义理之纲维、垂世立教之大典，初学入德之门，由此旨趣展现着其普遍性的意义：依托儒学代数学的历史视域，本之教化，整体规划，十字打开，广"大"其人，以就大成之学。此四义不仅是从各自角度对《大学》思想的刻画和呈现，展现《大学》内蕴的多维面向，而且四者之间也相因互成，共同凝聚起《大学》之道的整体。因本书提出并试图建构《大学》学的研究取向及其基本脉络，故《大学》作为"儒学代数学"之意义尤为凸显，成为了解其他旨趣的一个基本路径。同样，反过来说，《大学》作为"儒学代数学"的具体意涵，也无法脱离其他旨趣进行勘定。对于这个问题，结合《大学》之"道"的历史审思可以看得更清楚。

"《大学》之'道'"所谓的"道"，实包含着两层意义：思想内涵之"道"和发展脉络之"道"。就前一层而言，指《大学》本身所包含的"道"，指向的是对《大学》本身思想的理解，即《大学》之所谓"大学"的具体意涵，从诠释学的角度看，这是对《大学》文本原义亦即"大学"之内涵的探寻。上述前三点旨趣对《大学》的贞定，可视作本书对此问题的粗浅解答。就第二层而言，指《大学》这部典籍的历史轨迹与诠释变迁，指向的不再是《大学》本身，而是《大学》学，这和第四点旨趣相应。此发展脉络之"道"，需从两个层面来看，一个是《大学》之"道"，一个是"大学"之"道"。《大学》与"大学"在思想内涵上可凝结一体，在发展脉络上却不能简单等同，因为"大学"作为一种观念，虽以《大学》为存在性前提，但严格来讲，在历史诠释和思想创造的过程中，并不被其完全涵盖，而可与历史文化意识和社会价值观念有诸多关联，甚至获得相对的独立意义。故而对《大学》之"道"的考察，既要澄清《大学》思想内涵（"大学"）之"道"，即其主要旨趣，又要以此为钜镬，在历史视域中发掘《大学》/大学"发展脉络之"道"的应有意蕴。

《大学》在工夫节目、次第和进路的整体规划上，对人生切要问题给出了回答，为儒家文化滋养下的人们"代入"人生修为提供了基础性路径。这一"代入"并非人生的某种简单筹划，而是同时预示着人生效验的应然获致。因为《大学》的工夫规划有着"在止于至善"的提点，即在一种极致的工夫推进中，获得人生的贞定（"知止而后有定"），静、安、虑、得则在"知止"的意义下逐次显现。相应地，"近利""小成"的人生取向，则会在此进程中被予以规避和拒斥。这一"代入"还为塑造儒家价值传统夯实了理念根基，作为其规模设计和工夫路径的思想内核，《大学》承续孔子"修己安人"之价值指引，并将之理论化、层次化、系统化地框架展开，内圣外王的价值理念由此显豁。即使汉唐间论及《大学》较少，亦不能出此钜镬，郑玄解"大学"为"以其记博学，可以为政也"，韩愈引用《大学》意在强调"古之所谓正心而诚意者，将以有为也"，都表明了这一点。这一"内圣外王"价值理念经程朱理学阐扬之后，进一步在全面安排人间秩序的理论与实践中，深深灌注到中国传统价值观的义理结构中。被称为元代"立国规模"的许衡，传播理学过程中最重视的经典就是《大学》，强调"必如古者《大学》之道"。被称为"最后的儒家"的梁漱溟，弘扬教化过程中唯一系统评述的儒家经典就是《大学》，力申"《大学》一书之所为作，凡为此而已"。《大学》以其独特的"文本-理念"的双重优势成为儒学发展过程中（儒门淡薄之际尤显）不可或缺的经典依傍。

总体观之，方向上，《大学》倡大人之学、学以成人；工夫上，《大学》明条目次第、节节有序；理念上，《大学》主内圣外王、止于至善；学术上，《大学》含理论框架、范式演进。从工夫理路到思想脉络，《大学》统贯儒学之全体；从《大学》到《大学》学，可以成为儒学思想及其发展演进的一个具有学术解释力、思想穿透力的透视点。

《大学》在思想史的长河中被发现、升格、尊经，并不断地被加以诠释，形成了相应的传统：对《大学》文本的诠释传统和《大学》影响下形成的思想传统，可大致将二者称为"思想史的《大学》"与"《大学》的思想史"。E. 希尔斯指出："阅读过去的重要文学作品的人不但获得了作品的传统，而且获得了解释作品的附属传统。解释作品的传统渐渐地体现在作品本身当中。过去本身不会向今天的人们展示自己，它必须在各种复杂的知识水平上，遵循文献学术研究和文学批评的传统一次又一次地被人们展示。这种文献学术研究和文学批评是将过去的作品延传至今的先决条件。因此，必须有一个研究、纯化和重建传统的传统。"① 《大学》学的任

_____

① 　希尔斯：《论传统》，傅铿、吕乐译，上海人民出版社，1991，第 194 页。

务即以"思想史的《大学》"与"《大学》的思想史"双向互动作为"研究、纯化和重建传统"的过程，来刻画、呈现"《大学》的传统"。《大学》学在"文本诠释"和"思想效应"之间达到一个自觉的认识和互动的平衡，绾合互渗，有效展开《大学》史思的进程：其一，思想史的《大学》：通过思想史上《大学》诠释延绵不断的意义生成，来透视《大学》思想和文本的内涵丰富性，此即"《大学》"之"道"。在传统学术体系内，《大学》的内容虽先后附属于经学（礼学）和四书学，但也具有自身的独立性（尤其是宋代逐渐升格为经之后）。其二，《大学》的思想史：以《大学》作为切入口来考察思想史的进展，从中审视《大学》影响下的思想创造和文化实践，此即"大学"之"道"。"大学"历史衍变的过程正是《大学》所蕴含的可能意义的展现。

这两方面所构成的《大学》学的基本面向说明，"作为经"的《大学》乃《大学》学成立的先决条件，而"作为学"的《大学》学无疑为《大学》经典世界提供了"效果历史"底色。这样，《大学》学可以立足《大学》本经之旨趣得到有本有根的系统性衍展，《大学》亦成为《大学》学的有效环节而在历史、当下乃至未来的境遇中不断地被打开。

三、《大学》学的内在驱动

所谓《大学》学，概指关于《大学》的一切学问。广义而言，《大学》学包括关于《大学》的作者问题、创作年代、学派属性、文本版本及后世流变、思想诠释及后世发展、历史地位及社会影响等各方面的研究。狭义而言，《大学》学主要指关于《大学》思想解读、诠释及其历史演变的考察。本书作为"引论"，首先侧重狭义的运用，主要着力于为系统的《大学》学确立理论架构及思想内核。

立足《大学》学的研究路径，不难发现此领域实乃亟须开展的一项研究。经典文献的思想史、诠释史考察，不仅是学术研究的本然要求，亦是思想生产的必经之路，在此基础上的返本开新才能合情合理，而在产生过重要影响的经典文献中，四书之《论》《孟》《庸》、儒家之五经、道家之《老》《庄》、佛家之《肇论》等等，均已有了相关的学史梳理，甚至篇幅短小的《孝经》《洪范》《乐记》《逍遥游》《齐物论》等单篇文献，也有过相关研究，唯独《大学》学史研究未有进展。① 而对于丰富的《大学》学著作文献而言，此研究又是十分可行乃至必要的，从文献学的角度不难发现："迄今为止，尚无人对中国古代《大学》文献进行系统的梳理，人们对《大学》文献的源流认识也十分模糊，这不利于人们正确认识《大学》在宋代及宋代以后在思想学术及社会方面所产生的影响。鉴于此，对《大学》文献进行全面的考察和梳理是十分必要的。"② 本书对此问题有着同样的警醒，力图为系统研究奠定基础。③

不过，《大学》学史源远流长，至今绵延不断，本书择其大端而论——宋明是《大学》学的"黄金时代"，将构成本书的主要理论资源。宋明以前，《大学》并未受到特别之重视，如郑注孔疏，只将其作为《礼记》之一篇，视之为礼学之"通论"，《大学》的思想"自性"及其之于儒学义理架构的理论价值，未见凸显，基本处于湮没无闻的状态。虽然唐宋之际渐有时兴，开始被提起、引用、单篇流传并有所升格，但真正实质性的改变，还有赖于宋代二程兄弟明确视之为儒家为学立教的规矩，其后更经由朱子四书系统和理学体系，进入经典系统，参与到主流思想话语中。此后，清代反拨理学，从经典体系的解构发力，《学》《庸》被重新附庸于礼篇不可避免地构成了其中的重要一环，《大学》的哲学化运动亦由此再次

①　已有研究中较具系统性的著作的代表是李纪祥《两宋以来大学改本之研究》（学生书局，1988）。该书称得上是一部以改本为中心的质量上乘的《大学》学史，对程朱以降及至民国的《大学》改本详加论列，对日韩改本亦稍有涉及，在材料收集上是同类著作中最详尽的（约计四十六家），在论述上，该书条分缕析，文笔简练，对历代改本之内容和特点分疏清晰，并结合图示展现各改本之结构，便于了解和查阅。此书是对历代改本首次详尽梳理之专著，客观得当地展现了历代改本的内容和义理结构。尽管如此，我们仍认为此书有不足之处，即在客观评述改本基础之上，未对各类改本之所以改动的思想动机及其思想史背景进行相关分析，对各类改本自身是否具有哲学意蕴也未触及，而这恰是《大学》学所应着重关注的论域。其实就这一点，该书也有自觉："……最有名如王阳明之训'正'，则形成理学上心学、道学之争，此已为思想史、哲学史上之课题。在改本中，此非中心之问题，因改本所重视者在'结构'。"（李纪祥：《两宋以来大学改本之研究》，第336－337页）该书最后提到"'治平'之道如何充实，'格致—修齐'与'治平'两截——即'内圣'与'外王'如何合一，似方应为今日所当真正面对之课题与难题"（李纪祥：《两宋以来大学改本之研究》，第356页）。今日之研究，应充分肯定其成绩，在此基础上，进行更为深入的思想史、哲学史探索方是。

②　舒大刚主编：《儒学文献通论》，福建人民出版社，2012，第1320页。

③　近来有学者亦开始在此研究视域中作出相关探索，如陈来《〈大学〉的作者、文本争论与思想诠释》（《东岳论丛》2020年第9期）、张兴《经学视野下的〈大学〉学史研究》（中国社会科学出版社，2020）等。本书引言部分内容曾以《"儒学代数学"——从〈大学〉到〈大学〉学刍议》（《儒家典籍与思想研究》第十一辑）为题发表，提出对《大学》学研究可行性与必要性的重视。

归于消沉。

　　进一步看，相较于汉唐及清代，宋明时期的重要性更在于《大学》对宋明理学的理论建构和演进发展产生了根本性影响。具体来说，宋明理学家无不对其予以特别关注："《大学》的时代就是理学的时代，孕育理学的土壤也是孕育新的《大学》论述的土壤。"①《大学》（以及《中庸》）在宋明理学中的地位实际上超过其他儒家经典，"理学家不仅是主要依据其中的思想资料来建立自己的体系，而且也围绕着其中的基本命题形成了学派的分化。从认识史的角度来看，宋明理学对《大学》《中庸》的继承和发挥，凝结着中国封建社会一千多年哲学思想发展的主要线索"②。宋明《学》《庸》并称实属常见，"但《大学》所及于宋明理学的影响，实大于《中庸》"③。钱穆先生明确宣称：《大学》乃"宋明六百年理学家发论依据之中心"④。还有学者形象地称道："《大学》几乎成为了宋明时期哲学创造的一个哲学酵母"⑤。因此，对《大学》学的研究而言，宋明理学实应成为首选的研究取向和资料来源，而《大学》学的视域对于透视宋明理学的思想结构和理论衍变无疑也将有重要助益。同时，《大学》产生的重要影响亦反衬着开展《大学》学研究的必要性。

　　经由《大学》学，可以打开《大学》的"经典空间"。其一，文本空间：文本的延异。"延异"是借用德里达的概念，包括差异（超越原意限制）和推迟（不断扩展中呈现）两层意思，体现在中国经典文本中，即通过诠释不断拓展自身的意义空间，如经学思想营造的解释空间（思想意义、致用价值、主体特性、历史定位），经典文本自构的解释空间（特定的主题思想、特定的表达方式、特定的成书过程）、解释互动拓展的解释空间等。⑥ 其二，思想空间：思想的影响。尤其是就《大学》与宋明理学而言，《大学》对宋明理学理论话语、脉络的演进和衍变产生了重要影响，《大学》的思想空间在与宋明理学的互动中体现得也最为精致。文本空间指向走向《大学》文本的道路——宋明理学如何形塑、影响了《大学》诠释；思想空间指向由《大学》出发的思想道路——《大学》对宋明理学的

　　① 杨儒宾：《〈大学〉与"全体大用"之学》，《杭州师范学院学报（社会科学版）》2012年第5期。

　　② 余敦康：《〈大学〉、〈中庸〉与宋明理学》，《历史论丛》第四辑，齐鲁书社，1983。

　　③ 徐复观：《中国人性论史》，第161页。

　　④ 钱穆：《中国近三百年学术史》，九州出版社，2011，第54页。

　　⑤ 刘泽亮：《从〈五经〉到〈四书〉：儒学典据嬗变及其意义》，《东南学术》2002年第6期。

　　⑥ 周光庆：《经学传统中的诠释空间》，《河北学刊》2004年第5期。

影响。从"文本解读—思想诠释"两个方向审视，"经学—哲学"的双向互动、展开，其间的张力构成儒学发展的重要动力，经典自身亦可以从中不断打开、取得发展、实现自身，《大学》学可以提供一个很好的例证。由此可见文本空间和思想空间乃一体之两面，《大学》文本与"大学之道"不能截然分立。当然，随着文本诠释、文本生产的发展，文本内在的观念会具有向生活、政治、社会等脉络运用和落实的要求。《大学》作为观念存在，是儒家内圣外王精神和修身工夫层级的系统化、纲领化、条理化，不仅深刻影响宋代以后儒学思想的致思方式、丰富其话语系统，也会对其生活、政治、社会等方面的思想结构、文化心理和价值取向产生重要形塑作用。不过，"大学之道"作为本体论奠基，是《大学》之"道"在历史图景中得以展开并产生影响的本原和基础，本体论层次的真理须在理论层次（理论说服力）和语言层次（文本一致性）的具体展开中得到落实①，故首先应择取历史上的《大学》学著述，从经学-哲学相结合的角度加以考察和总结。② 无论如何，从《大学》学的研究路径切入，《大学》及与之相切、相关的思想史、哲学史的魅力方能得到更为全面而深入的展现。

四、本书的框架结构及主要内容

《大学》的重要不仅在于为儒家修身为学立定门径和规模，还在于始终与儒学义理结构的衍化相伴随并为其提供立论依据。以《大学》为主要考察对象，着力展现《大学》诠释发展与哲学史、思想史演变大势的互动互成，同时试图为《大学》学的系统探究奠定基础。

《大学》规模严整，具有很强的体系形式性和思想涵纳性，概而言之，《大学》思想旨趣主要体现为大人之学、教化之学、整体规划之学、儒学代数学四个方面。《大学》是《大学》学的前提，《大学》学则是理解《大

---

① 成中英：《〈大学〉之辨：本体诠释学对〈大学〉传统诠释的本体诠释》，《成中英自选集》，山东教育出版社，2005，第 202 页。

② 以往的研究多是哲学史、思想史的进路，"经典"本身的影响反而不容易凸显出来。经学史的研究有助于弥补这一缺憾，但经学史研究往往会缺乏对思想理论和哲学问题的探讨。两方面结合起来，是应取的研究方向，有一些成果已作出了探索，如朱伯崑著《易学哲学史》、姜广辉主编《中国经学思想史》等。但不论是思想史/哲学史还是经学史的研究，《大学》这一影响深远的重要经典还未得到系统的、充分的研究。

学》的基本路径。四点旨趣正是融贯于《大学》学系统中的思想底蕴。作为"儒学代数学"的《大学》，即从本体和工夫两个层面奠定儒学之为儒学的基本规模，提供着儒学基本的理论架构和思想范式（或曰"公式"）。

《大学》学的系统开展应以整体性地把握其"哲学精神"作为首要理论标的。所谓"哲学精神"，亦如前述"理论架构及其思想内核"，是《大学》学脉络中的弥散性存在，需要一个凝聚、建构的过程。那么，哪些方面适合来呈现这一弥散性的存在？凝聚起来又具有怎样的共通性？

出于《大学》学引论研究的内在考虑，本书侧重从狭义上来理解《大学》学，并选取宋明理学作为主要的研究背景取向，将从三个层面出发对此进行提纲挈领之统观：内篇，以《大学》与宋明理学的关联为视角，由格、致、诚、正的体系化和秩序性，探索《大学》对于理学建构所起到的"思想支点与范式转进"的独特影响，展示《大学》学本宗立教的理论精神。外篇，结合《大学》修、齐、治、平的文本析读，透显内圣外王之道背后应有的教化观念，展现《大学》学内外一体的政教精神。附篇，关于《大学》诠释的谱系精神，从"以图解经"切入，对《大学》学的完整脉络，即《大学》学这个整体的系统化之维，略作窥探。具体来说：

内篇，围绕《大学》宗旨论，即《大学》作为宋明理学发论立教的主要依据来展开论述。以朱子之格物、阳明之致知、蕺山之诚意、船山之正心为线索，展现各自本宗以立论的基本结构体系，四者之间的关联转进，集中刻画出宋明理学范式演进理路之大势。宋明理学格、致、诚、正的理论范式逐层内转、螺旋展开的衍变趋向，除思想主导的原因之外，经典本身的范导作用同样重要，尤其是《大学》为理学范式的逻辑演进制定路线，这也是钱穆先生言《大学》乃"宋明六百年理学家发论依据之中心"的因由所在，集中彰显出《大学》学的意义指向，值得我们深入考察。

自朱子之后，《大学》成为儒学的纲领性文本，朱子将为学之规模收摄到《大学》，再将《大学》之工夫收摄到"格物"，经过两次收摄，朱子确立起为学工夫系统的总枢纽。朱子对格物的重视，并不仅限于对作为八目之一的格物进行基础义的解读，格物还具有一个"总体"的意义，即格物之意蕴其实可以将整个八目全部涵括在内。格物由此成为《大学》工夫的起始点，以及其全部工夫的孵化器。套用朱子的一句术语，专言之，格物乃八目之一体；兼言之，格物包八目之全体。朱子对格物的重视超过任何一目："本领全只在格物"，格物不仅是作为八目工夫历程之第一目的先，而且是作为每一目工夫实行之必经阶段的先。故在朱子那里，格物是绝对不容绕过的，不经过格物，其他一切工夫将根本无从获取成立的可能。应该指出，作为总体上之"源头"以及各阶段之"起手"的朱子"格物教"，其影响非《大学》所囿，而是体现着"思想宇宙论"的意味，对其整个学说体系构成基础性影响，一定程度上形塑着其整个思想体系的学术品格。

跳出朱子学来看，朱子的格物解仍具有重新审思的空间，其间就蕴含着阳明学之所以转出的一大理论机缘，阳明对朱子的转向正是从对格物的深入反思破茧而出的。阳明"良知教"的建立与其《大学》诠释密不可分，从"格物"之困到"诚意"为本再到归宗"致知"，阳明的思想宗旨得以逐步澄明，并以良知贯注"致知"，以《大学》心、意、知、物作为基本的问题、理路和结构，不断推动良知教的体系化。立足经典本身来看，良知教视域中致知，为格物、诚意、正心提供着逻辑依据，为修身工夫构建内在条理，更拓展了《大学》全体大用之境地，走出朱子格物教的良知教形成了独具一格的《大学》学。

有鉴于阳明后学对心体过度高扬所带来的种种偏蔽，蕺山主张回归性体，以性体贞定心体，由心体彰显性体，为心体和性体重新保有互动的生机。"致知"转向"诚意"的理论脉络，无法脱离经典诠释视域中《大学》学的不同面向。蕺山指出"学术不明，只是《大学》之教不明"，而"看《大学》不明，只为意字解错"，故主以"诚意"立宗，将"诚意"定位为"专义""完义"，构建其《大学》学支撑性诠释之轴心。蕺山学的理论特色亦由此彰显一斑。需注意的是，蕺山非常强调文本本身的逻辑，判别《大学》诠释正确与否的一个重要向度即是否合于《大学》本文""《大学》本旨"。但当思想和经典两方面不能完全合拍时，蕺山还是无法避免一些理论纠结，到其后学那里，思想与经学并重的天平渐被打破，重文本考据的汉学路数重新开启。

不过，按照理学发论依据之中心的《大学》工夫进路，在"致知"扭转了"格物""诚意"转进了"良知"后，还应有"正心"的环节才完满。宋明理学心性论的逻辑归宿，在被视为理学殿军的蕺山"诚意教"之后，似还有进一步审思之余地。这个理论任务是王船山完成的。船山提出"正心之学不讲久矣"，明确主张以"先正其心"为圣学提纲之要，以志解心，持志以定心，提出学者当"以大心正志为本"，着重阐发了"志"作为本体与工夫的双重意蕴。在《大学》系统，尤其是"心意之辨"的分疏中，船山厘清了"正心"的内涵及其主宰下的工夫脉络。船山构建出"正心"

作为工夫节目的独特意义以及以之为基的理论系统。从朱子"格物教"、阳明"良知教"、蕺山"诚意教"进一步转进到船山"正心教",再次印证了《大学》对宋明理学范式转换的形塑作用,体现了理学心性论内在接续与转进的新形态。

外篇,重点讨论《大学》理念论。以往有关《大学》学的研究,少有对其修齐治平论的系统探讨。此处以王船山《大学》诠释为中心展开讨论。统合船山四书学著作而观,其对修齐治平的诠释和讨论是深入而统贯的。以对《大学》修齐治平的解读为中心,疏释《大学》内圣外王的理论关节和一贯之道,船山从"身心相应之理""身家相关之义""家国一理""治平所同之道"四个层面对《大学》修齐治平论作出了细致入微的分疏。从诠释策略看,船山重在对修齐治平工夫逐层展开中的联通关系加以实质阐明。从理论关怀看,船山以"教化"观念提摄内外、统贯政教,尤其对为政而言,"言教不言养""以政为教"为船山所着力强调。通过船山的诠释,可以深化对《大学》修齐治平工夫进路的理解,有力彰显儒家政教论所应具的理论品格和价值取向。

附篇,重点讨论《大学》谱系论。《大学》作为儒学代数学,不仅包含儒学理论承载深刻性的一面,同时也包含儒学诠释解读系统性的一面,从谱系化的全面铺开中考察《大学》图的源流与意蕴是一个可行的角度,"以图解经"的面向亦将有启于诠释手段和资料取材的相关拓展。以朱熹、黎立武、程复心、刘宗周、毛奇龄诸儒的《大学》图解为例,对历经宋元明清以迄近现代的《大学》图说源流进行梳理。《大学》图式类型多样,与相应思想体系关联密切,涵括着不同的价值意图和理论旨趣。以《大学》图为代表的图式文本,不是对文字文本的简单重复,而是以直观、具象、"深入浅出"的方式表达思想和义理,有助于辅助讲说、接引初学,同时便于日常观养省察,蕴含着指点修养的工夫论价值。中国儒学史的渊源流变,不能忽视图式文本的学问传承体系,尤其"以图解经"在思想阐发、传教授学、工夫指引等方面均具独特的理论价值。"图-书"有机结合,交互为用,可更好地表达思想、增进理解、启示教化。

从宗本观念内发而有的理学体系建构,到外显的政教理念关怀,再到整体诠释脉络的系统化谱系化,内外兼顾、整体铺陈。三个层面章节结构看似相对独立,实则内具共同的目标指向:以揭示《大学》学的主流面向、核心架构和基本脉络为旨归。三者组合一体,凝练、呈现着作为"立教之规"的《大学》学哲学精神,这一哲学精神与三篇具体论述之间,可以理解为理一而分殊、分殊而理一的关系，虽不尽《大学》学史的全面性要求，但不失相关探讨的深入和特色凸显。《大学》学的哲学精神，也可由此获得其实在性，在多元层面得以具体展现。一方面，切入《大学》的历史世界，围绕《大学》学的核心面向，揭示其基本架构和主流脉络；另一方面，以与《大学》之关联为视角，对宋明理学为主的儒学思想的内涵、结构及其衍变作出相应的探究。这也合乎"《大学》之'道'"所包含的两层意义：思想内涵之"道"和发展脉络之"道"。两方面实际分别反映着经学与哲学两条研究进路，二者具有走向融合的发展趋向，体现出研究视域调整的相应要求。

总的来说，本书以宋明理学为主要理论背景和资源取向，将《大学》旨趣作为准绳融会贯彻到具体论述中，展开《大学》学的考察。同时，通过展现历史上对《大学》义理的代表性思考，涵纳主流思想家的思想精华于其中，组合起来或亦不失为一部较为完整的《大学》诠解，在"寓作于述"中以期作出"以史拓论"的诠释尝试。"欲知大道，必先为史"（龚定庵语）。以旨趣为引，以史思为径，因史见道。

内篇 思想支点与范式转进
——《大学》学的理学演进

中国哲学史上具有独特性和原创性的哲学系统都有其"宗"、有其"本"，其思想体系每每围绕着自身之宗、本而展开。宗是"宗旨"，本是"根本"。"宗"和"本"之间各有偏重。"宗"讲的是"缘何如此"的问题，"本"讲的是"何以可能"的问题。"宗"具有源出性，"本"具有先在性。分说，二者略有差异；合说，实则一事。"宗"必由"本"而立，"本"则立"宗"而显。"宗""本"观念背后蕴藏着本体意味的理论诉求，为思想体系的建立和发展奠定终极根据。"宗""本"明确，各思想系统才能具有一体性的合理基础，相应的理论解释力、思想穿透力和学术建构力才能具备不断生成的原初基点。

建"宗"立"本"乃中国固有的思想传统。《论语》开篇就提出"君子务本"的主张，"本立"才能"道生"；执着于天下变动的纷纭情状，肯定是难以致之的，有识之士当"由一求之"，方能"得一而群毕"（《帛书易传·要》）。这点儒道两家具有共同的观念取向。老子主张只有在"得一"的状态中，天地万物才能呈现其本然情态，他建言"道""德"，正是为天地万物建立起"一"的本基（《老子》第三十九章）。《庄子》言"道不欲杂，杂则多，多则扰，扰则忧，忧而不救"（《庄子·人间世》），"圣有所生，王有所成，皆原于一"，得"古之道术"者，必然于其"宗""本"所在有充分领悟（《庄子·天下》）。孟子则从大小之辨上讲，认为"先立乎其大"，则"小者不能夺"，所谓"大"就是作为其思想"宗""本"的"本心"。儒道会通的玄学时代，王弼更为明确化、系统化地提出"宗""本"观念，建立"统之有宗""举本统末""执一统众"的理论，为中国哲学的后续发展提供坚实的思想方法基础。到了明末清初的黄宗羲则明确提倡"学有宗旨"，并以自觉把握"宗旨"为学术史研究的内在要求。

《大学》在此传统中占有举足轻重的地位，不仅为此传统的形塑多有促进，而且为中国哲学，尤其是宋明儒学之"宗""本"的寻求提供了重要的思想依据。《大学》强调"物有本末""以修身为本""此谓知本""德本财末"，以"本末论"的方式表达其独特的"宗""本"观念。"本末"论实际上揭示了《大学》思想展开的内在逻辑关系。《大学》言"知本"，又明确说"修身为本"，那么，《大学》之"本"是固定的吗？"修身"还有没有其自身的"本"呢？后世《大学》诠释过程中，对《大学》之"本"采取层次化的理解，从中建立自身思想体系的立言宗旨。此处以格物、致知、诚意、正心四目，分别借朱子、阳明、蕺山、船山的诠释，来说明《大学》之"本"的多元立场及其衍化。首先需澄清几个问题：其一，对《大学》之"本"的创造性诠释非常丰富，如以"艮止"为法（黎立武）、"止修"立宗（李见罗）、"近道"为旨（伍庸伯）等等，并不唯格致诚正四者，以格致诚正作为代表，是因为四者不仅构成了《大学》思想自身的根基，其间的依次转进还反映着宋明理学思想架构的范式演进之大势；其二，选取朱子、阳明、蕺山、船山的诠释为主，基本上也是格致诚正各条目下最具创造性的观点，由此适可来展现《大学》诠释的理论深度，同时说明这并非欲对四条目单独进行学术史梳理；其三，"本末"的凝聚性和一体性，使《大学》宗、本之史论，并不仅仅局限在"本"的层面，而是在本末一体的意义上，映射着《大学》思想的全局，并在经学与哲学的双重视域下，对各自思想体系的总体有所观照。

下面，我们就从朱子"格物"范式下的《大学》诠解出发，逐章考察朱子、阳明、蕺山、船山是如何分别以《大学》之格、致、诚、正为宗、本，为其《大学》诠释和理论建构提供理论支点，并依《大学》之序实现范式转进的。

一、收摄的"格物"

我们知道，四书成为儒门圣典经历了一个逐步升格的过程。[①] 自隋唐以来，儒家为应对佛老心性论挑战，重建自身的理论主体性，逐步对心性论意涵较强的四书予以越来越多的关注。其中，《大学》不仅在心性论方

---

① 关于四书升格的总体历程，可参束景南、王晓华：《四书升格运动与宋代四书学的兴起》，《历史研究》2007 年第 5 期。

面有系统架构（格致诚正），同时还为儒家凸显自身理论优越性（修齐治平）、完成理论整体规划设计（内圣外王）提供了最为明确化、整全性的理论依据，使《大学》在此一时期的升格历程虽较为隐微曲折，但也具有了应予相对独立审视的必要性。① 在这样的背景下，二程所做的工作，一方面与此《大学》升格进程一脉相承，另一方面又与之有着本质不同，尤其值得特别为之注目。原因在于，二程对《大学》进行了表彰、诠解、改定等一系列工作，与前贤相比，不再仅仅停留于对《大学》的片段性"偶得"、征引或表面性的"题识"②，而是以其自家体贴出来的卓识，将《大学》作为一个整体来理解，并突破性地将《大学》视为"圣人之完书"，从成德之教的意义上深入把握其旨趣。

"修身，当学《大学》之序"③，"须从此学则不差"④，"入德之门，无如《大学》"⑤，二程提出《大学》为修身提供了应然的秩序，是为学、入德的必经门径，同时格外对"格物"详加疏解，显示出对"格物"的重视。此一特出，明显与其对为学之序和为学宗旨的体认是分不开的。这两方面为朱子所吸收、引申和发展，对朱子《大学》观产生了决定性的影响。朱子以此为指引，通过向《大学》和"格物"的逐步收摄，确立其对为学宗旨的把握。

1. 要紧只在"格物"两字

朱子首先将《大学》进一步提升到"纲领"的层次，为为学定立可循之节目："《大学》是为学纲目。先通《大学》，立定纲领，其他经皆杂说在里许。通得《大学》了，去看他经，方见得此是格物、致知事；此是正心、诚意事；此是修身事；此是齐家、治国、平天下事。"⑥ 不唯经书，朱子认可的北宋四子之书，也是如此，所以以《大学》纲目为基本骨架，

---

① 关于《大学》升格的详细历史轨迹及其多方因由等问题的考索，需另撰专文加以讨论。限于主题，此处暂不详细展开。

② 如：隋末唐初王通《中说》对"正其心"有所论及；唐代权德舆提到"《大学》有明德之道"；韩愈以《大学》"诚正修齐治平"之论破斥佛老"治心而外天下国家"之非；李翱对"格物致知论"作了解释。有宋以来，胡瑗有题《大学》一文；周敦颐对正心修齐治平思想略有发挥；王拱宸宸得御书《大学》后，作《大学轴》一幅；范祖禹、吕希哲曾奉《大学》诚意、正心疏谏人主；韩维、范缜援引《大学》定静立论讨论《中庸》之中的问题。只有司马光作有《大学广义》，对《大学》首次作出独立的完整解读，惜已佚。

③ 程颢、程颐：《遗书》卷二四，《二程集》，中华书局，2004，第311页。

④ 程颢、程颐：《遗书》卷二上，《二程集》，第18页。

⑤ 程颢、程颐：《遗书》卷二二上，《二程集》，第277页。

⑥ 朱熹：《语类》卷一四，《朱子全书》第14册，第422页。

就成了《近思录》编订四子之书的指导条例。

　　当然，朱子最看重的还是四书系统内《大学》的首出意义，"《论》《孟》《中庸》，待《大学》通贯浃洽，无可得看后方看，乃佳"①。四书观念形成到结集确立，由朱子始得完成，而且朱子对大、论、孟、庸的四书次序有过多次指示，特别强调"先读《大学》，以定其规模"② 的意义，所谓"规模"，乃规矩和模范，有了它，《论》《孟》《庸》方可运之掌上："《论语》《孟子》都是《大学》中肉菜，先后浅深，参差互见。若不把《大学》做个匡纲了，卒亦未易看得。"③《大学》乃了解其他三书的前提，四书之教旨趣相通，《论》《孟》《庸》的内容在《大学》纲目下，可以显现出条理井然的秩序性。具体来说，如《中庸》所谓"明善"、《孟子》的"知性""尽心"，即格物致知之功；《中庸》的"诚身"、《孟子》所谓"存心""养性""修身"者，都属《大学》诚意、正心、修身之效。"其他如谨独之云，不慊之说，义利之分，常言之序，亦无不吻合焉者。故程子以为孔氏之遗书，学者之先务，而《论》《孟》犹处其次焉，亦可见矣。"④

　　从纲领到规模，朱子将为学之事的纷纭繁复都收归到《大学》体系中来；由学而行，《大学》依然是其依归的根本：《大学》之书，乃圣人做天下根本，"此譬如人起屋，是画一个大地盘在这里。理会得这个了，他日若有材料，却依此起将去，只此一个道理"⑤。同时，以《大学》来指导为学、处事，又自有其纲领和用力处。"大抵《大学》一篇之指，总而言之，不出乎八事，而八事之要，总而言之，又不出乎此三者，此愚所以断然以为《大学》之纲领而无疑也。"⑥ 这里的"纲领"与前所言层次不同，前面是总持地说，此处是具体地说。朱子以开篇明明德、新民、止于至善为三纲领，总归《大学》一篇之要，不过乎此。"《大学》首三句说一个体统，用力处却在致知、格物。"⑦ 不论是纲领还是体统，《大学》之旨的用力处就是格物致知。后面将会指出，在朱子看来，格物、致知实则一事，立足"格物"，正是关键所在："此一书之间，要紧只在'格物'两字，认得这里看，则许多说自是闲了。……若《大学》，却只统说。论其功用之

---

① 朱熹：《语类》卷一四，《朱子全书》第 14 册，第 420 页。
② 朱熹：《语类》卷一四，《朱子全书》第 14 册，第 419 页。
③ 朱熹：《语类》卷一九，《朱子全书》第 14 册，第 644 页
④ 朱熹：《大学或问》，《朱子全书》第 6 册，第 514－515 页。
⑤ 朱熹：《语类》卷一四，《朱子全书》第 14 册，第 421 页。
⑥ 朱熹：《大学或问》，《朱子全书》第 6 册，第 509 页。
⑦ 朱熹：《语类》卷一四，《朱子全书》第 14 册，第 432 页。

极，至于平天下。然天下所以平，却先须治国；国之所以治，却先须齐家；家之所以齐，却先须修身；身之所以修，却先须正心；心之所以正，却先须诚意；意之所以诚，却先须致知；知之所以至，却先须格物。本领全只在这两字上。"①《大学》为初学入德之门，需从此学方不差；"格物"乃《大学》之门，需从此入方不差。之前的小学涵养，亦是为《大学》作准备，但转入《大学》工夫的阶段，须全部落实在"格物"上，并经由"格物"逐层发展出整个"大学"工夫。

这样，将为学之规模收摄到《大学》，再将《大学》之工夫收摄到"格物"。经过两次收摄，朱子确立起为学工夫的宗旨。收摄的"格物"，成为朱子整个为学工夫系统的总枢纽。

2. 格物之义

"格物"是中国儒学史乃至中国哲学史上聚讼不已的范畴之一。之所以产生纷纭之歧解，是因为"格物"居于圣门为学工夫之先，儒家学者无不结合自身的思想主张对格物作出一番解读。千蹊万径，遂致胜义。朱子之时，就已经面临这种情况，其时近世大儒格物致知之说有数家之众，有如司马温公"格，犹扞也，御也，能扞御外物，而后能知至道"，吕大临"必穷物之理同出于一为格物"，谢上蔡"穷理只是寻个是处"，杨龟山"天下之物不可胜穷，然皆备于我而非从外得"，尹和靖"'今日格一件，明日格一件'，为非程子之言"，胡文定"物物致察，宛转归己"，胡五峰"即事即物，不厌不弃，而身亲格之"等等。② 朱子对格物诠解的贞定，对此数说均皆不与。《大学章句》中，朱子将"格物"注解为："格，至也。物，犹事也。穷至事物之理，欲其极处无不到也。"③ 这里面包含三层递升的意思：接触事物、穷究其理、推至极处。④《大学或问》进一步解释道："及其进乎大学，则又使之即夫事之中，因其所知之理推而究之，以各行乎其极。"⑤ 三个环节紧密相承，共同构筑起朱子格物说的理论意蕴，缺一不可。

朱子明显继承了二程对格物的解读，但又有所不同。明道解"格"为

① 朱熹：《语类》卷一四，《朱子全书》第 14 册，第 425－426 页。
② 朱熹：《语类》卷一八，《朱子全书》第 14 册，第 628 页。
③ 朱熹：《大学章句》，《朱子全书》第 6 册，第 17 页。
④ 陈来教授曾指出"格物"包含三个要点：即物，穷理，至极。参陈来：《朱子哲学研究》，生活·读书·新知三联书店，2010，第 321 页。
⑤ 朱熹：《大学或问》，《朱子全书》第 6 册，第 527 页。

至，"格，至也。穷理而至于物，则物理尽"，以"格物"为穷究事物道理，伊川解"格，至也，谓穷至物理也"，格物即为穷其理而已。明道的"至"是接触到物，伊川的"至"是涉及，这二者均为朱子所吸收，但仅此还不够，在此基础上综合出新，祭出"极致"之义："故致知之道，在乎即事观理，以格夫物。格者，极至之谓。如'格于文祖'之格，言穷之而至其极也。"① 可见，训"格"为"至"，"至"实可解出三义：接触、涉及、至极。朱子之所以强调"极致"义，是因为仅仅接触事物或穷至其理并不是"格物"之完义，"人莫不与物接，但或徒接而不求其理，或粗求而不究其极，是以虽与物接，而不能知其理之所以然与其所当然也"②。这个意思朱子在《大学章句》定稿之前即已确立。只有以极致为归趣，才能避免"徒接"和"粗求"的可能障蔽，真正实现穷理的目的，也就是把握到理之所以然和所当然。解释"致知"时，朱子曾以"切至"为说，但后来细审"切至"之意未尽："'致知，是推极吾之知识无不切至'，'切'字亦未精，只是一个'尽'字底道理。见得尽，方是真实。"③ 同样是强调了"极致"的意思。

　　对于"物"的理解，郑玄、朱子、阳明皆谓"物犹事也"，但内涵大有不同。郑玄之物所指是因人之知的不同性质、深浅，所招致的善恶之事、物；阳明之物则是主体意义上的，是主体意向活动观照下的价值性事态；朱子乃主客体交涉地言，物有形而事无迹，对言则物是物事是事，独言则兼事在其中。朱子格物包含哪些内容呢？"眼前凡所应接底都是物"④，物包含所有对象性存在。但下手处却有本末、先后、缓急之序，岂能随意地任拿一草一木来"格"，否则无异于"炊沙成饭"："格物之论，伊川意虽谓眼前无非是物，然其格之也亦须有缓急先后之序，岂遽以为存心于一草木器用之间而忽然悬悟也哉。且如今为此学而不穷天理，明人伦，讲圣言，通世故，乃兀然存心于一草木一器用之间，此是何学问，如此而望有所得，是炊沙而欲其成饭也。"⑤ 要紧的应先从天理道义、历史典要、圣言圣行、礼乐人伦等方面做起。这并非否认一草一木有"理"，

　　① 朱熹：《大学或问》，《朱子全书》第 6 册，第 512 页。
　　② 朱熹：《文集》卷四四，《朱子全书》第 22 册，第 2038 页。
　　③ 朱熹：《语类》卷一八，《朱子全书》第 14 册，第 597 页。
　　④ 朱熹：《语类》卷一五，《朱子全书》第 14 册，第 461 页。又如"凡天地之间，眼前所接之事，皆是物""眼前凡所应接底都是物"（《语类》卷五七）。
　　⑤ 朱熹：《文集》卷三九，《朱子全书》第 22 册，第 1756 页。

只是不能泛然而观。"……就切近处，且逐旋理会。程先生谓：'一草一木亦皆有理，不可不察。'又曰：'徒欲泛然观万物之理，恐如大军之游骑，出太远而无所归。'又曰：'格物莫若察之于身，其得尤切。'……"① "格物，须是从切己处理会去。待自家者已定叠，然后渐渐推去，这便是能格物。"② 先从切近、切己处下手，能察之于身，奠定根基，就能慢慢推展开来。可见，"格物"需要把握一个先后缓急的原则，对"合为"与"不合为"有清醒的认识，就不会对"格物"茫然无措。这也说明朱子理解的"格物"既重视对事物的广泛应接，但在操作程序上绝非一味外驰而无有归趣。

《章句》分别注解了格、物后，整体解"格物"为"穷至事物之理，欲其极处无不到也"。在自称"窃取程子之意"③ 而作的补传中，朱子更为系统地表达了这一解读：

> 所谓致知在格物者，言欲致吾之知，在即物而穷其理也。盖人心之灵，莫不有知，而天下之物，莫不有理。惟于理有未穷，故其知有不尽也。是以《大学》始教，必使学者即凡天下之物，莫不因其已知之理而益穷之，以求至乎其极。至于用力之久，一旦豁然贯通，则众物之表里精粗无不到，吾心之全体大用无不明矣。此谓物格，此谓知之至也。④

将"格物"只解作穷理，能否全面揭示格物的意思，会不会有所偏蔽？朱子明确指出这"不是只作穷理说。格物，所以穷理"⑤。也就是说，"格物"本质上就是穷理，而不是选择用穷理来解格物。若如此，《大学》为何用格物，而不说穷理？朱子对这个问题多有解释，归纳起来，大致有四层原因。其一，理，是悬空的，不可捉摸，且有时而离，而说物则自会涵着理，不会有无理之物，用格物来涵摄穷理，彰显出理事、道器之间不相分离的本然性；其二，说格物更易使人见得实体，这就为人指明了方向，要就事物上理会，不能把道理悬空；其三，有是物必有是理，理无穷，不易获取，但物有行迹，易于亲近，格物其实为穷理提供了便利的入

① 朱熹：《语类》卷一八，《朱子全书》第 14 册，第 609 页。
② 朱熹：《语类》卷一五，《朱子全书》第 14 册，第 463 页。
③ 所"窃"之意在《大学或问》有总结，见《朱子全书》第 6 册，第 525 – 526 页。
④ 朱熹：《大学章句》，《朱子全书》第 6 册，第 20 页。
⑤ 朱熹：《语类》卷一五，《朱子全书》第 14 册，第 476 页。

手处；其四，格物为突出儒家的实学特质提供了基本依据，由此可与佛家只是空洞无稽的"见性"区别开来。① 一方面，格物以穷理为目的，另一方面，穷理需要通过格物的过程来实现。

朱子之理包括天理、物理、人理、道理等多个层面。就"天下之物，莫不有理"看，朱子此处是统说，这些层面都应包含在内。故"理"是什么，不是此处的关键，问题在于为何要"穷"理，以及如何"穷"理。

为何要"穷"理？因为理是人心应物处事的根据、原则，故朱子工夫论必然要求格物以穷之。在朱子，人心本来是已经具备理的。朱子哲学中，心统性情，性乃未发，纯善无恶；心为已发，含着气而言，会有善有恶。朱子以明德属"性"的层面，其注"明德"即"具众理而应万事者也"，这说明在先天而内在的"性"的层面，心本具众理。但一方面性会为"气禀所拘，人欲所蔽，则有时而昏"，失其本然；另一方面，性具众理，还只是形而上的层面，不具备现实性，尤有进者，"穷理者，因其所已知而及其所未知，因其所已达而及其所未达。人之良知，本所固有。然不能穷理者，只是足于已知已达，而不能穷其未知未达，故见得一截，不曾又见得一截，此其所以于理未精也。然仍须工夫日日增加"②。通过格物穷理，实现对理的占有，明了其所当然，摆脱人欲、气禀的干扰，恢复性之本然状态，如此心之所发亦能纯一于善；同时，穷理的过程，与万事万物相结合，包含着对其所以然的把握，实现对性中之理的落实、扩充、推至、细化。故格物穷理，实际揭示着工夫实践中所当然与所以然共同的指向。

如何穷理？格物穷理的实现方式是心具众理。一个简洁的概括如补传所示：以心知之明对在物之理进行认知和摄取。不过，其间有以下几个要点须加阐明：

其一，关键之一在于应注意"已知之理"。"因其已知之理而益穷之"说明"已知之理"构成了格物穷理的一个基本出发点，那么何谓"已知之

---

① 相关论述如：《大学》所以说格物，却不说穷理，盖说穷理则似悬空无捉摸处，只说格物，则只就那形而下之器上便寻形而上之道，便见得这个元不相离。（《语类》卷六二）人多把这道理作一个悬空底物，《大学》不说穷理，只说个格物，便是要人就事物上理会，如此方见得实体。所谓实体，非就事物上见，不得。（《语类》卷一五）夫格物者，穷理之谓也。盖有是物必有是理，然理无穷而难知，物有迹而易睹，故因是物以求之，使是理了然心目之间而无毫发之差，则应乎事者自无毫发之缪。（《文集》卷一三）格物，不说穷理，却言格物。盖言理，则无可捉摸，物有时而离；言物，则理自在，自是离不得。释氏只说见性，下梢寻得一个空洞无稽底性，亦由他说，于事上更动不得。（《语类》卷一五）

② 朱熹：《语类》卷一八，《朱子全书》第 14 册，第 599 页。

理"？当然是"大学始教"之前所知之理，即"小学"阶段涵养所得的"理"，这是朱子非常强调"小学工夫"的重要原因。"已知之理"以"小学工夫"养成的涵养有素和持守有敬为根基①，以此发出的"格物"就不能以"杂乱纷纠"之心随意去识物处事，而是推致其所养之中和本明之德，来应接事物、落实明德。②故"格物"虽然是"即凡天下之物"，但主体自身的有此自觉和自明的基础，就不会任意应物，避免导致"格物"工夫的无效开展，同时，也为前述关于格"物"应有先后缓急的说法，提供了可行性的依据。

其二，但立足"已知之理"，还不必然能实现"穷理"。日常的积累、积习工夫是必要的基础，但穷理的实现还需诉诸不断推展、扩充的过程中。这也就是朱子所言的"用力"。具体的"用力之方"不外乎从"事为之著""念虑之微""文字之中""讲论之际"等方面分别着手，将对内而言的"身心性情之德"，到外显的"人伦日用之常"，以至"天地鬼神之变，鸟兽草木之宜"各个方面，"自其一物之中，莫不有以见其所当然而不容已，与其所以然而不可易者"③。如此才称得上物格而理穷，所谓"豁然贯通"的状态亦由此得现。

其三，"豁然贯通"可从两个层面来理解。一方面，要求在万事万物上求之，这个过程并不需以穷尽天下之理为期，不可能也不必要，而是通过积习推类中，实现程度上的融会贯通以及广度上的触类旁通；另一方面，由万理中得其一般和普遍，万理可通乎一理，由理一统摄、该贯万殊之理，由多通万，统万归一，一以贯之。可见，"豁然贯通"绝不同于表面看来似乎相近的禅宗式顿悟体验，且不说与其反观内省的方法殊类，而且也不同于由一理通而可便通万理的简易直截。朱子说他看到程子所言"格物非谓欲尽穷天下之物，又非谓只穷得一理便到，但积累多后自脱然有悟处"④才真正理会贯通的意思，正可从上面两个层次来理解。"贯通"之义一定程度上也呼应着前述格物的"极致"义，推至其极就应是一种通

---

① "是以大学之序，特因小学已成之功，而以格物致知为始。"（朱熹：《文集》卷四二，《朱子全书》第 22 册，第 1894－1895 页）

② "是以圣人施教，即已养之于小学之中，而复开之以大学之道。其必先之以格物致知之说者，所以使之即其所养之中，而因其所发，以启其明之之端也。继之以诚意正心修身之目者，则又所以使之因其已明之端，而反之于身，以致其明之之实也。"（朱熹：《大学或问》，《朱子全书》第 6 册，第 508 页）

③ 朱熹：《大学或问》，《朱子全书》第 6 册，第 527－528 页。

④ 朱熹：《语类》卷一八，《朱子全书》第 14 册，第 604 页。

透的状态，具体而言，即所谓"众物之表里精粗无不到，吾心之全体大用无不明"。但如此对豁然贯通状态的描述就有问题了，这一状态由"众物"和"人心"两方面来体现，但二者是各自的实现各自的贯通，还是相资为用的交互贯通？是二还是一？又或许是三？在《大学或问》中，朱子提出"所以然"和"所当然"的说法来说明这个问题。二者之间既非直接相干，从"众物"通乎"人心"，从所以然转出所当然；也非毫不相关，各自为政。单纯在人理范围内，所以然是所当然的更高一层，所当然只是实然层面的规范，所以然则为所当然提供了必然如此的依据。而在人理、物理分立时，所以然偏向于物理，所当然指向人理，在这层意义上，所当然不是与所以然对举的抽象范畴，而是涵括着相应的所以然之理作为其内在性的构成要素，乃具体的所当然，是合当然与必然、知其如何和知其为何的统一，如此方能在人的行为抉择中实现真正的"不容已"。

其四，进一步看，"人理"内部的所以然如何转化出所当然？换句话问，从德性的知识如何转化出德性的自觉？问题的根源需要回溯到朱子补传的大前提"人心之灵莫不有知"上去。"知"，从内容上讲，不外乎闻见之知与德性之知两类。前者指向众物表里精粗，后者指向人心全体大用；前者侧重知识，后者侧重德性。大多数肯认德性之知的，并不反对闻见之知，但不能由此认为闻见之知必然可以推出德性之知。朱子对前者的过多强调，给人一种印象，前者是后者的前提和原因，闻见之知的基础上才能实现德性之知，很多对朱子的责难都是从这个层面上提出的。其实，这并非朱子的本意，朱子只是主张两方面都是人心之灵所包，都应该穷理积习的。朱子此处真正需要面对的问题在于，对涉及德性之事物，如人伦、圣言、世故等的穷至，可以是实现德性之知的理性认识和了解，但这并不等于德性自觉或德性之行，以达致心灵的全体大用，其间转化的路径是需要说明的。朱子在这里给出的回答是"豁然贯通"，认为对德性之知的认识、积习、穷至到一定程度，此心在以心合理、心与理一的不懈过程中，可以实现对德性的完全自觉肯认，以至可以实现吾心全体大用。这体现出与心学派完全不同的路向，心学派主张心即理，德性的自觉只能通过先立其大、发明本心的方式确立，而不能通过知识的积习"贯通"。①

3. 格物与《大学》之教

以上是对作为八目之一的"格物"的解读，这只是基础义的解读，朱

---

① 二者的分歧在后文会进一步加以讨论。

子对格物的重视，并不仅限于此。格物还具有一个"总体"的意义，即"格物"之意蕴，其实可以将整个八目全部涵括在内。格物，不仅是《大学》工夫的起始点，也是其全部工夫的孵化器。套用朱子的一句术语，专言之，格物乃八目之一体；兼言之，格物包八目之全体。也只有明确了作为总体的"格物"之义，才能真正认清"格物"作为朱子《大学》诠释之宗旨的意思。

格物之所以兼具工夫全体的意义，根本原因在于其"穷理"之本质。朱子主张，格物乃所以穷理，并在万事万物上下功夫，而格致诚正修齐治平等目，无不各具其理，故皆需格之、穷之。以理为本，以穷理为径，八目的具体展开皆离不开格物之前提，也可以说，《大学》之工夫其实已全部蕴含于格物穷理之中了。正是在这个意义上，朱子称"格物"乃"梦觉关"："格得来是觉，格不得只是梦。"① 格物乃是整个《大学》工夫的逻辑先导，透过此关，其他条目才具备开展的可能性。格物既然兼具全体，那么其他条目是否还有存在的必要？

　　　　又须知如何是格物。许多道理，自家从来合有，不合有。定是合有，定是人人都有。人之心便具许多道理：见之于身，便见身上有许多道理；行之于家，便是一家之中有许多道理；施之于国，便是一国之中有许多道理；施之于天下，便是天下有许多道理。"格物"两字，只是指个路头，须是自去格那物始得。只就纸上说千千万万，不济事。②

正心、修身、齐家、治国、平天下等工夫，分别是所格之"物"的一种，同时它们也都各有特定的道理。这里凸显出格物的两个层面：狭义的和广义的。从狭义上讲，格物只是工夫之始，还不是工夫之全；从广义上讲，《大学》工夫皆可纳入格物之中。但必须指出，"物既格，知既至，到这里方可着手下工夫。不是物格、知至了，下面许多一齐扫了。若如此，却不消说下面许多，看下面许多，节节有工夫"③。格物只是指出个"路头"，由格物展开其他条目，是其本性的必然要求，诚意、正心、修身、齐家、治国、平天下诸工夫，对广义的格物而言，实乃具体的展现和行动的落实。从格物到其他工夫的展开，体现着从知到行的意义转进。换句话说，格物穷理的广义、兼言，这些工夫只是在知、理的层面上，真正落实

<hr>

① 朱熹：《语类》卷一五，《朱子全书》第 14 册，第 480 页。
② 朱熹：《语类》卷一四，《朱子全书》第 14 册，第 426 页。
③ 朱熹：《语类》卷一六，《朱子全书》第 14 册，第 515 页。

到各节目的分别实行上，又有更多具体的道理显现出来，这时的诸工夫，相较于格物穷理所涵摄的意义，也不再是同一层次了。所以，"格物"不仅不会取代其他工夫条目，反而应推动各条目的全面展开，必见之于各具体条目，来落实自身、发展自身，这正是"如何格物"的本然要求。

在各条目中，格物与致知、诚意的关系，与正心之后诸条目不同，须特别加以阐明。朱子注"致知"："推极吾之知识，欲其所知无不尽也"①。"知"包含能知、所知两层，即人之能知与心之知识，从朱子的注来看，知识之知是主要的，但其前提不能脱离能知之义。朱子既讲过"格物所以致知"，又讲过"格物所以穷理"，格物与穷理、致知均有不可分离的关系，只不过二者的着眼点不同，穷理侧重格物的方法面，致知侧重格物的效验面，二者常结合在一起来彰明格物之义："格物只是就一物上穷尽一物之理，致知便只是穷得物理尽后我之知识亦无不尽处，若推此知识而致之也。此其文义只是如此，才认得定，便请以此用功，但能格物则知至，不是别一事也。"② 致知并不是格物之外的另一类工夫或方法，不与格物并列，作为格物的结果，致知是考究物理后，主体主观方面得到的知识扩充之效验。致知与格物构成手段-目的、工夫-效验的一体化。

但格物与致知并非完全等同，其间亦有辩，如："格物，以理言；致知，以心言"③；"致知，是自我而言；格物，是就物而言"④；"格物，是逐物格将去；致知，则是推得渐广"⑤；"格物，是零细说；致知，是全体说"⑥等。不过此类分别多就其理论上的不同侧重、不同指向而言，并非指实质的分别。二者在理论实质上只是一本，非两样工夫。在《大学》首章序次八目时，"致知在格物"说法的特出，可以很好地说明这一问题："所以《大学》说'致知在格物'，又不说'欲致其知者在格其物'。盖致知便在格物中，非格之外别有致处也。"⑦ 朱子还讲道："'致知在格物'，知与物至切近，正相照在。格物所以致知，物才格，则知已至，故云'在'，更无次第也。"⑧ 格物、致知一而二、二而一，而且结合起来才能互相理解，

---

① 朱熹：《大学章句》，《朱子全书》第6册，第17页。
② 朱熹：《文集》卷五一，《朱子全书》第22册，第2377-2378页。
③ 朱熹：《语类》卷一五，《朱子全书》第14册，第473页。
④ 朱熹：《语类》卷一五，《朱子全书》第14册，第473页。
⑤ 朱熹：《语类》卷一五，《朱子全书》第14册，第471页。
⑥ 朱熹：《语类》卷一五，《朱子全书》第14册，第471页。
⑦ 朱熹：《语类》卷一八，《朱子全书》第14册，第607页。
⑧ 朱熹：《语类》卷一五，《朱子全书》第14册，第493页。

"能格物则知至""致知必在格物"，二者具有内在关联的逻辑关系，一体共成，所谓"才明彼，即晓此"也，其实只是一理。

前面已经提到格物乃"梦觉关"，诚意则是"善恶关""人鬼关"①，《大学》中最重要的就是这两大关，两关之后的节目一节易于一节："某尝谓诚意一节，正是圣凡分别关隘去处。若能诚意，则是透得此关；透此关后，滔滔然自在去为君子。不然，则崎岖反侧，不免为小人之归也。"②可见朱子对二者的重视。二者在导向上有着对认知和德性的不同指引，体现出朱子将二者互重的倾向，但不能从平面化视角而忽略二者之间紧密的理论勾连。"然意不能以自诚，故推其次第，则欲诚其意者，又必以格物致知为先"③，没有格物致知的工夫支撑，所诚之"意"是无法辨明的，隐微之间轻忽追认，当然就无法确保"意"之"一于善"，更无论"自慊"，甚至可能恰恰会导向"诚"（即"实"）的反面——自欺。"如其不然，而但欲禁制抑遏，使之不敢自欺，便谓所以诚其意者不过如此，则恐徒然为是迫切，而隐微之间，终不免为自欺也。"④ 故出于对意不能自诚的警觉，朱子反复强调格物是构成诚意的工夫基础，"《大学》所谓'知至、意诚'者，必须知至，然后能诚其意也。今之学者只说操存，而不知讲明义理，则此心愦愦，何事于操存也！"⑤ 不知至则心思昏聩、义理不明，须是格物致知以至道理纤毫毕尽，胸中了然，知善之当好，恶之当恶，则"意自无不诚矣"。这是立足理性主义立场，对先验路向的扭转。不仅如此，朱子提出应在切己反身的意义上有所体贴，将"知至"之"至"作"切至"看，虽然最终认为作"尽"字更为透彻，但以"切"解"至"并非没有意义，"切至"提示出"知至"所内蕴的真知意味，即已经涵着能行的意思，这就与诚意贯通了。总之，诚意不是单纯的存养德性，而是以格物致知为其义理明晰的前提；格物致知也并非仅是探求知识，而是必由诚意以转入德行、成就君子。故朱子称"诚意"为圣凡转关处。

意诚而后心正。在"心"的层面，"则当推其如何谓之心。只此，便是格物"⑥。心乃具众理而应万事的神妙机能，从道德言为明德，从致知

---

①　朱熹：《语类》卷一五，《朱子全书》第 14 册，第 480 - 481 页。
②　朱熹：《语类》卷一五，《朱子全书》第 14 册，第 481 页。
③　朱熹：《文集》卷六○，《朱子全书》第 23 册，第 2883 页。
④　朱熹：《文集》卷六○，《朱子全书》第 23 册，第 2883 页。
⑤　朱熹：《语类》卷一五，《朱子全书》第 14 册，第 481 页。
⑥　朱熹：《语类》卷一五，《朱子全书》第 14 册，第 463 页。

言为知，为学之要就在于"主敬以存心""格物所以明此心"。此心之明、之尽也离不开物格知至的工夫，因为"人有是心，莫非全体，然不穷理，则有所蔽而无以尽乎此心之量"①，朱子以性为体、心为用，性即心中所具之理，须经格物穷理才能知性尽心，发挥此心之全体全量。但格物绝不仅仅局限于格心，有人认为格物除一事一物穷格外，如吕氏杨氏所发明大本处，亦须兼考，朱子则指出："识见，即事事物物上便有大本。不知大本，是不会穷得也。若只说大本，便是释老之学。"② 他继承伊川的观点，认为应从广泛的视域来理解格物："格物须是到处求。博学之，审问之，慎思之，明辨之，皆格物之谓也。若只求诸己，亦恐见有错处，不可执一。"③ 朱子将"心"视为普通的一物，与心学派的基本定位明显不同，如陆九渊"本心"、王阳明"心之本体"等，"心"均是一种先天的纯粹道德主体，朱子这里的观点不仅体现出与心学一派的迥严绝异，而且表达了他对心学相关主张的纠偏和救正。与之相应，在"身"的层面，朱子特别批评了心学派"反身而诚"的格物说，认为专以格物致知为为己之学，不仅不能得为学之道之全，对为己修为亦无所助益："盖反身而诚者，物格而后知至，而反之于身，则所明之善无不实有，……若知有未至，则反之而不诚者多矣。安能直谓能反求诸身则不待求之于外，而万物之理皆备于我，而无不诚哉。况格物之功正在即事即物而各求其理，今乃反欲离去事物而专务求之于身，尤非《大学》之本意。"④因此，"心""身"不过是格物之一事，而"反身"亦必以格物致知为其充要条件。

朱子之格物，在内容上将所以然和所当然结合，并以伦理道德和人伦规范为主体，目的不在于获得对客观世界知识体系的认识，而是离不开修身工夫和政治关怀，故在历程上要保证修己安人工夫历程的具体实践。在"家""国""天下"的层面，较为强调工夫的践履和落实，朱子同样认为"格物"之功不可忽略，"为学之实，固在践履。苟徒知而不行，诚与不学无异，然欲行而未明于理，则所践履者又未知其果何事也"⑤。朱子还常有"须是知得，方始行得""义理不明，如何践履"的话头。"格物、诚

①　朱熹：《孟子集注》，《朱子全书》第6册，第425页。
②　朱熹：《语类》卷一五，《朱子全书》第14册，第481页。
③　朱熹：《语类》卷一八，《朱子全书》第14册，第634页。
④　朱熹：《中庸或问》，《朱子全书》第6册，第591页。
⑤　朱熹：《文集》卷五九，《朱子全书》第23册，第2811页。

意，其事似乎小，然若打不透，却是大病痛。治国、平天下，规模虽大，然若有未到处，其病却小，盖前面大本领已自正了。"① 这一观点，即使是廷对人主，朱子依然坚定："帝王之学必先格物致知以极夫事物之变，使义理所存纤悉毕照，则自然意诚心正而可以应天下之务。"（《宋史·朱熹传》）隆兴元年（1163），复召对，其一言曰："大学之道，在乎格物以致其知。陛下……未尝随事以观理，即理以应事……平治之效，所以未著。"（《宋史·道学传》）朱子对以《大学》之教端正帝王之学抱有极大的期望，所言虽不出"格物致知""正心诚意"之属，然"治国、平天下，与诚意、正心、修身、齐家，只是一理。所谓格物致知，亦曰如此而已矣。此《大学》一书之本指也"②。这说明对"应天下之务"而言，格物依然是不可或缺的前提，通过格物致知、明理察变的工夫修为，"平治之效"才可能有所"着落"；而对"格物"本身来讲，治平之道亦是其本然包含的理论指向，格物穷理而能贯通平治，由此实现对整个《大学》之教的把握。

综上可知，一方面，"格物"在朱子的《大学》之教中，实具有先在性、基源性意义；另一方面，在《大学》工夫历程整体的意义上，才能全面透显"格物"的意蕴。

4. 格物与朱子之学

进一步说，"格物"对于朱子而言，其影响非《大学》所囿，而对其整个学说体系构成基础性影响，一定程度上形塑着其整个思想体系的学术品格。

其一，"朱子的格物致知思想直接关系到一切理学体系的着眼点——为学之方，又是他全部哲学的一个最终归宿"③。

首先，不同于"博物洽闻"、支离疏阔的知性论追求，"格物"乃"以反身穷理为主，而必究其本末是非之极至，彼以徇外夸多为务而不核其表里真妄之实……此正为己、为人之所以分，不可不察也"④。"格物"不是一味"外驰"，而以主体自身内在的工夫修为作为保障："大学须自格物入，格物从敬入最好。只敬，便能格物。"⑤ 与程子"未有能致知而不在敬"思想一脉相承，朱子以"敬"的工夫夹持格物，使之不走作，而渐渐弥合于理。从另一面看，主敬护持的格物穷理，亦是在专一集中状态下，

---

① 朱熹：《语类》卷一五，《朱子全书》第 14 册，第 497 页。
② 朱熹：《文集》卷四四，《朱子全书》第 22 册，第 2040 页。
③ 陈来：《朱子哲学研究》，第 328 页。
④ 朱熹：《大学或问》，《朱子全书》第 6 册，第 532 页。
⑤ 朱熹：《语类》卷一四，《朱子全书》第 14 册，第 443 页。

内心虚静明澈之应外。亦即，心与物、心与理，在"敬"的工夫下，可以关联在一起，这也是所谓"豁然贯通"环节的必要因素。居敬穷理，主敬涵养，彻始彻终，融通内外，"敬"在朱学中发挥"真切而决定性"（牟宗三语）之作用。程朱虽在理论目的上将格物穷理首先视为进行道德修为、提升道德境界的修养方法，但在实际情况中造成格致之认知性层面过于突出，使其不得不作出一些调适，同时对道德修养层面的"涵养"层面加以强调，"敬"得到凸显的原因即源于此。"故《大学》之书，虽以格物致知为用力之始，然非谓初不涵养履践而直从事于此也。"① 致知与涵养交相为助，并立为朱子为学之方，如车两轮，如鸟两翼，不可偏废，在知识与德性、理论认知与道德修养、外与内等两个层次兼涵并照，那种认为朱子为学只偏重其中一面的质疑是站不住脚的。当然，这两个层面在什么意义上实现统一，又是以怎样的方式贯通一体，则还有待考究，这是另外一个问题。

其二，重视践履、成圣成贤的理论追求。

践履是物格知至的必然结果。致知和知至略有不同，知识得到扩充是致知，可以是就一事而言，而知至则是反复致知，心有所通而知无不尽的状态。由此，格物（穷理）—致知（物格）—知至，构成一个完整的过程。知至即"知到十分""见得真切""当真见得"，这个过程亦即"真知"的获得，"格物，须真见得决定是如此……决定如此做，始得"②，真知必能行，"不真知得，如何践履得！若是真知，自住不得"③，"若实见得，自然行处无差"④，这就与行关联一体。格物工夫本身就蕴含着理论与实践的合一性。至，才能深、才能全，深才能真，全才能范围广、义理周遍，深且全，才能尽，尽才能使吾心之知扩充无疑。而知之尽处即是"行"，"真见得"方为"尽"，知至即为真知。故真见得，不仅行"住不得"，且"行处无差"。朱子《大学》观的一个基本看法是"《大学》是一个腔子，而今却要去填教实着。如他说格物，自家须是去格物后，填教实着。"⑤"填教实着"的归宿何在？"圣人做个《大学》，便使人齐入于圣贤之域。"⑥

① 朱熹：《文集》卷四二，《朱子全书》第22册，第1915页。
② 朱熹：《语类》卷一五，《朱子全书》第14册，第464页。
③ 朱熹：《语类》卷一一六，《朱子全书》第18册，第3658页。
④ 朱熹：《语类》卷一五，《朱子全书》第14册，第485页。
⑤ 朱熹：《语类》卷一四，《朱子全书》第14册，第421页。
⑥ 朱熹：《语类》卷九，《朱子全书》第14册，第303－304页。

而"《大学》物格、知至处，便是凡圣之关。物未格，知未至，如何杀也是凡人。须是物格、知至，方能循循不已，而入于圣贤之域"①。学者必须于格物致知工夫上真实用力，"便须是到圣贤地位，不到不肯休，方是"②。坚守成圣成贤的"为学第一义"，直到贯通无碍的境界，这昭示了朱子格物论的本真精神。

其三，针砭异端邪说的现实指向。

朱子之学是"战斗"的学问，时刻为捍卫道统、昌明道学、力驳异端、淑世安民开辟道路。早在批判吕大临《大学解》时，朱子就强调格物应积久贯通、理会实理、读书应事，以防落入释氏一闻千悟、一超直入之虚谈，迷于闻声悟道、见色明心之虚说，去文字而专体究，遗却圣门学问之实务。后在《大学章句》序中，朱子明确提出要对"惑世诬民、充塞仁义"的俗儒词章之学、释氏寂灭之教、世俗权谋之术等加以批判。其"格物"诠释鲜明地昭示出其批判性的锋芒所在。"格物"所含"即物""穷理""至极"三义，正分别体现着针对前述三类邪说的积极应对："'即物'针对离物求理的佛老异端，不求物理仅知求诸本心的心学；'穷理'指向辞章诗赋之学，批评其流于性情风月之抒写，丧失了文以载道的性质，实为无益身心之学；'至极'针对浙东功利之学，虽讲究治世之学，然而多流于外在事功末流，陷入无本之学。"③ 在批判异端邪说的过程中，朱子逐渐建立起以即事穷理、积习贯通为基本见解的格物说，成为其思想谱系的理论基石。

其四，文本脉络中"格物"的再厘定。

不可否认，朱子之学所强调的读书为学、学行互济、博学多识、内外一体、相须并进等观点，以及对反理性主义的抵制、对过分偏向神秘体验路向的纠正等思路，其《大学》"格物"论与有力焉。同时毋庸讳言，关于朱子思想品格的批评，往往集矢于"格物补传"为核心的"格物"论。这种批评主要来自文本和义理两个层面，因此围绕这两个层面略作分疏，对于透彻理解其格物思想乃至整个朱子之学，都是非常必要的。当然，此处仅是提供一点可能的理解方向。

朱子《大学章句》之注解每依"寻其义理无可疑""考其字义皆有据"

① 朱熹：《语类》卷一五，《朱子全书》第 14 册，第 480 页。
② 朱熹：《语类》卷一五，《朱子全书》第 14 册，第 468 页。
③ 许家星：《真知格物 必成圣贤——朱子"格物"解发覆》，《南昌大学学报（人文社会科学版）》2013 年第 5 期。

的标尺，较能疏畅《大学》之文辞，但立足经典诠释的立场，朱子的理解是否符合《大学》之"本义"，并非没有可待商榷的余地。《大学》的形式性很强，对仗工整，这是朱子补格物传的理由之一。但若从经文本身的形式上讲，可能恰恰不需要补传。尤其是那些不合通例的"突兀处"，尤其值得注意。后世尝言圣人言语未必在形式上句句例行统一，对其他经书而言，或许是可以的，但对《大学》这部纲领性的、教规性的著作，应谨慎对待。(1)经文中序八目之序时说道"致知在格物"，而没说"欲致其知者，先格其物"，"在"字意在突出二者之间紧密而内在的关联，"致知""格物"并非先后相序的两事，实则乃一事之两面。① (2)其下言"物格而后知至"再次证实了这层意思，按后面通例，应说"物格而后知致"才对，用"知至"而非"知致"，说明《大学》原意认为言物格即已包含了知致的意思，不须再言"知致"，其后只须将此知推向至极而已。(3)"物有本末"，"此谓知本，此谓知之至也"，有物有知，作为首章的总结而出现，说明首章即总说"格物致知"，并不缺传。朱子不取此意，为照顾体例，只能将此处别出一"本末传"，但这就造成纲目前后无应。(4)若按朱子之意，缺传需补，那从逻辑顺序和章法结构角度看，应补"致知在格其物""诚意在致其知"两传，体系上才完整，而不应只补一传。(5)从诚意章看，按例应以"所谓正心在诚意者"为起始，结尾应为"此谓正心在诚其意"，未这样讲，而单指提出"所谓诚其意者，在勿自欺"，结尾为"君子必诚其意"，鲜明地凸显出"诚意"的首要地位和引导作用。② 所以，《大学》本身未将格物致知作为诚意的并列条目，在《大学》看来，格物致知只是明晓纲目、节次和规模，了解本末、先后、终始之则，只是修养工夫的启蒙阶段，还不是作为工夫历程而出现的，真正的工夫教化是从"诚意"开始的。③ 古注中郑注孔疏疏解经义，即以"诚意"为此篇工夫头脑，说明古本自足诠释的可能性。当然，如何确定本义，这本身即是一个未决的或

---

① 　徐复观先生即由此认为是七条目而不是八条目。徐复观：《中国人性论史》，第 177 页。

② 　李光地对此章的评论也表达了这个意思："此章前诚意在致其知之文，后无正心在诚其意之释，章首又特揭诚意而于前后无所牵引，故知此章释体独与众条不同。盖以诚意为一篇之要。"(《大学古本说》)

③ 　元儒胡炳文立于朱学立场，曾对只作六传和诚意传的特殊性作了解释，并指出诚意章实际已含正心、修身之意于其内，聊备一说。胡氏道："《大学》条目有八，只作六传，格物致知二者，实是一事，故统作一传。自正心以下五者，工夫次第相接，故统作四传。唯诚意独作一传。然诚意者，自修之首，已兼正心修身而言矣。章末曰润身，曰心广，提出身与心二字，意皆可见。"(胡广、杨荣、金幼孜等纂修：《四书大全校注》，武汉大学出版社，2009，第 51 页)

开放的话题。不管朱子的解读是否可得《大学》本义，都不能抹杀其理论意义。从实谓、意谓、蕴谓、当谓到创谓，创造性的诠释，更能推动经文义理的延伸和扩展。朱子的诠释独具一格，自成体系，不仅对《大学》作出了融贯性诠释，并对其思想谱系产生了重要的形塑作用，而且为后世《大学》诠释建立了不可忽视的文本范式。其与上述文本分析之间的差别和空间，也为后世《大学》学提供着"诠释学契机"（Hermeneutical Moments）。[①]

其五，义理脉络中"格物"的再审思。

朱子将"格物"的核心内容，主要定位为"明善之要"。从内容上讲，所格之物既包括具体的客观的外在之物，又包括人伦规范、修身处事的内在之则。其指向的价值目标是认识到"所以然者不可易"与"所当然者不可已"，但与格物内容的两方面并不是一一对应的，需作辨析：

A 外在之物　　物理　　　　　　　　B 人伦之则　　人理

　a1 物理之所以然　　　　　　　　　　b1 人理之所以然

　a2 物理扩充人的知识和理性　　　　　b2 人理之所当然

朱子并未忽视道德修为的内在认同和转化，他对物理、人理及其各自层次，亦有清晰区分，并没有因为内在心性的修为而排斥知识的积习，而是将物理知识的学习作为成人、大人的积极因素，"廓然贯通、无有蔽碍"，使不会因见理不明而在修身成德的过程中成为羁绊。但若由此认为朱子乃智识主义、科技理性，则不免偏蔽，朱子包含知性的面向，并不代表他只强调物理，不论是从先后缓急，还是从最后归旨看，朱子所重无疑是在人理，在于成德，在于"为善之要"。后世还有一种批评，认为朱子格物说将为学与为道混为一谈、认识与伦理混为一谈、知识与道德混为一谈，将心与理分而为二，其对理的认识不能对内在心性起到应有的作用，如阳明格竹子的困惑就是这种理解的代表。但问题在于，将朱子的格物框定在 a1，责难其不能合理推出 b2，这并非朱子的本意，朱子格物涵盖面广，包含 A、B 两个系统，各系统内各有层级，b2 应建立于 b1 基础上；A 在 B 系统的发展上具有相须相待的助缘作用，但欲由 a1 推出 b2，只能

---

① 周启荣（Kai-wing Chow）认为朱子诠释《大学》创立了两个范式：文本结构的范式（经、传）和理论性质的范式（三纲八目）。详参 Kai-wing Chow, "Between Canonicity and Heterodoxy: Hermeneutical Moments of the Great Learning", *Imagining Boundaries: Changing Confucian Doctrines, Texts, and Hermeneutics* (State University of New York Press, 1999), pp. 147 - 163。

是出于对朱子格物说的误解。阳明格竹子造成的困惑，不是朱子的问题，是阳明自身理解的问题。他对朱子的批评："先儒解格物为格天下之物，天下之物如何格得？且谓一草一木亦皆有理，今如何去格？纵格得草木来，如何反来诚得自家意？"①，也不得不说未切中要害。

物理与人理的区分，外理与内理的相应，合内外之道也。学圣贤者，当求充其知能，扩其闻见，以免德性有不得扩充之亏。对学者而言，德性工夫不可遗闻见之知，而且闻见之知能为德性成就之资。求诸外正所以明诸内，非求诸外以补内之不足。知物之实然之理，使人应物当然之理呈现于心，心本有之性理亦可呈现出来。可见，朱子在理论主旨上对两方面均有照管，并相应区分，本是全面而规矩的学问体系，但不可否认，在理论发展过程中，朱子对物理和知识的层面给予了过多的关注和讨论，造成与其整全的理论规划之间产生了一定偏差，在此意义上的格物穷理可能导致对德性工夫与修身养性的忽略，受到误解在所难免。② 更重要的问题在于，还应认识到理学的真正弊病似还不止于"忽略身心的修养"，更关乎如何实现身心的修养，即对由外理到内理、由知识到道德、由致知到诚意之间的转关处，能不能给出透彻的说明和厘清。朱子只补"所谓致知在格物"，而未补"所谓诚意在致其知"，虽然陈来先生认为朱子补传也包含了"所谓诚意在致其知"的内容，在充分格物穷理的前提下，可以无限地切近心与理一，使致知和诚意具备了完全的充分条件；但究极而论，朱子主张"诚意"以致知为前提，知之真切必然可以贯通诚意，这一思路下，谁又来保证"知之尽"必然可以转出"知之切"，而实现"真知必能行"呢？"诚意"是否会由此沦落为知识之诚，诚的只是知，而失却作为"行动之源""道德真几"的价值本原作用呢？这是朱子哲学始终需要面对的问题。

总体而观，朱子"格物教"论说深刻并不失全面，具体深微，面面俱到，对其他节目亦有强调，如"修身为本""明明德为《大学》第一纲领"

---

① 王阳明：《王阳明全集》，上海古籍出版社，2011，第 135 页。下引阳明原文皆据此版。

② 陈来教授指出："本来，个人修身和道德情操的培养始终是理学的基点和归宿，可是，在程颐，特别是朱熹哲学中由于更多地容纳了追求外界知识的内容，造成了格物穷理的具体活动与理学所规定给它的出发点和最终目标之间的某种不一致。王阳明格竹诚为误解，但也反映出，如果不是事先确定去事物上印证天理的普遍性，人们很难直接从对自然事物的了解去把握天理。因此，在格物穷理上包含着可能突破理学的倾向：一种是埋头古人之书而忽略身心的修养；一种是完全投入对自然事物的研究。由于理学对玩物丧志的斥责甚严，因之只有前者真正成为理学内的现实弊病……"（陈来：《朱子哲学研究》，第 378 页）

"明善之要、诚身之本，皆初学当务之急"，这些不同说法，应在各自的语境中得到理解，不应混沌、平直地视之。事实上，朱子对"格物"的重视超过任何一目，上述"本""要""第一纲领"等只有在格物工夫的基础上才能成立，"格物"被强调为"第一义"正是要说明这层意思："《大学》是圣门最初用功处，格物又是《大学》最初用功处"①，"格物致知是《大学》第一义，修己治人之道无不从此处"②，"故大学之道虽以诚意正心为本，而必以格物致知为先"③。这里"先"不仅是作为"八目"工夫历程之第一目的先，而且是作为每一目工夫实行之必经阶段的先。后者正是前文所言格物之"总体"义，由此可涵括其他条目于其中。故在朱子那里，"格物"是绝对不容绕过的，不经过"格物"，其他一切工夫将根本无从获取成立的可能。④ 应该指出，从基础义和总体义两个层次，方可全面把握朱子格物的内涵。作为总体上之"源头"，以及各阶段之"起手"的"格物教"，主要在理论发生学的意义上，体现着"思想宇宙论"的意味，应被视为朱子思想体系的基础理论范式。

　　而跳出朱子学来看的话，我们发现朱子的格物解仍然具有重新审思的空间，其间就蕴含着阳明学之所以转出的一大理论机缘。

二、统摄的"致知"

　　前文从文本和义理两方面对朱子"格物"论进行了分析，两方面都蕴含着转向的可能，阳明学的兴起于此具备了相应的契机。就文本言，王阳明祭出古本大学，否定朱子章句及其他改本；就义理言，阳明以致良知为为学宗旨，主张立足自家心体做工夫。当然，文本方面的定位，主要还是依于思想义理的方向而作出的相应调适。

　　朱子的格物始终与道德涵养共进，并与具体的工夫践履交互相成，它是一个动态的实践过程，而不是一个静态的认知原理，对朱子格物论的评

①　朱熹：《文集》卷五八，《朱子全书》第 23 册，第 2772 页。
②　朱熹：《文集》卷五八，《朱子全书》第 23 册，第 2773 页。
③　朱熹：《文集》卷五九，《朱子全书》第 23 册，第 2811 页。
④　明儒湛若水作《圣学格物通》，进一步明确提出以"格物"收摄圣学，并提炼出格物之所以可通圣学的四层意涵，即总括之义、疏解之义、贯穿之义、感悟之义。此说亦可备考。参湛若水：《圣学格物通》，广西师范大学出版社，2015，第 79 - 81 页。

论不能仅从认识论、知性论的角度加以审视，还要结合朱子成德之教的工夫论来理解。但从其思想理路和逻辑看，不能不说还是存在着转化机制上的理论困结的。接续前文的相关反思，前文指出阳明的"格竹子"，以及对朱子格物的批评（纵格得草木来，如何反来诚得自家意？），实乃阳明自身理解有差，不是朱子自身的问题。但阳明批评朱子"析心与理为二"，则是朱子无法回避的，"所以然"与"所当然"、"众物之表里精粗"与"吾心之全体大用"，自始就存在着逻辑上的"间距"和紧张。一方面，从道德哲学的角度看，"是"并不必然规定"应当"，"实然"并不必然蕴含"应然"；另一方面，从意志哲学的角度看，考虑到意志薄弱或意志无力情形的存在，"知"并不必然推出"行"，即使是"知之尽"。故朱子"格物"论从对存在之理（即使是人理）的认识（是、知），而转化出本心内在存有的内容（应当、实行），这一思想理路是很成问题的。牟宗三先生曾就此指出，这一思路恰恰是朱子学说的根本症结所在。他认为朱子所谓的心具众理、心包众理，只是认知地具、涵摄地具，走的是顺取之路，非逆觉体证的直贯系统，不能直接肯认大本，不能从本心性体的自主、自律、自决、自定方向上自知是非，则难免有差。"即物穷理之真实作用即在'心静理明'，其确定意义即是顺存在之然而明其所以然之'存在之理'以成德性之知，以便使吾人之心气之一切发动皆如其所以然之存在之理而成为如理之德行也。"① 从"即物穷理"说德性之知，不就本心性体或诚体之明说德性之知，"心气依性理而发，而性理自身只存有而不活动，并无创生妙运之神用与兴发道德行为'沛然莫之能御'之大用"②。所以，格物穷理在成就经验知识的道问学层面有积极意义，但就把握存在之理以成"德性之知"看，恐怕只能起到消极的作用。而且，朱子系统中作为"存在之理"之性理所表示的"所当然而不容已与所以然而不可易"实并提不住道德上之"应当"义，只顺理即可成就道德，实然通其所以然，而定然即是应当，"应当"全由穷理的实然性来决定，全转成平铺之实然，这就造成道德活动之创造性与动力性的缺失。③

---

① 牟宗三：《心体与性体》（上），吉林出版集团，2013，第 93 页。
② 牟宗三：《心体与性体》（上），第 93 页。
③ 牟宗三：《心体与性体》（上），第 98 页。牟先生认为，朱子即物穷理的格物说，并不能真正判别佛老，佛老也不是完全离却事物。朱子格物说的泛认知主义导向他律道德，非真正清澈的道德本性，只是横向兼摄，不是自道德创造之源上直贯而下、逆觉体证，以自觉自律来保住道德本性。

　　由此可见，对如何成就道德和实现修身问题的不同解决，才真正彰显心学和理学的分野所在。阳明和朱子的分歧，其间缘由亦非出自对格物的理解上，而在于"成德"进路上根本有别的定位，具体体现为为学工夫的不同开展。这点在朱陆之争中已表现得很充分。是以道问学基础上来成就德性之尊，还是直接挺立德性之尊、肯认本心良知？阳明明显是后一路数。明确了这些分歧和差异，才能理解阳明为何要"走出朱子"并重新探寻和建立起良知学思想体系。

　　需要指出，"走出朱子"并不是说与朱子无涉。事实上，阳明虽属心学，其思想主题却主要是对着朱子学而来。阳明不再像陆象山那样主要以《孟子》为经典文本，而是依于《大学》的理论脉络来进行心学建构，"整个阳明哲学的概念和结构都与《大学》有更为密切的关联，这也是阳明受到宋学及朱子影响的表现之一"①。有学者据此提出是阳明而非象山开创了心学。② 基于象山"心即理"接续孟学慧命的思想意义，及其反拨理学的历史意义，我们并不认同此论点。但此论点在一定程度上折射出象山存在的问题，尤其在工夫修为层面论说较显粗疏，集中体现于对作为朱子学理论基石的《大学》工夫的诠解，象山并未给出相应的心学回应，在某些《大学》条目解释上反受朱子影响。因此，明代王阳明立足心学对朱学的反动，能否对《大学》作出系统的心学解读，将作为心学根柢的孟学思想贯彻到《大学》中去，给出心学工夫论的系统化表述，已成为明代心学复兴需要面对的一个"时代课题"。故这里所说"走出朱子"，主要是指更端别起、"扭转"学脉的意义，阳明承继、推进并光大心学思想，实际上离不开对朱子学的兼收并蓄。③ 总的来说，阳明综合了朱陆——朱子学工夫论的基本架构和陆九渊心学的基本方向，但不是平铺的综合，而是融摄的综合，以心为主宰，以致良知脉络，将本体与工夫、德性与知性贯通为一。通过扭转、融摄、贯通，阳明细化了象山，扭转了朱子。

　　上述思想的承和，反映在经典诠释与传承上，即阳明立于"致良知"

---

　　① 陈来：《有无之境——王阳明哲学的精神》，生活·读书·新知三联书店，2009，第133页。

　　② Wm. Theodore de Bary（狄百瑞），*The Message of the Mind in Neo-Confucianism*（Columbia University Press，1989），pp. 79 - 87.

　　③ "阳明之学，虽归宗近象山，其学之问题，则皆承朱子而来；其立义精处，正多由朱子义，转进一层而致。"参唐君毅：《中国哲学原论·原教篇》，中国社会科学出版社，2006，第187页。

宗旨，以《大学》心、意、知、物作为基本的问题、理路和结构，形成独具一格的《大学》学。此节依然延续上一节的结构，主要围绕如何通过《大学》诠释建立为学宗旨，又如何立足为学宗旨展开《大学》诠释来进行叙述。我们将看到，如果说朱子的"格物"宗旨主要体现出宇宙论、发生学意味，是《大学》工夫的最初下手处，阳明建立的"致良知"宗旨，则是在本体论的层面，成为整个工夫的终极根据和逻辑因由，展现出生发性的意义。

1. 旨三变：从"格物"到"诚意"到"致知"

伴随着对《大学》的理解、体会和深入，阳明为学宗旨的建立经历了一波三折的转变过程。

首先，"格物"之困。

阳明早年即对成圣成贤产生了浓厚的兴趣，认为自己对"学做圣贤"的志向相知相契，并将之作为"人生第一等事"来努力。故他"遍求考亭遗书读之"，希望通过朱学找到圣贤学问之门径。朱学在明代中期以前仍具有笼罩性的影响，一定程度上朱学即儒学的代名词，官方以阐朱为旨的《四书大全》的颁行，是朱学兴盛的一个例证，阳明受朱学影响，试图由之找到入圣之门，是很自然的事情。阳明找到的入手点为"格物"，他认为朱子"格物"主张"一草一木皆有至理"，故就近取"庭中之竹"格之，"沉思其理"，试图从中能获得对至理的认识。但这种做法并不符合朱子的格物主张，一者朱子认为所格之物有轻重缓急之序，二者朱子认为格物应在"已知之理"的基础上进行。阳明"格竹"之类"存心于一草一木"，遽然取物来格，未区分物之轻重缓急，沉思悬悟的方式，也不符合朱子循序渐进的教导。阳明格竹子的行为在朱子看来无异于"炊沙成饭"。阳明误用"格物"的结果，当然难以得到理之所以然，这一度导致阳明认为自己没有圣贤之资，而转入佛老、兵法、养生之学求取心灵慰藉。但这种误解背后也隐藏着某种必然，阳明"学做圣贤"的心志与朱子格物穷理、循序读书的为学之方不能相应，尤其是当时支离眩惊、务华绝根的世俗为学习气，更显示出朱学教导与达致圣贤之间的背道而驰。阳明以默坐沉思的方式进行"格竹"，表面上是格"物"，实质上还是"安内"的问题，即如何把握内心的澄明进而领会终极的道体，从而实现圣贤境界的达致。这种方式已经表明阳明对穷格外物的知识性诉求的质疑和排斥，以及对在内心做工夫的肯定和认同。当然，阳明当时还未能完全认清其间的紧张，只能依附朱子而对自身产生怀疑。但不能否认，后来阳明的龙场悟道以及对朱子格物论的全面清算，在此时的格物困惑中已初步立根。这从相反的角度表明，朱子格物论对阳明的影响深远，已构成其思想宗旨破茧而出的理论原点。①

阳明二十七岁时，一日读晦翁《上宋光宗疏》居敬持志、循序致精读书之方有所启发，"乃悔前日探讨虽博，而未尝循序以致精，宜无所得；又循其序，思得渐渍洽浃，然物理吾心终若判而为二也"②。这说明阳明一方面积极吸取朱子循序精进的读书法，对早年的躐等冒进有所反思；但另一方面还是导致物理吾心二分的"旧疾复发"，仍不能获得身心的圆融和安顿。阳明此时已逐步找到了问题所在，不过未能真正解决（当时阳明遇到道士讲养生法，还产生了归隐之念），这种困惑一直延续到龙场悟道。

其次，"诚意"为本。

正德三年（1508），阳明谪居贵州龙场，居夷处困，念念在心的仍是"圣人处此，更有何道"，端坐澄思中忽然"大悟"格物致知之旨，"始知圣人之道，吾性自足，向之求理于事物者误也"③。至此阳明确立起转向内在、就心体用功的为学路向。而对内向工夫路向的把握，主要通过"诚意"来实现。这一阶段，阳明显示出对"诚意"的高度强调："与朋友论学，惟说'立诚'二字"④，"君子之学以诚意为主"⑤，"圣，诚而已矣"⑥等说法，一致表明了此时的立说重心。钱德洪所记与之相符："至龙场，再经忧患，而始豁然大悟良知之旨，自是出与学者言，皆发诚意格物之教。"⑦"诚意"凸显的同时，伴随着文本的批判，阳明在龙场时就开始质疑朱子改本，认为离析了圣人之意，主张应回到古本。古本的优势在于，一是可以取消朱子格物补传的合法性，二是使"诚意"章的首要地位重新突出，三是将对朱子格物说的批评、自己"诚意"说的论证建立在更为原始的权威文本基础上。正德十三年（1518），阳明正式刊刻《大学》古本。通过古本的序言和傍释，可以较为系统地表达阳明"诚意"之旨。《大学

---

① "尽管三十七岁的龙场悟道是阳明格物思想的一个转折点，但与陆九渊、陈献章不同，王阳明的问题意识始终是从朱子的格物思想出发的。他自己所建立的理论体系也主要是针对朱熹的格物理论。"参陈来：《宋元明哲学史教程》，生活·读书·新知三联书店，2010，第353页。

② 钱德洪、王汝中辑：《年谱》弘治十一年戊午，《王阳明全集》，第1349－1350页。

③ 钱德洪、王汝中辑：《年谱》正德三年戊辰，《王阳明全集》，第1354页。

④ 王阳明：《与黄宗贤·五》，《王阳明全集》，第171页。

⑤ 王阳明：《答王天宇》，《王阳明全集》，第183页。

⑥ 王阳明：《书王天宇卷》，《王阳明全集》，第302页。

⑦ 王阳明：《答论年谱书》，《王阳明全集》，第1523页。

古本原序》首先提出"大学之要，诚意而已矣。诚意之功，格物而已矣。诚意之极，止至善而已矣"①。以"诚意"来贯穿和统领整个《大学》工夫。这一主张在《大学古本傍释》中得到贯彻："修身惟在诚意，故特揭诚意，示人以修身之要"②，解释了"诚意"一章为何首出；其他条目如格物、正心以至齐治平的亲民工夫，阳明注释认为都是归到人身上说，"修身工夫只是诚意"，故都应统摄到"诚意"上来理解。其中，诚意和格物之关系的重新定位是一个重点。《大学古本原序》："诚意之功，格物而已矣"，"格物以诚其意，复其不善之动而已矣"③。以诚意为格物的头脑，格物为诚意的具体落实工夫。《传习录》中阳明回答蔡希渊的一段话，更清楚地表达了这层意思。蔡希渊认为朱子改本先格致后诚意，与首章所述工夫次第相合，而阳明旧本，诚意在格致之前，不能释然。阳明指出"以诚意为主去用格物致知的工夫，即工夫始有下落"，否则先穷格事物之理，就会"茫茫荡荡无着落处"，所以朱子必须再添一个"敬"字，将穷理拉回到身心上来。④"诚意"为工夫头脑，一是不须再添居敬涵养工夫，费一转手；二是不会支离务外，追求无关身心的知识。以"诚意"来"植根"，"先立大本"，使阳明工夫整体体现出明确的直接性和内向性。本于"诚意"，"物"不再是客观外物，"物者意之用"⑤，即"意"中之物。这样诚意统率着格物，格物体现着诚意，两工夫乃一体之两面，二者不容分离，也无法分离。《大学古本原序》中讲到格物、诚意单提，则会分别落入"支离"和"空虚"的弊病，显然是针对朱子格物支离务外的偏向而发的。不过，在强调诚意的同时，阳明一直以格物为呼应，也不能不说是有得于朱子对格物的重视来弥补象山心学工夫的粗疏。

阳明思想的变动轨迹，一直有所谓"学三变""教三变"之说⑥，一个是问学经历的演变，一个是"教法"演变，没有专门对其"为学宗

---

①　王阳明：《大学古本原序》，《王阳明全集》，第1320页。

②　王阳明：《大学古本傍释》，《王阳明全集》，第1316页。

③　王阳明：《大学古本原序》，《王阳明全集》，第1320页。

④　王阳明：《传习录上》，《王阳明全集》，第38-39页。

⑤　王阳明：《大学古本傍释》，《王阳明全集》，第1316页。

⑥　此说有多种概说说法，比较有代表性的是阳明弟子钱德洪、王龙溪的概括。钱德洪《刻文录续说》：学三变：驰骋辞章、出入佛老、悟于圣贤；教三变：知行合一、静坐、致良知。（钱明编校整理：《徐爱·钱德洪·董沄集》，凤凰出版社，2007，第185页）王龙溪《滁阳会语》：学三变：泛滥词章格物穷理、出入佛老、龙场神悟；教三变：默坐澄心、动静合一工夫本体、致良知时时知是知非时时无是无非。（吴震编校整理：《王畿集》，凤凰出版社，2007，第33页）

旨"的变动作出总结。阳明为学之旨其实也经历了三个阶段，表现出从"格物（穷理）—诚意—致知"的演变过程，笔者认为可称之为"旨三变"。这一提法并不是否定前说，而是更全面地揭示阳明思想的转变轨迹，弥补学三变、教三变的说法中均未提到"诚意"一节的缺漏。① 这里的"格物"是朱子穷理意义上的，早年虽未与之相契，但对朱学基本还是尊信态度。阳明"诚意"宗旨下的"格物"其实就是正念头，即诚意。湛若水在阳明墓志铭中总结认为，阳明"初主格物说，后主良知之说"②，这里的"格物"指的就是诚意统率下的格物，即格其不正以归于正。阳明在平藩之前有十多年的时间一直以"诚意"为立说宗旨和教学头脑，不应被忽略。

最后，归宗"致知"。

诚意说的意义还在于它构成了致知说得以提出的逻辑环节。自阳明立"诚意"宗旨后，受到很多质疑。前引其弟子蔡希渊的疑问即是一例。更大的挑战来自罗钦顺。正德十五年（1520），王、罗进行了一次问学论辩，罗就《大学古本傍释》提出批评："'意用于事亲，即事亲之事而格之，正其事亲之事之不正者以归于正，而必尽夫天理'。盖犹未及知字，已见其缴绕迂曲而难明矣。"③ 以"格物"为格意中之物，有曲折解释之嫌；以"格物"为"诚意"，使"致知"一节被架空。罗的批评实际指出，阳明主于"诚意"造成与《大学》原有工夫次序相违，是对经典的误读，更关键的问题在于，阳明未能认识到"致知"的价值，这可能无法免于理论方面的缺陷。罗钦顺的批评涉及文本和思想两个角度，已构成对阳明《大学》诠释合法性的挑战。阳明很快对此作出回应，他将"致知"嵌入格物、诚意之间，试图以此消解罗所指出的问题，他说："以其凝聚之主宰而言，则谓之心；以其主宰之发动而言，则谓之意；以其发动之明觉而言，则谓之知；以其明觉之感应而言，则谓之物。"④ "知"是"意"之发动意义上的知，只不过是较为"明觉"的意，本质上还是隶属于"意"的层次，这与后来本体意义上作为"意"之先天决断的"知"是不同的，至少从"以其发动之明觉"看，其先天决断义还没有充分明确；以"明觉之感应"言

----

① 阳明此阶段对"诚意"的重视，很多学者都有指出，此处提出应将这一阶段统合到"宗旨"三变的过程中。

② 湛若水：《阳明先生墓志铭》，《王阳明全集》，第 1539 页。

③ 罗钦顺：《与王阳明书》，《困知记》，中华书局，1990，第 109 页。

④ 王阳明：《答罗整庵少宰书》，《王阳明全集》，第 86 – 87 页。

物，也与"意之所在便是物"的话头形成对比。① 笔者倾向于认为此一说法迁就于罗之质疑，并不是关于《大学》诠释的成熟思考，不能作为定说。不过，罗的质疑显然对阳明产生了很大的思想刺激，尤其是"致知"的问题，正式进入其致思轨途。思考的初步结果，在嘉靖二年（1523）的《大学古本序》中集中体现出来。此序即在《大学古本原序》基础上补入"致知"内容修改而成。改序产生两个重要变化：一是"致知"不再是可有可无的环节，"故致知者，诚意之本也；格物者，致知之实也"②；二是阳明明确从本体意义上定位"致知"，并以之取代"诚意"成为新的"根本"，"本体之知，未尝不知也"，"不本于致知而徒以格物诚意者，谓之妄"③。至此，基本确立起"致知"的宗旨，宜乎改序以"乃若致知，则存乎心悟；致知焉，尽矣"④ 作结。

《大学》经文指出"欲诚其意者，先致其知"，"知至而后意诚"。"诚意"本以"致知"为前提，从"诚意"回向"致知"，也具有文本上的依据，体现出对文本原意的回归。更重要的是，这一转向，与阳明思想的内在逻辑密切相关，这个角度涉及对"致知"意涵的理解。

阳明"诚意"说本身存在一定的漏洞，"意"在逻辑上可以包含"不善"或"恶"的意（其晚年教法称"有善有恶"为"意之动"正说明了这一点），那么"诚意"就不能避免"好恶恶善"之类问题的发生。⑤ 也就是说，"诚意"的伦理指向并不确定，可能会使"诚"工夫出现昏杂错乱。⑥

---

① 牟宗三先生提出阳明言"物"有"明觉之感应"和"意之涉着处"两种方式，关于二者的意义指涉之不同，可参牟宗三：《从陆象山到刘蕺山》，吉林出版集团，2010，第174页。陈来先生亦撰文指出阳明中年讲学解释"格物"确立了"意之所在便是物"这一关于"物"的基础性定义，在其晚年发生变化，而以"明觉之感应"来界定物，认为阳明晚年从"意之所在"和"良知明觉"两条思路并行言物，参陈来：《王阳明晚年思想的感应论》，《深圳社会科学》2020年第2期。不过此处作为对罗钦顺的回应，明显无法完全脱离经典诠释的路径来衡量，在《大学》的解释上，阳明仍然是偏重以"意之所在""意之涉着"来言"物"，并最终给出心意知物的融贯诠释。当然，陈来教授强调以"明觉之感应"言物体现出物是与心发生感应关系的对象，可从感应论的角度对阳明晚年思想进行新的阐发。不过从《大学》学的角度看，此处集中的问题关键还不在"物"之内涵，而在"意"与"知"的本体定位问题。物的内涵可由良知本体的定位下获得理解，感应论可以作为其中一个方面。
② 王阳明：《大学古本序》，《王阳明全集》，第271页。
③ 王阳明：《大学古本序》，《王阳明全集》，第271页。
④ 王阳明：《大学古本序》，《王阳明全集》，第271页。
⑤ 后来阳明后学如王龙溪直接指诚意为后天之学、良知为先天之学。刘蕺山批判阳明学的重要一点也在于此。此处不作展开。
⑥ 陈来先生曾指出这点，参陈来：《有无之境》，第145-146页。

尽管阳明强调"诚意"在着力落实"好善恶恶"之意的一面，但为了保证思想逻辑的完善，为"意"之分辨找到先天保障就成为理论发展的必然要求。与之相应，如果"意"之善恶不能辨别，"诚意"统摄下的"格物"也无法顺畅展开为"正其不正以归于正"，至少在理论逻辑上是不严密的。阳明认为孟子的"良知"观念可以有效解决这一问题。他认为"良知"即孟子所谓人人皆有的"是非之心"："不待虑而知，不待学而能，是故谓之良知。是乃天命之性，吾心之本体，自然灵昭明觉者也。"① "是非之心"乃人之先天本具的决断能力，以此为根柢，"良知"可自然知是知非，从而对善、恶存有本然的判准意识："良知只是个是非之心，是非只是个好恶，只好恶就尽了是非，只是非就尽了万事万变。"② 在"良知"的保障下，善恶分辨，"诚意"才可以正确地去好其所好、恶其所恶，而不进入误区；对于"不正之意"，正可以驱动"为善去恶"的"格物"工夫来对治，即知即行，接续到工夫实践领域。

可见，"致知"即是"致良知"。阳明在文本诠释与思想逻辑的双重推动下，一方面，要为"致知"找到合理的解释，使其在《大学》工夫序列中得到恰切安排；另一方面，又要弥补"诚意"说的漏洞，为"格物""诚意"提供是非、善恶的觉知依据。他发掘出孟子的"良知"观念弥补思想漏洞，同时，"良知"又恰恰方便接榫"致知"，使"致知"获得实质性意义。两方面均得圆融，使他坚定地将"诚意"宗旨转变为"致知"宗旨。确立"致良知"的宗旨，格、致、诚三节工夫亦联结成一个有意义的整体，在"良知"之"知"的基础上来讲"致知"，也为纠正以往单纯从知识角度来理解"致知"、扭转朱子穷理意义上的"格物"，提供了理论支持。"良知"观念对推动阳明思想发展所起之作用，于此可见一斑。

阳明曾自揭："吾良知二字，自龙场以后，便已不出此意。只是点此二字不出。于学者言，费却多少辞说。今幸见出此意。"③ 点不出、费言辞，恐怕与其辗转于"诚意"说有很大关联，"良知"早已包含在龙场之悟的说辞中，亦表明从"诚意"说转出"良知"、本于"良知"来开展"致知"，不过是其自身思想发展所蕴含着的必然。

---

① 王阳明：《大学问》，《王阳明全集》，第 1070 页。在《大学问》中，阳明对"欲诚其意者，先致其知"的因由进行了较清晰的阐释。
② 王阳明：《传习录下》，《王阳明全集》，第 126 页。
③ 王阳明：《〈传习录〉拾遗》，《王阳明全集》，第 1290 页。

2. 致知之义

以上侧重从宗旨的演变脉络角度来讲。致知即致良知，以"致良知"为宗旨，其丰富意涵还有待进一步分说。下面分别从"良知""致""致良知"三个层面来解析。

从内容上讲，"良知"大致展现为以下四种面向：天赋的道德意识（"天理之昭灵明觉"）、在实事中锻炼成的判断是非善恶的能力（"是非之心"）、能思维的主体（"思乃良知发用"）、宇宙的具体而微的表现（"造化的精灵"）。[①] 从功用上讲，"知善知恶是良知"，"知善知恶"的能力是人人本具的是非之心所先天本有，对意之善恶的判别起着决断作用，同时继起为善去恶的工夫来实现不善之"意"的转化，故良知之"知"是超越的知、主宰的知、转化的知。表现在发用形式上，良知之用具有既虚亦实的特点："一方保住并彰著心体之绝对至善性，且是了解'心之所以为心'之诀窍；一方超越而驾临乎经验的善恶念以上，对治而转化之，因而亦是开'先天的工夫'之诀窍。"[②] 内容和功用上的特征，源出于"良知"有无合一的双面规定性，即良知含有"本质内容"和"作用形式"两方面的规定[③]：前者体现为天理、本心、至善等，乃"连续性存有整体的本体"，后者即发用、流行、作用等方面，体现出"自然而然、无执不滞的先验品格"。正是在此即体即用的维度上，阳明一面说"良知即是天理"[④]，一面又讲"致吾心良知之天理于事事物物"[⑤]。既强调了良知的本体性，又指明了良知的实在性，既将天理收归吾心，又以天理为心物之关联。由此可具三层意义：一是使阳明心学与佛教心学区别开来，佛教之心不能正视"理"的价值；二是与朱子之学区别开来，理不待外求，简易直接，否则理求之于外，乃知性进路，落到"身心"总还要有转手工夫（如朱子诉诸"敬"的涵养）；三是为普通民众获得天理，确定了主体的根据。总的来说，良知体现为主观性（"知是知非"）、客观性（"良知即天理"）、绝对性（"乾坤万有基"）的统一。[⑥]

---

① 张学智：《明代哲学史》，中国人民大学出版社，2012，第102–112页。

② 牟宗三：《宋明儒学的问题与发展》，华东师范大学出版社，2004，第138页。

③ 彭国翔：《良知学的展开——王龙溪与中晚明的阳明学》，生活·读书·新知三联书店，2005，第36页。

④ 王阳明：《答欧阳崇一》，《王阳明全集》，第81页。

⑤ 王阳明：《答顾东桥书》，《王阳明全集》，第51页。

⑥ 牟宗三：《从陆象山到刘蕺山》，第三章第一节。

"孰无是良知乎？但不能致之耳。"① 从本体上讲，良知人人具有，现成自足，但能不能实现出来就要看工夫修为了。"致"的涵义可分为三个逐层展开的环节：扩充、至极、实行。② 扩充：致其知即"充其恻隐之心"③，还要"充扩得尽"，"扩充到底"④；至极："致者，至也。如云'丧致乎哀'之致，《易》言'知至至之'，知至者知也，至之者致也"⑤，"必尽夫天理，则吾事亲之良知无私欲之间而得以致其极"⑥。实行："实实落落依着他去做"⑦，"决而行之者，致知之谓也"⑧，"致是良知而行"⑨，"'致知'之必在于行，而不行之不可以为'致知'也"⑩。还有学者将"致"的涵义总结为扩充义和披露义，或达到和推行，或充拓至极义和推致实行义等等⑪，基本未出前述三义的格局。

"致"和"良知"联结一体，揭示出"致良知"教义在思想进路上即从先天的本然到主体的明觉、从主体的明觉再到实行的自觉这样一个连贯性的存在实现系统。"致"之扩充义是指良知的实现方式，说明并非还有一个外在之物在指引良知不断开展"致"的工夫，"致"乃良知自知的推动。阳明讲"乃若致知，则存乎心悟"，良知是由"悟"而行，乃"逆觉体证"之路向，对天理之当然之则积极认取，属于意志的自主、自律而不需他律性的指引。至极义指向良知的本然状态，强调全体之知，而不止步于一节之知，主张致"良知之体"而不仅致"良知之端"，在获取良知全体及本体的意义上，会为良知本身的自我实现活动提供更坚实的推动力。故"至极"既是良知"扩充"的一个结果，同时构成对其实践动力之根源的培护和保障。"至极"还必然有"实行"，和朱子的格物说之"至极"必然转出"行"不同，朱子的知行合一是理论逻辑导出的合一，而"致良知"作为主体自我教化的实现以及以此为基的泽被化育，本身即是道德实践之行，或者说，"实行"正是达到"至极"过程的必要环节。这也是为

① 王阳明：《与陆原静》，《王阳明全集》，第 211 页。
② 陈来：《有无之境》，第 205 页。
③ 王阳明：《传习录上》，《王阳明全集》，第 7 页。
④ 王阳明：《传习录下》，《王阳明全集》，第 109 页。
⑤ 王阳明：《大学问》，《王阳明全集》，第 1070 页。
⑥ 王阳明：《大学古本傍释》，《王阳明全集》，第 1316 页。
⑦ 王阳明：《传习录下》，《王阳明全集》，第 105 页。
⑧ 王阳明：《书朱守谐卷》，《王阳明全集》，第 308 页。
⑨ 王阳明：《书朱守谐卷》，《王阳明全集》，第 311 页。
⑩ 王阳明：《答顾东桥书》，《王阳明全集》，第 56 页。
⑪ 分别见牟宗三《从陆象山到刘蕺山》、杨国荣《心学之思》、张学智《明代哲学史》。

什么阳明提出"致良知"之后无需再大提"知行合一"，因为"致良知"即知即行，只要保证工夫之"致"的落实即可。

　　"致良知"的落实，一个要点在于"知识"要素的重要性，这点常被忽视。阳明讲道："知如何而为温清之节，知如何而为奉养之宜者，所谓'知'也，而未可谓之'致知'。必致其知如何为温清之节者之知，而实以之温清，致其知如何为奉养之宜者之知，而实以之奉养，然后谓之'致知'。"① 通常比较注意这段话中"实以之"，这确合阳明之意，即强调"致知在实事上格"的论调。但此段中"如何"二字也非常关键，它指示出"致知"之义内具对相应知识的掌握。不过，阳明对"知识"有许多否定论述，容易产生误解。如《大学问》言："致知云者，非若后儒所谓充广其知识之谓也，致吾心之良知焉耳。"② 这是就朱子格物而言，他认为朱子追求知识是外在的物理，无关乎身心，故对此单纯的知识追求加以拒斥。"大端惟在复心体之同然，而知识技能非所与论也。"③ 这里是就"大端"而论，是对内在心体优先性的强调，主要针对务外支离、徒求虚文而言，这样不仅无益于道德实践，其所求之知识也发挥不了真正的作用："苟无是心，虽预先讲得世上许多名物度数，与己原不相干，只是装缀，临时自行不去。"④ 所以不能由此认为阳明不重视知识，恰恰相反，阳明致良知包含着对知识的推求。从应当去做到实际去做，还要充分考虑"如何去做"，如何去做，就包含着许多知识技能方面的问题。知识技能是致良知可以真正实行开来的必要保障。阳明一生经历的功业事迹，大都取得非凡的成就，并不仅仅是以良知的热情就能实现的。阳明"致良知"体现出道德情感与道德理性的统一。牟宗三先生分析道："然在'致'字上，亦复当有知识所知之事物律以实现此行为。……是以在'致'字上，吾人可摄进知识而融于致良知之教义中。要致良知，此'致'字迫使吾人吸收知识。……是以此一知识之一外乃所以成就行为宇宙之统于内。……然知识虽待外，而亦必有待于吾心之领取……"⑤ 张学智先生也特别强调：良知驱迫主体去获取知识，以此知识为致良知之助缘。⑥ 这表明，"致良知"

---

①　王阳明：《答顾东桥书》，《王阳明全集》，第 55 页。
②　王阳明：《大学问》，《王阳明全集》，第 1070 页。
③　王阳明：《答顾东桥书》，《王阳明全集》，第 62 页。
④　王阳明：《传习录上》，《王阳明全集》，第 24 页。
⑤　牟宗三：《从陆象山到刘蕺山》，第 159 页。
⑥　张学智：《明代哲学史》，附录二。

不仅不排斥知识，而且与知识构成双向互动，致良知的过程需要知识的参与，良知之"致"会主动地驱迫主体去获取知识，致良知之"致"具备摄取、掌握知识的自觉能力，致良知对知识的获取，同时也是知识之所以成立的必要过程。

良知与知识的互动，对良知教化的实现具有积极意义。"良知不由见闻而有，而见闻莫非良知之用。故良知不滞于见闻，而亦不离于见闻。……大抵学问功夫只要主意头脑是当，若主意头脑专以致良知为事，则凡多闻多见莫非致良知之功。盖日用之间见闻酬酢，虽千头万绪，莫非良知之发用流行。除却见闻酬酢，亦无良知可致矣。"① 良知保持自身自主性和超越性，同时又能在致良知宗旨下，充分吸收见闻酬酢为我所用，这是对自身致良知的积极促进，同时亦是对知识见闻的积极转化。而那些完全脱离了见闻酬酢的所谓"良知"，实已失去了"良知"的实际展现场域。良知与知识之间应保持不滞不离、即体即用状态。

从这个意义上讲，致良知＝良知＋致知。不离见闻、融摄知识的"良知"，包含着"关于道德规范的实施性知识"，以"良知"为头脑的"知识"，亦"须以身心一体的躬行实践来表达，也表现为一种既稳定一贯又活泼灵动的实践智慧"，二者结合，集中体现出"道德的能力之知"的特质。② 这样良知就不会仅仅停留于悬空讲论、徒有其说，而未见实行，定会与实践之"致"一体；良知之"致"亦不会因缺乏对道德规范知识、技能的了解和省察，而陷入无知妄作或懵懂冥行。其实，"致知"本质上具有统摄性，是良知、致、实行、知识等各方面融贯一体的道德实践，体现着本体与工夫、内与外、立法原则与行动原则、知与行、体与用、先天与后天、存在性与主体性、普遍化与个体化等之间相即不离的理论特色。

3. 致知与《大学》之教

近来有学者提出新说，认为阳明在早中晚思想发展阶段各有分别对应的良知之义：向善的秉性（本原能力）、对本己意向中的伦理价值的直接意识（本原意识、良心）、始终完善的良知本体。③ 这对澄清阳明良知说

---

① 王阳明：《答欧阳崇一》，《王阳明全集》，第80-81页。
② 郁振华：《论道德—形上学的能力之知——基于赖尔与王阳明的探讨》，《中国社会科学》2014年第12期。
③ 耿宁：《人生第一等事——王阳明及其后学论"致良知"》，倪梁康译，商务印书馆，2014。

的心学内涵及其理论层次有启发，但不宜固定化地对各阶段的涵义作胶执理解。① 而且理解阳明"良知"之义不能仅限于孟学视角，还应看到其对《大学》的理解与之密切相关。② 第一小节从宗旨演变的角度对此已有所论及。阳明的"致知"宗旨，乃良知的智慧化与致知的德性化融合一体，关涉《大学》工夫和"良知"义涵的交互理解：引入孟子"良知"观念，对《大学》"致知"工夫添入新意；从"致知"的角度理解"良知"，亦使良知之意蕴在《大学》的工夫系统中得到提揭。

就前一方面看，阳明明确将"致知"理解为"致良知"的路向，所谓"致吾心之良知，致知也"③。从自家心体本具之天德良知的角度定位"致知"，与朱学视域下的"致知"形成鲜明对比。《大学》"致知"工夫呈现出存在论的转向，它不再指向先前那种外向型、知识性路径，而是转变为内向型、价值性追求，归向主体性存在的价值实现。

从后一方面看，以良知为基础的"致知"宗旨确立后，"良知"在阳明思想体系中显现出统摄性意义，围绕良知展开，并以之为本根，良知成为其思想展开的赋义基础，奠定了阳明思想之规模，对《大学》诠释即是较为集中的体现。而立足《大学》的工夫系统，良知之致在与各工夫层面的交涉中得到具体的落实以及更为丰富的展现。

其一，致知为格物、诚意、正心提供着逻辑依据。

在《大学古本序》（改序）中，阳明特别加入"不本于致知而徒以格物诚意者，谓之妄"，标示出"致知"的根据义。到了《大学问》对格致诚正的逻辑理路进行澄清，进一步明确了格物、正心收归于诚意，并以致知来贞定诚意。

致知非恍惚悬空，必实有其事，致知必在于格物。格者，正也；"物者，事也，凡意之所发必有其事，意所在之事谓之物"④。格物即"正其不正以归于正"，"其"即意念之所在、所发，格物实即正意念、正念头。四句教以"为善去恶"为"格物"，为善去恶必由心之所欲发动，故似需先正心。然阳明思想中的"心"，不是习心，乃心之本体。心体则

───────────────

① 陈立胜评论认为，这种编年式的考察有偏失，某一意涵并不是固定在某一时期，可能出现在多个时期；同一时期也并不是如此单一，并不完全就某一义上固定使用，而是会同时在多重含义上使用。陈立胜：《在现象学意义上如何理解"良知"》，《哲学分析》2014 年第 4 期。

② 林月惠：《阳明与阳明后学的"良知"概念》，《哲学分析》2014 年第 4 期。

③ 王阳明：《答顾东桥书》，《王阳明全集》，第 51 页。

④ 王阳明：《大学问》，《王阳明全集》，第 1071 页。

性，至善无恶，"心之本体无不正"，故无所谓"正心"，"自其意念发动而后有不正"①，正心实际还是讲的诚意之功，工夫到诚意始有着落。可见，格物、正心都与"意"关联，都决定于"意"。

在以"意"为归的意义上，湛若水批评阳明格物说是内而遗外，并失之支离，正念头的定位也有其偏蔽。前一点指出阳明遗却外物，是自"小其心"，基于朱子思想的批评；后一点指出正念头遗却学问之功，会杂入释氏而不分，并与"正心"重复。罗钦顺同样认为其分内分外与儒学传统不合，孔子赞同博学于文的一面，阳明则"局于内而遗其外"，带有禅学的特色，且使工夫条目出现重复。工夫条目上的重复之嫌，恐怕是阳明无法回避的问题。不过，阳明以"格物"为正念头，是否是内非外？阳明强调自己无分于内外，而在应对湛若水又时常批评其为务外，是否自相矛盾？陈来先生分析认为，阳明与其说是是内非外，不如说是重内轻外，"外的意义仅在于它是内的实现的不可或缺的方式和途径"②。阳明重内轻外不错，但"外"的意义还有可发之覆。以心为主宰，意之所在为物，物为意向性的物，意为涵着物的意向，格物兼心、物而言。意为外物赋予意义，外物只有在意向性涵摄内才有成立的意义。意向之物也不再是单纯的外在之物，而是为我之物，所以阳明批评对外物的支离性探求，批评湛若水务外。意向也不是单纯的思虑，而是包含着具体的内容，这些内容以伦理之物为先，但绝不排斥自然之物。意向之物从本质上讲是属内向的，但毕竟又包含着对外物的涵摄，所以在回应罗钦顺时阳明一面说不分内外，一面又强调自己未遗缺外物。《答顾东桥书》中用心与理的合一表达了这个意思，"致吾心良知之天理于事事物物，则事事物物皆得其理矣。致吾心之良知者，致知也。事事物物皆得其理者，格物也。是合心与理而为一者也"③。意向之物，事事物物皆得其理。致知也就是意向涵摄事物。心与理合一说明意向与物的相互涵蕴。事事物物说明并不排斥外物。

故对"外物"的排拒与否，并非主于"诚意"的真正问题。关键在于，在阳明的思想设定中，"诚意"本身并不是究竟话头。阳明基本将"意"规定为经验的、后天的、现象的情感、意识或意念，主要表现形态

① 王阳明：《大学问》，《王阳明全集》，第 1070 页。
② 陈来：《有无之境》，第 166 页。
③ 王阳明：《答顾东桥书》，《王阳明全集》，第 51 页。

是应外物而起的感觉意念，以及内在欲求的意念，积极的主动的要求有所作为的实践意向等。但不管"诚意"是"戒惧慎独"的涵养省察，还是"着实用意"的去做工夫，"意"之是非善恶的性质不能分辨，"诚意"的指向就无法确定。而对"意"作出判断和指导的，正是"良知"："凡应物起念处，皆谓之意。意则有是有非，能知得意之是与非者，则谓之良知。依得良知，则无有不是矣。"① 以"良知"为"意"之分辨提供依据："今欲别其善恶以诚其意，惟在致其良知之所知焉尔。"在论述"旨三变"中"致知"宗旨的确立过程时已对此作过分疏，《大学问》中更集中地作了说明："然意之所发有善有恶，不有以明其善恶之分，亦将真妄错杂，虽欲诚之，不可得而诚矣。故欲诚其意者，必在于致知焉。"② 致知成为诚意工夫得以展开的逻辑前提。"意念之发，吾心之良知无有不自知者"③，不过知善知恶就一定可以保证好善恶恶吗？"诚"的动力何在？阳明进一步强调良知之致还是诚意工夫的原初动力。自昧于良知，意亦无从得诚，即便是小人，见到君子也会掩不善而著善，也就是说，"良知之有不容于自昧者"④，可以有效地防治"自欺"，保证"诚善恶恶"的诚意工夫。

其二，致知为修身工夫构建内在条理。

修身以格物为实下手处。"格物者，《大学》之实下手处，彻首彻尾，自始学至圣人，只此工夫而已，非但入门之际有此一段也。"⑤ 格物不只是八目之开端，而且贯穿作圣之功的始终。格物是修身工夫用力的外显，是"日可见之地"，所格之物，不过是心、意、知之物，正心、诚意、致知也可以是另一种形式的格物。在修身的意义上，各段工夫是贯通的，"工夫难处，全在格物致知上。此即诚意之事。意既诚，大段心亦自正，身亦自修"；只是在不同层面有不同的表达，所谓"指其充塞处言之谓之身，指其主宰处言之谓之心，指心之发动处谓之意，指意之灵明处谓之知，指意之涉着处谓之物，只是一件"⑥。所以，"四句教"以"为善去恶"为格物，而《大学问》又解"修身"为"为善而去恶之谓也"⑦，以"格物"与"修身"相通。其实不止格物，格致诚正的工夫无不关联于修

---

① 王阳明：《答魏师说》，《王阳明全集》，第 242 页。
② 王阳明：《大学问》，《王阳明全集》，第 1070 页。
③ 王阳明：《大学问》，《王阳明全集》，第 1070 页。
④ 王阳明：《大学问》，《王阳明全集》，第 1070 页。
⑤ 王阳明：《答罗整庵少宰书》，《王阳明全集》，第 86 页。
⑥ 王阳明：《传习录下》，《王阳明全集》，第 103 页。
⑦ 王阳明：《大学问》，《王阳明全集》，第 1069 页。

身："夫正心、诚意、致知、格物，皆所以修身"①。工夫收归于身，体现为一脉贯通、只是一事。不过，这里面涉及的工夫条理还要澄清：一个是身心关系，一个是心物关系，一个是知意关系，一个是心意关系。

就身心关系看，正心、修身，各有用力处，"修身是已发边，正心是未发边；心正则中，身修则和"②。但二者又紧密相连。一方面，修身要以正心为前提。身是"心之形体运用"，心是"身之灵明主宰"，必灵明主宰有修身之欲求，其形体运用才能开展活动。形体运用即耳、目、口、鼻、四肢，而其所以视听言动者，又在乎主宰之心。可见，修身之动力与根据，皆在乎心。"要修这个身，身上如何用得工夫？……故欲修身在于体当自家心体，常令廓然大公，无有些子不正处。"③ 主宰一正，则发窍于视听言动，自然中礼。《大学》讲"修身在正其心"，正是这个意思。另一方面，心虽为身之主宰和根据，然"心欲视听言动，无耳目口鼻四肢，亦不能"，故心亦不离乎身发挥作用。身心一体，交互为用，所谓"无心则无身，无身则无心"④。就心物关系看，"意"的位置比较特殊，是心物关联的枢纽。从人心到事物，先显诸"意"，以意涉物来实现，而"意未有悬空的，必着事物"⑤，也说明心物之间的交关性。物不再是人心之外的客观事物，而是与心所发之意关涉着的东西。因此意诚与否，就成为修身过程中处理心物关系的关键，尤其对应接事物而言，没有内在基础，是根本无从实现的。这也就是《中庸》所谓"不诚无物"：不立定自身的心体之本然，端正主体真实无妄、不偏不倚的价值观照，就无法使物在其客观本然如其所是的意义上向主体呈现，也就不成其物。就知意关系看，又以"良知"为内在根据。致知宗旨确立之前，良知与"意"之间关系未十分明确，如"知为意之体""意之本体便是知"等说法，这里的本体之义并不明确，不能排除没有"本来状态"的意思，故良知所指可以是本然之意，如此良知与意属于同一层次。致知宗旨确立后，良知才成为意的先天判准，因为良知"乃天命之性，吾心之本体，自然灵昭明觉者也。凡意念之发，吾心之良知无有不自知者"⑥。良知乃天所命赋的存在根据，意则

① 王阳明：《答罗整庵少宰书》，《王阳明全集》，第86页。
② 王阳明：《传习录上》，《王阳明全集》，第24页。
③ 王阳明：《传习录下》，《王阳明全集》，第135页。
④ 王阳明：《传习录下》，《王阳明全集》，第103页。
⑤ 王阳明：《传习录下》，《王阳明全集》，第103页。
⑥ 王阳明：《大学问》，《王阳明全集》，第1070页。

是良知与外物的掺杂感应："心者身之主也，而心之虚灵明觉，即所谓本然之良知也。其虚灵明觉之良知，应感而动者谓之意。"① 作为心之本体的本原性价值指向，良知即为先天的道德理性，在此纯粹的理性法则意义上，良知的本己意向之伦理意识同时包含着知是知非的决断能力，对意之善恶作出直观的分辨。就心意关系看，良知的连通，使心与意之间关系获得理解：心进入现实世界，首先将自己表现为某种意念动机活动，通过实践理性法则的指引对意念进行觉知，把握自身的存在状态，同时伴随对意念之驳杂、阻滞、偏蔽的扬弃和净化，使之回归本真、纯粹的道德理性。显心为意，诚意归心，在意之发动的行事上正其不正不善而归于心体之正之善，此即所谓"诚意"，亦即所谓"正心"。

从以上四点分析看，修身工夫以心为根据，本质上无非是心的工夫，而心又体现为良知的本然指向，在良知的指引下，逐步正确地展开诚意的工夫，有效地去应事接物，真正落实修身工夫。"壹是皆以修身为本"，也"壹是皆由良知见其条理"。

其三，致知拓展了《大学》全体大用之境地。

前两点指出，良知不仅提供依据，同时构建着条理，这也体现着良知本身的两面特性，一面是先天本体，一面是发用流行。即体即用，良知本身即包含有"致"的要求以及"如何致"的把握。在明亲关系的论述中，可以看得更明显。

阳明以体用关系来理解明明德与亲民，认为二者一体相关。明亲之一体相关，一是出于"本能"，一是出于"必然"。良知为天理之昭明灵觉，朱子注"明德"为虚灵不昧，阳明将二者结合，以根植于天命之性而自然灵昭不昧者为"明德""明德之本体"，亦即"所谓良知者也"②。这里的"本体"非指根据，而是本然之意，良知与明德乃同一层次的一体两面，只是明德在已发层面的意味重，或有私欲之蔽；良知则即体即用，故明德的本体性与明明德的工夫义亦内在一如，决定明明德不仅是去除不明，恢复全体，而且应以之为基源，推展扩充，显现于亲、民、物乃至天地万物之中。与此同时，也只有通过亲民，并实与民为一体，其所明之明德才是真有所明，才算真正实现出来，"莫不实有以亲之，以达吾一体之仁，然

---

① 王阳明：《答顾东桥书》，《王阳明全集》，第 53 页。
② 王阳明：《大学问》，《王阳明全集》，第 1067 页。

后吾之明德始无不明"①。能不能"实"、能不能"行"，是判断"明"之与否的内在标准。这样看，亲民就成为明明德的必然环节，"明明德必在于亲民，而亲民乃所以明其明德也"②。故明德亲民本是一体之事，并非两物，在此意义上，明明德、亲民权可用《大学》所谓"本末"来理解，即曰"明德为本、新民为末"，不过须知本末为一物之本末，言本末就不能视之为两物。

明明德本身即包含着亲民的内在要求，亲民不过是明德的自然之发用。明明德与亲民之间承体起用，道德实践与社会实践交融一体。阳明认为如此正可坐实《大学》所谓"明明德于天下"之意，才能实现家齐国治而天下平。值得注意的是，阳明非常重视"亲民"，力驳朱子新民说，认为亲民兼教养义，新民则仅偏于教，缺少对"养"的强调③；但在具体讨论中，涉及亲民养民之论的治国、平天下，阳明似乎措辞不多。一方面，这是政治文化环境使然，得君行道之途不通，阳明自觉转向觉民行道，更多地落到个体生命的自我教化上来实现社会稳定和国泰民安。④ 另一方面，与之相伴，乃阳明所推行的良知教自身理论特色使然，良知为个体生命立身的根本，立足自家良知，便可本立道生、妙用无穷，"良知之妙用，所以无方体，无穷尽，'语大天下莫能载，语小天下莫能破'者也"⑤。也就是说良知教是举本统末的学问，治国、平天下的具体末节当然不能忽视，正如前文强调致良知并不忽视"知识"，不过末节、知识应以把握根本为前提，在良知的本然意义内，这些末节即蕴含在其中，而且良知自会根据具体的情景指导、驱迫主体去掌握相应的末节、知识，所以良知教无需对此多论。虽然具体末节的展开也有轻重厚薄的区别，不可逾越，但如何厚、如何薄并不重要，因为所谓厚薄，不过是"良知上自然的条理"，"道理合该如此"⑥。"故致此良知之真诚恻怛以事亲便是孝，致此真知之真诚恻怛以从兄便是弟，致此真知之真诚恻怛以事君便是忠，只是一个真

① 王阳明：《大学问》，《王阳明全集》，第1067页。
② 王阳明：《大学问》，《王阳明全集》，第1067页。
③ 徐复观先生指出阳明驳难朱子"新民"说的论据并不能成立，但阳明的"亲民"说，实具有"伟大"的政治意义，亲民"兼教养意"，既坚持了传统重视养民的观念，又不排斥新民教民，"在亲民精神下作新民的努力"，是对专制政治的抗议，对现代有启示意义。参徐复观：《中国人性论史》，第179-180页。
④ 余英时：《宋明理学与政治文化》，第六章。
⑤ 王阳明：《答聂文蔚》，《王阳明全集》，第96页。
⑥ 王阳明：《传习录下》，《王阳明全集》，第123、122页。

知，一个真诚恻怛。……良知只是一个，随他发见流行处，当下具足，更无去来，不须假借。然其发见流行处，却自有轻重厚薄，毫发不容增减者，所谓'天然自有之中'也。"① 这特别凸显出致良知的自足性和自然性。所以良知教讲到亲民，而不再具体讨论治国平天下，亲民也是就着明明德讲，其实讲"明明德于天下"，意思就足够了。

致良知之教无非是依归于主体的本己意识和能力，并在其所展现出来的情态生活中落实为身心实存的修炼和转变，实现自我的教化之效。同时，本于自身教化的实现，又必然转出修己以立人、成己以成物的价值趋向。这一价值理念，不过是本末一体的内在要求。这一过程的极致化，表征出良知的境界义——止于至善与万物一体。至善表现出来的状态"是而为是，非而为非，轻重厚薄，随感随应，变动不居，而亦莫不自有天然之中"②，故"至善之发见"实即良知自然而然的发用流行，无有拟议增损于其间，否则将不免私意小智，或测度于外而支离决裂（如朱子），或私心于过高而无有家国天下之施（如佛道），或私心于卑琐而溺于权谋寡于仁爱（如功利派），这些都会导致明亲之学失其本有之意义，及其价值保有的根基，即"明明德、亲民而不止于至善，亡其本矣"③。"至善"成为明德、亲民的规矩、尺度、权衡，乃"明德、亲民之极则也"④。同时至善内蕴于明德、亲民的过程中，体现出：一方面，至善是"心之本体"，具有内在性，不再是于事事物物上求至善；另一方面，至善的实在论转向，至善未尝离却事物，只是"此心纯乎天理之极"，即在事事物物中得其良知之致，明德、亲民实即"止至善之功"⑤。两方面结合，才是真正的"大人之学"。

至善的实在论必然导出"与天地万物为一体"的大人之学，这首先要求致良知不能止于治国平天下，而是尽体天下之物，否则即是自小自限，非为至善，"夫人者，天地之心。天地万物，本吾一体者也"⑥。追根溯源，这是由至善的内在性决定的，"大人之能以天地万物为一体也，非意之也，其心之仁本若是"，即使小人之心，亦有此"一体之仁"，不过为蔽

---

① 王阳明：《答聂文蔚》，《王阳明全集》，第 95－96 页。
② 王阳明：《大学问》，《王阳明全集》，第 1067 页。
③ 王阳明：《大学问》，《王阳明全集》，第 1068 页。
④ 王阳明：《大学问》，《王阳明全集》，第 1067 页。
⑤ 王阳明：《大学问》，《王阳明全集》，第 1069 页。原标点为"明德、亲民、止至善之功也"，恐误。
⑥ 王阳明：《答聂文蔚》，《王阳明全集》，第 89 页。

于私欲而分隔隘陋。对于实现"万物一体"而言，明明德即是明体，亲民即是达用，"自格物致知至平天下，只是一个明明德，虽亲民亦明德事也。明德是此心之德，即是仁，'仁者以天地万物为一体'，使有一物失所，便是吾仁有未尽处"①。"万物一体"的状态，不假外求，乃自身内在所本有，外在一物之不正，其实是自己之心未正、明德未明、吾仁未尽。这并非外物之失，而乃是对主体自我完满性的拘限。故"大人之学"要求摒除私欲隘陋以实现明德之本明，并推明明德、亲民爱物、致良知于事事物物，恢复与天地万物一体的状态。这也表明万物一体既是心体之本然的描述，又指引明明德、致良知的工夫实行；既彰显出明德、良知的本己性与本体性，同时也作为一种存在性的境界，为主体修为提供感发的动力。万物一体论是阳明借亲民之旨而发，并非《大学》所本有，但在阳明致良知的理论体系内，可以与明德、亲民贯通一体，同时构成对至善论的相应描述，不失为对《大学》的创造性解读，在阳明晚年思想中亦占有较为重要的地位。② 究其实质，"万物一体"即本于心体良知而构筑起的存有连续性，以心应物、仁心流行而实现心与物通。由此可开显出作为道德共同体的整个宇宙，良知教本身也呈现为实践智慧的形上学。

4. 致知与阳明之学

阳明《大学》诠释中建立起的"致知"宗旨，同时决定着其整个思想体系的架构，展示出独特的思想特色。一是依乎经典和超乎经典的统一。思想的缘起和理论主旨的转变，无不是缘起于《大学》。思想主要范畴——心意知物，均是本于《大学》而来。但在确立了思想宗旨之后，对经典的诠释也不再是"因循"性的注解，而是"贯通性"的把握。二是宗旨确立的明确性和统摄性。虽然经历了从格物到诚意到致知的转换，但宗旨意识始终是在场的，这也反映出心学一贯的立场，先立乎其大，并由此大为基础建立体系，呈现出一体性和凝聚力。

其一，致知宗旨及其诠释旨趣。

钱德洪说："吾师阳明先生，平时论学，未尝立一言，惟揭《大学》宗旨，以指示人心。"③ "致知焉尽矣"④，以"致知"支撑整个《大学》系

---

① 王阳明：《传习录上》，《王阳明全集》，第 29 页。
② 关于阳明"万物一体之仁"的境界内涵，可参陈来：《仁学本体论》，生活·读书·新知三联书店，2014，第 288 - 301 页。
③ 钱德洪：《续刻传习录序》，《王阳明全集》，第 1757 页。
④ 王阳明：《大学古本序》，《王阳明全集》，第 271 页。

统。在其思想中，同样展现为体用一贯的行动系统："除却良知，还有什么说得！"① "盖身心意知物者是其工夫所用之条理，虽亦各有其所，而其实只是一物。格致诚正修者，是其条理所用之工夫，虽亦各有其名，而其实只是一事。"② "《大学》之教，一先一后，阶级较然，而实无先后之可言，故八目总是一事。"③ 宗旨既立，则一脉贯通，一条鞭工夫，这也塑造了阳明学问体系的基本性格。在解释其他经典如《中庸》《尚书》《周易》时，均未脱离此特征。这一思想品格既有正面价值——可以强化思想体系的凝聚力，也会出现一些问题，如在经学解释的周延性上出现纰漏。具体而言，一者，致良知为统摄，对其他三目的解释，造成诚意与正心、格物与诚意、格物与正心之间在意涵上有重合之处，无法完全区分开，如罗钦顺、湛若水的辩驳，弟子陆九川的质疑等；再者，致知与《大学》本身格致诚正工夫顺序上的矛盾，按阳明则为致知、诚意、格物，正心工夫被架空，如罗钦顺、阳明弟子蔡希渊，以及刘宗周的质疑；等等。黄宗羲称阳明"与朱子抵牾处总在《大学》一书。朱子之解《大学》也，先格致而后授之以诚意；先生之解《大学》也，即格致为诚意。"④ 更明确地说，其间关节"总"在此"致知"二字。

其二，致知与阳明思想体系的基本结构。

从范畴体系上看，格致诚正"功夫条理虽有先后次序之可言，而其体之惟一，实无先后次序之可分。其条理功夫虽无先后次序之可分，而其用之惟精，固有纤毫不可得而缺焉者"⑤。一方面，一体性，致知宗旨一以贯之；另一方面，互相统合，不可或缺，全体大用，工夫层层展开。"身之主宰便是心，心之所发便是意，意之本体便是知，意之所在便是物"，陈来称之为"四句理"，认为"这四句话及其所要表达的思想是面对《大学》提出的基本问题及宋代哲学对这些问题的解释，并且把《大学》中作为功夫条目的正心、诚意、致知、格物还原到心意知物的基本概念层次上"⑥。从教法角度看，则有"四句教"：无善无恶心之体，有善有恶意之动，知善知恶是良知，为善去恶乃格物。这四句"是阳明致良知教落于

① 王阳明：《寄邹谦之》，《王阳明全集》，第228页。
② 王阳明：《大学问》，《王阳明全集》，第1069页。
③ 黄宗羲：《明儒学案》，中华书局，2008，第7页。
④ 黄宗羲：《明儒学案》，第7页。
⑤ 王阳明：《大学问》，《王阳明全集》，第1071页。
⑥ 陈来：《有无之境》，第57页。

《大学》上对于正心诚意致知格物解释之综括"①。作为传教宣化的方便说法，简明扼要。四句理只谈概念，以厘清范畴为目的，四句教是谈教法，本体、工夫俱涵，二者略有不同，但从中不难发见《大学》工夫脉络及范畴体系的基础影响。结合前文对其间关系的分疏，可知四者之间并非平铺的展开，而是有交错的逻辑层次，致知在其中实起着关键性作用。

其三，致知与知行合一思想的转进。

知行合一的必然性，与朱子的不同，真知的两重含义，一是知之尽处，一是知行本体。前者如朱子，知行推演，知行交接，知尽而行，知行一体；后者为阳明（前期），知行本体，一体两面，本然合一，即知即行（知而不行只是未知，知即是行，未有知而不能行者）。但从道德哲学角度看，"是"并不必然推出"应当"，朱子的从知到行，在逻辑理路上并不具必然性，只能诉诸持续的居敬涵养中，逐渐转化出"实行"的道德实践工夫，而且还不能排除意志薄弱问题的存在。阳明前期的知行合一说不存在这个问题，因为他是从本体上讲知行本来一体，说知就已经涵着行了。但阳明后期的知行合一，却另当别论。阳明后期致良知立说以后，以良知为知，致知为行，致良知即是知行合一的，这个意义上的知行，不是前期知行本体意义上的，良知不行也还是良知，不能说良知不行不是良知，阳明反复强调的是良知人人有，只是能不能"致"的问题，所以阳明转而强调知行工夫的合一②，即应当"致"之、行之，落实此良知。如此，阳明的"致良知"也不能排除意志薄弱的问题的存在。阳明曾明确指出："凡人之为不善者，虽至于逆理乱常之极，其本心之良知，亦未有不自知者，但不能致其本然之良知。是以物有不格，意有不诚，而卒入于小人之归。"③"不能"不是能力不够，而是意志不坚定，意志无力。尽管都需应对意志薄弱、无力的问题，但阳明（后期）和朱子在知行合一上的努力还是有很大不同，朱子致知诉诸"即物"和"穷理"，阳明良知的先天性和本己性则呈现出不同风格。一是阳明之知指良知，良知乃先天本有，人人皆具，不需外求，二是良知逻辑上蕴含着"致"的工夫要求，即只要意志坚定，就可以做得到，反之则否。这样就不难理解为何阳明为学立教之宗前后多变却始终强调"立志"的问题，即使立论良知教，仍然屡屡提及"立志"

---

① 牟宗三：《从陆象山到刘蕺山》，第 170 页。

② 陈来：《有无之境》，第 205－206 页。

③ 王阳明：《与陆清伯书》，《王阳明全集》，第 1012－1113 页。

的话头。"夫学，莫先于立志。志之不立，尤不种其根而徒事培拥灌溉，劳苦无成矣。世之所以因循苟且，随俗习非，而卒归于污下者，凡以志之弗立也。"① 阳明对良知本应致、本可行却总难致、总未行的现实处境及其问题所在有非常清醒的认识。立志不只是一种志向上的确定（如"立必为圣人之志"），更是一种意志上的坚定和推动（"无时无处不以立志为学"），提出"立志"实是作为"致"良知或良知之"致"实行出来的进一步贞定，"志"作为内在的动力确保工夫的实行，使良知教可以从本体切入工夫、由工夫显其本体。这也可视为阳明对道德实践中意志薄弱问题的正面应对。放在良知教内部，立志是一个重要的补充和护翼；反过来看，立志也显示着良知教本身在实行践履中存在相应的行动难题。后来，王船山直接就此志立论，从道德情感和道德理性合一的角度，将正志作为新的为学宗旨，推进宋明理学的逻辑演进，可以说在阳明这里已可略窥先声。

其四，致知与阳明学立言角度。

理解阳明的致良知教要避免单纯的知性分解，还要弄清其立言角度。阳明的"心外无物"说，可以借用现象学的意向性理论作参照，但从根本上讲，现象学还是偏重于知性分析，阳明则是从情感来讲，是"以情应物"的方式实现心物合一。② "致良知"的立意所针对的就是朱子"格物穷理"式的知性探求，通过情感来摄物归心，这样万物万事都成为心性修养的资借，从而扭转朱子的心理为二的弊病。从康德伦理学的角度看，情感是未经理性批判的不纯粹意识，作为道德法则的对立面，不具备为实践理性立法的合理性，而被排斥在外。但儒家反身而诚、发明本心意义上的情感，是由心而发的原初的情态性所凝聚，与那种盲目的、感性的、欲望的情感不可同日而语，实际上是一种"理性直观"："情"由于有灵明之"知"作为内在规定，其每一显现，都可推出对客观化之对象的必然指向，同时，"'知'作为依情而发的智照作用，非单纯形式化的符号设定，那在情的自觉体验中实现着自身超越的直观本身就构成着此对象的内容"③。阳明"良知"乃主体最本真、直接的情感显现，正是儒家情感论的典型代

---

① 王阳明：《示弟立志说》，《王阳明全集》，第289页。

② 详参李景林：《教化的哲学》，黑龙江人民出版社，2006，第七章第三节。陈来亦曾指出，"从四句教和阳明的解释来看，他的立论都是针对着人的存在的情感状态而言"（陈来：《有无之境》，第246页）。

③ 李景林：《教化的哲学》，第124页。

表，不掺杂私意计度的道德直觉，在此本己性的伦理意向中同时内具知是知非、知善知恶的意识和能力，对不纯粹的"意念"起着鉴别、监管、评判、管束的作用，使良知"这超越之直观内容所贯注的乃首先是生命价值的实现、成就意义上的充实"①。故在良知的情感论意义上，才能恰切理解阳明学的本真精神。而阳明后学发展中出现的问题和偏失，亦正是未对这一角度作出恰切的理解和把握所造成的。

其五，致知与良知教的理论得失。

阳明良知教的理论目的在于为个体价值与个体意识的肯定奠立内在基础，重建儒家的道德主体性。②"良知"所体现出的道德情感与道德理性的统一，为每一个体的工夫修养提供了自觉而内在的动力，可以确保道德实践的主动性。至于阳明后学所现之种种流弊，实非阳明良知教所本有，正如牟宗三先生所言，此乃"人病，非法病"，其原因多半来自阳明后学并无真实的工夫立定自身，稍有偏差，便流入"玩弄光景""簸弄精神""气魄承当"等对"良知"的误识或滥用。同时，也与各异的生存状态有很大关系，阳明后学与阳明各具有不同的生存境遇，不能从生存过程中领悟阳明学问之精神，难以尽得良知之全体。同时，阳明在以有摄无的意义上吸取佛道二教的无滞无碍的境界，确使其良知说呈现出空灵超脱的某些特征，尤其是其所内蕴的良知见在、现成之义，主张吾性自足，任心而发，率情而动，其后学于此借其一曲为说，执而不化，难免导出一定的偏失。③ 一是任由道德情感宣泄，使其脱离道德理性的监管，导致感性泛滥、道德狂热；二是省却了修为的过程，舍有入无，直接实现对道德法则的占有，导致主体悬置工夫、过分自信进而荡越不羁，最终滑坠到"情肆而狂""玄虚而荡"的局面。故戴山就此对阳明的批评不能说全无道理："特其急于明道，往往将向上一机，轻于指点，启后学躐等之

---

① 李景林：《教化的哲学》，第 124 页。

② 从政治文化的角度看，"龙场悟道"不仅是道问学之路转向德性立宗，而且是内圣外王之道转向内圣之学、退避政治，得君行道转向觉民行道。吾性自足，确定良知，找到了可以对每一个人起到唤醒作用的心性基础。龙场之悟使阳明找到了一个接续儒家价值系统的全新方向。余英时指出，阳明致良知之教的形成固然与对朱子格物说的转变相关，但与其觉民行道的意向亦紧密相关（余英时：《宋明理学与政治文化》，第六章）。这也是理解"龙场悟道"以及阳明思想发端之意义可以注意的一点。

③ 阳明高足钱绪山即感慨道："师既没，音容日远，吾党各以己见立说。学者稍见本体，即好为径超顿悟之说，无复有省身克己之功。谓'一见本体，超圣可以践足'，视师门诚意格物、为善去恶之旨，皆相鄙以为第二义。简略事为，言行无顾，甚者荡灭礼教，犹自以为得圣门之最上乘。"（《王阳明全集》，第 1072 页）

弊有之。"① 由此，阳明致良知教本身就蕴示了突破自身的内在可能。

三、归密的"诚意"

如果说从朱子到阳明是"转向"，那么从阳明到蕺山则只能说是"转进"。因为蕺山之于阳明，并不是道德形上学路向上的根本转变，只不过是对良知学理论调适后的进一步发展，因此蕺山也被视为广义的王学者。② 有见于阳明后学对心体过度高扬所带来的种种偏蔽，蕺山主张回归性体，以性体贞定心体，由心体彰显性体，为心体和性体重新保有互动的生机。"良知"转进于"诚意"，即是这一思路下的具体表现。

理论、教法的不一，无法与经典解释层面上的分歧相剥离。自朱子之后，《大学》成为儒学的纲领性文本，阳明对朱子的转向同样是套在《大学》的系统里面说。即使脱开《大学》，阳明心学系统的"致知"（致良知）同样要处理知与心、意、物的关系。到了刘蕺山，同样是这两方面的一体：思想内涵与经典诠释的双向反思。蕺山认为阳明良知教视域中的《大学》诠释，与《大学》本旨不能尽合，指阳明为以《孟子》合《大学》，不过是传孟子教法。③ 以《孟子》解，并不是问题所在，能自成体系支撑自身的诠释本无可厚非，蕺山以"诚意慎独"为宗，也包含对《中庸》思想的吸收。经典诠释与思想的发展相互印证、吻合，就诠释效果言，不失相对理想的状态，关键在于能否秉持客观平正的态度去进行了解。而蕺山往往是据己之见以为衡准，尤其是晚年，对阳明之说"辩难不遗余力"，难免出现一些曲解，牟宗三先生认为蕺山对阳明的批评甚至"一无是处"，这个评价或有过激，但绝非空穴之风。

其实，蕺山对此并非完全无见，他对阳明良知学与其《大学》诠释的区分定位，也有过入木三分的评论，之所以还围绕《大学》诠释对良知学

① 黄宗羲：《明儒学案》，第7页。阳明自己也曾意识到这一点，并试图提倡"省察克治"之实功来补救："吾年来欲惩末俗之卑污，引接学者多就高明一路，以救时弊。今见学者渐有流入空虚，为脱落新奇之论，吾已悔之矣。故南畿论学，只教学者'存天理，去人欲'，为省察克治实功。"（《年谱》甲戌五月条）

② 郑宗义：《明清儒学转型探析》，香港中文大学出版社，2009，第二章第一节。

③ 有趣的是，与此相对照，罗近溪亦有见于良知教的偏差，认为阳明的失误在于太看重《大学》，而对《孟子》关注不够。具体即良知教在知解方面多了，而道德心的内容义不足，主张应"归本于仁"，在孝悌慈上下功夫。参罗近溪：《近溪子明道录》，卷四。

不遗余力展开批评，实与他对自身学术使命的自觉担当有密切关系："今天下争言良知矣。及其弊也，猖狂者参之以情识，而一是皆良；超洁者荡之以玄虚，而夷良于贼，亦用知者之过也。夫阳明之良知，本以救晚近之支离，姑借《大学》以明之，未必尽《大学》之旨也。而后人专以言《大学》，使《大学》之旨晦；又借以通佛氏之玄览，使阳明之旨复晦……"①一方面是阳明良知学的发展及其流弊，一方面是对《大学》本身旨意的诠释效应。蕺山精到地指出，阳明的良知只不过是借《大学》而说，本非以《大学》本义匡之，阳明后学以此解读《大学》，失却《大学》本旨，同时流入"狂禅"之风，更使阳明本身的理论旨趣暗而不彰。这正构成蕺山治学所需关注的重心：努力回应、堵住良知学的流弊，在此基础上，使《大学》本旨得到彰明，实现两方面的融贯性诠释。故其有言："司世教者又起而言诚意之学，直以《大学》还《大学》耳。"② 正如阳明良知教"本以救晚近之支离"，蕺山"诚意教"则表现着扭转良知教流弊的自觉承当，不变的是，《大学》始终是这一范式转换过程中的核心经典文本。

下面，围绕蕺山如何"转进"阳明、重树宗旨、建立体系并由之对《大学》作出一番新诠，进行相应的考察。

1."致知"转向"诚意"的理论脉络

其一，良知教的流弊与问题所在。

阳明的诚意，既包括可善可恶的意欲，又包括好善恶恶的意向，良知所具有的道德知性和道德决断的统合，可以保证好善恶恶，而避免意欲的偏蔽。同时，阳明的良知是道德理性和道德情感的统合，必在具体的道德实践活动中落实并呈现。但良知被以二溪之学为代表的阳明后学转变为独标先天理性而导致实质情感活动的缺位，缺少道德知性而妄作道德决断，或偏骛高玄，或失于直截。本蕺山之学，阳明后学流弊之大端可暴露无疑："龙溪之学，教人参究一无善无恶之灵明，即教人欣慕一虚空玄漠之境，而使人不脱欣厌心。此亦即致良知而'荡之以玄虚'也。至于近溪之教人于日用常行中，随处见天德良知，而不知人之日用常行，恒是真妄混糅，良知与情识，夹杂俱流。则此所见之天德良知，即成'参之以情识'之天德良知矣。"③ 蕺山提出"归显于密"的诚意说，在道德意向的先天

---

① 刘宗周：《证学杂解》卷二五，《刘宗周全集》第 2 册，浙江古籍出版社，2007，第278 页。

② 刘宗周：《证学杂解》卷二五，《刘宗周全集》第 2 册，第 278 页。

③ 唐君毅：《中国哲学原论·原教篇》，第 306 页。

定向中，意即好善恶恶之意，堵住情识之随妄；同时，性显诸心，在诚而实有的意义下必然由格致诚正修齐治平而得存，一扫玄虚之空乏。具体说来，蕺山在"意"的独特厘定中，对"情识"一面颇见针砭，而对"知止"工夫的特别强调，则对"玄虚"一面不无警示。"从古本则以诚意摄知本知止之说……安见诚意之为专义乎？曰：大学之言明明德也，必学以明之，而以知止为入门，全是学问用工夫处，乃其要归之诚意而已。"①蕺山以诚意为宗，统摄《大学》之要义，将参究空虚玄漠的良知拉回到诚意本旨，本明起照，先天德性良知切于实际，使修身为学工夫真正得其所止。"知止"作为学问工夫下手的先在性指向，并非独立的另一工夫节目，而是正明确着《大学》之道以"诚意"为旨归而已。

　　这须结合蕺山对"意"的厘定问题去认识。迥异于儒学传统一脉相传的"意为心之所发"说，蕺山甄定意实为"心之所存"，而所发之"意"只是"念"。"意者，心之所存，非所发也。或曰：'好善恶恶，非发乎？'曰：'意之好恶，与起念之好恶不同。意之好恶，一机而互见；起念之好恶，两在而异情。'"②心之所存的意，对道德实践起着定向作用，是道德实践之所以然的根据，而"念"则是历史性、具体性的，拘限于具体的历史情境，无法为道德实践提供本然的价值导向。"予尝谓好善恶恶是良知，舍好善恶恶，别无所谓知善知恶者。好即是知好，恶即是知恶。非谓既知了善，方去好善，既知了恶，方去恶恶。"③"知善知恶"已是"起念"后的工夫，《大学》文本所言"好善恶恶"方是"意"，"好善恶恶"为心之所存的原发一体，可以保证心意共为一源、一机互见的本质特征。而以阳明良知教为代表的"以念为意"，则不免缺漏之甚，其"所谓知善知恶，盖从有善有恶而言者也。因有善有恶，而后知善知恶，是知为意奴也，良在何处？"④蕺山认为阳明良知以念为意，良知虽然是道德活动的监察者，但其"知"之可能，必在具体的善恶分辨之后才能成立，这样，所谓良知成为受制于后天意念的东西，何谈"好善恶恶"之"良"？"意无所为善恶，但好善恶恶而已。好恶者，此心最初之机，惟微之体也。"⑤这即针对阳明"有善有恶意之动"的直接批评。由良知说而

①　刘宗周：《大学古文参疑》，《刘宗周全集》第1册，第614页。
②　刘宗周：《学言》中，《刘宗周全集》第2册，第411-412页。
③　刘宗周：《学言》下，《刘宗周全集》第2册，第444页。
④　刘宗周：《良知说》，《刘宗周全集》第2册，第317-318页。
⑤　刘宗周：《学言》上，《刘宗周全集》第2册，第390页。

来，意为心之所发，则诚其善则为好人，诚其恶则为小人，只能做得"半个君子"。有鉴于此，蕺山坚定主张意不属动念，乃诚体流露，不加思勉而得。阳明的良知只是念，应该化念归思，从"意"上重新进行衡定。"意为心之所发，古来已有是疏，仆何为独不然？第思人心之体，必有所存而后有所发，如意为心之所发，则孰为心之所存乎？"①以心为所存、意为所发的观点在蕺山看来不能成立，因为这样是将心与意二分、对待而言，二者内在的本原一体关系就被撕裂了。"存发只是一几，故可以所存该所发，而终不可以所发遗所存，则《大学》'诚正'一关，终是千古不了之公案，未可便以朱、程之言为定本也。"②认清意为心之所存，所发之念也就有了相应的确定，但若只停留在念的层面，心之所存就难以得到保证。所以蕺山认为诚意、正心是《大学》的一大关节，也是他和良知教的重要分野所在。事实上阳明之"意"确近于蕺山之"念"，不过阳明的良知并非由此缺少贞定，而是兼备了蕺山之"意"的意蕴，这点于下文还将述及。

其二，心体与性体之间。

蕺山之意与儒学传统定位不符，从文字训诂上也有疑问，如有质疑问道："《说文》：'意，志也'。《增韵》：'心所向也'。《说文》于志字下，'志，意也'。又曰：'心之所之也'……未有以意为心者。"③蕺山实际是摆脱了训诂与传统理解上的"意念"说，不再把意视为"稗种""枝族"，转而以之为"嘉谷""根荄"④，重新定位在"意向"说的角度，为人心之主宰，为本根之定向，以之开显为儒学内在超越的根基。以往的意被归为"意念"，而将意重新贞定"意向"，是先天性体意义上良知进一步内向还原、向上提升的原初结构。

"《大学》言心不言性，心外无性也。《中庸》言性不言心，性即心之所以为心也。"⑤从心性分宗的视域看，心宗、性宗实均主张心性合一，区别在于，心宗提倡即心显性，性宗则强调以性定心和以心著性的双向互成。与心体逼显出性体互为一体之两面，性体回归心体同样是诚意教的题中之义。这是与良知学流弊两大端相应而转出来的两方面。一方面本于性

---

① 刘宗周：《答史子复》，《刘宗周全集》第 3 册，第 379 页。
② 刘宗周：《答史子复》，《刘宗周全集》第 3 册，第 379 页。
③ 刘宗周：《商疑十则，答史子复》，《刘宗周全集》第 2 册，第 343 页。
④ 刘宗周：《证学杂解》，《刘宗周全集》第 2 册，第 278 页。
⑤ 刘宗周：《学言》下，《刘宗周全集》第 2 册，第 457 页。

体，使心体之发用流行得其贞定；另一方面由乎心体，使性体之超玄绝待附体而生。① 心体之问题，在于未在性体之涵摄中收煞、定盘，所以会出现心体荡越，根本的解决之道即应重新立定性体、彰显性体，为心体发用奠定本然之定向。顺此思路，可以理解常难免泪没于"物感""义理"的良知，如何能得到"提醒"，从而警觉于情识与意见之间以恢复其本有之能事的："良知一点，本自炯炯，而乘于物感，不能不恣为情识；合于义理，不得不胶为意见。情识意见纷纷用事，而良知隐覆于其中，如皎日之下有重云然，然其为良知自若也。覆以情识，即就情识处一提便醒；覆以意见，即就意见处一提便醒。便醒处仍是良知之能事，更无提醒此良知者。"② 良知即心体，本来心地光明，"便醒处"即其内蕴之性体贞定的结果。进一步明确言之，此性体正是"意"："良知原有依据，依据处即是意，故提起诚意用致知工夫，庶几所知不至荡而无归。"③ 至于性体之超玄，于慎独之说可见其宗趣。"《大学》之道，一言以蔽之，曰慎独而已矣。"④ 原典中最典型的慎独论述莫过于《学》《庸》，然二者所论之层次并不相同："《中庸》之慎独，与《大学》之慎独不同。《中庸》从不睹不闻说来，《大学》从意根上说来。"⑤ 这是说《中庸》之慎独有见于未发处做工夫，《大学》则直接落在"意根"，从"意根"到意之发用，则可转入并含着"已发"状态一起在内了。在蕺山看来，前者是在性体上言，后者是就心体立论。"独是虚位，从性体看来，则曰莫见莫显，是思虑未起，鬼神莫知时也。从心体看来，则曰十目十手，是思虑既起，吾心独知时也。然性体即在心体中看出。"⑥ 性体高悬，然未发之独不脱自悬孤寂之障蔽，"心外无性"，唯有反观自照，由此独知之心体显现自身、完成自身，故曰"性体即在心体中看出"。心体上的慎独及其发用，则即未发性体之呈显，故《大学》慎独虽涉已发，实有着心性一体的内涵，正显示出

---

① 牟宗三先生讲道："致良知是由道问学而内转，而诚意之教则复就致良知之内而益内之，所谓归显于密也。归显于密，就心体言，是使良知之虚用有收煞，此为'内在之密'；就性体言，则由良知与意所见之心体直透于性体，而益见心体之幽深邃远，此为'超越之密'。内在之密是内摄，超越之密是上提。内摄而上提，则永绝荡肆之弊。"（牟宗三：《宋明儒学的问题与发展》，第177页）

② 刘宗周：《学言》上，《刘宗周全集》第2册，第403—404页。

③ 刘宗周：《商疑十则，答史子复》，《刘宗周全集》第2册，第348页。

④ 刘宗周：《大学古记约义》，《刘宗周全集》第1册，第650页。

⑤ 刘宗周：《学言》上，《刘宗周全集》第2册，第381页。

⑥ 刘宗周：《学言》上，《刘宗周全集》第2册，第381页。

吾心独知之时，其继发可大，其所承亦密。心性分说与以心著性应结合起来理解，以心著性既说明性体应收煞在心体之中，也体现出心体不能离却性体贞定之义，从蕺山对《大学》慎独的定位看，"从意根上说来"正反映着意根乃《大学》慎独之内在根据。

其三，诚意与致知之间。

蕺山对阳明之学始疑、中信，但最终辩难不遗余力。所辩之关键在于，良知教"专在念起念灭用功夫"，失之粗且浅。蕺山以其"意"的道德理性的纯粹为标准，认为阳明良知不够彻底。正是在这样的道德理性纯粹性上，蕺山为道德修养奠立最为合法的终极根基。阳明对意字看不清楚，蕺山认为以其四句教最甚，必须加以改编："有善有恶者心之动，好善恶恶者意之静，知善知恶者是良知，为善去恶者是物则。"① 因为阳明四句教中称"有善有恶是意之动"，若此则诚其好意为君子，诚其恶意不为小人乎，蕺山据此认为良知学教人只落得做半个君子。但问题在于，蕺山是以其"诚"意评阳明之"诚"意，有失滞碍，"意"在二者思想体系中内涵、地位及理论关联均有不同，不应一断于己意。阳明良知作为主宰，一贯而下，"虽未特别提揭意字，意字的意思在良知中已经包含了"②。阳明是以知统意，蕺山则是以意摄知，以蕺山之诚意衡定阳明之诚意，无法对应乃理所必然，因为二者本不在同等的理论层面，而将阳明的致知与之对应，才能得其款曲。

从"意"的不同规定看，阳明以意为心之所发，即已发的"意念"，蕺山则以之为心之所存，理解为未发的"意向"。与意对应，"诚"的面向也不能一概而论，阳明的"诚意"指化其意、治其意，使之恢复心所本然的实际，而蕺山的"诚意"则指如其意、还其意，将深微的内在意向如实呈现而已。也就是说，"诚意"从后天对治的工夫结构转变为对先天的还原工夫。尽管"诚意"内涵不同，但蕺山"诚意教"所具之旨，在阳明并非无有，只不过阳明是通过"致知"来立教。故诚意教虽是对良知教的转进，但从各自的问题意识，以及各自的体系架构看，二者其实不失异曲同工之趣。牟宗三先生透辟地指出："故其诚意即相当于阳明之致良知。在阳明，以致良知为先天工夫之关键，而意属于经验层。故致良知，则意诚而心自正。在蕺山，以诚意为先天工夫之关键，而以心之发用为经验层。

① 刘宗周：《学言》上，《刘宗周全集》第 2 册，第 391 页。
② 张学智：《明代哲学史》，第 441 页。

故诚意而心自正，亦不必说致良知矣。而良知即在意之诚中见，良知即意之不可欺，故意诚，良知即见。"① 一方面，诚意教与良知学的架构有同一性的一面，并不是完全的转向，是理论宗旨究竟面的不同体认，是心学系统内的调适。另一方面，诚意教作为心学体系的拓展、深化，有推进的一面。良知亦具纯粹、超越之意涵，但浑融性更强，意乃形而上的、高拔的，主宰性更突出；良知是道德理性和道德情感的结合，意则凸显道德理性与道德意向的一面；良知教重实现原理，诚意教则重存有原理。从良知教到诚意教，从心性一体到心性分设，二者均不排斥彻上彻下，但良知教动静一如，即本体即工夫，诚意教则偏重即本体以为工夫，"静存之外无动察"（黄宗羲语）、"以静存摄动察"（唐君毅语），是则诚意之密教深根宁静，良知之显教更具实践动力。总之，诚意教体现出浓厚的现象学还原之意味，在内在先天本体的肯认上厘定地更明确。在诚意教下，良知主宰性及其本质结构进一步明确，同时吸收良知于其中，诚意本身也具有了更为具体的存在内容。

其四，良知学展开中主"意"说的演进。

蕺山诚意说对"意"的高扬，实现对良知学的转进，但并非孤鸿一缕，阳明后学的发展过程中已蕴此主"意"说兴起之潜流。如黄绾曾提出诚意与私意之分，有学者称为主意说的先声和关键。② 其中，泰州王栋的主意之意的强调，与蕺山诚意说之间的关联性较为突出。王栋主张："盖自身之主宰而言，谓之心；自心之主宰而言，谓之意。心则虚灵而善应，意有定向而中涵，非谓心无主宰，赖意主之"③；"诚意工夫在慎独，独即意之别名，慎即诚之用力者耳"④；"未发已发，不以时言，且人心之灵，原无不发之时，当其发也，必有寂然不动者以为之主，乃意也。此吾所以以意为心之主宰，心为身之主宰也"⑤。陈来先生认为王栋是蕺山心意之辨和诚意慎独的先导，二者有明显的继承关系。⑥ 但蕺山并未见到王栋的著作，二者之间似不能谈有承继关系，此点在《刘子全书》卷首蕺山门人董玚《刘子全书抄述》中辨之已详，黄宗羲序文中也有相关

① 牟宗三：《宋明儒学的问题与发展》，第 178 页。
② 侯洁之：《黄九庵论"意"及其于阳明后学的意义》，《文与哲》（台北），第 28 期，2016年 6 月。
③ 黄宗羲：《泰州学案一》，《明儒学案》，第 733－734 页。
④ 黄宗羲：《泰州学案一》，《明儒学案》，第 734 页。
⑤ 黄宗羲：《泰州学案一》，《明儒学案》，第 734 页。
⑥ 陈来：《宋明理学》，华东师范大学出版社，2004，第 433 页。

说明。黄宗羲虽明指蕺山未见王栋之言，但同时亦认为王栋与蕺山所论若合符节。① 张学智先生则对王栋之于蕺山的影响持怀疑态度，他倾向于认为"意"的思想是其自得而来，是在对现实学术流弊的纠正下得出的，他特别指出蕺山之意有天道根据，是天道论的自然推展，体现出天人秩序的一致，这点王栋意论不明显。②

　　无论如何，这一阶段实有此"意"观念的凸起，虽不一定存在明显的直接承继关系，但前后之间确可看出一些呼应性的端倪。除王栋外，还有江右王时槐亦有近似之论，主张意念之分、意者生生之密机。③ 可见，阳明后学主"意"脉络确乎存在，共同反映着良知学展开中对学术理路调教、修正及其中蕴含的某种转向契机。同时此类思想观念的凸起有一个从暗流到主线的过程。主张此意乃在念之先，并以诚意工夫为立本之学，乃一庵、塘南、蕺山所共见，但亦如唐君毅先生所论，蕺山之"意"："有下贯于好善恶恶之义，有超于好善恶恶，而行于爱敬之纯情之义；又除有塘南上贯于性体之无声无臭之义，更有上贯于天之元亨利贞之运于於穆，以诚通诚复之义。故蕺山能深知人之过恶之原始，并直陈人之改过于几先，以立人极之道，更上接于宋明儒学中之濂溪之言立人极之旨，及程门言未发之旨；并于宋明诸子之学之言内外工夫之不免对立之论，皆以诚意之学贯而通之。"④ 唯有蕺山之"诚意教"最得其真，而为前两者所不及。故直到蕺山立宗诚意并由此构建出一套内外圆融的完整理论体系，"主意说"才真正表现为一种"显教"的形态。

　　其五，经典诠释视域中《大学》学的不同面向。

　　蕺山对阳明良知说的批评，很重要的一个面向是，从《大学》文本诠释角度质疑阳明良知教的《大学》诠释。如良知偏重本体，这与《大学》明德相冲突，有明德不必更加一"良"字言知；《大学》的"致知"是工

①　黄宗羲《先师蕺山先生文集序》曰："先儒曰：意为心之所发，师以为心之所存。人心径寸间，空中四达，有太虚之象，虚故生灵，灵生觉，觉有主，是曰意。不然，《大学》以所发先所存，《中庸》以致和为致中，其病一也。然泰州王栋已言之矣……若云心之所发，教人审几动念之初，念既动矣，诚之奚及？师未尝见泰州之书，至理所在，不谋而合也。"（黄宗羲：《黄梨洲文集》，中华书局，1959，第 348 页）

②　张学智：《明代哲学史》，第 434 页。

③　如："但举意之一字，则寂感体用悉具矣。意非念虑起灭之谓也，是生机之动而未形，有无之间也。"（黄宗羲：《明儒学案》，第 472 页）"意不可以动静言，动静者念也，非意也。意者，生生之密机，有性则常生而为意，有意则渐著而为念。未有性而不意者，性则不意，则为顽空矣；亦未有意而不念者，意而不念，则为滞机矣。"（黄宗羲：《明儒学案》，第 476 页）

④　唐君毅：《中国哲学原论·原教篇》，第 308 页。

夫边事，不只是"致"，即"知"亦然，此知是"学而知之"，与阳明不合；将"知"解为"良知"，与《大学》其后的知止、知先后、知至、知本等无法统一，前后不一致；将致知与正心同等看待，诚意退次一等，诚意和正心的关系也被颠倒。蕺山还批评阳明良知是"以工夫参本体"，不够究竟，虽也有全体以本体言的例子，如"良知即天理"，但此时良知就和"明德"重复，亦可见不必言良知。然蕺山对阳明的批评，亦常有不契之嫌，原因在于，蕺山是以其诚意教为衡准，来审视阳明良知教视域下的理论架构，如此，良知诸论在诚意宗旨的准绳下固然不能一一契合。但阳明良知教在其自身系统内亦自成一系，并不是如蕺山所评，乃错乱纷纠的，恰相反，阳明良知说亦是自本自根的体系。《大学》文本的工夫路径强调"诚意必先致知""知至而后意诚"，阳明以良知之超越发显的工夫对治经验之意，与这一工夫路径是可以相融的。蕺山则以意为超越面，与阳明的良知是一个层面的理论构造，但其发显出的工夫，又需拈出"念"来完成对治之功，就《大学》文本言，"念"为《大学》所无。可见，同样置于经典诠释视域下，蕺山诚意论与《大学》文本本身之间也可以发现一些不甚融通处。

故阳明以《孟子》解《大学》，而蕺山以《中庸》解《大学》，可各成一体。二者之异，究其缘由，乃出于问题意识和理论出发点之不同。阳明是要融摄朱子学，扬弃朱子学的格致论，彰显道德本体的主体性；蕺山是要纠正阳明后学的流弊，从心性本体上直接立定本体即工夫的一体性。[①]二者的理论自身都是主旨明确、自成体系的，且基本的旨趣相同，都是本体工夫合一之学，然由于流弊所致，导致蕺山对阳明学提出批判。实际上，如黄宗羲所言，阳明后学之流弊，龙溪要负责任，阳明本身无责任。从这个角度看，蕺山诚意教和阳明良知教实可并存，均不失为儒门教化理论的圆融一系。

2. 诚意之义

蕺山之为学宗旨经历了一个发展过程。《年谱》载云："先君子学圣人之诚者也。始致力于主敬，中操功于慎独，而晚归本于诚意。"[②] 具体说来，蕺山二十六岁到四十七岁提倡"主敬"，四十八岁至五十八岁着重于

---

　　① 当然，蕺山亦有针对朱子的一面，可以说是"兼斥朱王"。参王泛森：《清初思想趋向与〈刘子节要〉——兼论清初蕺山学派的分裂》，《"中央研究院"历史语言研究所集刊》1997 年第 68 本第 2 分册，第 417－448 页。

　　② 刘宗周：《蕺山刘子年谱》，《刘宗周全集》第 6 册，第 173 页。

"慎独"，五十九岁之后方专讲"诚意"。从慎独到诚意的转变过程，和他的《大学》诠释相吻合，中年的《大学古记》和《大学古记约义》对慎独较重视。五十九岁，他开始措意于《大学》诚意章，六十六岁作《大学诚意章章句》（今未见），据现存《大学》著作也可知，晚年诚意说则明确得到突出，转向诚意的宗旨后，并不是舍弃慎独，而是将其融摄在其内。"大学之道，诚意而已矣；诚意之功，慎独而已矣。意也者，至善归宿之地，其为物不二，故曰'独'。"① 这一认识的意义在于，归本"诚意"，整全予以理解，才能准确把握其为学宗旨。有观点认为，蕺山学说的宗旨在于慎独，他自己也多次讲道"慎独之外，别无学也"，或认为诚意与慎独二者都是蕺山学问的宗旨。此类观点的问题既没有看清蕺山学问本身的发展变动过程，更未勘破二者的转变并不是外在异质并列，而是同质的调适与转进，实乃一体相融的，晚年诚意说是已将慎独融入其中的诚意。

"学以诚意为极则"，蕺山认为历来学者却于此茫然，如朱子"于诚意反草草……不从慎独二字认取，而欲掇敬于格物之前，真所谓握灯而索照也"②，阳明学者则"不失之情识，则失之玄虚，皆坐不诚之病，而求于意根者疏也"③。故蕺山称"'诚意'之说晦而千古学脉荒"④，施展世教，必须从"诚意"立宗。以"诚意"作为为学之本，从《大学》看更是如此，"诚意一关，为《大学》全经枢纽"⑤。但在《大学》学的发展历程中，此解并非于史无征。自孔疏八目，即指出诚意为本，王阳明早年亦有"诚意"立宗的阶段性主张，只是后来转向良知。对于诚意教与良知教的区别，蕺山亦有认清，阳明以念为意，不免即用而求体，关键即在"心之所存"的不同贞定，正是在这点上，蕺山对"诚意"展开全新诠释。

前文已说明，与以往主流解释不同，蕺山力主"意"为"心之所有""心所存主"。除文本、训诂等方面的估量外，内在性的原因更不容忽略："如以所发言，则必以知止为先聘，而由止得行，转入层节，非《大学》一本之旨矣。"⑥ 这是从义理上对心之所发为意的反驳：诚其所发之意，

---

① 刘宗周：《读大学》，《刘宗周全集》第4册，第417页。
② 刘宗周：《学言》下，《刘宗周全集》第2册，第451页。
③ 刘宗周：《证学杂解》，《刘宗周全集》第2册，第278页。
④ 刘宗周：《大学古文参疑》，《刘宗周全集》第1册，第613页。
⑤ 刘宗周：《学言》下，《刘宗周全集》第2册，第451页。
⑥ 刘宗周：《大学古文参疑》，《刘宗周全集》第1册，第613页。

亦应有本体澄明的先在根据的观照，透过本体而与工夫结合一体，展开层层工夫，但若此则先天本体与后天已发终是两截，不合一本之旨。如善恶之"意"，所谓"诚意"应即好善恶恶的心之所存的——如实呈现而已，若为心之所发，则善恶之意因物而异并无定准，此时的"诚意"就是作为"为善去恶"而存在，这就不是与"好善恶恶"本体意向一本贯通的形态了。蕺山道："今以意为心之所发，亦无不可，言所发而所存在其中，终不以心为所存，意为所发"，"意者，心之所发，发则有善有恶。阳明之说有自来矣。抑善恶者意乎？好善恶恶者意乎？"① 这是从即本体即工夫的角度说明，存、发乃一体，"意"之已发也可以讲，但须知此已发是依存其内存本有的深微之体而来，具体讲如所谓善、恶，即本原于好善恶恶的意向而非具体的事物或行为才有，阳明以心、意分存、发言，实非究竟说法。

有见于"好善恶恶"的未发之体，在体用一如的意义上，有善有恶、知善知恶可与之一脉贯通。但所谓"好善恶恶"，其善、恶非经验性的善、恶，乃是先验之意向，关键在于所好所恶上，并不受后天具体善恶情形的拘限，在境界上具有无执无滞性，故又可谓"无善无恶"。蕺山明确讲道："心无善恶，而一点独知，知善知恶。知善知恶之知，即是好善恶恶之意；好善恶恶之意，即是无善无恶之体，此之谓'无极而太极'。"② 王龙溪曾主张心、意、知、物均应是无善无恶的，虽然蕺山对龙溪四无多有批评，二者对意的定位亦不同，但在不能仅见于"有善有恶"的已发层面来理解"意"，以及"意"境界之无执无滞等方面，二者有相通之处。

"好善恶恶"在境界层面可以说是"无善无恶"的，这有助于摆脱经验性善、恶观念的限定；但，在"无善无恶"的超拔中，"好善恶恶"之意向如何防止陷入虚无主义的窠臼，并贞定善恶意向的有序性（即不会导出"好恶恶善"之类）呢？首先在于，这里所言善、恶均属先验层，"好善""恶恶"并非两事，好恶一体、善恶一机，二者实为一事，所好所恶正是先天本有之道德意向的显现，善恶失序问题自可消弭。此意向之一元与绝对，也指示出境界形式上的"无善无恶"，在内涵实质上却又是"至善无恶"的，"至善"理念乃此意向内聚显发的终极指向，并由此决定好、恶之意不会悬虚蹈空。故蕺山尝云诚意正是"止至善之极则"。在"至善"

---

① 刘宗周：《学言》下，《刘宗周全集》第 2 册，第 442 页。
② 刘宗周：《学言》中，《刘宗周全集》第 2 册，第 411 页。

理念中，好、恶作为人心之意，如同"虞廷所谓'道心惟微'也。惟微云者，有而未始滞于有，无而未始沦于无。盖妙于有无之间，而不可以有无言者也。以为无则堕于空寂，以为有则流于习见"①。"至善"与"意"一体互动，为"惟微"之"意"指明了自身的本己性内容，而在"意"的澄明中，"至善"的指向也得到确定和强化的保证。故云："意根最微，诚体本天；本天者，至善者也。以其至善，还之至微，乃见真止。"② 不过，蕺山"意"论的独特规定还需进一步澄清。

儒家传统言"意"，大致包括三层涵义：意识、意向、意志。"意志"作为"心志"问题，一般放在"正心"的范围中加以讨论，"诚意"主要涉及前两者。前两者分别对应着经验与先验、已发与未发的层面，构成了儒家"诚意"论的两个主要面向：一个是对已发"意识"的省察或针治，一个是本己意向的纯然显现。蕺山主要在后一层面上立意，前者是蕺山之前的主流解释所采用，也是蕺山指陈的"看《大学》不明，只为意字解错"③ 所出现偏失的问题所在。具体地说，蕺山认为："心所向曰意，正如盘针之必向南也。"④ 向非一般的指向，而是定向，是必定必为之心的主宰之向。胡居仁以"心有专主""情所专主"来理解，强调了"意"的主宰性。蕺山认为未尽，盖仅以为"主"，还未将其中的必然义、定向义讲出来。"意者，心之中气；志者，心之根气。宅中有主曰意，静深而有本曰志。"⑤ 这里的"志"与"意志"之"志"还有所不同，可理解为"志向"，是在更深一步之根据上对"意向"的刻画，彰显意向的内在性和确定性。反过来看，这种意向行为方式，因其"静深而有本"之"志"，说明其自身内蕴着本然的实质性内容，同时也因其渊然有定之必然"性向"，可以实现对其意向行为对象的构造和完成。

与"意"在先天与后天之间的不同区分对应，"诚"也有不同的解释：诚体保任存养（对"意"之先天、未发言）、对治还其本位（对"意"之后天、已发言）。⑥ 从先天层面讲"意"，"意还其意之谓诚"⑦，不过"以

---

① 刘宗周：《答董生心意十问》，《刘宗周全集》第 2 册，第 337 页。
② 刘宗周：《学言》下，《刘宗周全集》第 2 册，第 453 页。
③ 刘宗周：《学言》中，《刘宗周全集》第 2 册，第 422 页。
④ 刘宗周：《商疑十则，答史子复》，《刘宗周全集》第 2 册，第 343 页。
⑤ 刘宗周：《商疑十则，答史子复》，《刘宗周全集》第 2 册，第 343 页。
⑥ 蕺山虽强调未发层面，对后天并非无视，如对改过迁善问题的重视，撰《人谱》等著作。这其实也是"诚意"教所关涉的一个方面：省察戒慎改过，这可视为对"意"之"走作"言。
⑦ 刘宗周：《学言》下，《刘宗周全集》第 2 册，第 442 页。

诚还之"，使其如实呈现即可，蕺山自己称之为"性光呈露"："性光呈露，善必好，恶必恶……此时浑然天体用事，不著人力丝毫。于此寻个下手工夫，惟有慎之一法，乃得还他本位，曰独。仍不许乱动手脚一毫，所谓诚之者也。"① 这里透露出，诚意实以慎独为内核，慎独作为"诚意"的具体落实，重在言工夫。慎独工夫的根本在于，体察、存养未发的静存之意。从形态上看，慎独专属于静存，无关乎动察。但蕺山主张动察摄归于静存，静存为一贯之工夫，须臾不离，则慎独就成为一切工夫之轴心："君子之学，慎独而已矣。无事，此慎独即是存养之要；有事，此慎独即是省察之功。"② 慎独由"意"中指出，"诚意"可由慎独工夫来保证实现出来，实现方式如上文所言，意向行为已然内含着自身的意向对象："隐微之地，是名曰独，其为何物乎？本无一物之中而物物具焉，此至善之所统会也。"③ 可以说，独之外无本体，慎独之外更无工夫。

与此一致，蕺山认为："《大学》之道，一言以蔽之，曰慎独而已矣。《大学》言慎独，《中庸》亦言慎独，慎独之外，别无学也"④，尧舜以来相传心法，不过在此。但如前文已提及，《大学》与《中庸》之慎独，有不同侧重，前者是就心体言，后者则重在言性体。也就是说，《中庸》从戒慎恐惧，及其隐微本性，客观而超越地言及慎独；而《大学》更为具体，直面人之"用心"，切实地显示慎独的必要。正因为此，蕺山解"独"为本心之知、独知，慎独即其独知之致，致知即致其独知、本心之知，故慎独也即不"自欺"。当然，慎独作为致知之内蕴，还有一层意义在于，可以将《大学》"欲诚其意者，先致其知"的关系捋顺，"必慎其独，诚意先致知也"⑤，说的正是这层意思。相形之下，阳明将"知"理解为"良知"而非慎独之"独知"，则有善有恶"意之动"相对于知善知恶之"良知"的先在性，就会造成"知为意奴"，在蕺山看来，这样从致知到诚意的工夫展开是无法讲通的。

蕺山之慎独并不是独立于诚意之外的某项工夫，意作为主宰，在其收敛澄明中回复到性体分明之境，诚意由此推致开来，这就是慎独工夫。慎独本身即是诚意宗旨的显现流行，在意之诚的基础上，慎独工夫才

---

① 刘宗周：《学言》下，《刘宗周全集》第 2 册，第 454 页。
② 刘宗周：《书鲍长孺社约》，《刘宗周全集》第 4 册，第 118 页．
③ 刘宗周：《大学古记约义》，《刘宗周全集》第 1 册，第 649 页。
④ 刘宗周：《大学古记约义》，《刘宗周全集》第 1 册，第 650 页。
⑤ 刘宗周：《大学古记》，《刘宗周全集》第 1 册，第 629 页。

能保有其真。他的学生黄宗羲评议道："先师之慎独，非性体分明，慎是慎个何物？"①"学者但证得性体分明，而以时保之，即是慎矣。慎之工夫只在主宰上，觉有主，是曰意，离意根一步，便是妄，便非独矣。"② 慎独工夫流行落实的过程，此意之诚作为主宰的地位亦不断得到确证。职是之故，黄宗羲认为只有如此把握慎独，才能真正了解乃师为学之宗旨，且对慎独的理解才真正"始得其真"。诚意慎独之间所分所合，不能离开此上下打通、内外交融的层面进行理解。

如果说，诚意宗旨下的工夫论在内为"慎独"，那么，其外显工夫则是"治念"。"念"即先天之意落入后天经验中的结果，大略相当于阳明所言的"意"，蕺山之治念即阳明之诚意，即良知教中"致良知—诚意"的内容结构，在诚意教中对应转变为"诚意—治念"。但《大学》并无"念"之一节，蕺山另撰《治念说》以明之，大要是说，有念就落于后着，举念反拘于此念，非直就善恶用功，不可能实有为善去恶，且对念而言，刻意对治摒除不会有作用，应以思化之，以思之功警发于念之后，随时化除之。"治念"成为蕺山诚意教的一个重要组成部分，在其他地方也多有强调，"心意知物是一路，不知此外何以又容一念字？今心为念，盖心之余气也。余气也者，动气也，动而远乎天，故念起念灭，为厥心病。故念有善恶，而物即与之为善恶，物本无善恶也；念有昏明，而知即与之为昏明，知本无昏明也；念有真妄，而意即与之为真妄，意本无真妄也；念有起灭，而心即与之为起灭，心本无起灭也。故圣人化念归心"③。念源乎心，亦动乎心，念有起灭、善恶、昏明、真妄，心随之亦失其本然，故治念、化念，方能得心之正。然念之化治，并非易事，心存动念，则事心亦难，如恍惚、纷纭、杂糅焉，又或放失之，而不知求，不胜其劳。在念之起起灭灭之余，仍有一念不起或事过寂然之时，"虚中受命，德合无疆"④，故蕺山提出"化念归虚"之说，"归虚"并非堕入空虚，而是体会意根先天未发之际，从"意"看，本无所谓起灭，这与其"化念归思"之说相合，此"思"即当以"思诚"解之，归本诚意，适可化念。总之，"君子求道于所性之中，直从耳目不交处，时致吾戒慎恐惧之功……一念未起之中，耳目有所不及加，而天下之可睹可闻者，即于此而在……君子

① 黄宗羲：《蕺山学案》，《明儒学案》，第 1510 页。
② 黄宗羲：《蕺山学案》，《明儒学案》，第 1514 页。
③ 刘宗周：《学言》中，《刘宗周全集》第 2 册，第 417 页。
④ 刘宗周：《学言》中，《刘宗周全集》第 2 册，第 424 页。

乌得不戒慎恐惧、兢兢慎之!"① 化念归心、化念归思,正需在诚意慎独之几微、一念未起之中用工夫,宜乎蕺山《人谱》之作以"卜动念以知几"为独体入动之首功。

由上,蕺山"诚意"乃意蕴深邃且包含丰富面向的工夫统一体:下与上——心宗与性宗;内与外——慎独与治念;正与反——涵养省察与改过迁善;等等。诸义会归一处,"诚意"被定位为"专义"和"完义"("了义"),即宗旨义、核心义、根本义、第一义、完备义:"必言诚意先致知,正亦人以知止之法,欲其止于至善也。意外无善,独外无善也。故诚意者《大学》之专义也,前此不必在致知,后此不必在于正心也;亦《大学》之完义也,后此无正心之功,并无修齐治平之功也。"② 蕺山认为,诚意体现了《大学》工夫完备于其一身之义,其后的条目并不是时间先后的推展,而是逻辑上的先后,所谓"完义",即"诚意"乃其后几项工夫的根据,实质乃涵括其后几条工夫在其中,故也可视之《大学》专门所设之义——"专义",蕺山由之强调知本、知止,即依于"诚意"。那么,"诚意"如何展开"诚意"作为专义、了义的具体涵蕴,下节在与《大学》之教的支撑性诠释中可略窥一斑。

3. 诚意与《大学》之教

在蕺山看来,立宗诚意,不过是"以《大学》还《大学》尔",此点在《大学》文本结构中就有鲜明体现。首先,诚意章首尾单独专门提出"诚意",而不像其他条目,并不与前后的正心、致知关联一起说,独标一格,专门立之旨纯明。蕺山指出:"古本圣经而后,首传诚意,前不及先致知,后不及欲正心,直是单提直指,以一义总摄诸义。至末又云'故君子必诚其意',何等郑重。"③ 其次,虽先言格致,而后由诚意,但并不是并列,而是"就格致中看出"诚意,由学问进路中显明其"要归"的意思。蕺山认为《大学》之学,不仅是格致的记闻思辨,更是学行一体的,而"诚意"即涵学问工夫于一体,是应由之显示《大学》之"学"的真精神。故而,蕺山认为他所作的诠释,不过是坐实《大学》诚意之本义,并在诚意如何贯穿整个《大学》之教的脉络中呈示出来。

其一,诚意与格物。

"盈天地间皆物也。自其分者而观之,天地万物各一物也;自其合者

---

① 刘宗周:《中庸首章说》,《刘宗周全集》第 2 册,第 299 页。
② 刘宗周:《读大学》,《刘宗周全集》第 4 册,第 417 页。
③ 刘宗周:《学言》下,《刘宗周全集》第 2 册,第 444 页。

而观之，天地万物一物也，一物本无物也。无物者，理之不物于物，为至善之体而统于吾心者也。"① "物"的广泛存在是显见的事实，但如何应物则体现着不同的哲学主张。心学派建构以心为本的心物关系，万物虽繁但可统之于心，同样，应物也成为修心的重要路径。真"格物"并不是别的，应该是直通天命之性的工夫。但在如何"格"物的解读上，古今解读聚讼杂芜，据蕺山言，其时已有七十二种不同注解。② 如其中几种要说就各有所本，难以会归："'格'之为义，有训'至'者，程子、朱子也；有训'改革'者，杨慈湖也；有训'正'者，王文成也；有训'格式'者，王心斋也；有训'感通'者，罗念庵也。其义皆有所本，而其说各有所通，然从'至'为近。"③ "从'至'为近"，貌似赞同朱子，其实这只是表面，因为蕺山对"物"的规定，决定了"格物"只能是反躬内求，而不是外在的追逐物理，这就不难理解他对朱子的批评："朱子格物之说，置身于此而穷物于彼，其知驰于外，故格致之后，又有诚正工夫。阳明格物之说，置身于此而穷物于此，其知返于内，故格致之时，即是诚正工夫。要之，格致工夫原为诚正而设，诚正工夫即从格致而入，先后二字皆就一时看出，非有节候。"④ 格物应收归在诚意正心的轨范下，格、致、诚三者一而非二，并非时间上的先后环节，而是同为一体相续中的道德实践工夫，故与阳明更接近，这也反映了哲学宗旨对文本诠释的主导作用。本于反身内转的面向，蕺山当然会认同淮南格物说，"后儒格物之说，当以淮南为正，曰'格知身之为本，而家国天下之为末'"，并作引申指出，"格知诚意之为本，而正修齐治平之为末"⑤。修身为本还不够彻底，诚意才真正具有终极的意义。向本心呈露时"随处体认"，就是格物，"隐微之地，是名曰独。……致知在格物，格此而已。独者物之本，而慎独者格之始事也"⑥。这又进一步就"诚意"指出慎独工夫来统率"格物"，"格物"所主，只有慎独足以蔽之。

其二，诚意与致知。

格物主于慎独，独即独体亦是独知，独知又和致知连接，这样，以慎

---

① 刘宗周：《大学古记约义》，《刘宗周全集》第 1 册，第 647 页。
② 刘宗周：《大学杂言》，《刘宗周全集》第 1 册，第 657 页。
③ 刘宗周：《大学杂言》，《刘宗周全集》第 1 册，第 657 页。
④ 刘宗周：《大学杂言》，《刘宗周全集》第 1 册，第 656 页。
⑤ 刘宗周：《学言》下，《刘宗周全集》第 2 册，第 448 页。
⑥ 刘宗周：《大学古记约义》，《刘宗周全集》第 1 册，第 649 页。

独为枢纽，将致知格物统一结合在一起，并归结到诚意中来。"格致者，诚意之功，工夫结在主意中，方为真工夫，如离却意根一步，亦更无格致可言。"① 格致与诚意由此成为一而二、二而一的双向互成关系，这同时意味着诚意作为工夫之始的展开，就是格致的形态："诚意者，行之始也。即在学、问、思、辨时，即就格致中看出，非格致了方去诚意也。"② 慎独的意义还在于，独知不仅与致知本末一体，还与知止相贯通，"独之知，即致知之知，即本源即末流也。独知之知，即知止之知，即本体即工夫也"③，这样看，致知与知止也应是一体的。此点实为蕺山特别强调的一点，出于两方面的缘由：一方面，蕺山强调要合乎《大学》"本文"，从文本内证的角度看，格物与物有本末之物，致知与知先、知止、知本之知，均应是一致的，这是基于文本诠释对义理的调教；另一方面，就致知问题看，经由独知的关联，致知和知止的贯通就不只是表面的比附，而是有着内在因由，而这一因由又内在关联着对阳明的批判，反映出良知说的不合文义之甚（同理，格物问题的贯通，其实批评了朱子格物说不知本）。"阳明将意字认坏，故不得不进而求良于知。仍将知字认粗，又不得不退而求精于心。"④ 认坏意字是说以意为已发，障蔽了其本然之意向；认粗知字是说未清楚区分善恶之知的本源，定知善知恶之知在善恶外，故还需反诸性体以求贞定。在蕺山看来，若有见于致知之知即贯通知止本源意蕴于其中，阳明就不会再费力讲什么"良"知了："且《大学》所谓致知，亦只是致其知止之知。知止之知，即知先之知；知先之知，即知本之知。惟其知止、知先、知本也，则谓之良知亦得。知在止中，良因止见，故言知止则不必更言良知。"⑤ 知止工夫之省思，并不是另立的某项工夫节目，不过是致知之知对自身本体的求索与奠基，明确言之，"然则致知工夫，不是另一项，仍只就诚意中看出。如离却意根一步，亦更无致知可言"⑥。

其三，诚意与正心。

蕺山称"诚、正之辨，所关学术甚大"⑦，《大学》之教不明，不争格、致之辨，而实在诚、正之辨。为何诚、正之辨如此重要？就在于历来

① 刘宗周：《学言》上，《刘宗周全集》第 2 册，第 390 页。
② 刘宗周：《大学古文参疑》，《刘宗周全集》第 1 册，第 615 页。
③ 刘宗周：《学言》中，《刘宗周全集》第 2 册，第 420 页。
④ 刘宗周：《良知说》，《刘宗周全集》第 2 册，第 318 页。
⑤ 刘宗周：《良知说》，《刘宗周全集》第 2 册，第 318 页。
⑥ 刘宗周：《学言》下，《刘宗周全集》第 2 册，第 444 页。
⑦ 刘宗周：《学言》下，《刘宗周全集》第 2 册，第 452 页。

于此模糊其解，造成严重的理论后果。蕺山面临的良知末流之学就是如此："辨意不清，则以起灭为情缘；辨心不清，则以虚无落幻相。二者相为表里，言有言无，不可方物。即区区一点良知，亦终日受其颠倒播弄而不自知，适以为济恶之具而已。视闻见支离之病，何啻霄壤！"① 心体逼显出性体、性体显之于心体，此良知教转向诚意教的理路已昭然若揭，蕺山认为辨清意、心之义及二者之间的关系，才能有效扭转良知学的流弊，而"诚意"本体意义的澄明是其中的关键。蕺山指出，意是心的最初动向，为心所本有，乃心之为心的主宰："心只是个浑然之体，就中指出端倪来，曰意，即惟微之体也……正心之心，人心也；而意者，心之所以为心也。"② 意对心的主宰，是本体论根据，而不是宇宙论式的生成关系。"心之主宰曰意，故意为心本，不是以意生心，故曰'本'。犹身里言心，心为身本也。"③ 作为本体性的内在根据，意正是心之先天本然性向的表征。心为"径寸虚体"，有"意"才有定盘针，心才能获得存在论的贞定。蕺山形象地称之为"虚体中一点精神"："意者，心之所以为心也。止言心，则心只是径寸虚体耳。著个意字，方见下了定盘针，有子午可指。然定盘针与盘子，终是两物。意之于心，只是虚体中一点精神，仍只是一个心。"④ 由此而来的心意关系，实质上是体用关系："心不可以已发言，而《大学》之言心也，则近之。……凡《五经》《四书》之言心也，皆合意知而言者也。独《大学》分意知而言之，故即谓心为用、意为体亦得。"⑤ 相应地，正、诚之间也可以体用视之⑥，这样，《大学》虽分心、意、知不同节目，虽多从已发言心，须知其分乃体用之分、本末之分，其发乃一机之发、一如之发，有个打合贯通的底蕴在其中。"人心之体，存发一机也。心无存发，意无存发也。盖此心中一点虚灵不昧之主宰，尝尝存，亦尝尝发。"⑦ 这将已发、未发"统而一之"，不以前后承继言，而以一如、一机、一本、一体言，在此基础上，心与意固非两件，意为心之体、心之根据才可以顺理成章。此外，《大学古记》与《大学古文参疑》对《大学》章

---

① 刘宗周：《学言》下，《刘宗周全集》第 2 册，第 452 页。
② 刘宗周：《商疑十则，答史子复》，《刘宗周全集》第 2 册，第 341 页。
③ 刘宗周：《学言》下，《刘宗周全集》第 2 册，第 447 页。
④ 刘宗周：《答董生心意十问》，《刘宗周全集》第 2 册，第 337 - 338 页。
⑤ 刘宗周：《答董生心意十问》，《刘宗周全集》第 2 册，第 338 页。
⑥ "依刘蕺山，诚意即是还意之纯一不二，正心即是由意之诚以正心之发用之经验层上之杂而供之归于纯。"（牟宗三：《宋明儒学的问题与发展》，第 178 页）
⑦ 刘宗周：《答董生心意十问》，《刘宗周全集》第 2 册，第 338 页。

节作了两次厘定，前后有所不同，各分七章和八章，但解释"诚意"的章节内，都将"正心"涵括在内，前后一致，也显示着二者之间的基本关系。

其四，格致诚正合而观之。

四者均属内心实践活动的不同层次，不能陷入支离地理解，而未见其根本上的贯通："总之，一心耳，以其存主而言谓之意，以其存主之精明而言谓之知，以其精明之地有善无恶归之至善谓之物。识得此，方见心学一原之妙，不然未有不堕于支离者。"① 本于"意之存主"，四者可由一体展开而不支离，但这不意味着其间的逻辑关系是模糊的。"《大学》之言心也，曰'忿懥、恐惧、好乐、忧患'而已。此四者，心之体也。其言意也，则曰'好好色，恶恶臭'。好恶者，此心最初之机，即四者之所自来。故意蕴于心，非心之所发也。又就意中指出最初之机，则仅有知善知恶之知而已，此即意之不可欺者也。故知藏于意，非意之所起也。又就知中指出最初之机，则仅有体物不遗之物而已，此所谓独也。故物即知，非知之所照也。"② 牟宗三先生以为，"此四者，心之体"与"四者之所自来"两句不妥③，前者是作用见性式的不纯粹，后者是超越绝对层直接关联经验限定层的错位，措辞不严谨，义理不纯熟。尽管如此，蕺山此处对物、知、意、物相互关系进行集中说明的意思还是显明的，展现了四者之间一体而又多层、交错而又分明的内在逻辑。所以蕺山"诚意教"体系下的《大学》，既要看到"《大学》是一贯底血脉，不是循序底工夫"④，不能以线性思维去平面化的铺展，又要认清"《大学》之教，一层切一层，真是山穷水尽学问"⑤，否则就是自设阈限而不能曲尽精微。

其五，诚意与修身以下诸章。

作为层层切进的学问，对修齐治平的观照，亦是诚意教的题中之义。"合心意知物，乃见此心之全体。更合身与家国天下，乃见此心之全量。"⑥ 心是"大统会"，万物、万化、万形均有所统归，"一心统万心，退藏于密，是为金锁钥"，也皆有其体，"身者，天下万物之统体，而心又其体也"⑦，而意又是心之体，隐微的独体，正是此心作为"金锁钥"最

---

① 刘宗周：《答史子复》，《刘宗周全集》第3册，第380页。
② 刘宗周：《学言》上，《刘宗周全集》第2册，第389页。
③ 牟宗三：《宋明儒学的问题与发展》，第178页。
④ 刘宗周：《学言》下，《刘宗周全集》第2册，第452页。
⑤ 刘宗周：《学言》上，《刘宗周全集》第2册，第389页。
⑥ 刘宗周：《学言》中，《刘宗周全集》第2册，第409页。
⑦ 刘宗周：《学言》上，《刘宗周全集》第2册，第389页。

终归宿，万化万物、家国天下，推本溯源，无不关此。"君子之学，先天下而本之国，先国而本之家与身，亦属之已矣。又自身而本之心，本之意，本之知，本至此，无可推求，无可揣控，而其为己也隐且微矣。隐微之地，是名曰独。"① 诚意慎独乃为学之本，工夫节目逐层展开，无不是本此而来，由此展开，才获得相应效验。蕺山把物收归于心、本之于意，总之以内为本，避免了泛滥外求，但不意味着身外之物没有了解的必要。蕺山明确"盈天地之间皆物也"，认为虽可"不物于物"，但"不能不显于物"②。只是对纷纭外物的关注，应收束于"切于身"这一点上。"物无体，又即天下国家身心意知以为体，是之谓体用一原，显微无间。"③ 由此，以独体为本，"本无一物之中，而物物具焉"，在心物一体的意义上，蕺山偏内却并未遗外，"体天地万物为一本"的说法也有了更实在的意义。最有特色的是，在《大学古文参疑》中厘出"平天下"一节，并以"明明德于天下"为释，三纲与八目绾合一体，并于此见"明明德于天下"包裹《大学》全教。内外一本，立本达末，贯彻了儒家内圣外王的一贯传统。只是在明末乱世之道，急切希求显功之际，蕺山此论略显迂阔，不合时宜，其行状中记载，几次廷对人主，都是一贯主张内圣之本，被斥为无益世道，亦无如之何矣。

4. 诚意与蕺山之学

蕺山以《大学》之教作为学问工夫的要归、统会："予尝谓学术不明，只是《大学》之教不明。"④ 这一概括当然也反映着作为理学殿军的刘蕺山对整个宋明理学学脉的整体反思和把握，说明了《大学》在理学演进中所引发的理论效应。就蕺山而言，其中之关键，如前文所述，在于"诚意"。在对《大学》之"诚意"作出创造性新诠、确立起自身为学之宗旨的过程中，蕺山自身学术思想的一些特色亦逐步定型。

其一，先验还原的思维方式。

"诚意"宗旨之确立，体现为还原论倾向，"原初意识"很强，用他自己的话说，即一层切一层，直到山穷水尽方可。这一先验还原的独特思维方式，主张一切问题均要澄清本原，从本原处展开思考，推本溯源，层层切入，"归显于密"，直至最为深层内在的"几微""究竟""本之本"处，

---

① 刘宗周：《大学古记约义》，《刘宗周全集》第 1 册，第 649 页。
② 刘宗周：《大学古记约义》，《刘宗周全集》第 1 册，第 647 页。
③ 刘宗周：《学言》上，《刘宗周全集》第 2 册，第 389 页。
④ 刘宗周：《学言》下，《刘宗周全集》第 2 册，第 452 页。

立论的根基才能确立。"诚意"为宗旨的论说是最集中的体现，由此他认为阳明的良知也不够彻底。先验还原到原初结构中，是为奠定本体的依据，之所以强调"知止"即是理论表现之一①，落脚在人之实存中，即主张应"立人极"。由此一贯，在具体的生活实践中的思维亦是如此，在治疗恶疾问题上，注重培本固元，应以培养未发、调理病根为先，在为政治国上，不是面对具体的问题，而是以劝导君主诚意正心、整饬国体为旨，尽管这看起来有些迂阔甚或不合时宜，但不能否认，蕺山的这些主张并不能说是"错"的，相反，从根本上看，这些主张非常正确，换个角度看，当我们认为蕺山的思考太不治标时，蕺山所指乃是以治本为先务。这同时说明了此思维方式对蕺山思想的深刻形塑，这一思维方式鲜明彰显了中国哲学传统的"知本"观，但像蕺山这样在本原意识上如此自觉、如此彻底的，并不多见。可以说，蕺山是中国哲学传统中本原意识最强的哲学家，从这一点看，蕺山"诚意"之论似乎更能与现象学主张"回到事物本身"、重视意识经验"原初结构"的先验还原思维方式接榫，也更能体现所谓"元意向性"的理论诉求，即包容着意向性但又对其有所扩展、深入、超越乃至淀出，"描述一种追求原初性、彻底性、超越性和深邃性的思维方式与思想取向"②。

其二，内在关系论的思维逻辑。

原初结构的追寻并不是对具体实际工夫的离却，而是在本体根据的奠立中对实践工夫进行肯定。通过内在关系论的致思逻辑，对本体和工夫展开深入而细致的整体性思考。所谓内在关系论，是指心性本体内在于主体实存中，并在具体的实践中显现出来；主体实存的实践工夫落实，以对心性本体的自证为内在前提，体现出工夫论内蕴的超越性和普遍性。在此内在关系论中，本体不再是空洞的抽象形式，工夫也不再是外在节目的拼合。内在关系论实乃理解儒家心性论的重要致思逻辑，蕺山归显于密的诚意慎独之学，就是很典型的一个例证。诚体本天，意根最微，蕺山立宗诚意，慎独之外无工夫。但对慎独的理解不能仅仅停留在内心独体层面，它

---

①　如：《大学》之要，止至善而已矣……学以止为究竟法，必以知止为入门法。（刘宗周：《大学古记约义》，《刘宗周全集》第1册，第644页）"知止"二字，括尽《大学》工夫。（刘宗周：《大学杂言》，《刘宗周全集》第1册，第655页）问大学要义。曰：言本体，吃紧得个善字；言工夫，吃紧得个止字。（刘宗周：《大学杂言》，《刘宗周全集》第1册，第645－656页）

②　倪梁康：《东西方意识哲学中的"意向性"与"元意向性"问题》，《文史哲》2015年第5期。

还有超越的一面，在自身生存境遇由内而外的各个层面，无不时刻在场："始求之好恶之机，得吾诚焉，所以慎之于意也；因求之喜、怒、哀、乐之发，得吾正焉，所以慎之于心也；又求之亲爱、贱恶、畏敬、哀矜、敖惰之所之，得吾修焉，所以慎之于身也；又求之孝、弟、慈，得吾齐焉，所以慎之于家也；又求之事君、事长、使众、得吾治焉，所以慎之于国也；又求之民好、民恶、明明德于天下焉，所以慎之于天下也。"① 所谓慎之于意、心、身、家、国、天下，指的正是各工夫节目以独体的自觉显明为内在因由，实则也反映着慎独在各个层面不同的显现。各工夫节目因内在独体的时刻澄明，而得其本体之贞定，作为本体的独体，则于各节目中得其工夫面向的具体落实。蕺山即本体即工夫的内蕴，以及其他诸如无善与至善等问题，都不能脱离这个层面加以考量。归显于密的诚意，其内在的密，超越而自定；其超越的密，内摄而上提。于存在的践履中深造自得，确证着即内在即超越的理论精神。

其三，相即合一的思维特质。

在此内在关系论的思维逻辑引导下，以一统万，一本万殊，分说总属支离。本体与工夫合一不二，最为明证，此乃心学工夫论的总体特征，至于蕺山，此论更显。"一诚贯所性之全，而工夫则自明而入，故《中庸》曰'诚身'，曰'明善'，《大学》曰'诚意'，曰'致知'，其旨一也。要之，明善之善，不外一诚，明之所以诚之也；致知之知，不离此意，致之所以诚之也。本体工夫，委是打合。"② 不明此点往往出现两个纰漏，一个是有上截无下截，一个是离却本体做工夫。针对前者，蕺山强调："学者只有工夫可说。其本体处直是着不得一语。才着一语，便是工夫边事。然言工夫，而本体在其中矣。大抵学者肯用工夫处，即是本体流露处；其善用工夫处，即是本体正当处。"③ 就后者看，蕺山叮嘱道："所云'工夫、本体只是一个，做工夫处即本体'，良是，良是。即如是说，便须认定本体做工夫，便不得离却本体一步做工夫。而今工夫不得力，恐是离却本体的工夫。"④ 前论源出于其对本体之纯粹性、先天性、超越性的贞定，一有所言，即附着了某种限定和条件，只能从工夫上来讲。后论说明工夫正是本体全体呈现的必由路径，本体在此过程中亦构成着工夫的内在根

---

① 刘宗周：《大学古记约义》，《刘宗周全集》第 1 册，第 649 - 650 页。
② 刘宗周：《学言》下，《刘宗周全集》第 2 册，第 453 页。
③ 刘宗周：《答履思二》，《刘宗周全集》第 3 册，第 309 页。
④ 刘宗周：《祁生文载》，《刘宗周全集》第 3 册，第 307 页。

据，正所谓"须认定本体做工夫"，"不得离却本体一步做工夫"。蕺山此论亦体现出其对阳明后学如二溪所昭示的可能问题的补缺，与"悟得本体便是工夫""日用常行即是本体"皆有不同，蕺山强调本体与工夫之间的内在统一，不能或缺。但针对当时顿悟蹈虚、废学废行之轻浮狂放之风的盛行，在吃紧本体做工夫，对现成本体而轻用工夫予以规避外，蕺山更强调识得本体不遗日用常行之工夫，并指出工夫做得愈精密，本体呈现的越昭明灵彻，否则会导致纵恣无忌而遗落工夫。从这一点看，黄宗羲"心无本体，工夫所至，即其本体"之说，已可初见端倪了，这不过是即本体即工夫在实学转向氛围中的一个变种。

其四，经学与思想的回环互动。

思想孕育的同时，蕺山非常强调文本本身的逻辑，判别《大学》诠释正确与否的一个重要向度即是否合于"《大学》本文""《大学》本旨"。所以与"六经注我"式的开放经学观相异，蕺山在心学系统中显示出较强的复归经典的意识。时刻将思想阐发与经典本身相结合，成为蕺山哲学的一个重要特征。如在《良知说》中批评阳明，认为其良知乃"知为意奴""知为心祟"，无所谓"良"。同时，与《大学》本身之致知与知止、知先、知本之知一贯，也无需再转为良知为说，良知之"良"实已在"知止"中透显。两面结合论证，蕺山认为才能得其妥帖。伴随着思想的发展，在经学文本上的观点也会随之变动，就《大学》改本看，从古本到高攀龙改本（实为崔铣改本），再到石经本，蕺山一直在寻找与其思想相印证的最佳文本依傍，直到被视为晚年定论的《大学古文参疑》，提出自己的改本。①但当思想和经典两方面不能完全合拍时，还是无法避免出现一些纠结，只能嗟叹"终不能释然于《大学》"②。蕺山从未对《大学》的经典地位产生过质疑，所谓的纠结也只是以"参疑"的形式聊备存说。但到其后学那里，问题的解决简单了许多，如陈确《大学辨》，直接否定《大学》是圣经，其中对"知止"的否定是关键点之一，这反映出先天本体意识的隐退，实际上对整个宋明理学的批判已经拉开序幕。同时代的姚志恒对《大学》（包括《中庸》）的质疑，体现了同样的路数和意识。从《大学》学的角度看，这反映着四书经典体系开始瓦解，《大学》以及《中庸》逐步被

---

① 关于蕺山改本的分析，可参林庆彰：《刘宗周与〈大学〉》，钟彩钧编：《刘蕺山学术思想论集》，"中央研究院"中国文哲所印行，1998。

② 林庆彰：《刘宗周与〈大学〉》，钟彩钧编：《刘蕺山学术思想论集》。

剥离出经典系统，而重新降格到《礼记》中去。思想与经学并重的天平也渐被打破，重文本考据的汉学路数将重新跻登"圣坛"。

其五，道德理性的重新挺立。

从道德教化的角度看，诚意教作为对良知教的调适发展，有其贡献，但也存在相应的问题。知行的合一即道德理性与道德实践的统一需要两个方面的保证，一是道德意向的指引，一是道德情感的推动。前者蕺山的诚意从深微的意向上来收摄道德理性，为道德理性铺陈着本然的意向指引，这方面比阳明的良知表达得更彻底；但在道德情感的推动上，诚意教则不如良知教更富感染力，阳明致良知的理论优越性就体现出来。这也是为什么阳明致良知显在"动"（"事上磨练"），而蕺山诚意论偏在"静"（"深根宁极"）。从这个层面看，阳明致良知虽饱受蕺山批评，但在道德理性和道德情感的统一上，可能比蕺山诚意论更偏重在道德理性的高扬上，更富圆融精神。更重要的一点在于，这启示我们，在"致知"扭转了"格物""诚意"转进了"良知"后，为了在道德理性和道德情感上重新达到新的统一，应在道德教化理论上提出新的论说，而这新论当然不是简单回到良知论，而应在"格物—致知—诚意"的螺旋上升中，达到一个新的历史高度。按照《大学》本身的逻辑，这一更高的要求似已到了"正心"的环节，而从思想史自身的逻辑看，《大学》为宋明儒学立宗的逻辑再次得到验证——王船山提出独特的"心志"说。在船山"正心"的全新解读中，道德理性和道德情感再次形成具有凝聚性的合力，对儒家道德教化论作出新的推动，也再一次推进宋明儒学心性论的发展，提升《大学》学的哲学高度。①

四、持定的"正心"

接续诚意教的发展脉络，诚意将心性内向收缩到极点，经典意识（四书）开始淡化，其后经典诠释的发展路向似乎没有了太多选择：要么溢出心性，走向实证考据，如蕺山弟子陈确及其后的考证学之兴起；要么转变

---

① 从心学发展看，从陆象山的"明心"到王阳明的"致知"再到刘蕺山的"诚意"，也有一个发展深入的过程，但象山的"明心"，主要得之于孟子的"本心"，而不是《大学》的"正心"。从《大学》学的视域审视宋明理学的范式演进，船山在《大学》诠释中提出的"心志"说，庶几近之。

思路，从对心性的理性推演转向对心性的坚定持守，船山"持志以正心"正是顺此思路另辟理论出路的。而且船山"正心"主张贯通本体与工夫，将即本体为工夫，转变到即工夫为本体[①]，虽然蕺山门人黄宗羲提出"工夫所至，即其本体"，但从哲学系统证成这一思路的，应推船山。从《大学》自身的工夫进路看，"诚意"之后也正应着"正心"的转出。因此，"正心"的提出，从哲学和经学的双重理论层面看，都体现着逻辑演进上的某种必然。

朱子为何重视格物？阳明为何重视良知？蕺山为何重视诚意？"文本的意义究竟是存在于其（已知的或未知的）历史中，还是存在于一位权威读者的解释中？"[②] 从本体诠释学的视角看，本体论层次上的本体论真理、理论层次上的理论说服力、语言层次上的文本一致性/连续性三个层面是循环统一的。理论品格和语言层次的文本形态，取决于对文本之本体论真理的理解和把握；而本体论真理，又需在与理论说服力和文本一致性的交融中得以证成。结合王船山的《大学》诠释，我们可以更清晰地理解这一点。船山统合《大学》古本与朱子的新本共讲，着力于疏解，但在疏解中融会新见，从朱子"格物教"、阳明"良知教"、蕺山"诚意教"进一步转进到"正心教"的环节。"正心"成为船山内圣之学的新贞定，撑起其《大学》诠释系统的新形态。《大学》学由此无疑取得新的推进，其间的理论意义亦得以彰显：一方面，再次印证了《大学》对宋明理学范式转换的形塑作用，体现了理学范式逻辑开展的新阶段；另一方面，在经典诠释中接续理学价值传统于不坠，反映出船山对宋明理学心性论命脉的自觉体认、承继和重建。

1. "正心"为本的基本立场

"正心"乃圣学宗趣所归，船山内圣之本，于此明示：

> "欲修其身者，先正其心"，圣学提纲之要也。"勿求于心"，告子迷惑之本也。不求之心，但求之意，后世学者之通病。……舍心不讲，以诚意而为玉钥匙，危矣哉！[③]

求之心而不是求之意，合乎儒学本旨，夫子之所以讲毋意、孟子之所

---

① 如船山明确说道"工夫至到，本体透露"。见王夫之：《读四书大全说》，《四书稗疏·四书考异·四书笺解·读四书大全说》上册，岳麓书社，2010，第414页。

② 成中英：《〈大学〉之辨：本体诠释学对〈大学〉传统诠释的本体诠释》，《成中英自选集》。

③ 王夫之：《船山思问录》，上海古籍出版社，2000，第42页。

以强调求放心，正与此相通：

> 求放心，则全体立而大用行。若求放意，则迫束危殆，及其至也，逃于虚寂而已。①
>
> 恃一端之意知，以天下尝试之，强通其所不通，则私，故圣人毋意。即天下而尽其意知，以确然于一，则公，故君子诚意。诚意者，实其意也，实体之之谓也。②

船山以"实体之""实其意"讲诚意，将意理解为已发层面，故"意"是虚妄的、偶然性的，不能以之为行为根据。回归正心，首先要破斥离心言意的迷惘。

> 意虚则受邪，忽然与物感通，物投于未始有之中，斯受之矣。诚其意者，意实则邪无所容也。意受诚于心知，意皆心知之素，而无孤行之意，故曰无意。慎独者，君子加谨之功，善后以保其诚尔。后之学者，于心知无功，（以无善无恶为心知，不加正致之功。）始专恃慎独为至要，遏之而不胜遏，危矣。即遏之已密，但还其虚，虚又受邪之鏊，前者扑而后者熹矣。泰州之徒，无能期月守者，不亦宜乎！③

意源乎心，意可无，心不可无。意之诚的工夫由心发动，诚意只是工夫末端，溯其本，不能忽视正心工夫，而应以正心为更根本的工夫。仅依恃诚意工夫，不过是更加严谨，但还未达究极，也就是说，仅是治标，但并非治本。船山特别提及泰州学派，说明他对阳明后学情识放荡、遗落工夫之弊深有警触。④ 这里还指出"专恃慎独"之危，不知是否针对刘蕺山慎独诚意之教而言，单就良知末流的批评态度看，船山与蕺山其实可谓同归，虽然其途殊异：蕺山立宗诚意，是通过意的上提，对良知的现成及其本体障蔽作出扭转；船山则是将意重新收归乎心，通过正心的工夫，正本清源，来实现意的贞定。当然，船山的"正心"并没有对蕺山的"诚意"进行过多直接回应，而是从理学和心学综合整治的趋势上，超越更多是在心学内部进行修正的蕺山诚意教，呈现心性论新趋向。所以船山既不满意于心学，也有进于理学，如果说王门后学误入以意为心的迷途，卑微其

---

① 王夫之：《船山思问录》，第 42 页。
② 王夫之：《船山思问录》，第 42 页。
③ 王夫之：《船山思问录》，第 42 页。
④ 在《礼记章句》中，《大学》《中庸》两篇，船山原录朱子章句而略为之衍义，说明了其对朱子的继承，两篇篇首小序亦指出这一点，而且序中对阳明及其后学的批判也得到明确阐发。

心，那么朱子则属于立论迂远疏阔，因其以统性情者言"心"也会引发相应之问题——"正心之功，亦因以无实"①。

除心学之论入于邪曲外，船山对佛道之心说更是大加挞伐。尤其是那些于存养未有所得，不能笃信正心之实功者，如淳熙后之朱门后学，疾叛师说，堕落于太虚湛然、镜花水月等戏论，重外遗内、舍本图末而不自知。船山悲叹"正心之学不讲久矣"，真正切实的正心工夫何在呢？船山指出求"正"就在于夫子"复礼"、《中庸》"致中"、《孟子》"存心"、程子"执持其志"、张子"瞬间有存，息有养"、朱子"敬以直内"等工夫中，学者应于此求之，取精用弘，施其修身之实。②

正心是正途，进一步深入下去，可知"惟夫志，则有所感而意发，其志固在，无所感而意不发，其志亦未尝不在，而隐然有一欲可为之体，于不睹不闻之中"③。正心之解以及心之所以主宰乎意的关键，在乎"志"。

2. 正心之义

在对《大学》的注解中，朱子解心为"身之所主"，船山推衍指出身以行言，而志是行之与否的保证，故明确此志，心才能作为身之主。朱子解诚为"实也"，船山进一步拈出此"志"，所谓"实"，乃实其心之所欲正者，即"志"，使所志不虚，则心之存发可以如一而不妄动，这样才可谓之"诚"。④ 以志解心，船山解说《大学》不时加以提揭，基本一贯：

> 心之正者，志之持也。⑤
> 执持其志者，正其心也。⑥
> 一志所发，心也。⑦
> 持志之慎而不失也，正心之事。⑧
> 心以所持之志言……则此心字以志言明矣。⑨

---

① 王夫之：《读四书大全说》，第 402 页。
② 王夫之：《礼记章句》，第 1490－1491 页。
③ 王夫之：《读四书大全说》，第 403 页。
④ 王夫之：《礼记章句》，第 1472 页。
⑤ 王夫之：《读四书大全说》，第 417 页。
⑥ 王夫之：《读四书大全说》，第 422 页。
⑦ 王夫之：《礼记章句》，第 1469 页。
⑧ 王夫之：《礼记章句》，第 1479 页。
⑨ 王夫之：《四书笺解》，第 112 页。

心之所欲正，即是素志所秉，为立身行己之主。①

正心只是所志者立个大纲不使邪。②

此"心"字，乃好善恶恶之本志。③

吾立身之始，有为身之主者心也。当物之未感，身之未应，而执持吾志，使一守其正而不随情感以迷……④

而有欲正其心之念，则秉正无邪之志又已豫定……⑤

可见，正心应由"持志"视之，以"志"而观，方可得其宗趣。持志定心，"心"成为持定的正心，"志"成为内在的心志。除开对《大学》"正心"的解释，"志"同样被船山强调为为学工夫的根本："六者（指善、信、美、大、圣、神——引者注）以正志为入德之门"，"学者以大心正志为本"⑥，有时甚至被船山明确标举为人之所以为人的内在根据所在，心性本体的意义逐步呈露："人之所以异于禽者，唯志而已矣。不守其志，不充其量，则人何以异于禽哉？"⑦ 船山以志解心的意义，可以确保此心之功用落到实处，使其实而不虚。

船山此意可对佛道以虚明言心之说予以针砭。佛道以不期不留的境界泯没人心，遗落工夫，流弊甚深。"志"则可以为心确定根据，依其内在定向，确保工夫落到实处。同时，由"志"之执持常在，使心不受偶然私欲的羁绊，可于常道中见其超拔提升。船山不仅对"湛然虚明、心如太虚"之论十分警惕，对以知觉之灵明解心也多有批评，因为这仅是在致知之用的层面，而暗昧于心志之本。⑧ "是心虽统性，而其自为体也，则性之所生，与五官百骸并生而为之君主，常在人胸臆之中，而有为者则据之以为'志'。故欲知此所正之心，则孟子所谓志者近之矣。"⑨ 心为性所生，盖言心有超越的一面，但重点在于其内在的一面，即心作为五官百骸之主，表现为人胸臆中凝结起的主宰作用，船山认为应该归结为"志"。由此，归心为志，使"志"具有心体所有之内在而超越的精神，其主宰作

---

① 王夫之：《四书笺解》，第117页。

② 王夫之：《四书笺解》，第118页。

③ 王夫之：《四书笺解》，第119页。

④ 王夫之：《四书训义》（一），第48页。

⑤ 王夫之：《四书训义》（一），第66页。

⑥ 王夫之：《张子正蒙注》，《船山全书》第12册，岳麓书社，1975，第160页。

⑦ 王夫之：《船山思问录》，第80页。

⑧ 王夫之：《四书笺解》，第119页。

⑨ 王夫之：《读四书大全说》，第402－403页。

用也如上文所言可以起到宗旨性的统摄意义。

船山此处还透露出心志之志乃源于《孟子》之"志"。这一问题，船山有明指："程子直以孟子持志而不动心为正心，显其实功，用昭千古不传之绝学，其功伟矣。"①"执持其志"的说法出自程子，船山评论"修身在正其心"章，认为《四书大全》所辑诸说，只有程子"须是执持其志"最为分晓。"执持其志"讲的就是"正心"，就是孟子所谓不动心之"道"，由此朱子以"敬以直内"解此章，船山认为未讲到点子上，未尽透彻。孟子是从养气讲不动心，关键在"配义与道"，可见心乃道义之心，在孟子，此道义之心就是"志"。②

经文以"欲……"提说立领，正是内在之"志"的外显③，体现出一种源于其内的动力性；若不于心见志，则此"欲"之所从来，无由分明。换句话说，整部《大学》工夫的展开，均是在此心志之欲的推动下推展落实，不是平白的铺陈，更不是虚伪杂念式的私欲，而是持志定心培壅下道德生命自我引领、自觉推动的澎湃舒展。如此，"志"作为道德情感的意蕴及其自我教化的动力性就显发无余。同时，经文首章在纲目铺展后，紧接着以本末、终始、先后将各条目统贯一体，条理井然，逻辑严明，道德情感中的理性因素与之贯在。"志"表现出道德情感与道德理性的兼备合一取向。

儒家哲学对"志"的问题一贯十分重视，孔子早就有"志于道""志于仁""志于学"的指点，《中庸》讲"无恶于志"，以及直到朱子以"心之所之"解"志"④，阳明"学莫先于立志""志立得时，良知千事万为只是一事""志不立，天下无可成之事"等话头，都构成船山"以志解心"的渊源启示。船山却独对孟子的持志说垂重有加，这离不开对"志"之意涵的了解和定位。"志"是一个经验性和超验性兼具的范畴，大致可分志

---

① 王夫之：《读四书大全说》，第 423 页。
② 王夫之：《读四书大全说》，第 422－423 页。
③ 船山在"公欲"的意义上，明确提出过"欲就是志"，并有"志欲"的说法，与此处暗合，如："现前天下所当为之事，不得夷然不屑，且只图自家方寸教清静无求便休也。孔子曰：'吾其为东周乎？'抑岂不有大欲存焉？为天下须他作君师，则欲即是志。人所必不可有者私欲尔。若志欲如此，则从此做去以底于成功，圣贤亦不废也。"（王夫之：《读四书大全说》，第 901 页）
④ 在志、意区分的意义上，朱子还表达过对张载相关说法的欣赏："以意志两字言，则志公而意私，志刚而意柔，志阳而意阴"，并提出"志如伐，意如侵"（《朱子语类》卷五）的观点。这个区分与船山的志、意之辨（详后）有相近处。为便于表述和理解，志、意二者在行文中会分别对应解释为意志、意向。

向与意志两类。一方面，船山将"志"理解为志向，如"自'欲明明德于天下'立志之始"① 的说法，这也是以往讲"志"的主要层面；另一方面，船山更侧重从"意志"的范畴上加以运用②，力图从意志力的角度坚定身心活动的存养，使之有主导、不懈怠，以此可确保主体实存应有的道德实践驱动力。作为意志力的志，并不排斥"志向"之义，而是将此志向之志作为一个本己的内容，故能使道德实践有定向、不随遂。这是因为，船山之"志"是有内容的，并不是空洞的形式或虚泛的悬设，"若吾心之虚灵不昧以有所发而善于所往者，志也，固性之所自含也"③；"志"乃"心"之所主，"心"反过来则确证"志"的实存性；"志"使不正之心归正，使人心澄明而显为道心，心所本具的好善恶恶的道德意向得以保证，在实存基础上正体现为"志"自身主导的内在意志指向性。所以说，从道德理性和道德情感合一的视角对"志"的定位是合适的，"志"既具备情感上的动力性，也是一个理性事实。在这点上，船山与阳明、蕺山并无异质的差异，区别在于，在阳明、蕺山那里，心性本体"是什么"是首出的问题，是"知"还是"意"，这是他们首先要加以讨论的；而在船山，首出的问题不再是"是什么"，而是"能不能"，能否使心性本体的落实真正得到保证，是船山首先关心的问题。当然，"是什么"问题也包含有"能不能"的问题，"能不能"的问题也内蕴着"是不是"的问题，三者都对心性本体有系统性的思考，但在各自理论原点和学理结构上的不同侧重，还是需要注意的，这样对"志"的定位可以更为清晰。故而船山不是像阳明那样从良知中转出"立志"的强调，也不会像蕺山那样立足"意根"来讲静存摄乎动察，而是直从此"志"指点心性本体，使此心性本体获得原发动力的推动，由此落到实处，显为工夫。所以，与从本体开显工夫的路径不同，船山是在确保工夫的落实中来证显本体。所以船山特别重视以"持"论"志"，"持"字所有的持有、持存、执定等含义可以较好地突出"志"在工夫论意涵上的倾向性，这是船山特别欣赏孟子"持志"说的内在缘由。④

---

① 王夫之：《读四书大全说》，第 402 - 403 页。

② 陈来教授对船山的志心究竟应理解为理性（实践理性）还是意志，还不能十分确定。（陈来：《诠释与重建》，生活·读书·新知三联书店，2010，第 65 页）笔者认为，两义内在贯通，并不矛盾，详下。

③ 王夫之：《读四书大全说》，第 925 页。

④ 船山亦重"气"，孟子"志"与"气"之间的紧密关联也是缘由之一，后面会有所论及。

　　这里所言的"意志"不能直接等同于西方哲学中"意志"的意思，需略加阐明。西方哲学一般认为"意志"属于人类行动具有目的性的心理状态，可以表达道德实践的坚定性，但不能缺少理性认知和道德情感的配合才能充分发挥作用，从实践理性的角度看，此类意志还未摆脱后天条件限制的不确定性，并未经过道德理性的批判，不具有先天的必然性，因此不能成为主体道德实践的终极根据。康德虽从实践理性的角度讲"意志"，以"意志自律"为道德行为确立先天实践之法则，此点与儒家不无可通之处，但康德乃预设了理性与情感的严格二分架构，一切情感因素，包括道德情感，均被排斥在"意志自律"外，这就与儒家道德理论的表现形态有所不同。儒家哲学中的"意志"①，作为道德实践理性的一种独特状态，强调道德理性作为道德情感的内在规定，以之为道德情感的主宰，表现出来仍旧是道德情感的状态，同时亦并未离却道德理性的贯透。船山此处"持志正心"很好地体现着这一内在交合的意思，在这种定位中，"志"就不仅是"志向"那种静态的目标指向，而且是在实践过程中将目的指向性、情感坚定性融合内蕴其中的"意志"活动的动态性展开，成为主体存在过程的底蕴。儒家传统中的"志"，由此也获得相应的存在论品格。

　　故而，作为道德理性与道德情感的统一体，"心志"即本体即工夫，既可为道德行为确立根据，也可为道德实践提供动力，被船山视为内圣工夫的核心旨趣所在。

3. 正心与《大学》之教

　　以志解心，置诸经典诠释系统中同样可以得到贯彻，正是在"志"的主导下，"正心"得以贯通《大学》工夫而为其宗旨。

　　其一，正心彻始彻终。

　　此点在船山对《大学》工夫效验的训释中表现最明显。工夫修为必显诸效验，《大学》以定、静、安、虑、得来描述这一效验获取的过程。所谓"定"，大端在此而不有旁骛，"而志向定于明新之大者"；"定"则不论已发未发均不轻易妄动，而能"坚守吾道"，整体呈现为"静"的状态；此"静"的状态，"则事物不足以动我之情志"，专一于至善所归且确然不

---

　　①　"意志乃是基督教所传下来的人类学的中心内容"，"在中国传统上，我们却见不到任何可使意志这个概念成形的迹象"，"《孟子》不只是没有意志这样一个概念，更彻底地来讲，是连意愿这样一个范畴都不存在"（于连：《道德奠基：孟子与启蒙哲人的对话》，宋刚译，北京大学出版社，2002，第90—96页）。此观点指出中国没有西方意义上的意志观念，这是对的，但不能因此认为中国没有重"志"的传统，而应进一步认识到儒家哲学中"意志"的特殊性。

移，此乃志之定向自守所得之"安"顿；"安"即安于至善而不离，离之则不得其处，以此反观自"虑"，益使"心志澄而条理出"。① 定静安虑而后有得，效验之始终所关，均由"心志"而来。

其二，正心彻上彻下。

一方面，明德之心是本心，与正心之心不同："缘'德'上著一'明'字，所以朱子直指为心，但此所谓心，包含极大，托体最先，与'正心'心字固别"②；另一方面，心需去拘去蔽，在格致诚正的工夫展开中，实现正心，但此工夫又以复其明德之明为指向："心便扣定在一人身上（受拘之故），又会敷施翕受（受蔽之故），所以气禀得以拘之，物欲得以蔽之，而格、致、诚、正亦可施功以复其明矣。"③ 这反映出明德与正心之间的关联。明德与正心既有别又相关的原因在于，明德主要以本体义言④，正心有本体-工夫两个角度，与本体性的明德本心照面时，因所正之心含有工夫义，故与之有别；然正心工夫对明德的恢复，使正心可于工夫中见本体，又和明德相通。正心的这一特质正源于心以"志"言，志一方面是内在而恒存的先天本体，另一方面又强调执定而持守的工夫。船山以志解心，故正心有两层意涵。

其三，正心为新民之本。

关于新民的解释，从《大学》本明德以新民的路径可知，新民的实现在于民能自明明德以自新。经文特以"必也使无讼"形容新民之效，"无讼"仅是说新民的极致，不能以之为本，民志之畏，也是在讲新民的效验，并非言本。"乃民所大畏者方是本"⑤，民之所畏者方是《大学》所言"知本"之本，"大畏民志"显示出使民大畏者应从民自身心志之自作主宰意义上的自畏来理解，以民之志为本，才能实现所谓必"使"无讼的意思。可见，"志"不仅体现为明德的内在保证，并可通过"民志"实现明德与新民相贯通，进而确定修齐治平的内在精神。

其四，正心与格致。

船山对格物致知作出了新的解读，既有别于朱子，也不同于阳明。首

---

① 王夫之：《四书训义》（一），第 45 页。
② 王夫之：《读四书大全说》，第 396 - 397 页。
③ 王夫之：《读四书大全说》，第 397 页。
④ 陈来教授认为，船山前后从本体-工夫两个层面言明德（陈来：《诠释与重建》，第 60 页），笔者认为，有本体-工夫之分的应该是"正心"。
⑤ 王夫之：《四书笺解》，第 115 页。

先，以正心为本，对内在的一面更加重视，所以他不认同事事物物上皆去求其理，因为这并未意识到学者之所必格，仅是徒多无实而已，真正的"要"在于"求尽夫吾心之全体大用"①，这就是致知，故"致知在格物"，就不是简单地于外物求之。况且，对致知言，还有不学而知不虑而能者如事亲之孝；对格物言，吾生有涯无法满足外物逐格。可见，正心对格物致知的收束之功，使格物致知有其归约，而致知对于显明心体的意义尤可见一斑，故而船山不能认同朱子对致知的定位，即将致知从属于格物，仅作为格物之效而失去了独立意义。其次，船山对致知及其内向之功的强调，不意味着他认同阳明，除了正心的解释，二者有完全不同的解释——阳明是正意念，船山是持其志，在格物的认识上也有很大不同。船山认为格物不能散漫无稽，但在正心的指向下，格物对致知也起着积极的辅助作用，"'致知在格物'，以耳目资心之用而使有所循也"②，"耳目"言格物之具，以此穷理亦是正心的助益性工夫，"藉格物以推致其理，使无纤毫之疑似，而后可用其诚"③。这一理解与阳明完全收归心体说格物不同，有见于格物之功并对其作出恰当定位。

可见，船山格致论别具一格，对内外两面皆有照应，但不能笼统认为格物以外言、致知以内言，"致知之功唯在心官"，以之为内并无纰漏，但"格物之功，心官与耳目均用"④，实际是内外兼有。那么，二者并未完全对应，船山认为格致一体，如何一体？船山提出"格致相因"⑤的说法，即格物与致知之间互有资借、相济相助，在此意义上言格致为一体。相因一体，致知以尽心引导格物重视内在，外在一面的格物对心正意诚亦有着明理决疑之助，此亦可见格致之间，无非以正心为归。

其五，正心与诚意。

以志解心，这是船山强调"正心"是"诚意"的渊源和根据、是意之诚的发动者，也是诚意表现出来是"以诚灌注乎意"的原因。辨明"心意关系"对"心志"旨趣主宰作用的凸显最为彰明，成为船山《大学》诠释的一大重心。船山指出，"正志"可以对其意之发动筹划加以斧正，否则

---

① 王夫之：《读四书大全说》，第405页。
② 王夫之：《读四书大全说》，第406页。
③ 王夫之：《读四书大全说》，第405页。
④ 王夫之：《读四书大全说》，第406页。
⑤ 王夫之：《读四书大全说》，第405页。

"待意之已发，或趋于善而过奖之，或趋于不善而亟绝之"①，施教也变为不可能。原因在于，"意"是没有定准和统纪的，多半会"因一时之感动而成乎私"，等其见诸事之后，工夫已然失去根治之机，只能诉诸后天补救，或"非政刑不能正之"。只有从根本处保证"意"之发动之纯正，"豫养于先"才行，这就需要发挥"志"的功用，因为"志"是纯一无伪，"未有事而豫定者也"②。"志"在内心的预先确定，可以主导、驯习意念的纯正稳定，即使或有"意虽不纯，亦自觉而思改矣"③。船山还认为，对志、意关系的不同把握和认肯对应着不同人格境界，如庸人是有意无志的，中人有志但为意所乱，君子会自觉持其志、慎其意，确保志正而意诚，圣人则纯乎志之发用以成德而不会出现意的干扰，因为意已不过是纯然此志的显现。④ 境界的高低，集中反衬的正是"志"对于道德实践工夫的主宰和推动意义。"善教人者，示以至善以亟正其志"⑤，船山如是强调。

　　意无恒体。无恒体者，不可执之为自，不受欺，而亦无可谦也。乃既破自非意，则必有所谓自者。……所谓自者，心也，欲修其身者所正之心也。盖心之正者，志之持也，是以知其恒存乎中，善而非恶也。心之所存，善而非恶。意之已动，或有恶焉，以陵夺其素正之心，则自欺也（意欺心）。唯诚其意者，充此心之善，以灌注乎所动之意而皆实，则吾所存之心周流满惬而无有馁也，此之谓自谦也（意谦心）。⑥

　　乃心，素定者也，而心与物感之始，念忽以兴，则意是也。静而不失其正，动而或生其妄，则妄之已成，而心亦随之以邪矣。古之欲正其心者，必先于动意有为之几，皆诚于善，而无一念之不善夺其本心焉。乃意者忽发者也，而意所未发之始，几可素审，则知是已。发而乍欲其善，豫未有以知其不善，则著之不明，而意亦惑于所从出矣。古之欲诚其意者，必先于善恶可知之理力致其辨，而无一理之不明，引意以妄焉。⑦

① 王夫之：《张子正蒙注》，第258页。
② 王夫之：《张子正蒙注》，第189页。
③ 王夫之：《张子正蒙注》，第189页。
④ 王夫之：《张子正蒙注》，第258页。
⑤ 王夫之：《张子正蒙注》，第258页。
⑥ 王夫之：《读四书大全说》，第417页。
⑦ 王夫之：《四书训义》（一），第48页。

　　船山以心为本，认为"意无恒体"，将意定位在后天经验层面，并不将心之所存为意，还是取传统的解释，以心之所发有善有恶为意，不具备先天永恒之意义。船山的心意关系似与阳明比较接近，但他认为心之所存的内在根据，不能诉诸良知，因为所谓良知往往滑入"以意为心"的窠臼，只有找到更为根本且坚定的"本体"，即只有归结到"志"，才能确立本然的先天根据。船山在提出"所知者意必由此而发"，紧接着强调"所志者意必不与相违"①，也就是说，意虽发乎心知，而其决定者不离心志。就诚意定位看，船山与蕺山明显不同，由此展开的心意关系相应也就不同。蕺山认为，意自为体，心则恒存，意隐心著，则心为外；船山则认为，心内意外，心先意后，因心发意。但船山认为心之所存，善而非恶，与蕺山以心之所存为意、意乃好善恶恶相近。进一步说，虽然二者在诚意定位、心意关系上迥然不同，但从思想形式上看，船山讲心意之辨与蕺山讲意念之辨并不是没有相近之处，其间差异之关键并不在于心、意的具体定位，而在于理论取径上各有偏重。蕺山的"诚意"意在向内收归、向上提摄，确立为学宗旨的先天本体义，从本体切入工夫；而船山的正心，是持志以正心，从工夫切入本体，正心在工夫义的一面被详加强调。当然，如前文已有所分析的，蕺山之"意"并非不重工夫，船山之"志"也并非不言本体，如果说蕺山是即本体即工夫，船山则更看重由工夫以证本体，二者有不同，但又均不失对明末以来工夫之学缺失的自觉反拨。船山"志之持"表达的就是从工夫上对正心之"恒存其中"加以切实把握。

　　正心对诚意的主宰，使意之发源乎心之正，即在正心状态下发出，对意加以检验、转变与存养，实现对意的掌控。未发时从容涵养，"恒存恒持"，为好善恶恶之理立"不可犯之壁垒"；已发为意则"恒为之主"，正心恒存并居主导之地位。总之对"意"而言，应"以其正者为诚之则"。这样，心知其所持之则，"唯志而已"，执持其志而知之行之，使心一循于理，不失本然而守其正，吾心不被各种意欲行为迷惑，发挥出心的无穷大用，真正凸显心之本然之体、正之实际功效的意义。所以《大学》"必于此授之以正"，既防止闲邪等明显不正情形，还要避免无正无不正的似是而非的情形，保护、辅助此心使其一定居于"正"的状态才行。②

――――――――――

① 王夫之：《四书训义》（一），第67页。
② 王夫之：《读四书大全说》，第403页。

"意"虽受志心的主宰，但它本身又是志心发挥实功的必要途径，或者说，意之诚对心之正具有反向培护、充实之功："正心只是所志者立个大纲不使邪，到意上方实实落落为善去恶，在事物上抉择，今所欲正之心有其实，而充满笃实，纯一于善也。"① "以诚灌注乎意"②，心充善满，全体灌注，对此意实现全面地、全时地存养及省察，此动态之意才能在心的灌注下保持心之本然的实有其体，并使其显发无余。其中一个重要的表征乃自慊而勿自欺。自慊自欺，船山认为均缘意而有，实乃意慊心、意欺心，具体说："自欺者，欺其心也，欲为善去恶，持志已定，而意发不能自禁，背其心以趋恶也；自慊者，慊其心也，心欲正而诚实充之，无不正也。"③ 这和上文所引《读四书大全说》解二者分别为意动而陵夺其素正之心、意实而使心周流满惬无馁是一致的。

由乎志心，灌意于诚，此"心体"方能彻始彻终、彻表彻里。与之一致，船山以"诚"字对虚字讲，不以之对伪字，它的精髓在于"实"，"实"有两层意思，一是对心志所发之意的如实呈现，二是将此本然之意落实、充实到具体的实践工夫中。如此"实"体其意，故能"已然则不可按遏，未然则无假安排"④。

经文以"勿自欺"释诚意，只是就诚所转念之弊端所示警醒反观之辞，从诚体本身讲，即使有"不诚"这种现象，诚仍是在的，这说明"诚"与"不诚"并非相对待的关系，与"正心"的"恒存恒持"相应，"诚"亦体现着恒在的特性。这样船山认为慎独只是"诚意扣紧之功"，不能认为诚意全依恃乎此，因为慎独不过照管新所独知的隐微之念的一面，对于人所共知的一面不能发挥作用，实际诚意比慎独的意涵更全面。这与蕺山从所谓独体层面所作理解明显不同。

进一步看，诚意就不能仅理解为因意而起而加以对治的意思，不能认为诚仅起着分派简择的作用，经文并未言"择其意""严其意"也说明了这一点，仅从这个层面理解，诚乃应意起之后而发，实难以完全照管意之妄动，对"滋长善萌"也不可能有实质帮助。从根本上看，诚表明诚必须内有所主，作为笃实之理的由内而外的自然发用，不待于外物，保证自身的独立性、自主性，才能真正奠定其恒存性。诚意应以正心为其则，由此

---

① 王夫之：《四书笺解》，第 112 页。
② 王夫之：《读四书大全说》，第 413 页。
③ 王夫之：《礼记章句》，第 1485 页。
④ 王夫之：《读四书大全说》，第 414 页。

亦是顺理成章的事情。①

　　船山特别指出理解心意关系的一大理论关节在于"自"，认为此点可补前贤所未透。此"自"字朱子不特未专门拈出讲明，从其所发以不诚来释自欺看②，自欺与欺人相对，是将自与人对，未得要领，以此义置入"自慊"，其谬不攻自现。《四书大全》所载朱门后学之解，更远乎其旨。其中尤以"以意为自"说谬之最甚。以意为自，则自欺自慊即此一意，与前所诚之意，明显二而不一；如果说是以后所自之意去对治前所诚之意，仍不过是落于后着，不得究竟；再者说，如果所发之意是善的，则自欺之说就无从谈起，如果所发为不善，那么自慊之说又是自相矛盾的。更重要的在于，"意无恒体。无恒体者，不可执之为自"③，这说明，"恒体"是理解此"自"的前提，"恒体"强调永恒性和普遍性，具备形上根据的意义，故"自"所重即确立自我澄明之主宰的意思。船山勘破诸说，径指出此"自"者，在乎"心"，因"心"本然素正、恒存其中，可为自身之主宰。船山以正心为诚意之本，于此"自"可见其来由，因此"自"的自我澄明的内在指向，船山在正心之本中继续深究，推明"志"为心之本——"心之正者，志之持也"④，心志在"自"的意义上，也可以很好地彰显出作为内圣之本的意味。船山总结称："夫唯能知传文所谓'自'者，则大义贯通，而可免于妄矣。"⑤

　　"以志持心"，本乎志，源乎自。故在分析诚意时，船山强调"恶恶臭，好好色，自心素定，而至前便知，皆所谓自也"，"自欺者，任意而行，使其素志不能自伸，所知者不能行也"⑥。心志本然确定，自然显发自能好善恶恶，然有"意"在，其妄动"或有恶焉"，"则有心之所不欲，知之所不昧者，皆欺也"⑦。船山由此对致知、诚意、正心之间关系作了说明："'自欺''自慊'二自字，兼心与知而言。盖此章上通正心，下统致知。心之所欲正，既是素志所秉，为立身行己之主；知之所致，亦分明在心自信为已得之理。"⑧ 表面看是诚意承上启下，其实轴心

---

①　王夫之：《读四书大全说》，第413页。
②　王夫之：《读四书大全说》，第417页。
③　王夫之：《读四书大全说》，第417页。
④　王夫之：《读四书大全说》，第417页。
⑤　王夫之：《读四书大全说》，第418页。
⑥　王夫之：《四书笺解》，第117页。
⑦　王夫之：《四书笺解》，第117页。
⑧　王夫之：《四书笺解》，第117页。

还是在于心志为立身行己之主，这也是船山后面接着强调诚意章"上通正心处多"① 的原因，都是源乎心志的主宰地位而然。

　　以上还多次提到"心志"的一项重要特征——"素"。"素，犹豫也，言豫知其理而无不得"②，即前文所提到的"豫定"之意，预先确定于其中，作为心体本有本然之状态，是未受后天实践干扰的表现，体现着心志的先天纯粹性，心志可以作为道德实践理性，为道德行为进行先天奠基。心为身主，言心则在乎志，志则贵乎素（船山有"素志"之说）。故曰执持吾志、立身有素。持志以谨其豫定之意，意诚而得其心正。心意相关，其机甚切，故君子欲正其心，必慎独以立诚、全体以灌意。"意之既诚，吾之动乎几微者皆一如其志而纯一于善，不摇于不善，心无不正矣。心之既正，吾之所以为言动者，皆根心以行，而为之有本，持之有主，身无不修矣。"③ 持志正心，诚正合一，斯可见修身之实功。

　　总之，从《大学》诠释的系统看，以志解心，首先可以厘清心的意义内涵。船山认为以往言心，基本是"心者身之主""心统性情""虚灵之觉体"④ 等几个方面，要么是大而无实，要么无法将意、知区分开，要么混淆于知，更重要的是，这些俗解都不能解释为何心有不正而须正之的问题。船山认为只有将心解为志，才能落实"正"的意义，而在根本上端正其志，格物、致知、诚意之间的逻辑关系才能得到澄清。"心以所持之志言，意以偶发之念言，知以知是知非言"，本此意涵，"致知者，析理之是非，无毫发之差也。故必格物以因事辨理，而后是非昭著；是非昭著，则意之方动，其为善为恶，无不审而知其所慎也"⑤。心意关系是其中的关键。这是依乎经典对思想诠释作出定位。从船山的分疏看，正心乃诚意之本，而经文中诚意在正心前，"欲正其心者，先诚其意"，是否不合？在心意之间，船山认为二者互为体用、功效，意图淡化与经文诚正之序的依违，但本质未变，"欲正其心者，必诚其意"的说法，依然是以正心为本根、为先在，所谓"必诚其意"，不是必先诚意，而是必能诚意，否则心之不正定会影响意之诚无所施。⑥ 不过，船山还指出："经言先后，不言

　　① 王夫之：《四书笺解》，第 117 页。
　　② 王夫之：《张子正蒙注》，第 199 页。
　　③ 王夫之：《四书训义》（一），第 49 页。
　　④ 王夫之：《四书笺解》，第 112 页。
　　⑤ 王夫之：《四书笺解》，第 112 页。
　　⑥ 王夫之：《读四书大全说》，第 424 页。

前后。前后者，昨今之谓也。先后者，缓急之谓也。"① 这是强调不从前后关系看待格致诚正，所言先后，也不过是缓急之分，工夫入手之别，并不妨碍正心与格致诚之间本末逻辑关系之成立，这与其"传之释经，皆以明其条理之相贯"② 的主张亦是一致的。

4. 正心与船山之学

上文对船山正心与诚意的重点分疏，主要从二者的学理结构展开。值得注意的是，二者之间的关系，其实还照应着存养与省察的关系。船山在分析《中庸》第三十一章时，有比较集中的说明。船山指出，《中庸》所论关乎存养、省察的论说，其实就是《大学》中的正心、诚意，《大学》的诚正关系可用以说明存养、省察的先后问题。《大学》"欲正其心者，先诚其意"，船山认为这是说"以正心为主，而诚意为正心加慎之事"，所以这句话就成了"必欲正其心，而后以诚意为务"③，有了上文的分析，这点不再难以理解，这一次序，船山认为正说明存养之功居于省察之先。其内在因由是，如果没有正心之功，则诚意根本无从谈起，而所谓的诚意必先有心正之存养为前提条件，正如《大学》"勿自欺"必先有一个不可欺之心、《中庸》"无恶于志"必先有一个恶疢之志才有立说之必要。《大学》诚意为正心而设，故存养先于省察。同时《大学》还讲到"意诚而后心正"，这是强调心动之于意之后，欲使此意不欺其心而使其心发动此意于无失，正如"用意于独之时一责乎意"④，才能使此存养之功无间断。这个方面又说明了省察先而存养后。船山指出，存养、省察互有先后、各有攸当，两方面的次序都不应紊乱。

不过，船山虽然论说全面，但细究其意，亦如以正心为主导一样，先存养后省察的一面应居于主要地位，先省察后存养居于次要的、辅助性的地位。结合与动静对应的思考，这个意思就更清楚了。船山的基本定位是：正心、存养属静，诚意、省察属动；动察有间断，故动中可以有静时，但静存则无间隙，故静纯粹如一；动察因具体工夫不时地显现，静存则不能限定而始终在场。可以说静存可以涵摄动察，而动察不足以涵摄静存。⑤ 从此静存工夫的彻底性和涵摄性来看，当船山言及省察先而存养

① 王夫之：《读四书大全说》，第412页。
② 王夫之：《读四书大全说》，第418页。
③ 王夫之：《读四书大全说》，第582页。
④ 王夫之：《读四书大全说》，第583页。
⑤ 王夫之：《读四书大全说》，第583页。

后、心正在意诚之后时，这两处"后"应特别注意，不应是在"先后"而应是在"背后"之义上使用，即强调的是心正、静存作为意诚、动察"背后"的本体性工夫而彻始彻终在起作用，表示的是逻辑上的而非时间上的关系。故而，不唯不与"正心"为本、为主、为先的一贯主张矛盾，反而与之相呼应，这个层面的定位，从"底色"意义上再次凸显了正心、静存作为修身工夫的宗旨地位。

在其他地方，船山还提到《大学》分心、意于动静，乃以心居静为主，以意居动为宾，从主宾关系的角度进一步申说了这一问题，所谓"毋自欺"正是强调要"立心为主"，而"宾不欺主"，是说不要以乍起之意而凌夺其心。① 这说明，船山的"正心"观可谓一以贯之的，但同时也反映出，结合船山的学术整体来看，很多问题还有进一步说明的余地，立足心性论的整体视域来审视其"正心"说，就是如此。因为"正心"的讨论，并不能涵盖其对"心"的全部看法，船山认为《大学》"正心"之心属于至善无恶的心之本体，大体相当于"性"的层面，至于心之发用及其与心体之间的关系，则还必须补充论说。这不仅在于船山强调不能不加分析地笼统言心，而且关乎补足船山对心性思想的整全理解。船山在讨论《孟子》心性论时，对此问题涉及较集中。②

其一，心与性。

孟子思想宗旨在乎"正人心"，但不能含糊视之，其间仁义充塞、邪说漫生处，都是体贴吾心全体大用的关键。孟子还有"求放心"的主张。《大学》定位与之不同，《大学》"正心"纯是从本然处言，并无关乎邪说、杂念等干扰，也不能理解为正其不正使归于正。"心者，身之所自修，而未介于动，尚无其意者也"，一般人所说的心，其实只是意；故真正的心，还不是自然就具有的，"唯学者向明德上做工夫，而后此心之体立，而此心之用现"③。《大学》"正心"虽亦未离工夫，但其承体起用的路径，与孟子心性一体、本心立论还是略有不同的。

《大学》"正心"的这一本然层面，在孟子实则以"性"来讲。"其既言性而又言心，或言心而不言性，则以性继善而无为，天之德也；心含性而效动，人之德也。"④ 孟子既言心又言性，有时还只统提"心"立论而

① 王夫之：《读四书大全说》，第 997 页。
② 陈来《诠释与重建》第七章对此有细致分疏，可详参。
③ 王夫之：《读四书大全说》，第 895 页。
④ 王夫之：《读四书大全说》，第 895 页。

不言性，这是因"性"具有本然无为之特质，虽只言"心"，但内含此"性"并以之为主，心在性的主宰下而表现生动。"而性为心之所统，心为性之所生，则心与性直不得分为二。故孟子言心与言性善无别。'尽其心者知其性'，唯一故也。"① 由此，船山有意提点学者要仔细认清"心"字，不能"忘其所含之实"而一味依循此心的精明伶俐，因为此处之"心"还不够纯粹，并不是天理纯然的显现，若"弃性而任心，则愈求尽之，而愈将放荡无涯，以失其当尽之职矣"②。船山这里针砭心学流弊的意图还是很明显的，其论说自圆一贯。船山于此提出"奉性以治心"③ 的主张，认为这样"心"才能尽其才以养性。可以说，"奉性以治心"与"持志以定心"，分别从后天与先天两个层面，对船山"正心教"之旨归作出了规定。

与之相应，船山认同人心、道心的二分说法，这有取于横渠，认为"心"是包含性与知觉的结构，性指道心，知觉言人心，人心与道心合起来才是"心"，不能仅以"心一理也"这样的说法概之。放在"心统性情"的架构里看，船山与朱子明显不同而更近于湖湘学派的心性论。朱子主要强调心包性情、心主性情，心作为总体，并起着主宰统率之功，以性体情用为特征。船山则以"统"只作"兼"字看，"其不言兼而言统者，性情有先后之序而非并立者也"④，强调性、情并非并列、平铺关系，以性为主、以情为辅，心统性情但主宰在乎性，"统"说的是三者之间的"函受"关系，"此于性之发见，乘情而出者言心，则谓性在心，而性为体、心为用也"⑤，性自以主心，心但以主情，总体体现为性体心用的特征。船山与朱子的不同，与阳明后学心识过分高扬而造成严重的理论后果是分不开的，是心性体系在新的理论态势下的重新调校和定位。主张从性体对心体加以贞定，船山与同时代的刘蕺山体现出某种共同的时代精神。

其二，志与气。

夫子"一日用力于仁"，朱子注曰："志之所至，气必至焉；志立，自是奋发敢为"⑥，所以"用力"虽主要是从气上说，实际还有志在上面指

① 王夫之：《读四书大全说》，第895－896页。
② 王夫之：《读四书大全说》，第1114页。
③ 王夫之：《读四书大全说》，第1114页。
④ 王夫之：《读四书大全说》，第947页。
⑤ 王夫之：《读四书大全说》，第948页。
⑥ 王夫之：《读四书大全说》，第633页。

引，本质还是以志为主，气听命于志。船山顺此解释说："'气'字是代本文'力'字，'志'字乃补帖出'用力''用'字底本领。"① 志之于气乃作为主宰性和主动力。但这不意味着可以舍气言志："理以治气，而固托乎气以有其理。是故舍气以言理，而不得理。则君子之有志，固以取向于理，而志之所往，欲成其始终条理之大用，则舍气言志，志亦无所得而无所成矣。"② 志受理的影响，以理为取向，理依托气之条理而显，故志有赖乎气。舍气言志，亦只能空疏虚悬，不能实有所成。志与气固应并重："志者立心之始事，而气者成能日益之资也。有并论而言者，则志不独重，而气不独轻。"③ 人之志，"专于有所为而壹矣"，使气内在具有方向性和目的性；气则不断地养长充实，使志"因之以有定力而不迁"④。如此志、气互为有功，不可偏废，揭示出志气关系的基本结构。

气对志有着不能或缺的作用，根本在于气本身并不是消极的某种物质，而是天地正气。从本然之体上立论，船山主张气是善的。理学常以理气二分，理善气恶，未认识到理非玄虚之理，而乃气中的条理，理善正说明其背后所源出的基质（即气）是善的。正以气善之体为存在基础，性才能是善的，志对心性修养有主宰定向的作用，故气善可以志持之，亦可充养其志。"大要须知，道是志上事，义是气上事。告子贵心而贱气，故内仁而外义。孟子尊气以尽心，故集义以扩充其志之所持"⑤，船山发扬孟子的养志说和养气说，既讲持志，又讲尊气。持志是立主宰，尊气是强调实存基础，气亦是志的基础，志亦是持气的。持志是对陆王主心的发展，尊气针对的是朱子重理轻气。⑥ 船山的气善说，既是弘扬气学而对理学所作补正，又体现出心性之学的存在论转向。以往对船山气论的研究比较集中在宇宙论层面进行阐发，其实志与气的关系也应是一个重要的方面。

其三，志与义。

义与气是相缘而有，在主体内部，二者分别为主动与受动，配合发生作用："义惟在吾心之内，气亦在吾身之内，故义与气互相为配。气配义，

---

① 王夫之：《读四书大全说》，第 633 页。

② 王夫之：《读四书大全说》，第 925 页。

③ 王夫之：《四书训义》（三），岳麓书社，2011，第 188 页。

④ 王夫之：《四书训义》（三），第 189 页。

⑤ 王夫之：《读四书大全说》，第 932 页。

⑥ 陈来教授指出："面对程朱的理一元论，船山强调尊气；面对陆王的心一元论，船山主张贵性。"（陈来：《诠释与重建》，第 261 页）

义即生气。"① 既然义可在吾心之内，心又以所持之志言，心内志、义关系的理解，要于心行之于外来看："盖志，初终一揆者也，处乎静以待物。道有一成之则而统乎大，故志可与之相守。若以义持志，则事易而义徙。"② 志贯穿始终，在以大道为追求的工夫指向中，必融摄外事，心发之于外，志与之相守，船山提出"以义持志"的说法，以义作为守志的保证。

由此关涉到心、志、道、义的综合理解："天下固有之理谓之道，吾心所以宰制乎天下者谓之义。道自在天地之间，人且合将去，义则正所以合者也。均自人而言之，则现成之理，因事物而著于心者道也；事之至前，其道隐而不可见，乃以吾心之制，裁度以求道之中者义也。故道者，所以正吾志者也。志于道而以道正其志，则志有所持也。"③ 道是天下固有的道理，是吾心之志的终极指向，夫子言"志于道"，正在此意义上，言以道正志，"守志只是道做骨子"④。不过道自天地中得来，具有超越性，尤其在主体应事接物之前，道处于隐而未见的状态，故需在主体工夫展开过程中去把握此道，主体修为受吾心之宰制，在上合乎道、内接乎心之间，其工夫进路能作出合理判断而得道之中，所依据的准则，正是"义"。概言之，心之内在根据在志，心志之终极指向在道，心志之工夫准则在义，所以"以道正志"与"以义持志"分别从天、人两个角度对正心教作了申说。这一分疏，在船山对孟子"集义养气"的解读中也有提点。船山指出，"曰'集'，则不但其心之专向者一于义，而所志之外……乃使吾气得以自反无不缩之故，恒充而不馁"⑤。"心之专向者"就是志，"集义"其实就是"以义持志"，在心志的贞定下，吾身之气可以坦然行之、优有余地，集义所以可达到养气之效。同时，"志主道而气主义"，"气配义以不馁其气，即配道以不馁其志也"⑥，"志主道"即"以道正志"，可见，义与道的相互关联，亦因乎志而来。围绕"心志"活动，在实存基础上，船山以义与气配合言说，在超越上拔中，船山以义与道配套论述。"持志行义"关乎气之充养，"以志配道"有赖道之提撕。

由上可见，船山"正心教"除了心性义理的分疏外，还强调了配义与

---

① 王夫之：《读四书大全说》，第933页。
② 王夫之：《读四书大全说》，第931页。
③ 王夫之：《读四书大全说》，第931页。
④ 王夫之：《读四书大全说》，第928页。
⑤ 王夫之：《读四书大全说》，第927页。
⑥ 王夫之：《读四书大全说》，第927页。

道、志道合用、志义交关。尤其是志义关系值得注意，义重在吾心之裁度以行事，二者共同构成主体实存活动之内外始终一贯的基本条件。如果说上文提到的船山心性论视域中志气关系对于气论相关研究拓展有待推进外，此处志义关系的工夫论导向及其意蕴也非常值得继续挖掘。

无论如何，船山关于心的种种思考，始终围绕着"志"的宗旨展开——"志是大纲趣向底主宰"①，"通观船山之学，亦无往不见其特重持志正心之义"，故宜将船山之"正心"作为统贯之宗旨而观。② 船山"正心教"，一方面，据志言心，正心具有了实质意义，格致诚正的脉络更为融通；另一方面，由心显志，志具有了实体性载体，从而为道德工夫的实有其体奠立主宰。与此相关，"所谓修身在正其心"的说法由此具有了实在指向的意义，与以致知、诚意为宗旨相比，由正心到修身的展开更为顺理成章，修、齐、治、平的系统阐发获得了更具连贯性的内在理论基础。历来的《大学》诠释，"正心"这一环节存在被从属化的一般倾向，对其作为工夫节目的独特意义阐发不够，船山"正心教"的建立，至此弥补了这一环。"持志以定心"，使"正心教"既具有"诚意教"式对意向的深层把握，又不失"良知教"式道德实践的动力奠基，同时摆脱心学派阳儒阴释的可能流弊，因应明清鼎革之际祛除虚文、崇尚实学的时代要求，自觉构建应有的思想本原，可谓理学心性论内在接续与转进的新形态。

五、小结：《大学》宗旨与宋明理学的范式转进

《大学》乃教化之学。但由何出发构建体系以彰明教化，不同思想家见仁见智，有不同的理解，构建了各具特色的体系。这集中体现在对《大学》宗旨的不同定位上。可以说，同为教化之学，立于不同之宗旨以成；宗旨纵使多元，其旨不离教化。

黄宗羲称："大凡学有宗旨，是其人之得力处，亦是学者之入门处。天下之义理无穷，苟非定以一二字，如何约之，使其在我？故讲学而无宗旨，即有嘉言，是无头绪之乱丝也……杜牧之曰：'丸之走盘，横斜

---

① 王夫之：《读四书大全说》，第 927 页。
② 唐君毅：《中国哲学原论·原教篇》，第 396 页。

圆直，不可尽知。其必可知者，是知丸不能出于盘也。'夫宗旨亦若是而已矣。"① 或出于问学需要，或出于讲学需要，宗旨之立无疑易为人了解，便人择取，故由斯见盛，"于是为之分源别派，使其宗旨历然。由是而之焉，固圣人之耳目也……此犹中衢之罇，后人但持瓦瓯樨构，随意取之，无有不满腹者矣"②。各宗旨虽然有些差别细微，但互相之间鼓励、质疑、问难、讲辩，故宗旨成林立并存、多元共进之势，如晚明王门后学就尤为显著，且"王门后学立宗旨的风气，反映一种简易直接的风气，为的是尽可能空诸依傍，摆脱庞大的经典与注疏的拘束而谈道德实践"③。这说明为学宜立宗旨④，而宗旨之立究以引生教化为要。

　　就特点而言，宗旨一般具有本原性、一元性、一体性、简易性、彻始彻终性、衍生性等。作为统宗会元的阿基米德点，宗旨是辐射体系全局的理论核心所在，其他范畴结构均由此而生或由此而获得存在的意义。宗旨大致有两义，一个是基点义，一个是归趣义。前者意义上的宗旨，乃理论学说的发生学源头。后者意义上的宗旨，是理论学说的最终目的、最终指向，所有的论述都是为了证成它。朱子"格物"在前者意义上体现得较明显，而阳明、蕺山、船山则两义兼具，既是学问的入门，又是学问的止境。这里以"格物"为朱子之宗旨，是从较宽泛的意义上讲的。笔者当然清楚如果从后一意义看，以"格物"为朱子宗旨是难能成立的，因为朱子的工夫体系是宏毅规整的全面铺开，单举格物为宗，很容易留下遗落其他工夫的口实，与其他统摄性的宗旨义不同，故这里特别从"基点义""发生学"的意义上定位朱子的"宗旨"，幸望毋生误会。不过，这确提示出朱子学与阳明学在立宗旨（狭义的）上的不同态度。陆陇其有段话很能说明这一问题："自明季学术淆乱，各立宗旨，或以明明德为主，或以止至善为主，或主修身，或主诚意，或主致知，或主格物，或主明明德于天下，三纲领八条目，几如晋、楚、齐、秦之递相雄长，其说虽不同，总之，朱子欲分为三、为八，诸家则欲合为一，以分为支离，以合为易简，而圣人立言之旨泪没久矣。故今讲此书者，只要晓得序不可乱，功不可

---

　　① 黄宗羲：《明儒学案》，"凡例"。

　　② 黄宗羲：《明儒学案》，"序"。

　　③ 王泛森：《明末清初思想中之"宗旨"》，《晚明清初思想十论》，复旦大学出版社，2004，第109页。

　　④ 不过，在清初学者看来，立宗旨是不可取的，因为宗旨代表的是某个人的一偏之见，由之无法掌握整全之道，立宗旨不过是有异说而无统纪的表现。参王泛森：《明末清初思想中之"宗旨"》，《晚明清初思想十论》，第112-116页。

缺，便知一切牵合宗旨，都是乱道。三纲领还他三件，八条目还他八件，方是朱子之意，方是圣人之意。"① 一方面就《大学》诠释看，单提一旨，都是违背《大学》工夫序列的"异化"，对《大学》本身的偏离；另一方面还应看到，这种不同的"宗旨观"，在经典诠释维度外，其实更是思想体系和工夫进路不同特色的体现。如这里所言的朱子学和阳明学：一个是千头万绪，样样都可为宗旨（同时也可说样样都不是宗旨）；一个是一本万殊，本立方能道生。不同宗旨观的贞定，集中反映的是不同的思想旨趣。所以对宗旨问题的理解不能脱离经典文本和思想体系的双向考量，将两方面结合起来，各宗旨的内涵和意义才能得到合理定位。

　　这里需澄清一个看法，以往我们经常认为，宋明儒学对《大学》（乃至其他经书）的解释，很大程度上只是以《大学》"注我"，其实并非要解释《大学》，而是以申己说为目的。这种观点明显是"后经学时代"的产物，完全未认识到经典对于古人的神圣意义。诚然，宋明儒学对《大学》的解释大多都在自身思想主旨下灌注了各自的思想主张于其中，但不能因其善舒心得、旨多异趣，就认为只是"借用"《大学》，而抹杀其中追寻《大学》本义这一重要维度。朱子自不必说，阳明②、蕺山亦无不如是，他们在论证自己的解读时，时刻未忘记以《大学》本旨为依据。尤其是蕺山，因《大学》对其视为宗旨的诚意、慎独均有涉及，作有多部《大学》专论，他不断地在经典诠解及其思想创造之间加以调适融通，所存疑之处直到临终仍不能释怀，如果仅仅是借《大学》谈一套现代所谓的"哲学"体系，其心态则根本无从索解。故而可知，被我们视为创造性的诠释，在先儒自己看来，首先会被视为对经文本有之义的揭示，"六经注我"往往不过是"我注六经"的一个衍生品，前者其实即孕育在后者之中。这也是从程朱、阳明、蕺山、船山发展下来，宋明儒学的义理宗旨为何正是顺着《大学》格致诚正的顺序：除了思想自身的发展和推动的原因，不能忽视的是，这是对《大学》本义的不断体认、参究与再确认所造成的。

----

① 陆陇其：《松阳讲义》，华夏出版社，2013，第3-4页。

② 心学派讲究"心悟"并不意味着经典环节的缺失，不容忽视的是，他们的"心悟"是长期浸润经典之后的结果，经典烂熟于心的滋养乃其必要的意义背景。这也是为何陆象山要求弟子诵读经文乃至前人注释，王阳明则将诵读经典列入学规。一个具体的显例是王阳明的龙场悟道，动心忍性、如若天启，他开悟之后的第一诉求竟是"参之经典"，看能否求之五经来印证其心悟。后来王阳明虽有"六经者，吾心之记籍"的说法，但这并非取消经典的存在价值，而是针对侮经、贼经、乱经的世俗治经行为而言，他认为治经应该明心、明道，也就是经之常道与吾心之实的相合相应。

　　由此我们亦可反观《大学》对宋明理学的影响。正如我们所熟知的，《大学》为宋明理学提供着重要的经典资源，丰富了其理论话语体系，成为其为学宗旨的重要来源。此外，笔者更想强调的是下面两点：其一，《大学》规定着宋明理学理论范式变迁之大势。从前面几节的梳理看，宋明理学格、致、诚、正的理论范式发展背后的思想推动力，大致体现出理性主义—存在主义—意向主义—意志主义主导下的逐层内转、深化的衍变趋向（就其理论趋向的大致特征而言，并不是严格意义上的"主义"），但宋明理学的逻辑演进在思想主导之外，经典本身的范导作用同样重要，尤其是《大学》为理学范式的逻辑演进制定路线，使理学范式的结构转换体现为依循于《大学》格物—致知—诚意—正心工夫脉络的螺旋展开，这也是钱穆先生言《大学》为宋明理学立论之依据的因由所在。这就是经典权威的力量，彰显着经典在思想发展过程中的规约效应。收摄的"格物"、统摄的"致知"、归密的"诚意"、持定的"正心"，作为思想观念引导下的经典诠释之展开，体现出经典文本开放性与诠释者个性化之间的充分融合。其二，除了经典对思想发展的影响外，就经典本身看同样重要，这个过程是《大学》文本本身思想的拓展和深化。宋明理学理论结构的演变，有着基本近同的经典依傍，相同的话语具有互异的意涵，在各自的思想体系中，都有着一套相对独立的论说，话语之间的逻辑关系，形成了各自不同的学理脉络，也有各自相应的理论难题，其间如格物与德性、天理与良知、良知与诚意、持志与正心等，都需要仔细分辨。套入经典诠释的系统中，因思想观念的主导不同，共同的经典呈现多元的面貌。这主要是就《大学》的经典诠释视域而观，这个角度的考察还很不够，本章的研究也仅是择其大端。

　　宋明理学对于《大学》宗旨的诠释也显示出，"宗旨"基本立足于心性论的层面，重视内圣的取向，而外王一面，即治国平天下的一面，相较之下则处于从属地位。这也体现出理学"宗旨"的特色，以内为本，本立道生，不是无需谈外王，实乃外王已寓于内圣之中。不过，我们仍需追问，《大学》蕴于内圣的外王规划，展现开来的具体形态是怎样的？《大学》学所蕴修、齐、治、平的理论资源，可以为我们提供哪些有益启示？这是下一篇的主题，我们将集中作出相应讨论。

　　总之，《大学》对宋明理学的影响不仅在逻辑结构的演进上，其整体规划下的内圣外王的思想理念，同样大大形塑了宋明理学的思想品格，并在宋明理学的理论思维下，呈现出丰富的理论魅力。

外篇　教而化之与内圣外王
——《大学》学的政教理念

《大学》思想理念之核心，可用"内圣外王"一语概之。关于此点，古代儒家并无异辞，积极予以肯认，唯今日颇存责难，关键问题在于外王之成立方式上。与本内圣以立外王不同，今人颇有主张致力于从政治制度、体系的具体设计角度来成就外王，而认为从内圣来践行《大学》式修齐治平的外王理想，在现代社会已行不通，因为儒家已然失去了以往的官方地位和制度依附。这确实触及了《大学》理念在政治文化境遇中的一个重要方面，此内圣到外王的"艰难"，曾被墨子刻（Thomas A. Metzger）描述为儒家的"困境意识"，他分析认为："无论现代学者如何分析宋代社会出现的伟大'革命'，但随着对王安石改革的失望，政治和经济事务的'外部'领域已显得毫无希望。新儒家把他们的社会看作是一个耽于追逐私利且受着制度化弊端限制的社会，故他们只能在实际事务中转向温和的现实主义的立场，却不能再希望去追求社会和谐、政治清明、经济繁荣的传统理想"，"新儒家的困境表现为真理的可望而不可即"，"既是采取积极的道德行动的前提，也是一个永无止境的前提"①。但墨子刻同时强调：新乐观主义即经过西方化时代对外在世界运动的现代依赖感所产生的摆脱困境的意识，同时也带来了一个"进退维谷的难题"，即"这一变革外在于自我，所以它与个人对真理和道德的追求之间缺乏任何必然的联系"②，由此墨子刻重新确认了"儒家精神的复杂性"和道德理想的作用。置入内圣和外王的理论架构中，这提示出，由乎内圣展开的外王，才真正具有生命力。

---

① 墨子刻：《摆脱困境——新儒学与中国政治文化的演进》，颜世安等译，江苏人民出版社，1990，第150-152页。

② 墨子刻：《摆脱困境——新儒学与中国政治文化的演进》，颜世安等译，第218页。

质言之，特定的历史形势的变动或局限，并不能构成对《大学》理念的审视标准。对儒家内圣外王之道的政治理念而言，《大学》其实是从根基意义出发昭示其普遍性的关怀的。进一步看，"内圣外王"之间是一个分析结构，而不是综合命题，所谓内圣能否开出外王、内圣怎样开出外王，都不过是在非究竟意义上对该命题的误读，至多只能算作第二义的问题。这可从两方面来看。一方面，内圣必然会开出外王。不管有无制度性的支撑，《大学》内圣的宗旨，必然包含着外王的意思于其中，否则就不符"内圣"之为"内圣"的规定，不合《大学》作为整体规划之学的规模。从这个角度看，儒学本质上即内蕴着"政治性"的"政治儒学"。内圣外王，本就是本末一体的，在现代社会亦然，内圣的坚守或许变得"艰难"，外王的意涵或许因势待变（从政治实践转变为政治关怀），但内圣到外王的要求绝不应阻断和放弃。另一方面，所谓外王，不能脱离内圣而孤立地独开一路。牟宗三先生透辟地指出："教亦是顺人性人情中所固有之达道而完成之，而不是以'远乎人''外在于人'之概念设计，私意立理，硬压在人民身上而教之。此为'理性之内容表现'上所牵连的政治上的教化意义之大防，所以亦是一个最高原则，不能违背此原则而言教。"① 如果没有《大学》所昭示的本内圣以立外王的轨范，缺乏内圣之基础，即使实现政体、制度设计上的"外王"，能否避免滑向私意立理的窠臼，如何在广大人民群众中得到内在认同和积极回应，仍是需要预先辩白的。故而，与着重强调制度设计的"政治儒学"相比，《大学》内圣外王一体的政治理念，在儒学本身而言，实乃不可或缺的先在性基础；对当今个人与社会来说，也体现出更强的可行性和普适性。

《大学》本经开篇对内圣外王直指全提，诉诸"古之"的表达，说明其回向历史传统寻求价值理想的奠基，它本身也在历史脉络的展开中洗练为新的传统。作为儒家思想根源的西周文明，"纳上下于道德而合天子、诸侯、卿大夫、士、庶民以成一道德之团体"②，就已奠定儒家道德进路的形上学与内圣外王的思想理念之雏形。孔子继承并重铸之，创立儒家，深开细拓。孔子修己安人，《大学》明德新民、修齐治平，《中庸》率性修道立教，孟子仁心仁政，荀子化性隆礼。《大学》上承孔子，中和孔门后学，下开孟荀，在先秦儒学中发挥着继往开来、守先待后的蓄水池式的综

---

① 牟宗三：《政道与治道》，吉林出版集团，2010，第118页。
② 王国维：《殷周制度论》，《观堂集林》上册，中华书局，1959，第454页。

合创新作用。当然,尽管《大学》作者、时代问题仍未定论,更有《大学》属孟学还是荀学之纷争,但这并不妨碍在秉承并开显内圣外王之道这一核心理念方面,三者一脉。而且《大学》所示最为集中,注重次序化、层级化、节目化,在系统化、规模化、明晰化方面无出其右者,作为先秦儒学内圣外王理念之纲领,可无异议。这也是后世《大学》成为表达儒家内圣外王的首要代表,并在"儒门淡薄"之际被隆重表彰并升入四书之列的根本原因。其后,这一价值理念引起广泛认同,并对宋明学术思想之品格产生重要影响,就不难理解了。

宋儒陆九渊疾呼:"《大学》不传,古道榛塞,其来已久"①,强调不能舍本逐末,应将内圣建立在外王的基础上,"《大学》言明明德于天下者,取必于格物、致知、正心、诚意之间",否则出现失败(如王安石变法)是必然的。同时,本末一体,外王一面并不在其关怀之外,"所谓修身齐家者,非夫饬小廉,矜小行,以自托于乡党然者",而是自觉担起"五帝、三王、皋、夔、稷、契、伊、吕、周、召之功勋德业"②。外王以经世,是他积极肯认的价值理念。在内圣方面,陆九渊和小程、朱子存在根本的分歧,但从内圣为外王基础以及内圣必然开出外王的方面看,两方又是高度一致的。这里拈出陆九渊为例,是想说明即使最为看重内圣之学的心学派,仍未忽视外王的一面。"论本末,修身为本;论轻重,天下国家为重",重建理想秩序是理学家政治文化的主调,实乃理学家群体共同的政治取向,《大学》由此成为宋儒坚守内圣外王之道的首要经典。③

就明代看,这一论断依然可以成立,尤其是晚明国运衰微之际,《大学》修齐治平观念仍是维系世道、教化士民、砥砺人心的重要理论资源。这显示出《大学》理念对内圣外王的深切解读,在不同的历史条件下仍可不断焕发新的时代精神,为世道人心提供富有启发的价值指引。下面将以王船山《大学》诠释的修齐治平论为中心展开讨论,具体看看《大学》对宋明理学视域下的外王价值取向产生了怎样的影响,又对《大学》内圣外王的价值理念作出了怎样的新诠。之所以选择船山为中心,是因为:其一,船山可谓集宋明理学之大成,不仅总结吸取朱子、阳明一路衍展开来的思想资源,对四书等经典进行了全面的解读,而且从中提出了独到的见

---

① 陆九渊:《荆国王文公祠堂记》,《陆九渊集》,第 233 页。
② 陆九渊:《问德仁功利》,《陆九渊集》,第 370 页。
③ 参余英时:《朱熹的历史世界》,第 415 - 421 页。余英时先生对《大学》在宋代儒学政治文化中的作用,亦有论述。

解，于诠释中实现道学的新发展；其二，易于集中，能较好地通过文本细读透视宋明理学对这些问题思考的理路；其三，船山属于"遗民"群体，没有相应的制度性依附，儒学不济、义理待兴，如何接续传统并重整复兴是他面对的重要课题，与今日社会个体以及儒学本身所面临的时代境遇，颇有相近相似之处，更能引发共鸣。从学术研究的角度考虑，对船山《大学》学研究亦有自觉推进：以往对船山《大学》学的研究，多集中于心性论，即船山对格致诚正的讨论，而少有对其修齐治平之政教论的系统研究，故本节的研究于此略致意焉；而且以往的相关讨论多集中在船山《读四书大全说》这一部著作①，在统合船山四书学著作进行综合研究方面，仍有较大的挖掘空间。② 事实上，从船山四书学的代表性著作《四书训义》和《读四书大全说》看，他对修齐治平的解释和讨论是深入而统贯的，政教方面是船山甚为关注和倾心的一面，值得仔细加以分疏总结。

一、身心相应

在内圣之学确立起理论的支点后，必然转出一体相应的外王观照，船山《大学》学已经显示出在建立内圣基础后，外王之学成为其关注的一大重心。本篇接续上篇围绕格、致、诚、正论对《大学》宗旨的系列思考，着重对修、齐、治、平展开讨论，对内圣外王理念加以全面展示，使其不失为完整之体系。但需指明的是，上章实乃此章所着重讨论的外王一面确立的内在根基，故谈船山修齐治平为中心的政教论，并不能脱离上节所谈

---

① 如邓辉先生特别指出的："需要说明的是，以往我们过于忽视船山这两本著作（指《笺解》《训义》）的研究，而将《读四书大全说》作为船山四书学甚其儒学思想的主要文本。《读四书大全说》定稿于船山四十七岁时，应为其早期重要儒学著作。是书根本无法取代船山晚年所作，对孔孟精义多有创获且能完全体现其较圆熟儒家思想的《四书训义》《四书笺解》等文本。"[邓辉：《王船山四书学著作与〈船山经义〉年考》，《湘潭大学学报（哲学社会科学版）》2008 年第 2 期]

② 船山四书诠释主要著作的基本情况：《读四书大全说》四十七岁重订，《四书稗疏》《四书考异》当作于《大全说》前，《礼记章句》五十五岁初成，《四书笺解》《四书训义》作于晚年，六十一岁之后；《稗疏》《考异》以辨正字词命题居多，以疏通字义、典故为旨，《大全说》围绕朱门后学阐朱者之说进行解说，对朱门后学多有批评，对朱子之说间有批评，《章句》中《学》《庸》两篇则转向以朱子为正宗的立场，推衍朱子章句之义，《训义》《笺解》成于晚年教授门人弟子过程中，以阐发朱子集注及四书义理为主。可见，不同的著述体例、言说对象、对朱子的态度以及自身思想的发展等，都导致船山四书诠释具有丰富性、发展性、差异性，反映出将船山这些论著综合整治进行研究的必要性。

"持志定心"说之本始。

正心对修身的导引："'心者身之所主'，主乎视听言动者也，则唯志而已矣。"① 正心为修身之主，真正起主宰之用，不能离乎志而有。以心为本，也就是以志为本，正所谓"不睹不闻之中，而修齐治平之理皆具足矣"②。如果说身意之交体现心之本然当为其归，那么修诚之际，无疑应以"正"为实功。

当然，这不意味着正修的合一，而是指身与心的关通所在，修身出现问题，依经文可知，是心无定理的缘故，心失其正则身之精爽不灵。否则，心身相应最速而相合无间，故心为身之主，与之相应，正乃修之原。③

正心作为修身工夫的根据，离不开"意"这一环节的中介作用。船山明确指出"意为心身之关键""意居心身之介""意居身心之交"④。这也是为何"诚意"章会谈到"诚中形外""心广体胖"的内外关联，也是为何"修身"章关乎着"意"的问题切入。需要指出的是，意为中介，但不仅仅是平面化地联结二者，不能简单地将心、身、意的关系理解为正心到诚意到身心的线性序列。一则这样理解与诚意—正心—修身的经文节目次序互歧；二则言身时心亦在，修身并不是单纯言其血肉，而是身心一体并在；三则从心看，心恒存而恒在，心可以说是内，但心也涵着外，如心广体胖之心广，即指"形外之验"⑤，故船山说"形于外者，兼身心而言"⑥。是则仅将三者视为由内而外之线性平铺结构，太失笼统，三者实乃一个内在嵌套的立体结构，意之于心与意之于身，是在不同理论层面展开的论述。心意关系是分析地言，是心体内部的结构性分析，心发即有意，意是心的一个必然结果，是心体活动展现的必然资介，又"因心发意"，故本质上二者是心先意后的关系。而意之与身，是就身心关系而有，身心关系是综合地言，心作为整体而言与身之关系，外在地看，心身一体，内在地看，心体活动需先发为意，正所谓"心之为功过于身者，必以意为之传送"⑦，故修身在正其心，必从其发显之"意"入手分析。不变的是，心作为主宰地位始终贯穿，此主宰地位具有本体意义，故"心"能立乎其

---

① 王夫之：《读四书大全说》，第 403 页。
② 王夫之：《读四书大全说》，第 403 页。
③ 王夫之：《四书训义》（一），第 70 页。
④ 王夫之：《读四书大全说》，第 420、426 页。
⑤ 王夫之：《读四书大全说》，第 419 页。
⑥ 王夫之：《读四书大全说》，第 420 页。
⑦ 王夫之：《读四书大全说》，第 426 页。

内，又显乎其外。船山本此认为八目："八条目自天下至心，是步步向内说；自心而意而知而物，是步步向外说"①，再次凸显了船山思想以正心为宗旨亦即以内圣为本的基本立场。

"身有所忿懥则不得其正"四者，是对"所谓修身在正其心"的解释，以往不能厘清其间的逻辑关系，而认为前后之间似论证相反，不能融通，如程子提出将"身有所忿懥"改为"心有所忿懥"，认为此处当指"心"之忿懥导致"身"之不正，才能与"修身在正其心"的章旨统一。但船山提出新见，指出这四者实应解为：身有所忿懥、恐惧、好恶、忧患，则说明心不得其正。这里的"则"，不是引出结果，而是说明原因。如此理解，合乎修身在正心的逻辑。而心之不得其正非本来就不正，"乃欲正而不得耳"，推究所自，在于"此章跟意来"，"乃言意累其心，使心不正"②。这又明确点明了与诚意章的关联。船山未改动文本，解释却更显融贯。

意动乎心，心亦达乎意。具体到修身章，身有所忿懥不得其正，有所忿懥源于意，而意之不诚又因心之不正而来，船山称"心苟不正，则其害亦必达于意，而无所施其诚"③。因"有所"问题在于心不得其正，心不正则犹如不在，故下文讲出"心不在焉……"④

由上两段分析可知，心意之间是互相影响的关系，用船山的话"心之与意，互相为因，互相为用，互相为功，互相为效"⑤。通过心意之间互相作用，使心身之间关联一体，"修身在正其心"的内在意蕴才能表现无余。

修身在正其心，船山认为此章并非仅论正心工夫，"不可将他处言心者混看"⑥，关键在于此处言心是切于身而言。船山强调此点，意在针砭朱子及其后学受佛道影响，以"湛然虚明、心如太虚""莹然虚明、鉴空衡平"等邪说解"心"。船山对此十分警触，大加批驳，指出此论谬甚，其要有五。其一，自相矛盾。以虚明解心主要是欣羡不期不留的自然境界，但"若云至虚至明，鉴空衡平，则只消说个正心，便是明明德，不须更有身、意、知之妙"⑦，虚矣则不会去正修，根本无所谓期、留；而

---

① 王夫之：《读四书大全说》，第426页。
② 王夫之：《四书笺解》，第119页。
③ 王夫之：《读四书大全说》，第425页。
④ 王夫之：《四书笺解》，第111页。
⑤ 王夫之：《读四书大全说》，第426页。
⑥ 王夫之：《读四书大全说》，第425页。
⑦ 王夫之：《读四书大全说》，第424页。

"苟欲正之，则已有期、有留、有系，实而不虚也"①，总之以虚明解此处修身在正心，"不可施正，而亦无待正矣。又将以忿懥等为心之用，则体无而用有，既不相应"②，本就自构矛盾，不能融通。其二，不合此处文义。此章后段提出"心不在"者云云，船山认为正如孟子"放其心"，但若以虚明之心解之，显然不通，岂能放其虚明之心，这说明心必是实的，如孟子放其仁义之心才合乎文义。其三，不够分明。"人之释心意之分，必曰心静而意动，今使有忿懥等以为用，则心亦乘于动矣"③，可见虚明解心不分明之甚。其四，不够全面。无法将此心真正与修身关联起来，在形式上看顶多算作解了半截文字，无从彰显身心一体的整体性。其五，有违章旨。正如此章首尾提揭"修身在正其心"，"在"字不能虚看，而具有实在性的工夫指向意义，"在"不仅反衬着正心之条目不是无关身心的"迂远之教"，更指明着欲修其身必须从心上确立根据，本章章旨正在于此，"为吾身之言行动立主宰之学"，而虚明之论对于此心"不正之由与得正之故，全无指正"④，使此心根本无着落，遑论为修身立主宰了。

身心一体，故修身即正心之"践形"。心为身主，持志而守护心之本然，乃修身最根本的道理。"古之欲修其身者，则以为及其发而制之，有不胜制者矣。吾立身之始，有为身之主者心也。当物之未感，身之未应，而执持吾志，使一守其正而不随情感以迷，则所以修身之理，立之有素矣。"⑤ 船山明确指出，此心之着落在于"志"，只有执持吾志，修身才真正确立起根据。因所谓志，"其位有定向，其体可执持，或置之不正而后从而正之"⑥，为正心确保方向和可行，可使心落到实处，真正显明身心一贯之实学。更重要的是，于此亦可见佛道虚明论心之妄，即使如其所论虚明之心如鉴如衡，亦应有其所以然之道，如同孟子言不动心亦有其"道"。这说明明乎此"志"，修身方可立本，正心方可得实，也体现出若真能本有此"志"，则以之为本的正心工夫并不必然失却那种不滞不留的自然境界。因为此志持之恒在，使正心"过去不忘，未来必豫，当前无丝毫放过"⑦，即通过内在心志的恒常性把持，将外在私欲干扰汰渍无余，

---

① 王夫之：《读四书大全说》，第 423 页。
② 王夫之：《读四书大全说》，第 425 页。
③ 王夫之：《读四书大全说》，第 425 页。
④ 王夫之：《读四书大全说》，第 424 页。
⑤ 王夫之：《四书训义》（一），第 48 页。
⑥ 王夫之：《读四书大全说》，第 423 页。
⑦ 王夫之：《读四书大全说》，第 427 页。

可以获得修身实践工夫的逐步纯化。同时，在具体的实践工夫进程中，此内在心志得以展现、淬炼、丰富、提升，并最终实现自身，具体的工夫不再是其拘限，心志与修身互动互成、融洽融合，也就是说，心志在修身的具体工夫中，实现自身的超拔，体现为一种有内涵的、具体性的自如自在之自然境界，这超越了那种空洞虚无虚明之心论，实质上是更为高明、圆融的道德形上学形态。

二、家身相关

修身是连接内外的关节。由己及人，展开外王，外王以自身为本，其展开是以涵着其"内"为前提，修身之前格致诚正四条目的意义所归，即在内圣方面具体地指出修身之本所在。内圣不仅为外王而立，真正的内圣需要在修身内建立，修身成为内圣修养的举体呈现，修身为本说明的正是以内圣为本，而对修身而言，内圣是其本质内容。"修身为本，而心尤其原也"①，他以正心为内圣根基，故修身亦依归正心。本诸经文"所谓修身在正其心者"，船山之身心相应之说，不亦宜乎。

修身以下即入外王，内圣外王在修身中连续为一体。修身一节的特殊性于此可见一斑。尤其是对齐家、治国、平天下而言，修身的重要地位尤其凸显。《大学》本经"壹是皆以修身为本"，此处"壹是"的理解非常关键。船山指出，"壹"与"一"不同，"一"是对"两"而言，《章句》以"一"作解，解为"一切"，是不对的，而且解为"一切"也与"皆"字重复，显为不通；这样理解也显然未审"壹"的特出之处，"壹，专壹也"，与"一"并不相通，"犹言专此"，对"修身"之后的齐治平而言，只要处于齐治平的工夫施展，就要务于明确"修身"的根本地位，这正是其后本末厚薄之旨的体现。②

这里显示出的另一个问题是，船山解经特别重视字义的体贴和理解，把"字"放入经文中切实理会，不轻易放过，通过字义的透彻理解，对文义作出新的厘正。在此章读说中，船山直接提纲挈领地提出："凡释字义，须补先儒之所未备，逐一清出，不可将次带过。"③ 要求对字义要逐字、全

①　王夫之：《四书训义》（一），第71页。
②　王夫之：《四书稗疏》，第20页。
③　王夫之：《读四书大全说》，第427页。

面地加以考量，特别是双字语词，不能浑沦视之，船山肯定地说，"一部十三经，初无一字因彼字带出混下者"①，应仔细区别其间涵义的微异处。②如此章言身之不修之"辟"有亲爱、畏敬、哀矜、贱恶、敖惰五类，但或因人别、或以事别，五类实则各有具体的情景存乎其中，认清这点才能明乎其"辟"何在。船山逐一分疏道："亲者相洽相近之谓，爱则有护惜而愿得之意"，"畏者畏其威，敬者敬其仪。畏存乎人，敬尽乎己"，"哀则因其有所丧而悼之，矜则因其未足以成而怜之"，"贱以待庸陋，恶以待顽恶"③，"敖者，亢敖自尊而卑之也。惰者，适意自便而简之也"，"敖必相与为礼时始见"，"惰则闲居治事，未与为礼时乃然"④。经过船山的分疏，五个词语的意思不再是简单的拼合，而是拨开类中之异，使各自所指有清楚指点，其所关涉的身家相关的情景更为明确，在实际的修身活动中可以得到更切实的指引。这十类"皆吾好恶之情所必出而施之于家人者也"⑤，是由身以行于家的情感活动的必然体现，但若不能反身自修，即加以适当的节制或文饰，都会导致"任情而动，则好恶因之不正而流于邪辟"⑥的情形，此类修身之"辟"的出现，接以施教齐家，"皆失其当"就在所难免了。

所谓"辟"，"言不以理，行不顾义，动不中礼，身不行道，使人不以道，俱是辟"⑦。从具体的现实状况考量，修身之辟首先是由自身最切近的亲属关系引发，"身之所行，必家人之所受意"⑧。修身之辟往往是因家人及家庭情景所引发，正反映着家带来的问题。

经过船山的析义，此章的主题更易得到理解："一家之中，繁有其人，亦繁有其时"，"身之不修，家缘不齐之一端也"⑨。家之不齐，正在于此身所施未得其正，"列数所施之地，以验其言行动辟与不辟之实"。此五类十种，船山认为不能局限于情之所发言，"修其身而使不辟者，必施之得宜，而非但平情以治其好恶"，仅以情言有"略于身"的嫌疑，其中一个

---

① 王夫之：《读四书大全说》，第 427 页。
② 《四书稗疏》《四书笺解》对这一方法运用自如，《读四书大全说》也时有运用，多有新见，往往能发前人之未发。船山在此方面的锐见丰富，但还未得到充分挖掘。
③ 王夫之：《读四书大全说》，第 428 页。
④ 王夫之：《读四书大全说》，第 427 页。
⑤ 王夫之：《四书训义》（一），第 73 页。
⑥ 王夫之：《四书训义》（一），第 72 页。
⑦ 王夫之：《四书笺解》，第 120 页。
⑧ 王夫之：《四书笺解》，第 120 页。
⑨ 王夫之：《读四书大全说》，第 427 页。

重要表现是在外在的言行举动上不能有其照应。船山认为，"亲爱等见于事，故属外，知与好恶属内"，"修身者，则修之于言行动而已。由言行动而内之，则心意知为功，乃所以修身之本，而非于身致修之实"①。修身以心意知之外为本，但修之实功也有相对的独立性，在言语行动、应事接物上加谨简束，以此外来化内，显示出"居家"修身与"修身在正其心"重在治内路向的不同。此章传意在辟还是不辟上致力于克治修为之功，朱门后学只求之于情而不求之于事，不知情更容易失偏而导出"辟"，故只能劳而无功、误入歧途。"齐家亦有齐家之事，则予以均平之理而施吾肃雍之教"②，这才合乎船山所言"在家言家"③的原则。

不过从其根由看，处家之失，均是"吾心先自失其和平中正之则也"④，故施教于家"必先正吾之好恶"⑤，吾之好恶端正明了，家人可由之通晓吾之情意所指，本此以革除其恶增益其美。以藏乎身恕而使人自喻的方式，实现身修而家齐的效果。教家之道，在乎修身而已。

《大学》本文多言好恶，诚意章言好好色恶恶臭，治平章又言民之所好所恶，可见好恶的重要性。船山于此章特为指出十章互相通贯，并无二理，"好恶者身之大用，而家国天下受之，家其先受者尔"⑥。至于"好恶"之来由，还是要归结到心志之宗上。"由人之多辟，而知天下之鲜能好知恶，恶知美也，其失在好恶不正上，跟正心来。"⑦修身之辟的实质体现为情感发用的失偏，持志定心以端正内心情感的本原之好恶，乃修身去辟的根本所在。可见，修身又与上章正心处分不开。船山对"修身"的诠解，使其上接正心、下开齐家的缘由亦得到澄清。

"此传之旨，乃以发修身、齐家相因之理。"⑧就齐家而论，"近取之身，远取之天下"⑨，皆本诸修身才能见其教化之效。齐家对修身而言，正是其"推行于远"的首要环节，所以维护正常有序的家庭关系乃修身必不可少的面向，修身施教以得家齐。此间所言以施教为功，则接引出齐家

①　王夫之：《读四书大全说》，第429页。
②　王夫之：《四书训义》（一），第72页。
③　王夫之：《读四书大全说》，第427页。
④　王夫之：《四书训义》（一），第73页。
⑤　王夫之：《四书训义》（一），第72页。
⑥　王夫之：《礼记章句》，第1492页。
⑦　王夫之：《四书笺解》，第120页。
⑧　王夫之：《读四书大全说》，第427页。
⑨　王夫之：《四书训义》（一），第72页。

"立教"的原则，修身与下一章关联起来。

三、家国一理

上节分析说明，修身的问题在于去辟，修身之辟的解决，首先不离齐家做工夫。齐家，在船山看来，主要是"立教"的问题。"修身在于去辟，无所辟而后身修。若齐家之功，则教孝、教弟、教慈，非但知之，而必教之也。"① 教的内容是孝、悌、慈。一方面，孝、悌、慈指亲亲、兄弟、长幼关系而言，皆是以自身所关的家庭伦理关系为核心的展开；② 另一面，孝、悌、慈按经文所言，分别对应事君、事长、使众，与家之外的公共性层面向连通。③ 孝、悌、慈为教家之道，事君、事长、使众乃教国之道，孝者所以事君式的关联，意在说明"家国一理"。④

也就是说，尽孝以事亲者，作为国之臣民定可以做到尽职以事君，"尊之亲之，其道同也"，二者之间的道理是相通的，并不是讲"移孝作忠"，而是强调"心同此理"，悌、慈皆然。修齐同德，齐治通理，理一而分殊。从自身教养上立定根基，其推展于外不待求而可知。船山指出"理在心而不在事"，"但求之心"，而其为理"因乎固有之心者则同也"⑤。虽然家与国有异、齐与治各有其道，但二者所"喻之者同此理也""兴之者同此心也"⑥。立定此心可知，治国齐家可统之于身而为立教之本。"故君子原本其身，克慎其修，本固有之心，尽当然之理，不待出家以敷教于国，而一国之人心风化已成一矩而可推行矣。"⑦ 心—身—家—国，由本

---

① 王夫之：《读四书大全说》，第428页。

② 狄百瑞指出："以家庭生活作为全部背景实现的公平，表达了家庭背景中的人类情感不以个体履行契约的义务作为基础。……儒家以家庭作为伦理学的背景……强调家庭内部亲密关系的不可侵犯。既然家庭是滋养一切美德的地方，那么，如果人类最基本的关系在家庭内部都得不到尊重和保护，如果家庭成员之间都不能互相信任，那么整个社会的信用（fiduciary）基础就岌岌可危了。"（狄百瑞：《儒家的困境》，第41页）

③ 史华慈的观察颇中肯綮："对孔子来说，正是在家庭之中，人们才能学会拯救社会的德性，因为家庭正好是这样的一个领域：其中，不是藉助于体力强制，而是藉助于家族纽带的宗教、道德、情感的凝聚力，人们接受了权威并付诸实施。正是在家庭内部，我们才找见了公共德性的根源。"（史华慈：《古代中国的思想世界》，程钢译，江苏人民出版社，2004，第70-71页）

④ 王夫之：《四书笺解》，第120页。

⑤ 王夫之：《四书训义》（一），第77页。

⑥ 王夫之：《四书训义》（一），第79页。

⑦ 王夫之：《四书训义》（一），第76页。

该末，一体推展，相因而治。

　　"教家教国皆以修身为本"，身修于上，则教之家国，得其齐治。身而家而国，无分远近，相因而治，无所不至。"教"是贯通齐家与治国的本质方式。正如经文所言，"不出家而成教于国"，"宜兄宜弟而后可以教国人"。此章前后六"教"字，对此理解需要多加措意。

　　经文"心诚求之，虽不中不远矣，未有学养子而后嫁者"，朱子在《大学章句》中注曰，"又明立教之本，不假强为，在识其端而推广之耳"。朱子切中两个方面作解，一是"识端"，二是"推广"。前者强调必先明其端，从性情会通处来说明家国一理的缘由，"本"的成立正因家国对堪而有，同得于天，同率于性，而后则天理流行，各正性命，事君、事长、使众不待别有所学，从此端可推出。后者则强调有端还需有推，识端推广并非经文本义，是朱子特意发明，恐人将孝悌慈说得太容易，像"未有学养子而后嫁者"，以为不待学而能，故于此略为推补。① 此间深意所存，容易被瞀歪曲乱。船山指出，此"推广"不能理解为"君子将其慈爱之恩以慈国"，原因在于"一家之教"内，只是教以孝悌慈，并未教示以"推"，不能模糊理解。应怎样理解此"推"？"所谓推者，乃推教家以教国也，非君子推其慈于家者以使国之众也"②，这是说"推"所指的是在各自充分发展的得"教"后，家国自然地连接一体，而不能仅仅附会孝-事、慈-使式的比附而简单直接地将家国"推"为一体。这样才能充分阐明"齐""治"之理，并真正认清"教有通理，但在推广，而不待出家以别立一教"的恰切意义。③

　　在此家国因教贯通的意义上，可更好地看待家国关联的紧密性，即经文叹言的"其机如此"。船山对此解释道，"机者发动之由"，"动于此而至于彼"，表达的是从家至国之间影响所施的必然性和确定性，"如弩机一发，近者亦至之有准，远者亦至之有准，一条驀直去，终无迁曲走移"④。至于一人可定国，"其必至而不差"，亦是同样的道理。

　　尽管如此，也不能完全抹杀家国之间的分别，以防坠入乱道。如以孝悌慈出于天性，至有说到"天地明察"处，船山廓清认为此不啻以愚夫愚民尽可得其明德之明，乃陆王乱禅、佛家慈悲之贼道。在船山看来，并不

①　王夫之：《读四书大全说》，第 431 页。
②　王夫之：《读四书大全说》，第 432 页。
③　王夫之：《读四书大全说》，第 432 页。
④　王夫之：《读四书大全说》，第 434 页。

是说孝悌慈不合乎人之天性，只是明德属本体层，而此处孝悌慈乃直就施教之工夫言，轻许之为"明明德"，无异于径以工夫为本体，这是对工夫的泯灭，是船山所特为警惕的，且不说还有表面作孝悌文章背后趋利济私的情况存在。孝悌慈应紧据教家、教国的工夫言，通过教之工夫"识端推广"，使家国得其贯通。同时，"家"层面的孝悌慈，到"国"层面表现为事君、事长、使众，两个层面的工夫规模之不同还是很显然的。"朱子预防其弊，而言识、言推，显出家国殊等来"①，或可说，"家国一理"正以家国殊等为前提。故工夫必要而不可缺，既是家国贯通一理的依据，也是家国分界的原因。

　　这一分疏反映出船山在解经问题上把握之细致，也说明了船山在工夫-本体关系上的基本运思。从教化的视域看，船山的理解是全面的，前面所言心志说构成其教化思想的本体，此处在家国关系上对教化工夫特加强调，总体不离工夫-本体合一的整全理解。其中，在对工夫的切紧式要点上，明确反对即本体以为工夫的进路，由此不难理解其言："《大学》一部，恰紧在次序上，不许人做无翼而飞见解。"②

　　此章主要从教之工夫层面立论，还表现在对"诚"字的理解上。此章"心诚求之"之"诚"，"不过与'苟'字义通。言'心'言'求'，则不待言'诚'而其真实不妄自显矣"③。不要一讲到"诚"就理解为至诚无息、诚者天道、直达性天的本体之"诚"④，此处不过以"诚"为工夫语，这样理解才合乎"但据立教而言，以明家国之一理"的章旨。⑤船山解经注重贯通大义，结合具体章旨作具体分析，不主张僵化理解，更不赞同离经之戏论。

　　总之，由此以至身、家、国之际，无不有厚薄区分，理一分殊尔。"然原其分殊，而理未尝不一。"⑥章末引诗证家之"足法"为民之先，"有教众意在内"⑦，仍应注重"恕"的精神，"推己所有以及人。己无有

---

① 王夫之：《读四书大全说》，第433页。
② 王夫之：《读四书大全说》，第435页。
③ 王夫之：《读四书大全说》，第434页。
④ 与此意相合，船山在论及孟子"反身而诚""思诚"时，特别指出，这两处"诚"与《大学》"诚意"之"诚"并不在一个层次，"诚意"是在动察的意义上言诚，只是"思诚"的一段工夫，至于"反身而诚"，更是通动静、和内外而言。如果不加分别，则不能真正把握其意涵。（王夫之：《读四书大全说》，第996页）船山在概念意涵和脉络条理上的分疏是比较深刻和细致的。
⑤ 王夫之：《读四书大全说》，第434页。
⑥ 王夫之：《读四书大全说》，第436页。
⑦ 王夫之：《四书笺解》，第120页。

则无可推，徒责之人，曰不恕"①。"有诸己而后求诸人，无诸己而后非诸人"，有、无之于求、非，前后深浅不同，就关系论，前者只是后者的必要不充分条件，并不必然推出后者，其立言重心在突出前者，强调"君子自治之功"。②

四、治平同道

治国之事，有政有教，"家之通于国者教也，国之通于天下者政也"③，上部分言教，此部分言政。

政与教的不同偏重正是齐家与治国的分际所在，但言教、言政，只是明其大小公私之分的方便说法，家教、国政实则相通，二者都是"教化"精神的具体体现："家政在教而别无政，国教在政而政皆教，斯理一分殊之准也。"④ 故家教为教，政亦属政教。家国、教政之分，即此教化精神理一之分殊尔。结合治平章，教化精神的实质有两方面需加明确：

一方面，对家教而言，以孝悌慈为代表的教化途径，实质是因情设教，以情的体贴、感化为推展教化的主要方式，是一种软性的教化，"政"的硬性教化不被包括在内。情上通于性，是性的体现，并不是私情，"自然天理应得之处，性命各正者，无不可使遂仰事俯育之情"。这种性情感通以设教，其实从齐家以推至天下，无不可通，只是若仅据以"情"，有其缺陷："在家则情近易迷，而治好恶也以'知'；在国则情殊难一，而齐好恶也以'矩'。"⑤ 对家之情教的偏失，应以"知"加以提撕，情教本身并不与理性之知相斥："君子之道，斯以与天地同流，知明处当，而人情皆协者也。"⑥ 情教推展于国，更难得其一致，此正"絜矩之道"作为治国之道提出之所由也。

另一方面，与家教相对，治国更多需诉诸"政"的方式。"齐家恃教而不恃法，故立教之本不假外求。治国推教而必有恒政，故既以孝弟慈为

① 王夫之：《四书笺解》，第120页。
② 王夫之：《读四书大全说》，第435页。
③ 王夫之：《四书笺解》，第120页。
④ 王夫之：《读四书大全说》，第440页。
⑤ 王夫之：《读四书大全说》，第440页。
⑥ 王夫之：《读四书大全说》，第440页。

教本，而尤必通其意于法制，以旁行于理财用人之中，而纳民于清明公正之道。故教与养有兼成，而政与教无殊理。"① 齐家以情教为主，不假外求，治国则需诉诸为"政"，其中重要的体现是，情教的影响减弱，而法制、理财、用人等实用政治措施的意义凸显，此为齐家之养不能涵及。家国之间，有教政不同，但无不统于"教化"，尤其是对"政"而言，不能脱离教化的精神。② 船山一再强调，"国教在政而政皆教"，"政与教无殊理"。"政"之为"教"既要在孝悌慈之情教为基础来展开，又以教与养并重不偏废。在新民与亲民的争论中，阳明主亲民而批新民，认为亲民兼教养义，新民说得偏了，船山此处教养兼成，实际上是以教立政，从新民涵化出养民义，既与阳明不同，也对之有所吸收而有补朱学，应是朱王融合的新见。

十章传意，俱在说治国："有国者""得众得国""国不以利为利"，以及絜矩之道、以财发身、选贤用人等，都是治国要义。"言国与天下所同然之理，治平一致之道。则言国而天下在其中。"③ 若仅为平天下而设，则省方立俗、柔远能迩之政，皆所不言，如同说齐家章可不言教家、治国章可不言散财用人之类，反不能通。那么，是否"治国之外，别无平天下之道"④ 了呢？当然不是，应理解其历史语境，古之天下对应"封建"而有。天下不易得，自秦以来，有治而无平，不可开口便说天下。故船山主要从治国角度出发，对治平之道的理论展开进行疏解，具体要点有以下几点：

其一，治国之道，须立絜矩。

国中之人，不论具体身份，在具体的职分和人情事物中，所处理的关系"上下、左右、前后尽之矣"⑤，"故治国之道，须画一以立絜矩之道"⑥。首先应明确"所谓絜矩者，自与藏身之恕不同"⑦，絜矩之"毋以

---

① 王夫之：《读四书大全说》，第438页。
② "古之所谓国家者，非徒政治之枢机，亦道德之枢机也。使天子、诸侯、大夫、士各奉其制度典礼，以亲亲、尊尊、贤贤，明男女之别于上，而民风化于下，此之谓'治'；反是，则谓之'乱'。是故天子、诸侯、卿、大夫、士者，民之表也；制度典礼者，道德之器也。"（王国维：《殷周制度论》）
③ 王夫之：《四书笺解》，第122页。
④ 王夫之：《读四书大全说》，第436页。
⑤ 王夫之：《读四书大全说》，第438页。
⑥ 王夫之：《读四书大全说》，第439页。
⑦ 王夫之：《读四书大全说》，第437页。

事上""毋以使下"等与恕道之"勿施于人",文似而义殊。絜矩与恕道的不同,不仅仅在于前者对处身情景具体性的强调,更要紧的是,絜矩之道突出了对于治民理国的意义,从规矩制度上塑造国之为国的秩序性。从这层意义看,恕道讲求推己度人,只能算作"姑取一人之身以显絜矩之义,而非以论絜矩之道"①。而且君子仅"自絜矩以施之民"是远远不够的,必须上升到"以絜矩之道治民":"以矩絜之,使之均齐方正,厚薄必出于一,轻重各如其等,则人得以消其怨尤,以成孝弟慈之化,而国乃治矣。"②

治道之全,包含两方面,一是孝悌慈等具体可持之修治的规矩模范,二是为人共识共由的品节定位之制度衡准。治国之道,在齐家之教的孝悌慈外,别有一立教之道,斯可见絜矩之意义。絜矩"言上下左右前后,无不可以己心之好恶为矩而絜之"③。从上下、左右、前后的空间化人际结构上,絜矩推广展开沟通性精神,上下四维的关系网络,确定或固定了"己"的自我定位,也在均齐方正的网络链接、铺展中使公共结构的稳定性和秩序化逐步生成,絜矩之道的政治意义由此得到凸显。④

其二,絜矩之道在于公好恶。

前文言絜矩与恕道之不同,并不是本质上的不同,"矩之既絜,则君子使一国之人并行于恕之中,而上下、前后、左右无不以恕相接者,非但君子之以恕待物而国即治矣"⑤。相反,絜矩以"己心"为矩,推度之所本并未离却恕道的沟通性精神,只是絜矩于恕道推己及人之外,应更偏重指向"治民"的意识上。从"民"之特性上看,"民者,公辞也,合上下、前后、左右而皆无恶者也"⑥。"民"从公共性层面言,群体意识的杂乱不一是无法避免的,这内在地要求从治国理政层面加以规整和理顺之:"民

---

① 王夫之:《读四书大全说》,第 437 页。

② 王夫之:《读四书大全说》,第 438 页。

③ 王夫之:《四书笺解》,第 122 页。

④ 金克木先生有个说法很有趣,与此处意思相关,聊备一说。《大学》的平天下方案,或说政治理想,是以群体中的个人为基础的一个稳定的大结构。每个人都是在组织中的个人,应各就各位。国和家都是大系统中的次系统,是个人的不同层次的群体组织。每个人又是有心、意、知的个人,都要由格物、致知而得其正,即至善。这是一个大桃花源,一个极乐世界,同时又是一个死板无变化的独存的世界,其大无外。……彼此的结构关系不变。有变也仍在大系统中,终于能归于稳定……就宇宙观说,这种思想可以上溯周易卦爻和甲骨卜辞,都是将宇宙建造为一个稳定的系统。"(金克木:《读〈大学〉》,《书读完了》,汉语大词典出版社,2006,第 72 页)

⑤ 王夫之:《读四书大全说》,第 438 页。

⑥ 王夫之:《读四书大全说》,第 440 页。

之好恶，直恁参差，利于甲者病于乙，如何能用其好恶而如父母？唯恃此絜矩之道，以整齐其好恶而平施之。"① 换句话说，絜矩之道主要是为治民、安民而设的。絜矩指向治民、安民的角度是做民之父母，其路径诉诸对"民之好恶"的把握。"民之情喻乎君子，而君子之情唯念夫民，此乃可生育其民而民所敬爱者也，斯谓之民之父母矣。"② "君子絜之以心"，体民之公好、公恶而为之或行或去。

而把握民之好恶的关键是，应做到公而不私，"能絜矩者，能公好恶者也，好恶公，则民情以得"③。如何做到好恶之公？因理因情，通理推广，这要求"不可全恃感发兴起，以致扦格于不受感之人"④，船山推本立论，还是强调从自新以新民，指出"意诚心正，则所好所恶者一准于道"。故经文于好人之所好、恶人之所恶者，斥为"拂人之性"，而不是"拂人之情"⑤。因性方能定情，意诚心正，正从性体而言。从自身性体之究极处着眼，就能得其大公至正，因为这本身就是对天理的体现。"君子只于天理人情上絜着个均平方正之矩，使一国率而由之。"⑥ 天理人情具体何在？如何能得其率由？"民之所好，民之所恶，矩之所自出也。有絜矩之道，则已好民之好，恶民之恶矣"⑦。好民之所好，则民即使有不从此好者，也知其并不是"不可"好；恶民之所恶，则民即使有从此恶者，也知此并非"不当"恶。可见，"公"民之好恶成为反映民情的直接途径。通过民之好恶施其絜矩，"絜矩而民情以亲，不絜矩而民情以叛，民心之合离，而国势之兴亡系焉"⑧，故曰"得失之枢，因乎民情"。

"齐家之教，要于老老、长长、恤孤，而可推此以教国矣。乃国之于家，人地既殊，理势自别，则情不相侔，道须别建。"与齐家之教相比，再次强调了治国之絜矩所具的不同偏重。但其心理之同，可以类推，只是不能如对家人那般以尽知其好恶之情以因势利导，"乃君子因其理之一，而求之于大公之矩，既有以得其致远而无差者"⑨，方可使教可行。既要

---

① 王夫之：《读四书大全说》，第 440 页。
② 王夫之：《四书训义》（一），第 89 页。
③ 王夫之：《四书训义》（一），第 89 页。
④ 王夫之：《读四书大全说》，第 439 页。
⑤ 王夫之：《读四书大全说》，第 440 页。
⑥ 王夫之：《读四书大全说》，第 439 页。
⑦ 王夫之：《读四书大全说》，第 439 页。
⑧ 王夫之：《四书训义》（一），第 90 页。
⑨ 王夫之：《读四书大全说》，第 437 - 438 页。

体贴民情，又要在其内在根基上敬持加谨。絜矩之道，为打通民情提供了可靠的依据和路径，同时也说明了船山对教化的肯定和信心。

其三，理财、用人为同民好恶的两大端。

"夫民情之好恶亦繁矣，而以实约之，则维财之聚与散也。"① 船山强调，散财当务制民之产，而不应区区以行小惠为然。"民散"的提法，说明此处是就"治国"而谈，因以天下观之，四海之内尽皆在此，散无可在，无所谓散，可以言民死而叛之，而不能言散。财聚非仅君主而有，豪强兼并之家，凡渔猎盘剥民众者皆不脱此列。行絜矩之道，此弊可得力矫。②

有聚财之人方有聚财之事，否则"财固自散，不聚之而自无不散也"③。从财之所以生的根本处加以反思，"天理之存亡，大道之得失，天命人心之去留，公私而已矣。公私之别，义利而已"④。"义亦何尝不利，但有国者不知以义为利尔"⑤。以义为利是强调义以为先，赋予"利"以合理产生的意义本原；以义作为存在基础，利可以长存长有，而不会缺失合法性根基。以义为利，首先不会专于求利，并非不知利；而此利也不单单以财为务，而是以义为实，即成为义之载体的显现。生财之大道，于此守之，虽不中亦不远。

以上因财货以明能絜矩与否，用人方面亦有体现。"唯仁人能爱人、能恶人"，仁人至公无私，以众人之好恶为好恶，不忍违背斯人之情。"以无所私之心而生其至明，以大不忍之心而成乎至断"⑥，故对其当爱而真能爱之，对所当恶而真能恶之。否则，即使有贤才得见，也将会为群小所间，难以举而用之；虽或能举用，也将不免怠慢、巧诈，终将为贤才乃至子孙黎民所恶。此与仁人之爱不可同日而语，实为姑息之爱，"逆人公好公恶之情，即拂人有善无恶之性，天理亡而人心叛"⑦，灾祸必逮可以想见。

其四，君子先慎乎德。

此"先"不是时间上的先后之先，而是逻辑上的先在之先，应认识到德乃先在性的本体。"财之聚散，人之用舍，国之治乱之几，即天下平不

---

① 王夫之：《四书训义》（一），第 90 页。
② 王夫之：《读四书大全说》，第 444 页。
③ 王夫之：《读四书大全说》，第 444 页。
④ 王夫之：《四书训义》（一），第 96 页。
⑤ 王夫之：《四书训义》（一），第 96 页。
⑥ 王夫之：《四书训义》（一），第 94 页。
⑦ 王夫之：《四书训义》（一），第 95 页。

平之要，而岂有二道哉？"① 从财聚财散一直到治平之道，以德为先是通行的道理。财用问题是人日常生活均需面对的普遍性问题，最能反映修为之态度，经文讲"德本财末"，就是强调以德作为先在前提，在德的基础上获取财用，其实效之生发才具有恒定性："德为万化之本原，而财乃绪余之必有，图其本而自可生其末，即欲计其末，亦必先培其本，而外内之权衡定矣。"② 经文强调"国不以利为利，以义为利"，正是同样的道理。以德为本，固其所本，则能"慎之于好恶之原，而知夫人心之同然者，乃天理之极致"③。此为"君子先慎乎德"的体现。

"是故君子先慎乎德"，作为治平章提出的重要总结性论断，不仅与《大学》首章"明明德""事有先后"存在照应关系，更接引本章后面以"本末"论德财等政教理念。所以对此论断的理解需格外注意。具体来讲，德具有先在性的本体地位，但并非全然如此，"慎"之工夫正于此显现其必要性。在这个意义上，船山不认同朱子在《大学章句》（包括《或问》）中将此处之"德"解为"明德"，坚决予以廓清。在《四书笺解》中，船山指出："慎乃谨持而不使骄泰之谓"，"德乃清心寡欲、贱货贵德之德"④。在《读四书大全说》中，他作了更细致的分疏。

第一，"慎"不足以与"明德"合体。"慎之云者，临其所事，拣夫不善而执夫善之谓也。"⑤ 如《书》云"慎厥身"，身有小体、大体之不同，从而也就有善恶之分，所以可称"慎"；《论语》言"子之所慎：斋、战、疾"，正从存亡得失之际而保有存得而与避免亡失的意思上用此"慎"；《礼记》之"慎独"，独是意之先机的善恶未审状态，宜乎为之"慎"。而"明德"作为"虚灵不昧之本体"，乃主体的本然存在根据，有善无恶、有得无失，其不待、不需拣择不善以保存其善明矣，与后天工夫性"慎"不在同一层次，"明德"只可言"明"，不可言"慎"，故"慎其德"之"德"解为"明德"实为不妥。⑥ 有说法认为朱子之"明德"为"明其明德"，这样以"明德"解慎德之德，就是"慎其明"能否成立的问题。船山指出，"当其未明，不可言明；当其已明，亦无待慎"⑦。先慎明其德亦是无

① 王夫之：《四书训义》（一），第 96 页。
② 王夫之：《四书训义》（一），第 91 页。
③ 王夫之：《四书训义》（一），第 90 页。
④ 王夫之：《四书笺解》，第 123 页。
⑤ 王夫之：《读四书大全说》，第 441 页。
⑥ 王夫之：《读四书大全说》，第 441 页。
⑦ 王夫之：《读四书大全说》，第 441 页。

法成立的解读。第二，"慎"不能尽"明德"之全体。"明德"作为本体，其功效可盖乎格致诚正。但"慎"之意涵，只在意之一节工夫可行，因意乃缘事而有，以意临事，内外交接之几，正需慎之工夫。心意之际，亦以心临意，则心可用慎否？不可，因心未缘物而有，心不受后天的干扰，只是先天活动的呈现，故与其存养先于省察的基本定位一致，"意"在于省察，而"心"只需存养，"省察故不可不慎，而存养则无待于慎"。至于格致之功，至少包括博学、慎思、明辨等几方面，而慎思仅居其一。可见，除诚意外，慎之工夫不能用于正心，也无法尽格致之功，以其合于"明德"，只能是对"明德"本体的遮蔽。① 第三，阐明"德"者何谓。"德者，行焉而有得于心之谓也。则凡行而有得者，皆可谓之德矣。"② 船山引经为证，如古经会有"德二三"（《书》）、"不恒其德"（《易》）、"二三其德"（《诗》）等说法，"德"不定就是有善而无恶的，像"迁徙无恒，侥得以自据者"③，也可成为"德"，不具备相应的超越性价值贞定，正是"慎"之工夫所必须之由。第四，从"德"与"明德"的关系澄清"慎"之必要。由上可知"德"与船山以"明德"为本体的定位显为不同，亦可知二者不能互释。那么二者之间的关系是怎样的？明德本于天而虚灵不昧，纯乎其善，故系之以"明"。而"德"之行有所得者，亦有有得于心处，对明德之本体，反观内心亦能有同然之感，但总不免于"浮动螽取之情，而所丧者多"的结果。对于德，存其善、慎其不善，也能达到"有德"之境地，但这还不是本然的"明德"，只是后天修为的结果，德之不善并不能彻底无有，故"君子之于德，必慎之也"④。第五，"慎"之所以然及其新民之效的说明。"慎者，慎之于正而不使有辟也。"⑤ 而慎之所出，源出"好恶"，因之有正、辟之分。所谓"好恶"，又关涉两方面，内在严乎诚意之发，外在显乎修身之效。不仅如此，就此章言治平看，修身之动，见之行事，由己及人，有与民休戚相关者；同时，因其"好恶"之由，均有得于心，而可与民有同然之感通，故新民之"矩"正在其中。"絜"民之好恶而与之同，允为"民之父母"；任其好恶而无关其民，不免乎"为天下僇"。此章提出此"是故"先慎其德，正缘乎此，人土财用由

① 王夫之：《读四书大全说》，第441页。
② 王夫之：《读四书大全说》，第441页。
③ 王夫之：《读四书大全说》，第441－442页。
④ 王夫之：《读四书大全说》，第442页。
⑤ 王夫之：《读四书大全说》，第442页。

此才可得而有，故为之后。亦因慎其好恶之几，使其心所得足乎印证人心至所同然，具体行事中显发此好恶之效用，使其心所用尽乎众心好恶之所趋，总之对民心之好恶实现最大程度地体认，使民心所向、举措所动，能知其为大公至正之心而与之产生全面的共鸣而归之。所谓"有德此有人"者，以此。①

　　能否透彻解读"慎其德"，直接关系到恰切理会治平章所统会的政教理念。"《大学》一书，自始至终，其次第节目，统以理一分殊为之经纬。"② 明德为此理一而统贯《大学》工夫，并无异议，但若以此认为此处言"慎德"即可得天下之治平，则失之过易，无异于抹杀"分殊"的意义。"理一分殊"是一体互成的，"分殊"对"理一"而言并非可有可无，这样才能使治平章得其提点。具体来看：首先，因分之殊，本末各有其序。如家有家教、国有国政、天下有天下之经。由本统末，但从本向末的展开，"茎条枝叶之不容夷也"，正如此章有德而后有人、土、财、用的获致，此间渐及之次序不可或缺，也说明"国之不易抵于治"，若云君子有其明德而遂有人，是则迫促、躐等、无序之甚，再次说明不能解此德为明德。③ 其次，明德虽为新民之本，但不能由其涵盖、取代新民，故身修之后，还需经家齐、国治而后得其天下平的新民之效。新民固本于已明之德，然亦未远乎其民，故后加之以齐治平之功。君子先慎乎其德，而有德此有人，治平章的主旨决定了此德当为新民之德，一味解此德为明德，无疑又有取消工夫过程的危险。"是以明德、新民，理虽一贯，而显立两纲，如日月之并行而不相悖。"④ 明德新民并立，不可无视新民过程之序的存在。最后，新民之德，在于彰显其与民之德亦有相应、相及处，是故治平章言先慎其德，并著乎絜矩之道成其新民之效。这并非言其不本乎明德，而是强调新民与明德并立互成。否则《大学》之道，一"明德"可以尽之，何须再言新民乎。不尝接及于民，又何期人土财用之应成哉。

　　其五，大道必待忠信。

　　推广絜矩之意，"'平天下'章以慎德忠信为体、爱恶并行为用"⑤。

---

①　王夫之：《读四书大全说》，第441页。
②　王夫之：《读四书大全说》，第438页。
③　王夫之：《读四书大全说》，第433页。
④　王夫之：《读四书大全说》，第433页。
⑤　王夫之：《礼记章句》，第1469页。

絜矩之道不仅要慎其德，还强调忠信之道。"忠信乃絜矩之体，絜矩乃忠信之用。存之于心曰忠信，以忠信施之于物曰絜矩。"① 忠信之道在船山看来非常重要，实际上是为絜矩之道确立起内在的本体，絜矩不过是忠信存心以施及于物的发用而已。

　　忠信之德，伊川解为"尽己之谓忠，以实之谓信"，明道解为"发己自尽为忠，循物无违为信"，船山认为二解对理解忠信之义毫厘不违，比所谓不欺之谓忠、无爽之谓信的浅白解释远为高明、究竟，因二解重在为忠信之德实实指出个下手处，将工夫、体段合并说出，虽非直以解释忠信，但以之教天下学为忠信者，甚是深切著明。而且两解互为补益，结合起来理解，更能得忠信之条理、旨趣。船山对二程之解详为疏释，指出：明道所言"发己"之发，非仅以出于己者言之，此发当如生发之发，有由体生用之义，如同散己所藏以行于众，以合内外、人己为依归，"自尽"亦因其发而言，"凡己学之所得，知之所及，思之所通，心之所信，遇其所当发，沛然出之而无所吝"②，并应于事、行上显发彻底焕然无余。伊川以"尽己"言忠，更为直接，兼具"发"字意于其内，也更显力道，如天地生物，元气迸发，使己之无虚无伪者尽除；以"实"言信，乃因物之实然者用之，用事物固然之实理，并不对虚伪而起。明道言信则以"循物无违"言之，循者，即依循率由事物的固然之理，行物而无所违逆，使物自然自成以发挥出应有之功用。总看，发字、循字，应以做工夫字看，自尽、无违则一如其功效、彻内彻外，由此忠信之道，推之即可知君子与物同体、万物备我之义，反身则知忠信乃天道人心的血脉贯通，立本于忠信之道而发行于物、均立絜矩，以至得众得国之属，不过天理流行之宜尔。不然，忠信不立则私欲拒之于内，私意违之于外，既不能尽发其己，亦不能顺循外物，可见忠信之表里、内外，只是一件事物，只是一个德，天理存于心为里，散于物理为表，共此一原，内外精粗，无所不在。尽己之心求之道之所以然而力行之，忠信敷施广大，理财、用人、立教乃至施政于天下，皆得其统，于忠信之道中以见修己安人合一旨，忠信亦流行于大道之中矣。总之，大道必待忠信而有，可谓操之一念。③ 这再次提示出，修身为本根极于正心诚意。

①　王夫之：《四书笺解》，第 124 页。
②　王夫之：《读四书大全说》，第 447 页。
③　王夫之：《读四书大全说》，第 449－450 页。

忠信之得，骄泰之失，朱子以天理存亡之几作解，船山认为虽不易分晓，但亦不失涵容。"天理存亡之几，国之存亡即于此而决"①，由之关乎国运，体现出此节与前文的贯穿，不能忽视絜矩之道的意义，具体即对忠信之道的细致化、条理化："特为忠信、骄泰原本君心而言，不可直恁疏疏阔阔，笼统说去，故须找出能絜矩不能絜矩，与他做条理。"② 而且必先有个"得众得国""失众失国"方可成说，撇开这层，只纠缠得道失道，则似道在忠信之外，而忠信成为求道之工具矣。实则君子之大道，无一不是由忠信沛然充满而后发见。忠信与道是一体，是得道的基础和前提，用《大学》自己的话，即本末之间的关系，末是本所生发、推广而来的。这其实正是对明德为本、新民为末之本末精神的反映。

治平章合而言之，"……得失在于一心，而大道归于一理。仁义也，忠信也，慎德也，絜矩以同民也，皆人心理之同然，而教自此立，政自此修者也"③。大道归宗，不过在此一心，立乎仁义、忠信，慎乎此德，推广絜矩，以此化民成俗，内教而外化、自教而教他，教化之效得显，所谓政者，亦由教化而透矣。

五、明新合一

从诠释策略看，修身以后诸章，在船山看来，"未尝实在正修齐治平上著工夫讲"④，乃分别从"身心相应之理""身家相关之义""家国一理""治平所同之道"四个层面，重在对外王政教逐层展开中的联通关系加以实质阐明。如修身章所云视而不见、听而不闻、食而不知其味，并不即是身修的状态，只是"但言身必以心为主"的道理；齐家章莫知其子之恶、其苗之硕，并不能径谓家已齐，不过是彰明家与身紧密相关的道理。"大学之教，有要归焉，极乎详而有要也；有次序焉，极乎博以反约也。于方学之日，已取天下国家之理，而修之于渊默，必致格致诚正之功而密用其涵养。"⑤ 船山论述修齐治平关系的高明之处在于，通过"相应""相关""一理"

---

①　王夫之：《礼记章句》，第 1502 页。
②　王夫之：《读四书大全说》，第 445 页。
③　王夫之：《四书训义》（一），第 98 页。
④　王夫之：《四书笺解》，第 118 - 119 页。
⑤　王夫之：《四书训义》（一），第 50 页。

"同道"的揭示，身、家、国、天下不再是各自独立的论域，而是构建起具有间性层级，但又有着内在逻辑关联的有机整体。《大学》所立"内圣外王"理念之一体及其推展，不仅在展开路径上有了具体环节的充实和说明，更在理论逻辑上得到合理性和必然性的确证。

统合而观，身、家、国、天下之间关系的层展逻辑为：

> 顾天下大矣……修君德以正一国之好恶，天下无异道焉。先治其国而后建诸侯，一道同风之事，可相因而行焉。及欲治其国，而国之人安其政，必先顺其教，国大而未易教也，则古之人以家为国之本矣。教立则一家之中亲疏贤愚，皆整齐以从吾之匡正，而后教可达于国也，则政亦可行于国也。及欲齐其家，而家之人率其教，必得其情；家人各得其情，而惟吾之情是视也，则古之人以身为家之本矣。情正则吾身所行，厚薄喜怒皆中节以尽道之当然，而后情可宜于家也，则教亦可成于家也。夫自天下而国，自国而家，自家而身，其本末昭然。唯先起本以治其末，则本得而末自理，此明德新民自然之先后，而古人知之审矣。①

教化为本，家国有别，修身之外，归之为政，政不离教，但更需理清选人、理财等制度次序的问题。修身之内，属之为教，以情教为归，家教齐整，故可为国政之基础。本末的问题、政教的问题、明新的问题、对国而言政教分合的问题如何处理等等，均可得到一贯地解决。这同时表明，诠释策略上的紧密，必有内圣外王合一的理念为其实质内容。

结合明、新、至善的解释，进一步从纲领上整体剖析来看：

明德，朱子解作自明，船山主张"明明德是君子自尽其性事"②，自明之德之"克尽"，则家齐国治天下平，可以接引出新民。明新至善节以"物有本末"作结，"明德所以谓之物者，以身心意知亦是待治之物，如言有物有则"③。这是以明德不离乎身心意知，同时又作为后者的原则、根据。"其修之也密，其行之也至，其用之也大，然而所以为众善之本者，唯于吾心所秉之明德还自明焉。"④ 船山故以明明德为学者之本务，此即明明德于天下，自明于天下，推以及于天下。

---

① 王夫之：《四书训义》（一），第47页。
② 王夫之：《四书笺解》，第123页。
③ 王夫之：《四书笺解》，第111页。
④ 王夫之：《四书训义》（一），第52页。

　　新民，船山首先明确反对"亲民"之说，认为经传屡言及"新"，而没有于民言"亲"的说法。更重要之处在于，"亲民"完全有悖于孟子"亲亲而仁民"这一一本而万殊的价值理念，在船山看来，"亲民"至多是响沫其民之小恩小惠，严格讲已滑入异端之列，故力辟阳明亲民说乃"释氏悲悯之余沨而墨子二本之委波"①。船山主张"新民"，与其对《大学》之道的整体把握也是分不开的，"大学之道，则所以推斯民观化之原，革其非心而生其善气，而教日隆，治日美也"②。船山之《大学》乃立教之学，通过教化达到修己安人、治国安民的目的，"未有教化不起而王道能兴者"，而"新"无疑正显示着教化的具体化展开和实现，使其"立教有本而敷教有道"③。立教之本在于自新，"君子知民之治必原于己也"④。所谓新，是民有所进而其德新，释新之义如此，皆本于自明。故"作新民"，"本诸身之德以教之，慎于德以立政而治之"⑤，本质上是德政德教的展开。故曰"新者，自治治人之合德"⑥。教化行于天下而民无不治。新民为王者出政敷治的行为，并不意味着无关乎学者之事。因为"民"难以主动维新，非由学者作为表率、加以劝化引导使之觉悟不可。再者说，即使民想要维新，没有相应的兴发、感召使其"欢欣奋励，而旧染日忘，流风渐美"⑦，也不可能实有新民之行。

　　从厚薄之论看，家为所厚，国、天下为所薄，天理自然之序如此，而民不居家之内，而在国、天下之列，于此亦可见于民不可言亲。⑧ 从三纲之序看，新民与明其明德具有内在的递承关系，"新"适可与"明"相应，一实言、一深言，"新民"正体现着"明德"的落实和展开。这是说"明德"之"明"内在逻辑地决定了必当于民言"新"。⑨ 明德自明而后推明于民，新民之新而必本于自新。"大人之学密于修己而密于治人"⑩，修己治人密合无间。

①　王夫之：《礼记章句》，第 1468－1469 页。
②　王夫之：《四书训义》（一），第 44 页。
③　王夫之：《四书训义》（一），第 55 页。
④　王夫之：《四书训义》（一），第 55 页。
⑤　王夫之：《四书笺解》，第 114 页。
⑥　王夫之：《礼记章句》，第 1476 页。
⑦　王夫之：《四书训义》（一），第 54 页。
⑧　王夫之：《礼记章句》，第 1474 页。
⑨　王夫之：《礼记章句》，第 1472 页。
⑩　王夫之：《四书训义》（一），第 55 页。

　　此系自教而教他的教化精神，内在而超越的本体贯通内外、人己，内有所本而外有所化，己有所新而推以明人。这说明明新应合而一之，且不能仅视为两节工夫的衔接合一，而是内在合一，二者各自互相包含着彼此的意涵作为自身本有之规定。从本质上讲，明新合一是本末一贯的合一，即船山多次强调的"知本之为先务而末之所自生"①。"天下之物，有其本则必有其末，而凡其末皆依其本；则所新者民也，所以新民者吾之德也。德明而后教之本立，治之理得，本末昭然矣。"② 不过，"有其本必有其末"（本于明德而新民在是）较易理解，但"末皆依其本"（由新民上推其本在明德），并不易于表见。夫子不满足于听讼而推倡无讼，对此点有所透显。听讼只要做到公正、明察、审其曲直等，就可取得良效，并不是太难之事；但无讼就很难了，必须从明德之明，发出和平正直之心，与人情实相与，使无情实之人心志自畏而不敢尽其虚辞。民之无讼，无异乎使民革去其非而得其维新。由此，真正新民之效（如此处"无讼"）离不开在明德之本的教化推展中来实现。船山认为天下之大当然不可能尽无讼，不过船山在此层面上依然强调"不可舍本而求其末以图其效之大，而本之既先，亦非无事于末而末自治"③ 的"本末相因"之理。

　　明德、新民合一，将内圣外王之理推展于极致，就是所谓"至善"应止的境地。"《大学》之道，明德以修己，新民以治人，人道备矣。而必申之曰'止于至善'。不知止至善，则不定，不静，不安，而虑非所虑，未有能得者也。"④ 至善不过形容明新之必至而不迁，并非别有一工夫。但"止于至善"并非虚而不实之设，而是作为明新实有所得的必要条件，或者说，是二者真正实现自身的内在要求。分开看，明新之至善各有不同轨则。明德之事，在格致之始、诚意之要、以正心为修身之主、以修身为天下国家之本等方面，"极乎学修内外而交尽"，达到德无不盛，以至使人"敬而爱之，思而慕之，而终不能忘也"⑤。新民之事，"本诸好恶之平，而后能得天下之情；尽乎事物之理，而后能逮无穷之治"⑥。其实，二者至善之所止，明能通于新、新之本乎明，还是以明新交尽其理为鹄的，

----

①　王夫之：《四书训义》（一），第 63 页。
②　王夫之：《四书训义》（一），第 46 页。
③　王夫之：《礼记章句》，第 1181 页。
④　王夫之：《张子正蒙注》，序。
⑤　王夫之：《四书训义》（一），第 61 页。
⑥　王夫之：《四书训义》（一），第 61 页。

"德之明必全乎性之善，民之新必底于化之成，明新合一而极乎内圣外王之理者，则至善也"①。这样方能做到"非恃一念之明悟""无取小康之涂饰"②。所以说，至善之止，不仅是明新各自意义上的推致，而且是时刻以"明新合一"亦即内圣外王之理的透彻灌注为要求；在明新交织的不断推进中，至善本身也获得了实质性的存在意义。至善在"明新合一"中展开自身、实现自身，大学之道的全体大用由此方可显现无余。

六、小结：《大学》理念与儒家政教的理论品格

船山学术思想总体上以"文化反省"和"正统重建"为特征③，与之一致，船山对《大学》修齐治平论的诠释，突出《大学》作为整体规划之学的旨趣，内圣外王理念得以全幅打开，实现儒家传统政教论的重建与新生。

从时代背景看，船山"忧宗国之沦亡"，从此"存在结构"出发，船山不忽修齐治平之重务，本政教以经世，使其《大学》诠释凝结起独特的实存内涵。④ 宋明以来，儒家学者普遍注重经典诠释参与政治文化的作用，只是此间儒者大多兼具儒者和官员双重身份，在皇权至上的权力网络中，"政治的自我"本身就特别凸显⑤，而此节以明清之际的隐者王船山为中心，作为"非官员化"的遗民身份，可以在普通大众化和民间社会中具有更大的普适性。船山身虽出乎世，心却未尝离乎世，在学术自觉与政治自觉之间的张力中，反省政教，以教统政，透显儒家经典诠释如何在政治文化中奠定根本、挺立主体并关切世道。立本以统末、一本而万殊，船山的诠释系统可以较好地转出超拔于自身存在境遇的普遍意义。船山以《大学》批导政治文化、于政治文化关怀《大学》诠释的双向互成，体现出儒家经典诠释与政治文化之间互动互诠的密切关系。

从解经理路看，船山主张结合经文内容，不做过分牵连、发挥，注重

---

① 王夫之：《四书训义》（一），第 44 页。
② 王夫之：《四书训义》（一），第 62 页。
③ 陈来：《诠释与重建》，第 21 页。
④ 黄俊杰："东亚儒家经典诠释者实透过他们所处的'存在结构'（existential structure）而理解经典，也赋予经典以'实存的'（existential）内涵。"（黄俊杰：《论东亚儒家经典诠释与政治权力之关系》，《台大历史学报》2007 年第 12 月第 40 期）
⑤ 余英时：《宋明理学与政治文化》。

"一层深一层，须得本文次第说之意"①。船山赞赏程子"探本立论，以显实学"②的解经态度，不认同泥文失理，不能贯通大体的路径。"经传之旨，有大义，有微言，亦有相助成文之语。字字求义而不顾其安，鲜有不悖者。"③所谓的微言大义，不外乎内圣外王之间，船山在总体上定位说，"谓夫大学者，所以教人修己治人而成大人之德业者也"④，这才是要归所在，才是真正的"实学"。

内圣外王是彻上彻下的全体。船山以乐教指点，"其精微者既彻乎形而下之器，其度数声石亦皆以载夫形而上之道"⑤。内圣外王亦然，外王之展开不能离乎内圣之本体，内圣的工夫也贯彻于外王的施设中。"内不拘小身心意知而丧其用，外不侈大天下国家而丧其体"⑥，承体起用，用以显体。从"体用"而非"本末"的角度言内外，无疑强化了内之于外的超越性，也更加突出了内外贯通的内在性。身心相应而逐层连通，修齐治平的规模始终要收归到心上来立定本体，如上节所论船山以"正心"为宗，"心"是修身工夫展开的赋义基础。重视内在根基的同时，外推工夫的落实亦离不开理论条理的分说与辨明，故船山于修齐治平环节细致予以疏通。总之是外不离内、内不遗外的。

船山《大学》诠释的核心论点在于揭橥内圣外王理念的教化精神。尤其对为政而言，"《大学》于治国平天下，言教不言养"⑦，"以政为教"为船山所着力强调。在家言教，在国言政，政、教均是教化精神的具体表征。"政与教不同而理同也。其理同者，人心之顺逆、天理之存亡同也"⑧，教化精神正是贯穿二者"理同"之理，以"人心顺逆、天理存亡"标示"教化"之旨归，说明教化既发之于内，又不失于公："所以平之者，则惟本吾正心诚意之学，以慎好恶而达民之情；致知格物之功，以审善恶而尽物之理。"⑨通过家教可以感通国人之心，经由国政可以通达天下之心。立足修身之本，观照私己性之本真，体现的不是私欲而是天下之理的

---

① 王夫之：《四书笺解》，第 123 页。
② 王夫之：《读四书大全说》，第 421 页。
③ 王夫之：《四书笺解》，第 433 页。
④ 王夫之：《四书训义》（一），第 43 页。
⑤ 王夫之：《读四书大全说》，第 396 页。
⑥ 王夫之：《读四书大全说》，第 401 页。
⑦ 王夫之：《读四书大全说》，第 406 页。
⑧ 王夫之：《四书训义》（一），第 87 页。
⑨ 王夫之：《四书训义》（一），第 87 页。

显现，个体性内蕴的是具有公共性的普遍精神，或者说，公共性本身就是在个体中获得其实存性的，故知修身以审其私理而可通其公理，则即使天下之心也可得到。"本身以立教，则国人之心自感，则本身以立政，而国与天下之人心皆得，一也。内取诸心，而天下之理皆存焉。苟得其理，而天下之心皆获焉。"① 对于修身而言，其私己性之理源于内心之中，其中关键的表象在好恶而已，与公私贯通的道理一致，好恶出于对民之好恶的体贴，正所谓"人心之所同"，由此内取诸心，就可达民之情以得天下。这反映了应直透"教化"精神的内在本体，识得其真精神，教而化之、推己及人、自教教他，真正发挥修己安人以成大人德业的功效。

　　船山以教化提摄政教论，明确应推本立论，前文已多有揭示，如：就明新言，以德为本；就格致诚正言，以心志为本；就修身言，以心为身本；就齐家言，以修为本；就治平言，慎其德行，必待忠信。不仅贯彻了《大学》的本末观念，也彰显了教化观念的本真意蕴。而教化的展开还必须具有相应的教化手段，教化显为大用，并不排斥相应的制度设计。船山以教为政，故特为强调齐家之孝悌慈非但知之必教之，治国之絜矩必有规矩制度方成治道之全，治国推教必有恒政，须措意于法制，以至理财用人等等均加详说，船山的诠释由此表现出相应的经世取向。下面从经世与教化两个层面对船山《大学》诠释所开显之儒家思想品格再略加引申。

　　从经世观念审视，船山的修齐治平论，反映了《大学》经世关怀的基本面向和理论可能。此点曾颇受理论质疑。如劳思光先生的评议颇有代表性，他主张《大学》乃"论德性生活的作品"，以政治旨趣为主，建立"德性决定政治之主张"，强调"德性为政治秩序之本"，"全部《大学》中所涉及之政治思想，皆不外视政治秩序为个人道德之延长"，"所谓治国平天下之问题，则仅看作德性之展开过程而已"②。劳先生论《大学》的总体把握是有见地的，指出《大学》即内圣外王之学，政治理性与道德理性之间具有内在的关联，这与本书所持观点一致。不过可商之处在于，劳先生着意提点了《大学》理论内涵之缺陷，他认为所论德性问题限于实践程序，主旨在本末先后诸点，未详加析论德性根源，故非心性论之基本著作；而《大学》虽涉及政治生活，但并未探究政治生活之特性，只视为八条目系列中的一环，并非严格的政治理论。前一点就文本自身所蕴之教化旨趣及其

---

① 王夫之：《四书笺解》，第 121 页。
② 劳思光：《新编中国哲学史》二卷，广西师范大学出版社，2005，第 38－44 页。

所依嵌的文化传统看，还有待商榷，若结合上章格致诚正的相关发覆看，此说基本不能成立。后一点的问题在于政治哲学与政治科学本属不同层面，不宜以此强彼。此两点责难都触及《大学》内圣外王的理念论所需面对的理论困结，本书认为从《大学》学的角度进行思考，也是一条有益的思路。具体而言，《大学》是否合乎严格的政治理论设计、能否在政治实践中发挥功效，亦即对《大学》如何对外王进行观照这一问题的探讨，不能仅限于《大学》文本本身，更不能以今度古，因为《大学》作为"大学之道"，是在具体的历史世界中，与相应的历史情境相结合发挥其思想效应的。也就是说对《大学》理念论，应"历史地看"，从其具体的历史效应中审视其全部意蕴，这是《大学》之"道"的本然要求，也是对《大学》作出合理定位的基本前提。以宋代为例，余英时先生详加阐述指出，宋代士大夫对得君行道、推明治道的经世关怀有着极大的热情，而《大学》作为明确在内圣和外王之间提供了一往一来双轨通道的经典文献，实为宋代士大夫重返经世、应对内圣外王新课题提供了最为直截了当的经典依傍和理论支撑。①故而，结合《大学》学的历史影响看，以劳先生为代表的一类观点所指出的《大学》的理论缺陷，可能不过是一个伪问题。

　　关于《大学》对经世观念的影响，张灏先生曾作出过较有针对性的论述②，值得参考。张先生指出：《大学》对经世观念的影响尤为突出，对宋以后的儒学传统产生了许多反响、回应和讨论，对儒家经世思想产生了很大影响。《大学》是一种人格本位的政治观，其最显著的特征是道德理想主义，体现在两方面：政治的最终目标不仅是一个国家的富强康乐，而且以全人类为对象建立一个道德的和谐的社会；政治秩序的建立必须从个人修身开始。由此可包含不同的观点：一方面，强调公私王霸之辨，认为儒家政治必须彻底地道德化；另一方面，采取宽泛的解释，认为公私义理之间有调和之可能，可以接受一些正统理学家拒斥的价值和理想，如国家富强和社会功利。张先生认为，分析《大学》人格本位的政治观，不能孤立去看或只从表面去看，应结合其理论前提作整体的全面了解，《大学》的人格本位政治观除道德理想主义之外，尚有其他两种特征：一是造成"心灵秩序"的契机，培养人格，陶冶身心，个人价值和尊严得到肯定，超越于现实社会政治制度的心灵秩序由此有建立的可能；二是讨论如何建

　　①　余英时：《朱熹的历史世界》，第 407 - 421 页。
　　②　张灏：《宋明以来儒家经世思想试释》，《幽暗意识与民主传统》，第 84 - 89 页。

立一种完满的政治社会秩序，人格本位政治观，蕴含历史意识，重视社会政治秩序的起源即三代，圣王之端，原始典型，因袭三代，创立"天理史观"，天理是外在的、超越的，同时也是内在于人心的精神实体，通过修德，可以体现出此实体。儒家经世由此含有一基本的信念：人为的努力可以实现典型的人格，也可重建典型的社会。可见，《大学》内圣外王理念以心灵秩序和政治秩序并重、人格与社会兼顾，深刻塑造了宋明以来相应的经世观。《大学》在内外、己我、公私两面的观照，并不是一套空洞的言说。在治道之外，也对具体治法的设计予以指引。虽然张灏先生引伊川语"修身齐家以至平天下者，治之道也；建立治纲，分正百职，顺天时以制事。至于创制立度，尽天下之事者，治之法也"，认为《大学》人格本位政治观主要是治道和治体，此外别有治法。不过，《大学》对治法并非完全无与，治平章就不无涉及。更重要的是，这些具体的"创制立度"，或有超出《大学》本身所论的内容，但无不以《大学》所立修己安人、内圣外王的教化主旨为依归。所以这些具体的治法、制度内容都可以作为有机的环节——充实、融入《大学》诠释的演进过程中①，构成《大学》学不断发展的题中之义，这反而映衬出《大学》内圣外王理念的全面性②、包容性、涵纳性乃至普适性。

从教化观念审视，其本真涵义可得到进一步澄清，在此基础上，《大学》在当今时代的思想价值可不待言而明。对教化的理解产生偏失的一个核心表现是仅以自上而下单向度视野中的政教论来理解教化，且停留于未明其旨的表层现象义，对其背后的深层逻辑并未透析，即"政"之所以为教的内在理路，"教而化之"之所以可能的先天基础，均未加明确并得以贯通。"教化"观念的哲理逻辑，实发端于人之为人的本然之心，以此超越而内在的根基，为实存确立内在需求的意义本原，以"转变""保存"为进路，实现价值观念的发生与践形，并在"普遍化"精神品行的提升中，获得具有共通性的公共品格。从船山立足心志之本、辩述敷教之道的论述看，其对教化观念的把握是准确的、透彻的、全面的。从船山的论述

① 真德秀《大学衍义》、丘濬《大学衍义补》就是这一方向的代表作。
② 内圣外王理念的全面性，更不会赞同那种离本以论治的"狂热"治平观，如黄宗羲所作驳斥："夫吾心之知，规矩也，以之齐家治国平天下，犹规矩以为方圆也，必欲从家国天下以致知，是犹以方圆为规矩也。学者将从事于规矩乎？亦从事于方圆乎？可以不再计矣……使举一世之人，舍其时位而皆汲汲皇皇以治平为事，又何异于中风狂走？"（黄宗羲：《与友人论学书》，《黄宗羲全集》第10册，第146页）内外一体，双管齐下，全面铺开，任何一面的孤僻、偏失都需予以拨正，才合乎《大学》"全面安排人间秩序"的经世要求。

看，他对教化观念的把握是准确的、透彻的。而且，船山明确《大学》之道的首要标示在于——《大学》"所以立教者备矣"，认为这是夫子取诸古之大学之法而深切著明的旨趣所在。[①] 由此也使《大学》升格时所被赋予"须从此学方不差"的"祖训"得到重申及深化，《大学》实应为今日重启教化拓开门径并承担起"立教之规"的重要作用。[②]

本此"教化"观念本真义涵之透显，《大学》立教施教可以圆融地推展开来，首先表现在《大学》自身理念可以不束缚于具体的名相、位阶，而可依存于具体个体性的结合，并由之获取其普遍性校准。朱子对此透彻点明道："治国、平天下，与诚意、正心、修身、齐家，只是一理。所谓格物致知，亦曰如此而已矣。此《大学》一书之本指也。今必以治国平天下为君相之事，而学者无与焉，则内外之道，异本殊归，与经之本旨正相南北矣。禹、稷、颜回同道，岂必在位乃为为政邪!"[③] 这是说《大学》内外两面不能偏废，对学者而言，亦不应忽略治平为政之本怀。事实上，朱子正是本于"教化"视域对《大学》作出如此定位的，这在其《大学章句序》中有集中表述。船山身处明清鼎革之际，直承"教化"传统之授受，贯彻于《大学》修齐治平论的诠解中，其意义不仅在于再次确证了船山与宋明儒学内在理路的关联，而且彰显出儒家教化传统并不会因具体的时势条件而失却有效性。这也是为何"教化"传统能够在儒学饱受厄运的近现代依然不曾中断，如梁漱溟先生着力强调"教化之必要""宁在教化"，牟宗三先生亟亟辩护"教化之大防"，徐复观先生大力提点"教化精神"乃儒家精神性格最伟大的一面……在教化本具的超越意义上，其面向当今时代不唯不需受限，甚至信仰缺失、道德沦丧、公共精神不彰、经世责任无与等种种问题，使教化精神的现实意义反更亟须予以肯认。

总之，通过船山《大学》"修齐治平"论，《大学》学的政教精神得到了更深入、细微的体认，其中经世观念、教化观念的抉发，也使儒家传统政教论的理论品格得到彰显。

---

① 王夫之：《四书训义》（一），第 43 页。
② 就今天来看，杜维明先生从修身哲学对《大学》的现代解读和阐扬是一个值得尝试的方向。可参杜维明《体知儒学》。
③ 朱熹：《答江德功》，《朱子全书》第 6 册，第 2040 页。

附篇　以图解经与因图设教
——《大学》学的脉络谱系

《大学》是《大学》学的前提，《大学》学则是理解《大学》的基本路径，既要体现《大学》蕴蓄的哲学史创发，也要从学术脉络中对《大学》诠解加以多样呈现。如果说前文更多从内容角度呈现《大学》学内蕴的哲学思想，那么此部分对从诠释角度上探寻《大学》学发展脉络的哲学方法亦有所观照。如果说前文的讨论更多展现了《大学》学的"深度"，那么此节则重在展现《大学》学的"广度"。前后两方面结合一起，才不失对《大学》学哲学精神既深入又全面地解读。

此处所谓"谱系"，并无特别高深的涵义①，表达的是《大学》学演变历程中的系统脉络之义。从谱系上进行铺陈、梳理，是《大学》学研究的内在要求，可让我们看到《大学》学理论光谱的丰富多彩。《大学》各工夫节目以及合适的角度切入都可对之作一番大文章，如格物解、《大学》改本等，都已有相当出色的研究。② 不过，这也反映出，想要整全地勾画《大学》学的谱系并非易事，故本部分仅拈出《大学》图解这一角度，试图从"以图解经"的发展变迁对《大学》学的谱系作一番照察。这一选择

---

① 　西方哲学家福柯非常提倡谱系学研究，其所谓谱系主张关注历史中细微的、被忽略的、甚至边缘化的事件或事项，不注重起源和总体，形成对正统的、主流的历史叙事的解构，认为真正的历史在这些历史细节的真实重现中才能展现。此处所谓谱系，并不是福柯意义上的，虽然对《大学》图的研究，也有对长期被忽略而未予重视的历史资料的重新发掘之意义，但从根本上讲，本部分的图式谱系并不是取其新奇以立异，更不是对主流历史叙事的解构和颠覆，正如后文着力强调并在解读图谱时所贯彻的，图、书有机结合方是图式谱系建构的一条核心原则，二者配合，可以更好地反映《大学》诠释发展的历史过程。也就是说，《大学》图的发展历程，反映的正是《大学》学思想主流脉络的基本面貌，这也是本书选取图式谱系作为呈现《大学》学系统脉络的一个重要理由。

② 　关于《大学》"格物"之谱系，有唐君毅《原格物致知》、毛子水《致知在格物：一句经文说解的略史》等研究成果。关于《大学》改本之谱系，有李纪祥《两宋以来〈大学〉改本研究》、黄进兴《理学、考据与政治：以〈大学〉改本的发展为例证》等研究成果。

自有其代表性：一者，此角度可以生动且不失全面地映照《大学》学发展变迁的系统脉络；再者，这一角度很好地涵括了思想内涵和经学诠释两方面内容。更重要的是，前人对此关注涉猎较少，而其对相关研究却极富启示意义。

中国儒学史的渊源流变，除了文字文本的学问传承谱系，还有一个图式文本的传承谱系。这点在以经典注疏为主体的儒学传统中表现得很明显，如易学体系内的《易》图（如《河图洛书》《太极图》《卦气图》《纳甲图》《易数钩隐图》），诗学中有《诗》图（如《毛诗图》《诗经图史合考》），礼学中有《礼》图（如《三礼图》《仪礼图》《丧服图》《明堂图》），四书学有四书图（如《四书章图》《乡党图考》《庸学十二图》）等等。图式文本作为与文字文本并存的学问体系，对儒学传统演进产生过重要的学术影响，如宋儒对《太极图》的辩争即涉及深刻的学理问题。在某些重要的学术话题的探讨和传教上，儒学史中也常有借助图式以阐明思想的传统，如宋明儒学中阐发道统问题有《道统图》（吴澄）、心性问题方面的《心性图说》（湛甘泉）、《诚意图》《慎独图》（刘宗周）、《性图》（颜元），不一而足。不唯儒学，在道教、佛教传统中，也有丰富的图式文本。图式文本实是中国儒学乃至中国文化中一个极有特色、极可关注之现象。①

《大学》学史上亦有一个图解《大学》的文本谱系，自朱子诠解《大学》首创《大学》图，历经元、明、清，以迄近现代，源远流长，均可见《大学》图的轨迹，数量十分丰富，内容饶有意味。但学界对此问题似乎注意不够，仅见有陈荣捷、李纪祥等少数学者在个案研究方面稍有论及。以《大学》图为专题，对儒学史上这一图解《大学》的源流传统，尝试性地进行初步梳理和探究，这既对儒学史上图式文本的传承系统又添一重要支脉，又或对四书学、《大学》学的研究开启一个新面向。

在《大学》学的研究领域内，学者们往往以文字注疏为主要探讨对象，这并无可厚非，注疏类的文字文本，毕竟是经学传统中的主流形式。不过，本书提出对图解《大学》进行专题探究，亦有其特别之意

---

① 这方面已有一些专题取得了可观的研究成果，如《易》图方面，明清以来已有《易学象数论》《图学辨惑》《太极图遗义》《易图明辨》《易学图说会通》《易图略》等专门研究，现代学者也有《易图源流》《易经图书大观》《易图考》《周易图释大典》《易图探秘》《易图像与易诠释》等成果，内容涉及批驳辩难、历史考察、义理探究等各方面的研究，蔚为大观。

义。因为《大学》这一文本有其自身特性。一方面，《大学》文体具有很强的形式性和体系性，这点许多研究者都指出过，如朱子对《大学》分经别传，以之为立规模之典，称之为"纲目""间架""腔子""地盘""行程历"等，牟宗三认为《大学》乃一"空壳子"等，都是针对其形式体系之特性而言，笔者称《大学》的这一特性为"儒学代数学"，这个特点和作为"宇宙代数学"的《周易》类似，非常适于图式化的表达，故而《易》图异常丰富，《大学》图亦然。① 另一方面，《大学》又是重修养工夫的书，宋儒言《大学》乃入德之门，即就其工夫论特色而言，《大学》工夫节目详备，从格致到治平，从明德到新民，层级分明，并且工夫次第明确，有本有末、有始有终、先后有序，在图式中易于呈现此序次有伦、鳞次栉比的工夫论系统。故而，对于《大学》而言，图式化的解读和诠释，一定程度上具有不同于文字注疏的便利性和优越性，对于呈现《大学》思想体系及其工夫论特质提供了一个新的视域。从这一图式谱系中，我们将看到，历代儒者是如何展开对作为"儒学代数学"的《大学》诠释，在其中植入自己的思想，并通过图式文本鲜明地给出各自不同的直观表达的。

一、《大学》图释源流及其典型范本

1. 开山之作——朱子《大学》图

与之前的思想家如二程、张载等专重义理不同，朱子诠释经典时兼顾义理、象数，故对图、表多有使用，这点在其易学诠释中表现尤为明显。其言礼制名物，有深衣冠巾等图、周制宗庙图、古今庙制图、明堂图等。不特诠释经典，其论仁、性、学等重要义理话题，亦配有相应的图式。可见，后世儒者以图解经、以图释义的理论模式，实滥觞于朱子。在《大学》诠释及其图释史上，朱子同样开风气之先。

朱子《大学》图见于宋人黎靖德所编《朱子语类》第十五卷卷末。主要有以下三个版本（图1、图2、图3）：

---

① 但与《周易》不同的是，笔者并不认为《大学》只重形式体系，而无实质内容，与"形式性"互为表里，《大学》是以性情思想为根底的工夫论系统，而且需要在工夫修炼中将此"间架"和"空壳子"不断地"填教实着"。

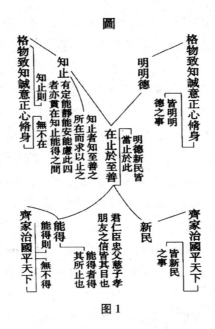

图 1

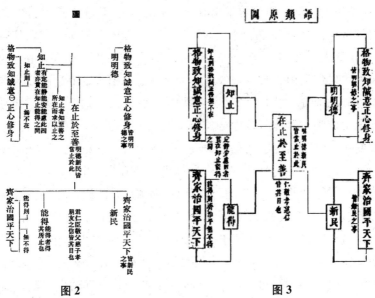

图 2　　　　　　　　　　　　　　　　图 3

　　图 1 取自《朱子全书》本《朱子语类》①，以明成化九年（1473）陈炜刻本《朱子语类大全》所录之图为底本②；图 2 取自中华书局版《朱子

————————

①　朱熹：《语类》卷一五，《朱子全书》第 14 册，第 499 页。
②　"孔子文化大全"系列所收《朱子语类》即刻印此本。朱熹：《朱子语类》（一），黎靖德编，山东友谊书社，1993，第 576 页。

语类》①，以清光绪庚辰贺瑞麟校刻本为底本；图3见于清人王澍②所著《大学困学录》③。从内容上看，三图基本一致，但也有些微差异，如图1所据的明代成化本，"君仁臣忠父慈子孝朋友之信皆其目也"一句，与图2、图3两个清代版本不同，图3仅标德目，图2改"臣忠"为"臣敬"，后两图明显更合于文本原意。从图式排列上看，明代成化本是我们能见到的最早版本，可能也最贴近朱子所绘图式原貌，图2、图3显然经过了优化处理，看起来更为规整。图2下半部分将"能得""新民"放在同一直线，稍显不类。从整个图的左半部分"知止则……无不在""能得则……无不得"看，图1所示线条将八目收在其中，图3的模块化导致其只能将句义补齐，然后附于其侧，倒也未失其旨。图3"知止""能得"之间内容和"止善"之目的安置，优于他图，但丢掉了"知止""能得"关联于"止于至善"的内容。所以，宜以图1明代成化本为本，适当参照图3的部分优化处理。

　　观此图，应先分为左半图和右半图来观。先看右半图，首先推出"明明德""新民"二纲，由此再推出八目，并指明前五目"皆明明德之事"，后三目"皆新民之事"。左半图示以"知止""能得"二义，做到这二者则"格致诚正修无不在""齐治平无不得"。右半图言工夫，左半图言效验。从右到左，展现为由工夫实现效验。上下地看此图，则上半部分构成下半部分的基础和前提。"明明德"是"新民"的基础，"知止"是"能得"的前提。上下之间又是逐节逐序的推开，既有次第层级，又紧密关联一体，从"明明德"到"新民"是格致诚正修齐治平的依次落实，"知止""能得"之间，则"有定能静能安能虑"四者"贯在"。图式有云"明德、新民皆当止于此"，"知止者，知至善之所在而求以止之"，"能得者得其所止也"，因此，工夫、效验又无不统于"在止于至善"。推之，则物、知、意、心、身、家、国、天下诸事无不到；统之，则"止于至善"为其宗。图2中"在止于至善"下面有"君仁臣敬父慈子孝朋友之信皆其目也"，章句中注解说："五者乃其目之大者也。学者于此究其精微之蕴，而又推类以尽其余，则于天下之事，皆有以知其所止而无疑矣。"④"止于至善"，

---

　　① 朱熹：《朱子语类》（一），黎靖德编，中华书局，1986，第314页。
　　② 王澍（1668—1743），字若林，号虚舟，江南金坛人，官至吏部员外郎。康熙时以善书，特命充五经篆文馆总裁官。
　　③ 王澍：《大学困学录》，《续修四库全书》本，经部·四书类，第148页。
　　④ 朱熹：《大学章句》，《朱子全书》第6册，第19页。

其义极高极深，然入手处又极切近，不过于君臣父子朋友之间求之而已；仁敬慈孝信作为善之大目，于此究精微、推其余，必尽得天下之事而止，必使其皆知"事理当然之极"而止。

　　全图对《大学》的节目、规模、功夫效验之施设及其相互关系，均有所涵括，恢廓展布出一个通贯浃洽的规模样态，结构明晰，基本呈现出朱子《大学》诠释的主旨结构。更为重要的是，此图对"在止于至善"这一中心主轴的定位，彰明地凸显出"止于至善"在朱子《大学》诠释中居于重要和核心的地位。明确这点极有价值。朱子认为，止者，"居也，言物各有所当止之处也""必至于是而不迁之意"①。从"居""不迁"看，"止"有常在性，非义袭掩取，乃固有之本然，故"止"含"能止"之义，"能止"须由工夫修养而得，由此为明德、新民及八目的工夫节目奠立了内在根据。从"当止""必至"看，"止"有方向性，是应然的、期必的目标，故"止"又含"当止"之义，"知止"即明晓、坚定此当然的目标，逐渐有效验呈现而有所得，由此为效验的达致提供了可能之证。此能止、当止之地，即"至善"。在朱子看来，"至善"一词，"善字轻，至字重"，"至"乃无以复加之词，可训为"极"，"至善，只是以其极言。不特是理会到极处，亦要做到极处"，"至者，天理人心之极致"。"至善"是普遍性、分殊性的统一，"至善，指言理之极致随事而在处"②，同时，"一事自有一事之至善，如仁、敬、孝、慈之类"③。这样看来，极致义的至善和一般所谓的"善"有同有异，它不外于一般之善，但又不满足于此："凡曰善者，固是好。然方是好事，未是极好处。必到极处，便是道理十分尽头，无一毫不尽，故曰至善。"④ 所以说，"善，须是至善始得"⑤。区别这点有何意义呢？这关系到对朱子之学的重估。朱子认为："至善虽不外乎明德，然明德亦有略略明者。须是止于那极至处"⑥，若"略知明德新民，而不求止于至善者……只是规模浅狭，不曾就本原上著功，便做不彻"⑦，只能是"安于小成，狃于近利"。"至善"不仅要明德新民，还要主于中、发于外，本此以应外事，对天下之物、天下之事、方寸之间、众

　　① 朱熹：《大学章句》，《朱子全书》第6册，第18、16页。
　　② 朱熹：《文集》卷四〇，《朱子全书》第22册，第1831页。
　　③ 朱熹：《文集》卷五〇，《朱子全书》第22册，第2337页。
　　④ 朱熹：《语类》卷一四，《朱子全书》第14册，第441页。
　　⑤ 朱熹：《语类》卷一四，《朱子全书》第14册，第441页。
　　⑥ 朱熹：《语类》卷一四，《朱子全书》第14册，第442页。
　　⑦ 朱熹：《语类》卷一七，《朱子全书》第14册，第580页。

物表里，无不照管得，以就大成之学。工夫做得透彻，必会对内在和外在两面皆有观照，这是"至善"的应有之义。朱子以八条目分属明德、新民两事，与明、新一致，八条目亦必以至善为旨归，他说："格物致知所以求知至善之所在；自诚意以至于平天下，所以求得夫至善而止之也。"①如朱子解"致知在格物"必至于"即凡天下之物，莫不因其已知之理而益穷之，以求至乎其极"。这里的"已知之理"是以"小学工夫"养成的涵养有素和持守有敬为根基，以此发出的"格物"就不能以"杂乱纷纠"之心随意去识物处事，而是推致其所养之中和本明之德，来应接事物、落实明德。② 在"已知之理"的基础上"求至其极"，既贯通所以然之故，以至"众物之表里精粗无不到"，又推明所当然之则，实现"吾心之全体大用无不明"，绾认知意义与道德意义于一体。关键还在于，止于至善之域，功夫修为上的条目施设最终关联一体，应然与当然、物理与人理的分立亦必然归向会通。以"无所不用其极"的至善为旨趣，朱子《大学》思想才能得到合理解读。

在"止于至善"的意义上，关于朱子的某些批评，如认为朱子"支离务外"，就需重新予以分辨。朱子并不反对德性、良知之尊，同时扩开一步，兼容问学穷理的一面，表里、大小皆有理会，并安排得工夫妥妥当当，不仅致广大，而且尽精微。虽然在如何确立德性、良知之尊的问题上，陆王心学确实主张不同的工夫进路，但从为学规模上讲，不能不说朱学更为廓大。如果说陆王强调了明德、亲民，朱子则更进于"止于至善"了。朱子云："明德，新民，便是节目；止于至善，便是规模之大。"③ 于此亦有深意矣。所以，若不从"至善"的角度来理解格物，不以"止于至善"为中心来把握朱子对《大学》的期许，则于朱子的《大学》观就难免产生偏歧。朱子《大学》图以"在止于至善"作为理路核心，使朱子《大学》诠释之宗趣昭然若揭。这点虽在文字文本中也有指示，但却没有如图所示的突出、显明之效果。四库馆臣评朱子《四书章句集注》曰："读其书者要当于大义微言求其根本。"其斯之谓与？

---

① 朱熹：《大学或问》，《朱子全书》第 6 册，第 511 页。
② "是以圣人施教，即已养之于小学之中，而复开之以大学之道。其必先之以格物致知之说者，所以使之即其所养之中，而因其所发，以启其明之之端也。继之以诚意正心修身之目者，则又所以使之因其已明之端，而反之于身，以致其明之之实也。"（朱熹：《大学或问》，《朱子全书》第 6 册，第 508 页）
③ 朱熹：《语类》卷一四，《朱子全书》第 14 册，第 432 页。

　　与《大学》相关，朱子还作有"絜矩之道"图，以"己"为中心，前后、左右、上下围绕"己"而展开一空间化模式，"合而观之，则方正之形隐然在目中矣"①，描绘出本己以推度上下四旁，使之均齐方定的平正效果。如图 4 所示②：

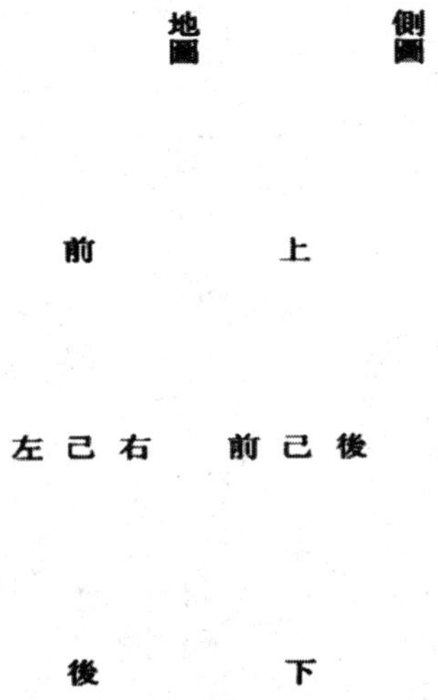

地　　　　　　　　　侧
圖　　　　　　　　　圖

前　　　　　　　上

左　己　右　　　前　己　後

後　　　　　　　下

图 4

　　清人王澍《大学困学录》不仅载有朱子《大学》图（图 3），而且他认为朱子此图并不完善，故另作一新图，以校正之，如图 5 所示。他认为朱子《大学》图中，"知止则格致诚正修无不在"与"能得则齐治平无不得"两处，与章句"物格知至则知所止矣""意诚以下，当为得所止之序也"的说法不合。而且，按朱子图所示，似以知止、能得分属明德、新民，然而，不论明德抑或新民，知止、能得均应是一体贯在的，物无不格、知无不至则身心之理固明而家国天下之理亦得。校正图中，王澍以"知止定静安虑得止"和"止于至善"贯于纲目之间，即突出此意，他指出"止至善"乃明德新民之标的，必八目无所不尽方可至。整体上看，王氏校正图右明德左新民，右为上，乃先明德后新民之意，特重工夫次序及其间的关系，图式核心部分八目的安置体现得更明显。八目安置乃上二下六，实仍相联属、脉理一致，并非割裂，上下分置只是"知行之分界"，与章句亦不违。修身与齐家之间置两画以别，是明德新民之分界；格物致

---

　　①　朱熹：《文集》卷四四，《朱子全书》第 22 册，2041 页。
　　②　朱熹：《文集》卷四四，《朱子全书》第 22 册，2042 页。

知虽分界而相联属，意为二者并非两事，才明此即明彼，经文于二者不言
先后而言"在"者意同。格物致知之功虽属明德，而用力直贯新民，与其
他稍示分别，故置二者于上。王澍还特别强调了"虑"的意义，认为定、
静、安是事未至之前，虑是事方至之际，节候不同，虑尤紧要有力，是知
止发用为能得机关，这有得于朱子所谓"虑字一节较难进"，意在凸显
"提撕省察"的工夫。①

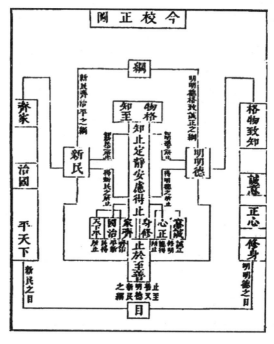

图 5

　　王澍主要从工夫论的层面来做图式，重在表达工夫先后之序，突出了
格物致知的作为工夫前提的意义，其对八目之间关系的理解，以"止于至
善"作为一贯之标的，以及对"虑"意义的关注，均表明他对朱子之学的
接受和继承，用他自己的话说，校正图"虽异原图之说，而实一本于朱子
之旨"。但我们并不认为他对朱子图的评析完全合适。朱子图乃重在从工
夫和效验两个角度来呈现《大学》思想架构，王澍单从工夫论层面来审
视，关注点不同。对朱子《大学》图的评价，陈荣捷先生的看法值得参
考，以之为"解释《大学》最详晰而有系统之图"②，"全图秩序井然，为

①　王澍：《大学困学录》，第148-149页。
②　陈荣捷：《朱子之图解》，《朱子新探索》，华东师范大学出版社，2007，第241页。

大学思想一有统系之机体结构。盖朱子诠释《大学》意义最纯简而明显之图式也"①。以前我们对朱子的《大学》诠释多注重文字解说,对《大学》图未及详审。《大学》图的出现和延续,一定程度上是朱子《大学》诠释之结构化、体系化的必然结果,作为文字文本的形象化表达,有助于呈现其结构和体系。当然图也不能脱离文字文本,须全盘了解文字文本方能透见其意蕴。是以如能熟玩章句、语类、或问、文集之相关内容,再印证以此图,庶几不无益处。

2. 宋代《大学》图——以黎立武《古大学本旨图》为例

朱子的影响不仅在于开《大学》图之先,引得后世儒者摹效,而且朱子对《大学》诠释的精微详备,使其后的《大学》诠释"有如聚讼,大都以朱子为之招"②。为了更为简要、便捷地呈现朱子思想,朱子后学发明图解"朱学"的方便法门,如朱子再传弟子饶鲁作有《大学中庸图》,"与朱子之谨严绝异"③ 的宋儒王柏,也作有《研几图》,辐辏于图画以解朱。不过,并非没有不同的声音出现,宋儒黎立武④的《古大学本旨图》即表现出迥异于朱学系统的理路,提供了朱学系统之外一个富有特色的诠释面向。此部分即以其《古大学本旨图》(图6)⑤ 为例,以见图解《大学》的多元面向。

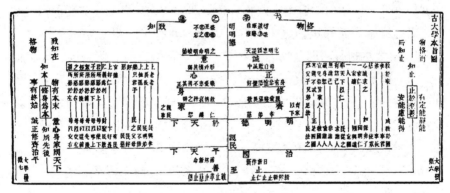

图6

---

① 陈荣捷:《退溪不用朱子大学图》,《朱子新探索》,第 243 页。

② 唐士元:《大学古今本通考·后序》,刘斯源:《大学古今本通考》,四库全书存目丛书补编编纂委员会编纂:《四库全书存目丛书补编》第 92 册,齐鲁书社,2001,第 715 页下栏。

③ 《四库全书总目提要》评《研几图》。

④ 黎立武(1246—1313),字以常,新喻人,仕至军器少监、国子司业,宋亡不仕。撰有《中庸指归》《中庸分章》《大学发微》《大学本旨》各一卷。元代理学大家吴澄尊其为师,撰《元中子碑》对其生平、学养有详细记载。

⑤ 黎立武:《大学本旨》,曹溶辑:《学海类编》第 1 册,江苏广陵古籍刻印社,2007,第 490 页。

　　黎立武此图基本依其《大学本旨》一书的内容而作，结合此书，可以更充实地考究此图。黎立武不取朱子改本及其相关诠释，而是"因本文次序，讲寻厥旨"，即以《大学》古本为底本，以呈现古《大学》之"本旨"。虽未沾染朱学痕迹，不过仍有相似处。如朱子分三纲八目，黎氏则称之为"三要八条"，从图可见，从格物到平天下，从明德到止至善，逐项均有显示，每个节目的要点亦有所提点，以图式化的形式比较全面地呈现出《大学》要义。从中间部分看起，纵向自上而下，是明明德、亲民、止至善立于其中，格物、致知、诚意直至治国平天下，逐层推开；横向自右而左，"齐家之下"作为"亲民之事"的"明明德于天下"全面铺开。"明明德"包括"齐家"在内的之前诸条，"亲民"指"治国平天下"，此点与朱子不同，朱子以"修身以上，明明德之事也；齐家以下，新民之事也"。"亲民"展示较为详备，并列出了治国和平天下两条的主要内容，重视孝悌慈、仁让恕，亲作新，强调"教"的作用，故条目内容以"上-下"结构论列，具有"以道觉民""化民易俗"的深意，其结果造就"旧邦新命"的治平之道。"止至善"为整个"大学之道"的总归，将全部内容承载于内，此又以"格致"为发端，黎立武于此别具一格，认为"格物"则能"知本"，"格物即物有本末之物，致知即知所先后之知，盖通彻物之本末，事之终始，而知用力之先后耳。夫物，孰有出于身心家国天下之外哉"①，图之左侧所示即他所言"物有本末，指心、身、家、国、天下而言。事有终始，指格、致、诚、正、修、齐、治、平而言"②。对于"致知"，他特别突出"知止"之义，图之右侧，即他所言"首揭知止二字以及定静安虑得之序乃一篇之枢要"。他还结合易道之艮止来阐发"止"，并在《大学发微》中对此详尽发挥。由"格物致知"可通彻其余诸条，由"物格知止"可得一篇枢要，二者归于"止至善"，故能将整部《大学》本旨涵括于内。

　　黎氏之学属兼山学派，乃程门后学支流，其解《大学》的最大特色在于重视"止"的意义，并结合"艮止"为说，即本于兼山学派的易学传承。黎氏虽回避朱子思想的影响，但承继同一理论源头，使其某些观点还是表现出相近的趋向，如主张亲作新、认定曾子之作、分三要八条、重以道觉民等。《四库提要》评黎著曰："要其归宿，与程、朱亦未相抵牾，异

---

① 黎立武：《大学本旨》，曹溶辑：《学海类编》第 1 册，第 493 页。

② 黎立武：《大学本旨》，曹溶辑：《学海类编》第 1 册，第 492 页。

乎王守仁等借古本以伸己说者也。惟其谓《中庸》《大学》皆通于《易》，列图立说（引者按：黎氏有《中庸指归》图及分章图式，有数十幅），<u>丝连绳贯而排之，则未免务为高论耳。</u>"① 无论如何，黎立武出于对《大学》本身义理的阐释，以彰显经典"本旨"为首要目的，于此图即可见一斑。从诠释路向上看，以《易》释《大学》，在《大学》诠释史上亦足以开一新面向。遗憾的是，后世《大学》诠释，于朱学新本系统之外，重回古本（如王门后学及清代《大学》诠释，多取古本）的取向多有人在，至有蹈黎氏之辙而不知，而鲜有对其说认真反思并滋取者。

3. 元代《大学》图——以程复心《四书章图纂释》之《大学》图式为例

有元一代，朱子的经典诠释具有笼罩性的影响。一方面，正如不少学者指出的，元代经学、四书学并非全属因袭，而有其创新和发明；另一方面，不可否认，阐朱与述朱仍是元代经学、四书学的主流倾向。随着朱学定于一尊，元代承接宋代朱门后学以来图解朱学之余绪，"或有难晓，则为图以明之，务使无所凝滞而已已"②。"以图解朱"的运动在阐朱、述朱的潮流中逐渐推向高峰，《大学》图（当然，图解朱学不仅仅限于《大学》）的衍化在此潮流中得以愈来愈繁盛。本部分所论元儒程复心③的《四书章图纂释》即其中的集大成之作。④ 此书共 23 卷，计有 700 余幅图（《论语》部分最多，其中《大学句问章图纂释》卷含 23 幅图）。从文本结构上看，此书由两部分构成，一为《四书章图》，一为《四书纂释》。《章图》涵括章句、集注、或问，分章析义，必约而为图，本末终始，精粗必备，可谓"图无巨细"，粲然可观。《纂释》以集注为准的，并取语录、文集、纂疏等书，及诸门人、先辈之论，参订异同，增损详略。两部分有机地组合为一体。

---

① 《四库全书总目提要》评黎立武《中庸指归》《中庸分章》《大学发微》《大学本旨》。

② 《四库全书总目提要》评许谦《读四书丛说》语。

③ 程复心（1257—1340），字子见，号林隐，江西婺源人。皇庆二年（1313）江浙行省荐于朝，朝廷欲官之，以亲老辞，遂以徽州路儒学教授致仕。撰有《四书章图》。

④ 元后至元三年（1337）建安吴氏德新书堂刻本，藏于日本公文书馆。国内所存单行善本仅见元刻残本六卷，其中《中庸》一卷，藏山东省博物馆；《孟子》五卷，藏国家图书馆。详参顾永新：《元程复心〈四书章图纂释〉初探》，陈来、朱杰人主编：《人文与价值——朱子学国际学术研讨会暨朱子诞辰 880 周年纪念会论文集》，华东师范大学出版社，2011，第 201 - 210 页。《日本宫内厅书陵部藏宋元版汉籍选刊》第 25 册（《日本宫内厅书陵部藏宋元版汉籍选刊》编委会编，上海古籍出版社，2013）选印有《四书章图纂释》五卷，乃日本宫内厅书陵部藏两部元刊本之一，两册五卷本，包括《檃括总要》三卷，《学》《庸》章图纂释各一卷，末附《学》《庸》或问，版式、行款与公文书馆基本相同，但不含《论》《孟》之部。

　　《四书章图》以阐明朱子集注立意为宗旨，他认同周敦颐立图作说的做法，认为"立象著书，阐发幽秘辞义，虽约而天人性命之微，修己治人之要，莫不毕举"①。圣人之学的幽微、精要处，通过图式化再现，可以比较容易为人所掌握。就《大学》而言，其总体梗概，由图7（《櫽括总要》卷之中，下简称《櫽括》）和图8（《大学句问章图纂释》，下简称《章图》）两图可作为钩玄之导引。图7结合朱子小大学关系的定位和工夫之要旨来展现"大学入德之门"之蕴，于此可概知圣学之先后层级和终始之序。图8列于《大学章图》开篇，简明标示出三纲八目之属及为学次第，要而不烦。在具体的条目上，《章图》则非常重视将朱子诠解的义理脉络勾画出来。如"格物补传"之后，《章图》作图（图9）将朱子补传的基本内容按条理分释出来（与其他几处对应，缺损处当作"益穷其理"），以"理""知"为主线来把握补传的精髓，以之贯穿致知格物的注解。进一步分疏指出补传之立论分别从"以固有言""以异禀言""以用力言""以贯通言"四个角度展开，四者又分别对应"心理之全""心理之蔽""致格之要""致格之效"的实然层面。图的上端录朱子之语说明"致

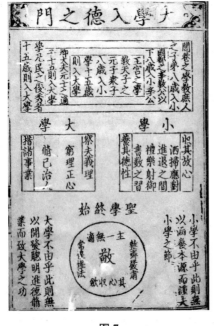

图7

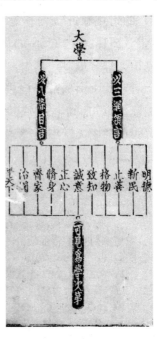

图8

　　①　程复心：《四书章图》，日本公文书馆藏本，《櫽括总要》卷之上，"叙立图本始"。

知"在《大学》系统处于"梦觉关"的特殊地位，"格物是零细说，致知是就全体说"，图下端之言则强调了"存心"的重要性。图式实际包含了三层释义，将朱子所论"致知格物之义"比较饱满地呈现出来。

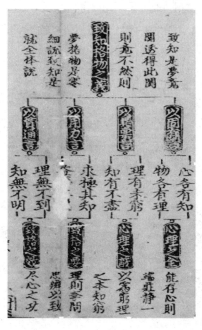

图 9

不仅如此，《檃括》中还有"致知格物之故"图（图 10），及一段纂释对朱子致格之义再作申解。与图 9 依附传文为中心相比，图 10 更直白地提出从"心–理"结构出发解释格物，"人之为学，惟心与理"，心乃"主于一身，包乎众理"，理则"原于一心，散在万物"，可见心与理是一体可通的，故可本乎心以明理，由乎理以知物。具体而言，需用力于"身心性情之德、人伦日用之常，以至天地鬼神之迹，鸟兽草木之宜，自一物之中，莫不有以见其所当然而不容已，与其所以然而不可易者，必其表里精粗无所不尽，而又益推其类以通之……"[1] 结合传文"即凡天下之物""因其已知之理"以及如何"豁然贯通"，《章图》有针对性地作了疏解，阐明"致知格物"之"故"。

这提示出要将《章图》各分卷和《檃括总要》结合而观，方能尽其旨意。《章图》依各章节文义为图，解释集注义理脉络；《檃括总要》则总体

---

① 　程复心：《四书章图》，《檃括总要》卷之中，"致知格物之故"图释。

概括、撮要、引申①，统合语类、或问及朱子思想体系，融会性地作图。前者重在解"义"，后者常以明"故"，即解释"义"之所以然。从整体上着眼，《櫽括总要》还善于将诸经结合起来思考。图 11 所示"诚意之学"，即将"大学诚意"与"中庸诚身"对比而观。其实，《学》《庸》结合，是《四书章图》的一个富有特色的理论主张，为此专门作"大学中庸工夫合一之图"，如图 12 所示。

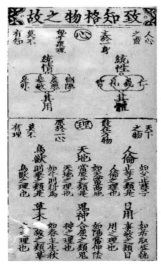

图 10　　　　　　　　　　　　　　　　图 11

　　图 12 从三方面明《学》《庸》合一，明明德与致中和合、新民与教政合、止于至善与依乎中庸合，图两侧外围文字是解释相合之因由，结合此图后的附文，《大学》所止以敬而入，《中庸》所依以智仁勇入，"贯之皆诚也"，故相合。《四书章图》认为，《学》《庸》工夫合一，其根本原因在于二者在本质上是相通不二的，当然，这点源于朱子的揭示。在"大学言学中庸言教"一节，《章图》专门阐发了这一独特的《学》《庸》关系论：《大学》专言学，朱子序之却首释为教人之法，《中庸》专言教，朱子序之却首揭出古之道学之传；《大学》言心不言性，然平治之极皆发于性之端，自明而新也，《中庸》言性不言心，然位育之极皆发于心之实，自诚而明

　　① "櫽括"原义指矫揉弯曲竹木，使之平直或成形的工具，如《韩非子·难势》："夫弃隐栝之法，去度量之数，使奚仲为车，不能成一轮。"（王先慎集解："张榜本、赵本'栝'作'括'"，陈奇猷集释引太田方曰"揉曲曰隐，正方曰栝"）《荀子·性恶篇》也说："枸木必将待櫽括矫，然后直。"《荀子·大略篇》有云："乘舆之轮，太山之木，示诸櫽括。"杨倞注："櫽括，矫揉木之器也。"后引申出矫正邪曲的器具，修正、审度、查核、概括；或引申为标准、规范的含义。

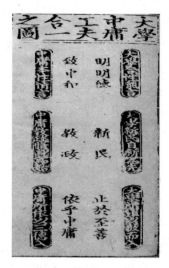

图 12

也。此可见程复心对"濂洛诸儒未尽之旨"的发明。

《四书章图》之图式，具有对待、相反、成列的特点，体现出其对朱学体系的独特整顿模式。时人对此著评之甚高，认为此著"辅翼朱子之教，使人知为学之叙"；"道德性命之理，一览而尽得之，有补于理学者甚大"；"见者易晓，卓然有补于世教"①。一方面，朱子博大的学问系统和精深的义理诠释，为图解朱学提供了必要性和可能性；另一方面，章为之图，图为之释，使朱学系统进一步条理化，尤其是对于接引初学进入朱学殿堂具有得力的功效。这是"以图解朱"的积极价值体现。明初，《四书章图》与倪士毅《四书辑释》、王元善《四书通考》合编本开始通行，以《辑释》为主。续修四库全书所收《四书辑释》即此合编本。惜其取图不全，纂释不见，全无程著本有的"图文并茂""图释一体"的有机特色，不免"糅杂蒙混，纷如乱丝"② 之弊。

"……一一为之图，观者了然，即晓大义，深有补于初学。虽然，《四书》之旨深矣，有非《图》所能尽者，学者因是以求《章句集注》，因《章句集注》以得圣贤之心，圣贤之事业为可企及也欤？"③ 元代"图解朱学"的问题在于使经典本身的意蕴退居三线，需经两步路径才能达致——通过图式走进朱学、通过朱学走向经典。学者观此类图式，应清醒地认识

---

① 　相关评论见于《四书章图》卷首"题赠序文"部分。

② 　《四库全书总目提要》评《四书辑释》。

③ 　《四书章图》元明善序。

到这虽是通向朱学的津梁，但并不能代替朱学本身的义理价值，更无法曲尽经典本身之意蕴。若没有直面经典的意识，则对朱学亦难有深刻发明，更无法取得自身思想之推进。事实上，当朱学受到质疑时，"重新回到经典"就会成为新声，经典图式也会随之展现出不同的样貌。

4. 明代《大学》图——以刘宗周《三纲八目图》为例

明代心学的兴起及对《大学》古本的提倡，让我们看到思想演进的经典需求。只有直面经典，创造性的诠释才能逐渐生成。对朱学系统的质疑和反动首当其冲，这从王阳明及心学系统的《大学》诠释中，可以明显地看出来。他们提倡重回古本，与此相应，明代《大学》图式，整体上表现出与元代图释朱学不同的面貌，直接表达其对《大学》本经的理解。① 王阳明之后《大学》诠释发展的一个重要趋向，表现为诠释宗旨的不断变迁，不同宗旨反映出对《大学》思想的不同理解和定位，这种情况实自程朱以来一直存在：《大学》一书，程、朱说"诚正"，阳明说"致知"，心斋说"格物"，盱江说"明明德"，剑江说"修身"等等。宗旨的变动，与当时的讲学风气有关，讲学需要立个头脑、确定做功夫的下手处，更重要的是，变动的背后往往是思想主张的论争，《大学》文本本身具有开放性特征，在诠释《大学》时提揭出不同的宗旨，往往掺杂"借宗旨以申己说"，具有"六经注我"的意味。到了理学殿军刘蕺山那里，他对《大学》有新的阐发，标举"诚意慎独"为宗旨，这其实也是他自身思想的主脑所在。在《大学》改本选择上，蕺山曾有过游移；但在宗旨上，始终坚守"诚意"之学。

蕺山立宗"诚意"来统摄《大学》，作出融贯性的诠解。他说："必言诚意先致知，正亦人以知止之法，欲其止于至善也。意外无善，独外无善。故诚意者，《大学》之专义也，前此不必在致知，后此不必在正心也；亦《大学》之完义也，后此无正心之功，并无修齐治平之功。"② 所谓"专义"是指《大学》专门所设之立意，即宗旨所在，不能认为"诚意"即是"致知"和"正心"之间的一个过渡环节，因为"《大学》是一贯底血脉，不是循序底工夫"③。血脉之一贯即在于"诚意"，这正是"诚意"作为"完义"的意思，"诚意"并不是一个独立的条目，而是贯通整个

---

① 明代理学学者亦然，如蔡悉《大学注》中《致知格物》及《诚意关》二图，四库馆评曰：大旨以慎独为要义，致知格物为先务。

② 刘宗周：《读大学》，《刘宗周全集》第 4 册，第 417 - 418 页。

③ 刘宗周：《学言》下，《刘宗周全集》第 2 册，第 452 页。

《大学》为一体而全然呈现在各条目之中。"诚意"作为中心、枢要、定盘针，居于"本"的主宰性地位："《大学》之教，只要人知本。天下国家之本在身，身之本在心，心之本在意。意者，至善之所止也，而工夫则从格致始。正致其知止之知，而格其物有本末之物，归于止至善云耳。格致者，诚意之功，功夫结在主意中，方为真功夫。如离却意根一步，亦更无格致可言，故格致与诚意，二而一，一而二者也。"① 只有"意根"立，才能成就真工夫，这明确强调了"诚意"乃《大学》诸工夫成为可能的先在性之底蕴和根据。

　　了解蕺山基本的思想进路，再来看他的《大学》图，就比较容易切入。在《大学古记》一文之后，蕺山作有《大学三纲之图》《大学八目之图》两图。两个图式相对简洁，但并不容易看懂。如《三纲图》（图 13）②，简单的三个圆环，似无甚深意；《八目图》（图 14）③，方方正正，标注了不少词条，却没有提及八目之任何一"目"，让人费解。实则，这两幅图是"归显于密"的蕺山思想最为直观的显示。

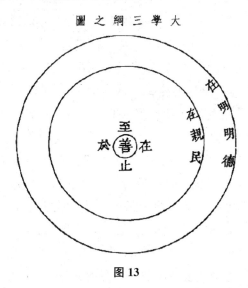

图 13

　　先看《三纲图》。"在止于至善"是始，"在明明德""在亲民"是终，这是就"事有终始"言。就"物有本末"言，至善是性体，是物之本（《大学古记》）。图中"善"在最内圈，往外依次是"在亲民""在明明

---

①　刘宗周：《学言》上，《刘宗周全集》第 2 册，第 390 页。
②　刘宗周：《大学古记》，《刘宗周全集》第 1 册，第 638 页。
③　刘宗周：《大学古记》，《刘宗周全集》第 1 册，第 639 页。

圖之目八學大

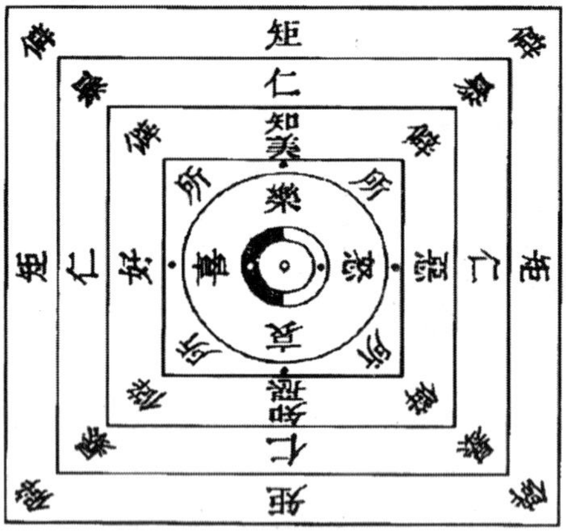

图 14

德"，既有"事有终始"的意思，又突出了"善"作为"本"的意蕴，立本则末自会从出，"知乎此者，以一本握大学之枢，而始之，而终之，渐进于止焉，明亲一贯在是矣"①。蕺山对中心之本的重视达到了无以复加的地步："三物一物，三事一事，《大学》之要，止至善而已矣。……似有渐次，实无渐次也，故一知止而学问之能事毕矣。"② 此思路源于蕺山"诚意"之学对独体、意根的重视，认为即本体即工夫，纲举就能目张。《八目图》依然顺此思路，虽没提到八条目之名，但本末有致，从"诚意"到"平天下"一一对应，又是十分明显的。中心圆圈内的内容表示"诚意"，圈内还有一黑一白的小圆圈，代表"慎独"，"诚意"必由乎"慎独"，"独"乃诸事之根底，故居最内，一黑一白者，言其隐微与显现并存，慎独则即有即无、即动即静、即知即行，暗然而日章也；"欲诚其意者，必先致其知，而其功归于慎独。独者，藏身之地，物之本也，于此慎之，则物格而知至矣"③，可见，"诚意"圈内含着格致之要。圆圈之外都是方形，圈外第一方形代表"所谓修身在正其心"，四"所"字立于四角，即此章所言四"有所"之病，《大学古记》解此章云："意不诚，则发而为喜、怒、哀、乐，无往而不陷于有所"，与此图相合；第二方形表示"所谓齐家在修其身"，其间的文字来自此章"好而知其恶，恶而知其美"，否

---

①　刘宗周：《大学古记约义》，《刘宗周全集》第1册，第644页。
②　刘宗周：《大学古记约义》，《刘宗周全集》第1册，第644页。
③　刘宗周：《大学古记》，《刘宗周全集》第1册，第629页。

则，就会有所"僻"；第三方形表示"所谓治国在齐其家"，帅仁兴仁，帅暴兴暴，始于一念，应以修身为本；最外面的方形表示"所谓平天下在治其国"，平天下之要在孝悌慈，"三者皆治国之道，举而推之，即平天下之道，若握矩于此，随处比度，无不得其方者然"，不过，"盖矩之成器虽在国，而矩之运手则在心。此平天下之要道也"①。蕺山在《大学古记》篇末加按语点明："平天下之道，只在本治国之孝、弟、慈而絜矩以广之，与天下同好恶而已。然非先明本末之辨，无以端好恶之矩；不预端好恶之矩，无以建絜矩之极。……'平天下章'虽曰先治其国，而八目一齐俱到。"②《学言》中说道："心中有意，意中有知，知中有物，物有身与家国天下，是心之无尽藏处。"言"平天下"，八目已"一齐俱到"，心中之意，亦蕴家国天下于其中。这样，外内方圆实则为本末一体的理论体系。"《大学》认定始终本末，是入道之诀"③，看不透"始终本末"，不能解对《大学》，蕺山认为历来诠解《大学》出现差谬，问题就出在这里。

为什么八目图中"正心"之前用圆形，"正心"之后用方形，而不统一用图形呢？蕺山发挥"絜矩"之义的一段文字颇能解此意："天圆而地方，规矩之至也。人心，一天地也。其体动而圆，故资始不穷，有天道焉；其用静而方，故赋形有定，有地道焉。君子之学，圆效天，方法地也。其独知之地，不可得而睹闻者，效天者也；由不睹而之于无所不睹，由不闻而之于无所不闻，地道之善承天也。《易》曰：'君子敬以直内，义以方外。'规矩之至也。立一身于此，而环之以家，又环之以国，又环之以天下，虽广狭不同，矩而方之，不过上下四旁之境。"④ 圆表示作为内在动源的独体，方是外在效用的具体展开。圆、方分别象征天道、地道，由圆到方、由内而外，正是地道顺承天道的体现。圆方内外一体，以形象化的方式，表达君子应该效法的规矩。两幅图均与其诚意慎独之学旨意一致，具有立本体、明枢要、正规矩的深意，体现出向内收缩、收归一本、由本立末、由体开用、圆融一体的理论特色。

蕺山的《大学》诠释和研究，在其著作中所占比重不大，但非常重要，因为关涉着到其"诚意慎独"的核心理论。在具体的阐释中，蕺山常针对阳明的《大学》诠释立论，对阳明大加挞伐，如他评论道："只因阳

———————

① 刘宗周：《大学古记》，《刘宗周全集》第1册，第633页。

② 刘宗周：《大学古记》，《刘宗周全集》第1册，第637页。

③ 刘宗周：《大学杂言》，《刘宗周全集》第1册，第655页。

④ 刘宗周：《大学古记约义》，《刘宗周全集》第1册，第651页。

明将意字认坏，故不得不进而求良于知；仍将知字认粗，又不得不退而求精于心。"① 从经学诠释的角度看，对于《大学》这一开放性文本，每个思想家都可以有自己的解读，而蕺山却认为自己的解读才是正确的。且不说蕺山拿《大学》文本条目去框定阳明之解，常会支离、错会阳明之意，就是蕺山自己的"诚意"之学，也不能不说有其自己的新意在其中。但从哲学史的发展看，蕺山始终强调对阳明的匡正，实乃因他有见于阳明后学表现出良知虚玄和情识放荡的思想弊端，所以他大倡诚意慎独之学，以诚意贞定心体，以慎独挺立性体，肯认意根、独体在心体之内的存在性定向作用，以期扭转晚明心学的虚荡学风。从阳明的"良知教"到蕺山的"诚意教"，体现出宋明理学逻辑展开的必然趋势。值得注意的是，蕺山在批评阳明时，常以《大学》本旨"为准的，可见，蕺山非常重视思想发展与经典本旨的协调和统一。但当经典本旨与思想诠释不能妥帖兼容时，不可避免地会发展出两个路向。一是以思想为宗趣，对经典产生怀疑甚至否定，蕺山晚年对《大学》的参疑显示了二者之间的纠结，他的学生陈确则直接论证《大学》非圣经，走向极端；二是重新回归经典，以实证性的考据研究为正鹄，对思想发展进行反思和批判，清代的学问路向大致沿着这个路向发展出来。从思想发展的大趋势上看，明末心学由良知学到诚意慎独学，由心体转向性体，心性之学收归到邃密的极点，经典诠释所承载之思想的弹性空间也被挤压到狭窄的极点，心性思想已经到了转型的必然阶段，重新研究和解读经典也随之转向新的模式——"尊德性"的过分发达逼显出对"道问学"的认同，清代的考证之学由此可略见其内在的逻辑因由。

5. 清代《大学》图——以毛奇龄《大学知本图说》为例

　　清代《大学》学的发展较为明确地向文献考据的实证性方向靠近，《大学》逐步褪去"四书"系统内的"圣经"身份，重新回归《礼记》体系，不过是其中"通论性"的"传记"而已。由此展开的诸种考辨研究，很大程度上反映出立足经典考证的立场对宋明理学的攻驳，但这种态度不能简单地以反动、否定、断裂来定性，其间有着"内在理路"的关联，表现出"每转益进"的连续性。这点在清初学术中比较明显。毛奇龄《大学知本图说》关于《大学》的解读，就体现出这种批判与延传的双重特征。

　　《大学知本图说》不仅对《大学》"本"的观念作出了系统化解说，而

---

①　刘宗周：《大学古记》，《刘宗周全集》第 1 册，第 638 页。

且由之建构起对《大学》的诠解体系。重"本"乃儒学一脉相传之要义，《论语》讲"君子务本"，《孟子》讲"先立大本"，《大学》更将"本"提升为思想体系建构与展开的逻辑原则。前文所述蕺山对《大学》的理解，就对"本"的思想十分强调。对《大学》之"本"的图式解读，早在宋代即有先例，南宋理学家程时登曾作有《大学本末图说》一卷（惜已佚），元代许谦《读四书丛说》有《本末图》。然比较系统性地阐发，当属毛奇龄的《大学知本图说》。《大学知本图说》一书主要由"大学知本图说""大学知本图""大学知本后图说""大学知本后图"四部分组成。"图说"叙述其受古本《大学》之经过以及对圣道的体悟。"知本图"依《大学》原文之次序，分段画图明义，列"大学有本"（图 15），"格物知本"（图16），"格物以修身为本"（图 17），"修身以诚意为本"（图 18）四图[①]，分别对应着相应的经典原文，四图之间具有逐层递进的关系，构成一个紧凑的解说结构，图后有简短文字说明。

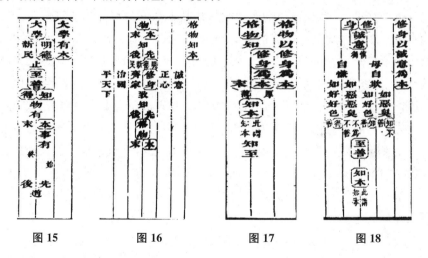

图 15　　　　图 16　　　　图 17　　　　图 18

　　"大学有本"图后说曰："《大学》之道在治己、治人两端，而总在于止至善。其止善之功，则必以知始，以得终，知行合而圣功备矣。定、静、安者，知善所在，则心意不憧扰也。虑即意也，即后文'诚意'是也。第其中有本焉。"[②] 这是对"大学之道，在明明德，在亲民，在止于至善。知止而后有定……则近道矣"的图式解读。《大学》开宗明义，标举"《大学》有本"，以止至善为总归，具体可分治己、治人两部分，"知

---

①　毛奇龄：《大学知本图说》，《续修四库全书》经部·四书类，第 94 - 95 页。

②　毛奇龄：《大学知本图说》，《续修四库全书》经部·四书类，第 94 页。

本图"所作主要涉及"治人"的一面。强调"知行合"，两不偏废；"虑即意"的说法也值得注意，"意"乃后天已发的念头之义。这两点后面更详。"格物知本"图讲"古之欲明明德于天下者，先治其国……国治而后天下平"一段，毛奇龄说："是以学者用功，从格物始。但就物之本末而量度之，知明德先于新民，修身、正心、诚意先于齐家、治国、平天下。而知先之学，全在知本，所谓格物也。格者，知也，量度也。此《大学》初下手处，第约略简点，毫不用力，只求《大学》之本在何所而已。"① 以"诚意、正心、修身、齐家、治国、平天下"为"物"，"格"乃量度，"格物"既非穷理，亦非正其心之不正，而是量度此作为"物"的诸项条目之本末关系，以知晓其间先后次序，其中的关键在于明确"本"之所在。毛氏认为"格物"之宗旨即在于"知本"，这是《大学》工夫的入手之处，乃简易直截的工夫。"格物以修身为本"图对应"自天子以至于庶人，壹是皆以修身为本。其本乱而末治者否矣，其所厚者薄，而其所薄者厚，未之有也"这段，他说："乃格之，而始知其本在修身也，知本在修身，则知本也，知本则知至，所谓物格而知至也。夫然而大学之功有下手处矣，然而仍不自修身始也。"② "本"在于修身，知此就可实现知至，达到格物的目的。"修身以诚意为本"图解释"所谓诚其意者……故君子必诚其意"一段，他说："格物以修身为本，而修身则又以诚意为本，虽身有心、意，不分先后，而诚意之功则先于正心，何则？以意之所发始知有善不善，亦意有所发始能诚于为善，与诚于不为不善，正心时无是事也。是以诚意二字为圣门下手第一工夫。"③ 意为已发，诚意即将发为不善的意归于善，此乃圣学工夫的根本。心、意并属身，无先后之分，诚意在先的原因在于意之发后，始知善与不善。

　　"修身"以下诸条目，属于"治人"的范畴，未作图分疏，他说："乃自诚意工夫，一分善不善，而知而行之，以求得于善，而心已正，身已修矣。由是而家、国、天下，皆以此推之……无非诚意中善、不善两端，与知善知不善、行善不行不善两途，而本末一致，先后一辙，治道虽繁，一矩可絜，《大学》学此而已。"④ 这是认为做好了诚意等"治己"工夫，则自然能明善与不善，这就与治人之道相合，所以，抓住修身诚意之本，絜

---

① 毛奇龄：《大学知本图说》，《续修四库全书》经部·四书类，第94页。
② 毛奇龄：《大学知本图说》，《续修四库全书》经部·四书类，第95页。
③ 毛奇龄：《大学知本图说》，《续修四库全书》经部·四书类，第95页。
④ 毛奇龄：《大学知本图说》，《续修四库全书》经部·四书类，第95页。

矩推行，则治道可成。后面诸条毛氏未作图，但他对"行"并不忽视，"诚正在力行，治平在讲论，而特是讲论亲切，仍资力行"①。这与清代经世重行的风气是一致的，只是依于《大学》体系，有不同的侧重。

　　"大学知本后图说"则以前一部分的立论为根据，说明《大学》的精神应与《论语》《孟子》《中庸》思想相贯通，并画"大学知本后图"，以"大学知本"（图19）与"中庸立本"（图20）② 并列，二图节次相配，将《中庸》之名目与《大学》相配合，将《大学》的"诚意"和《中庸》的"慎独"结合贯通，借以说明《大学》《中庸》皆是以修身为本，而修身又以诚意为宗的含义，这样解释就让经典融会贯通，无所窒碍。

图 19　　　　　　图 20

　　《大学知本图说》被视为毛氏"一生学问所得力处"③，毛氏忠实《大学》原典，视历代改本如同秦火，认为即使《大学》有所缺误，亦应效法汉儒校经之法，在保存原文的前提下进行分辨疏释。其"格物说"主张格物知本，不变动经文任何一字，从文本内部得到对格物说的贯通性新诠，将宋明理学关于格物的聚讼一页翻过，实际起到了立足经学反动理学的效果。《四库提要》称其"由古本《大学》之说以攻朱子'格物'之《传》"是有见地的。他自称"予读《大学》，以为格物致知安有如后儒之纷纷者乎？既而读'此谓知本，此谓知至'之文，亦恍然曰：格致之义，前圣自

---

①　毛奇龄：《大学知本图说》，《续修四库全书》经部·四书类，第 94 页。
②　毛奇龄：《大学知本图说》，《续修四库全书》经部·四书类，第 100 页。
③　毛奇龄：《西河合集·经集》，萧山陆氏，乾隆三十五年，"凡例"。

解之矣"①。其实毛氏格物说渊源有自,主要继承淮南格物说,再往前追溯,宋儒黎立武已发先声。其"诚意说"受到王阳明、刘蕺山影响(毛自述年少曾听刘蕺山讲述过《大学》)。《四库提要》认为"知本仍王守仁之良知,其主诚意则刘宗周之慎独也"。这种说法并不完全贴切。毛氏虽强调心的主宰下对意之所发的修养和省察,近于阳明的正念头,但"诚意为本"的观点和蕺山相似却有着实质性不同。蕺山是立足心性关系,对阳明良知教及其流弊展开理论反思,是程朱格物、阳明良知的理论逻辑的必然发展,由此依止于《大学》作出的新阐发。而毛奇龄主要是依归《大学》经文,抓住"知本"这一主旨,厘清条目脉络,而得出的此项结论。更重要的是,毛氏认为心为主宰,意为已发,"诚意"是将有善有恶之意归正为好善恶恶的意。蕺山与之完全不同,蕺山更强调意为心之所存,意根为定盘针,对心有贞定作用,意不是知善知恶,而是好善恶恶的意向。

毛氏《大学》图说体系博约兼资、综整前说、自成一家,对阳明之学有所继承,重新诠释了格物说,表现为对朱子补传及性情观的批判;诚意说虽有似蕺山,但实不同;在论证方式上,以依归经文本身作出通贯性诠释为先务,并不"以意逆志"地进行发挥;强调知行并用,体现出时代特色。不过,毛氏之说也有其未意识到的矛盾:"以格物为量度之意,以知本为诚意,不知未知本时持何术以量度之? 且既已知诚意为本,则遵而行之已矣,又何用量度?"② 而且,"格物"与"诚意"均作为《大学》入手之工夫,对二者在入手工夫上的先后之序与逻辑关系并未作出相应的调适。从其矛盾之处可见,实证取向的研究并不具备彻底解决经典所含问题的必然性,问题的深入和推进似还不能缺少创造性诠释的思想提点和义理贯穿。然而,清代学术回归经典、实证考据的路径日益占据主导,《大学》由此逐渐走向"复厕之礼篇"的旧路。

6. 近现代《大学》图——以伍庸伯《大学》图表为例

近现代以来,理论范式的转换与更新,并未抹杀《大学》图的存在意义。虽然很少再见到以往"为之章图""立图为说"的图解范式,但《大学》图仍会在必要的时候出现在《大学》学的论述中。唐君毅先生"原格物致知"的论述中,即有图式作为相应说明。③ 伍庸伯先生《礼记大学篇

---

① 毛奇龄:《大学证文》,中华书局,1991,第 3-4 页。
② 《四库全书总目提要》评《大学知本图说》。
③ 唐君毅:《中国哲学原论·导论篇》,第 194 页。

解说》① 为"方便表示大意"②，更作有多幅图表以辅助讲说。可以看出，近现代以来的学术话语体系内，《大学》图式仍有其存在之必要，与文字解说构成相得益彰的关系，这是《大学》图源远流长的重要原因之一。此部分结合伍庸伯《大学》图表，来看《大学》图的近代形态。

伍先生解读《大学》的观点有很多独到之处。他将《大学》定位为教人如何做人的学问。要先识人之所以为人者何在，明德即说明人之本然之所在，做人就要明明德。做人离不开社会，还要在社会中明明德。"格物致知"一章即讲如何在社会中明明德。"格物致知"历来争讼不已，伍先生是如何具体解释的呢？这里需先明确一下伍先生的分章主张。他赞同《大学》古本，无需改动，重新分为六章：格致、诚意、正修、修齐、齐治、治平。也就是说，"诚意"之前的内容，都属于"格致"章。他以"物有本末，事有终始，知所先后，则近道矣"为线索，作为理解"格致"章以至整篇《大学》的关键。他认为"凡有形可见的都可说作物"，"天下、国家、身这人类的一整体就是一物"③，并作一图来表示天下之物精粗大小的分别（图21）④。具体来说：认识到一事一物皆有其本末所在，人类整体作为一物，身为其本，家国天下皆可云末；身虽为本，而居中活动者还有心，心的活动，主要见之于意；意由很多知识凑泊形成，凡言意必有所指向，也就是离不开好恶与迎拒；形成意的知识多源于后天，不过是物之于心的相关反映，物不外指天下、国家、身这一整体之物，知不外指从物中得其间本末先后的关系条理；而修、齐、治、平的工夫推进，正是"事有先后"之事，修身为事之始，治平为事之终；所谓"物格知至"并不在别处，就是把这其间物的本末、事的终始搞清楚。伍先生强调，格物之物即"物有本末"之物，致知之"知"亦即"知所先后"之知，上下文明白白，扣合相关，不需另寻解释。⑤ 说物不外说物之本末，说本末

①　伍庸伯（1886—1952），名观淇，广东番禺县人（今属广州白云区），曾在南京临时政府参谋部任职，后担任军校教官，抗战期间任广东战区挺进第四纵队司令。后辞官专力学习，研习传统文化，讲习儒家经典，博学多识并躬行实践，晚年愈加醇熟，深得时人钦服。伍先生自己不著书，1950 年在北京对梁漱溟等人分六次讲授《大学》，由参加听讲的艮庸、渊庭二人笔录，梁漱溟等整理为《礼记大学篇说说》，得以延传，现收于《礼记大学篇伍严两家解说》，《梁漱溟全集》第 4 卷，山东人民出版社，1990。

②　梁漱溟等整理：《礼记大学篇伍严两家解说》，《梁漱溟全集》第 4 卷，第 27 页。

③　梁漱溟等整理：《礼记大学篇伍严两家解说》，《梁漱溟全集》第 4 卷，第 27 - 28 页。

④　梁漱溟等整理：《礼记大学篇伍严两家解说》，《梁漱溟全集》第 4 卷，第 28 页。

⑤　梁漱溟等整理：《礼记大学篇伍严两家解说》，《梁漱溟全集》第 4 卷，第 27 页。

又重在本上；故知本即等于知物，知本即等于物格；知本之外，别无所谓知至，知本即知至。

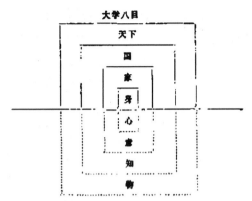

实线有形分大小。虚线无形别精粗。虚线中之物，即观念概念为物之代表者。

图 21

前文已提及，从"物有本末，事有终始"来解"格物"，先儒早已立说，不过，伍先生的解说圆成一体，自出新意，特别是"近道"一说的拈出，发人未发。伍先生认为，"近道"之"道"即大学之道，从本末、终始、先后来说"近道"，由"近道"乃得入道。"近道"的提法极其重要，前人于此未曾着意，并把"道"和"近道"混淆，而且认为此节是结束上文，使"近道"的提法失却意义。其实"近道"意在引起下文，八条目即指示工夫的条理，知先后何处下手，教人知所先后。"近道"比"道"的涵义狭，但"近道"乃能趋达于"道"。

图22①用来表示"近道"的意义。图下附有"说明"指出大学之道包含三阶段（上下地看）和三纲领（左右地看）；图右侧实线表示其为客观存在，左侧虚线表示物格知止即对前者之反映，内容等同；"近道"即对道之认识及实践，"格物知至"乃涵括着八条目在内。伍先生认为明明德、新民、止至善只是大学之道的三个阶段，"明德""知止""本末"才是纲领所在。能得其本末先后即"近道"，所以图中以"近道""止定""'明'明德"作为纲领左右排列相当。身、家、国、天下，修、齐、治、平，其本末先后之序，是人世间一大法则和规律，是人类历史经验得来的关系人生的最重要的知识。"人非明其明德无以为人生，而人生非循由乎此

①　梁漱溟等整理：《礼记大学篇伍严两家解说》，《梁漱溟全集》第4卷，第30页。

规律无以为明其明德。明明德是道，认识此规律而循之以行，即是近道。"①

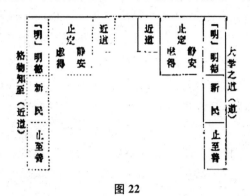

图 22

以上揭示了"格致"章的主旨，伍先生又专作一图来总结"格致"章所涵的意义，见图23②：

图 23

他解释道：《大学》从人之本然处来指点应如何做人，此"本然"状态不外乎心、身两面。就心的一面看，明德为其征，主宰着一切活动，故应明其明德，还其主宰；就身的一面看，身非离群独在之物，而是生活在家国天下这一整体性的大物之中，并成为达致后者的起点和根本，故应以修身为本，从起点做起，由近及远。"明其明德"即所以主宰还其主宰，"修身为本"即以之条理还其条理，实际上，这两面所言实质还是一回事，不过分开来说而已，当条理还其条理时，则主宰还其主宰就已包含在其中了。"还"的意思，即复其本然之所有者，入手处必应回归到作为"本"

---

① 梁漱溟等整理：《礼记大学篇伍严两家解说》，《梁漱溟全集》第4卷，第29页。
② 梁漱溟等整理：《礼记大学篇伍严两家解说》，《梁漱溟全集》第4卷，第32页。

的修身上，向内表现为知止有定，向外表现为物格知至而事有所先后，这就是"近道"。可见，近道首先表现在"修身"上，心不离身，身不离心，达到"身心相依"的状态。① 伍先生指出此时便会发生"敬"的作用，这实际接续到工夫实践，过渡到"诚意"章了。

按伍先生的观点，"格致"章主要揭示《大学》的理论轮廓，八目一段循环往复的解说，叮咛告诫，语重心长，但并不是工夫之所在，而在于落实"格物致知"的近道义。"诚意"章才开始讲到工夫，以前儒者以格致为工夫义，难免把《大学》文义解错。"诚意"章可分五节来解说，见图24②。"诚意"章各节要义皆可析出明、新、止三段工夫，内引以证明、新、止的诗书之文，不必移动到首章。"诚意"工夫全在"慎独"："慎独"不能理解为修持之一事，而应视为彻始彻终彻上彻下的工夫，关键在于能于意念萌动处加此"慎"之功，信得"修身为本"而后将精神收归到身上来，就能保证实现意之诚。对慎独而言，"独"字只是补充性的，不过以独配慎来讲，很有意义，独中用功，有制于几先，有使精神立时集中归一之效，所以于独处独念之时慎之，才是真慎，才称得上是为己之学。"诚意"章最后归结在知本，与"格致"章同，故而"诚意"的理解亦不离"近道"之说，"格致"章是说近道之认识，"诚意"章是说近道之实践。《大学》工夫全在"诚意"："意者意向，人的一切感应活动皆是意，意发于心而形于身"，"诚就是心在当下，不走作"③。而"诚意"之后的正、修、齐、治、平诸工夫，也是"诚意"工夫中的事情，并非于"诚意"外别有诸事，只不过是临到不同事实上，则收工亦各有不同之所在而已。本于此，《大学》全篇六章可分为三个部分，见图25④所示。"治平"章亦

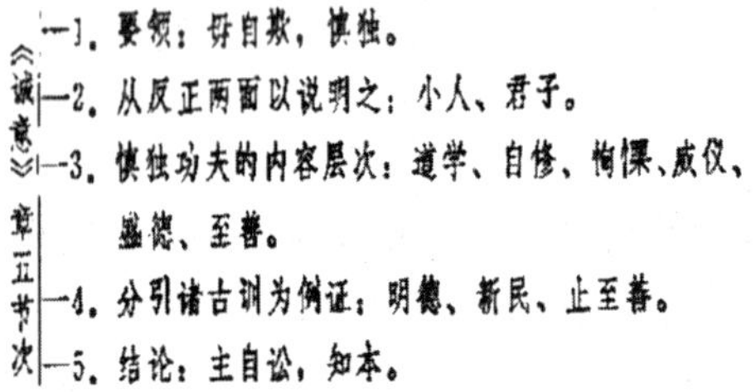

《诚意》章五节次——　1. 要领：好自欺，慎独。
　　　　　　　　　2. 从反正两面以说明之：小人、君子。
　　　　　　　　　3. 慎独功夫的内容层次：道学、自修、恂憟、威仪、
　　　　　　　　　　　盛德、至善。
　　　　　　　　　4. 分引诸古训为佐证：明德、新民、止至善。
　　　　　　　　　5. 结论：主自讼，知本。

图 24

①　梁漱溟等整理：《礼记大学篇伍严两家解说》，《梁漱溟全集》第4卷，第32页。
②　梁漱溟等整理：《礼记大学篇伍严两家解说》，《梁漱溟全集》第4卷，第43页。
③　梁漱溟等整理：《礼记大学篇伍严两家解说》，《梁漱溟全集》第4卷，第33页。
④　梁漱溟等整理：《礼记大学篇伍严两家解说》，《梁漱溟全集》第4卷，第44页。

作一图式以明之，见图 26①，统举文义，不烦多赘。

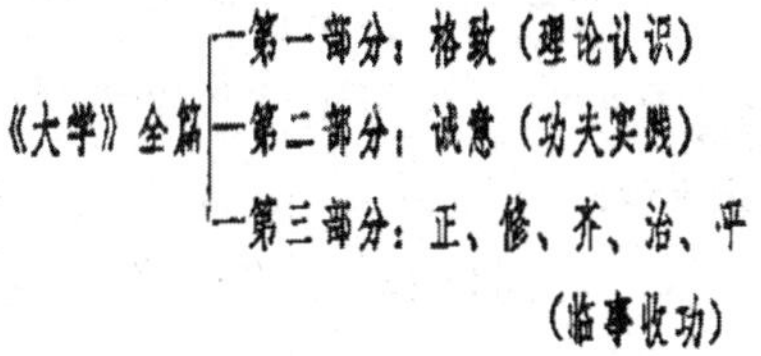

第一部分：格致（理论认识）

《大学》全篇——第二部分：诚意（功夫实践）

第三部分：正、修、齐、治、平

（临事收功）

图 25

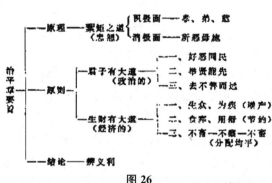

图 26

梁漱溟先生对伍氏之说甚为推崇，曾做两篇评述文字，以阐发伍氏之说。梁先生评述道："道"指本体，"近道"指工夫，即可以入道或合于道者，近道不即是道，但于道为近；抓住"近道"的精神，才可得格致的正解，前人疏忽"近道"之说，不能解对"格致"，其失不只是解书错误，更重要在于指点如何做工夫也难得正解；提举"近道"，就是强调要"反之"，返回到人身上来做工夫，而且是为普通人、一般人立说；"格致"不外通达工夫条目之间的本末先后关系，而归结到修身为本的法则或信念上，既不同于阳明体认正心说，亦不同于朱子穷理说，二者认为是工夫的"格致"，在伍先生看来只是工夫的前提，引发实行的工夫乃"诚意慎独"，"近道"之提出由此得以在本末、内外的推扩关联中落实下去。②《大学》讲"近道"过于讲"道"，唯其讲"近道"，乃正所以讲如何得以"明明德"，"明明德"是第一根本要点，全篇无非明明德事，只是引而不发，有待学者自行领会。梁先生认为，讲明"近道"，实乃慧眼独具，"莫以为他只是从书本上前后文义检寻发见出来的。这实为他在功夫实践上反复揣量得此窍门，而后印证书文，自信不差的"③。梁先生以其亲炙所得，特别

① 梁漱溟等整理：《礼记大学篇伍严两家解说》，《梁漱溟全集》第 4 卷，第 54 页。
② 梁漱溟等整理：《礼记大学篇伍严两家解说》，《梁漱溟全集》第 4 卷，第 96 页。
③ 梁漱溟等整理：《礼记大学篇伍严两家解说》，《梁漱溟全集》第 4 卷，第 91 页。

指出伍氏是"为解决自己的人生问题而谈学，不是为讲书而讲书"，乃
"实践此学而体认以得"，"不喜为高深之谈，而其为学却能由浅近而造于
高深，其长处正在于有顺序"，认为伍说"救正朱子阳明过去解释《大学》
之失，实为近八百年来未有之创获"①。梁先生的具体评价或有可商，然
所提点出伍先生的为学特质，则是非常值得我们借鉴省思的。

二、《大学》图的主要类型

以上对朱子以降的图解《大学》源流进行了大致的勾勒，所选介的图
著，照顾时代因素，每时段各选一个代表，同时尽量展现出时代特色和多
元类型，介述数量有限，仅供睹其大概。事实上，历史上《大学》图著数
量是非常可观的，除上述提到过的之外，仅按朱彝尊《经义考》所录，就
有胡炳文《大学指掌图》、叶应《大学纲领图》、朱谏《学庸图说》、朱文
简《学庸图说》、林处恭《四书指掌图》、吴成大《四书图》、吴苍舒《四
书图考》等以图解为名的著作。不仅中国《大学》图源流不断，国外《大
学》图也是一个不应忽视的重要分支，在欧洲就颇为流行②，在东亚尤其
是韩国儒学中，更是形成了"以图为本"的图解传统③。可见，图解《大

---

① 梁漱溟等整理：《礼记大学篇伍严两家解说》，《梁漱溟全集》第 4 卷，第 14 页。

② 英国爱丁堡大学教授约阿希姆·根茨（Joachim Gentz）曾于 2013 年 3 月 20 日在北京大学
作过题为《从东西〈大学〉图的比较看〈大学〉的结构与诠释问题》的主题报告，有助于我们认识
《大学》图的意义和了解西方人视角下的《大学》图及其发展。在报告中，根茨教授分析了《大学》
中所用的文本策略，指出文本由众多文内单元构成，而且文内单元多以排比形式出现，三种基本排
比形式为：一般排比、相互交错排比、重迭排比。从阐释学角度，分析了关系图表在构建文本意义
时的作用。用幻灯片展示了大量欧洲中世纪和中国宋代哲学文本的图表结构，直观地比较了文本结
构的不同，以及近几年他在欧洲的《大学》教学中收集的学生创作的《大学》图，图表形式多样，
有道路型、动物型、人物型、漫画型、树型、拼图型、计算机游戏型等等。从这些图表中，根茨教
授总结出《大学》文本各部分间缺乏直接逻辑联系的缺陷。（见北京大学高等人文研究院网站）

③ 查《国际儒藏·韩国编四书部》"大学卷"，诸如《大学图》《大学五图》《大学章句图》
《大学章图》等图解《大学》的著作不胜枚举。李纪祥先生《〈大学〉之图解——〈朱子语类〉中
的〈大学图〉与权近〈大学指掌之图〉的比较研究》（《宋明理学与东亚儒学》，广西师范大学出
版社，2010）指出，韩儒开启作图示之的图解传统，并配之以文为说的解图，呈现出一种以图为
本的儒学诠释特色；与之相对，中国儒学传统解《大学》偏于文字性的注疏集解，呈现的是以文
为本的特征。李先生表彰韩国大学图解系统，而中国则是以文字文本为主，图式文本不占重要地
位，他认为韩儒在引进儒学的初期，有一个从接受、消化到转化的过程，其中一个重要途径是通
过大儒的理解消化，制作成图式，以便于韩儒对异于自身传统的儒学的理解，并适于广泛接受，
故产生了大量的图式文本，并逐渐在韩儒传统中占据了重要地位。但不可否认，从上述梳理来
看，中国《大学》学史亦具有相应的图解传统。

学》已形成了"世界性"的学术论域，而对作为源头和主脉的中国《大学》图的源流和体系，适时加以系统性地梳理和研究，就显得十分必要了。结合《大学》图式谱系脉络看，可以看出相应的图式类型主要有以下几种：

第一，表达思想结构型。《大学》图史源流中，如黎立武《古大学本旨图》、程复心的《大学句问章图》、伍庸伯的《大学》图，均是以表达思想结构和思想内容为主的图式。这些图式可以是对其思想诠释的整体概括（如黎立武），也可以是对某个部分的局部呈现（如伍庸伯），或者是二者兼而有之（如程复心）。此处再举唐君毅先生《大学》图为证（图 27）[1]：

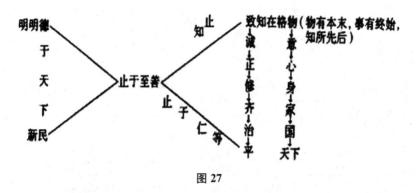

图 27

唐先生重新编订了《大学》章句，对三纲八目之宗趣进行了通释，认为"《大学》之言致知格物，实与其整个思想系统，及前后文之文理，丝丝入扣，而无待乎增损"[2]。但在通释之前，唐先生先示以上图，表见其《大学》新订本的思想结构，指出"依此图以观《大学》之三纲八目，则其间之关联，实甚易明"[3]。与文字文本相比，图式文本对思想的描述和表达，意在简洁化、精要化、条理化，具有"妙于见形"（葛兆光语）的优越性，这恐怕亦是图式文本长盛不衰的重要原因之一。

第二，梳理思想脉络型。如宋儒王柏的《致知格物宗派图》（图 28）和《致知格物图》（29）[4]：

---

① 唐君毅：《中国哲学原论·导论篇》，第 194 页。
② 唐君毅：《中国哲学原论·导论篇》，第 196 页。
③ 唐君毅：《中国哲学原论·导论篇》，第 194 页。
④ 王柏：《研几图》，中华书局，1958，第 16－19 页。该著是一部"以图解经"的专著，对儒家经典及朱子注解，全部辐辏于图式，数量丰富，涉及《大学》的图式共有三图。

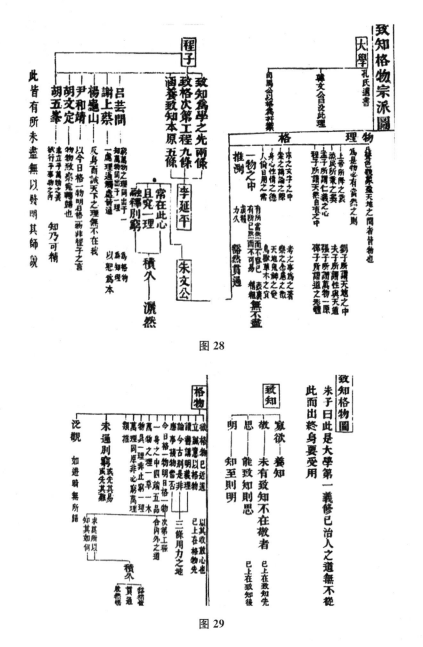

图 28

图 29

　　一图总结"格物致知"说的发展宗派和源流，一图展示朱子"格物致知"理论所主张的着力用功处，源流清晰，内容详致，通过图式对朱子"致知格物"思想作了"史论结合""条分缕析"的疏解。

　　第三，彰显思想旨要型。通过内容和样式的"设计"，分别轻重、主次，突出重点。朱子《大学》图最能说明这一点。在朱子《大学》图中，上下左右的内容，全部以"至善"为思想旨归而得以展开，以"止于至善"为中心，为解读朱子《大学》思想提供一个新的启示。朱子对"至善"之凸显，为何未能引起足够的关注？一方面，这和章句注疏的特点有关，首先要依照经文，面面俱到，思想要点不能充分展开，可能会"淹没"于其中；另一方面，《大学》图附于《语类》中，朱子著作的位阶等级大致可排列为：一部《大学》在我胸中—正经—章句集注—或问—语类①，《语类》位阶不算高，不易引起重视。不过，朱子同时指出"不用某许多工夫，亦看某底不出"，这说明《语类》《或问》并不是可有可无的，正是"看"出朱子思想旨趣的必要途径。所以，我们应充分注意朱子《大学》图所给出的"直接""显明"的线索和指示。

第四，寓作于图型。我注六经和六经注我作为经典注疏传统中不同的注释取向，一个指向经典本旨，一个将自身思想糅进解释之中，二者往往掺杂在一起，并非总以"自觉"的形式出现，但这并不意味着无法区分两种取向。在"以图解经"的图式文本中，这两种取向同样存在。刘蕺山的《三纲八目图》当是《大学》图中"糅进自身思想"的典型代表。《三纲八目图》并不复杂，图中的文字基本全部来自《大学》本身，无一出自蕺山自己的"话语"，但若脱离蕺山的思想体系，此图完全不能得到合理地解读。看似图解《大学》，实则寓作于图。

第五，指点工夫进路型。《大学》本身即是一部工夫论著作，节目详备，次第井然。任何一部《大学》学著作无不关注其工夫进路的诠解，图解《大学》同样无不会对工夫进路予以指点。前文所引《大学》图，对此多有发挥，如伍庸伯"主宰还其主宰""条理还其条理"之图式，即是工夫论层面的提点。此外，韩儒的《大学》学，出于传播和接受儒家学说的需要，对《大学》及其工夫进路比较重视，并作了较为普遍、浅近的图式，如丁若镛所作《大学》图（图30、图31）②：

借助图式化的独特表达方式，《大学》图可将《大学》工夫次第、主次、承接、效验等相应关系，更为概略化、一体化地排列和连接起来。

---

① 朱子有言：《大学》一书有正经、有解、有或问，看来看去不用或问，只看注解便了，久之又只看正经便了，又久之，自有一部《大学》在我胸中而正经亦不用矣（《朱子语类》卷一四）。

② 转引自孙叡彻：《丁若镛治〈大学〉的几个特点》，《台湾东亚文明研究学刊》2005年6月第2卷第1期，第189、190页。原载丁若镛：《大学公议》，《与犹堂全书》第4册第2集第1卷，景仁文化社（汉城），1973，第12、17页。

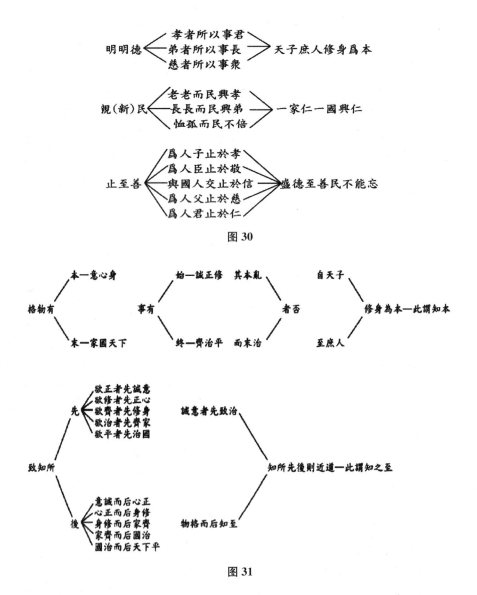

图 30

图 31

第六，图说结合型。图和说的结合是一个普遍性的存在，没有相应文字文本的解说，无法全面揭示图式所蕴含的真实意蕴。有的图式出现比较孤立，如朱子、黎立武、刘蕺山的《大学》图，出现在相应著作的卷首或卷尾，没有文字解说的指示，但我们对这些图式的诠解，是以他们的整个思想体系为背景，实际上是更为广义的"图""说"结合。狭义地看，《大学》图也有结合"说""释""箴"等形式的专门解说，如《大学知本图说》《大学句问章图纂释》，每幅图后，都有相对应的文字解说，是"标准"的"图说结合型"。狭义的《大学》图说结合，与著名的《太极图》《太极图说》略有不同，《太极图》及图说是"因图立说"，重在"说"；《大学》图说基本上是"以说解图"，重在"图"。前者是"以说为主"，脱离开图，仍可是一篇独立文字；后者是"以图明理"，说乃图注，为图而设。

三、《大学》图与思想内涵之关联

《大学》图的六种类型说明图式与思想之间存在密切的逻辑关联，图式文本因此可以成为诠解经典和阐发思想的重要理论形式。但就《大学》图而言，自其创立之初，就面临较为尴尬的境地，如李纪祥先生曾诘问道："在朱熹之《朱子语类》中，则首先出现了以图来说解《大学》之形式。朱熹何以要在'文字'解说之外，另以'图式'为之？是因为文字表述有其限制？还是图式确有扼要简示之功？而此种以图为解又为何不见于正式解说注释《大学》之作——《大学章句》中？是因为'以图为解'之'图解'，不能登于大雅之堂，列于传统上正式注经之林，故不得与注、疏并列等次，抑或此种图解之文体形式，系初生而萌，尚不足列于著述之林，犹仅被视为'辅助讲说'的手段？然而《太极图》《太极图说》又何以被正式视为理学家重要的大雅、渊源、首要之著作篇章？……"①李先生的提问主要是想说明以朱子为代表的中国儒学乃文字文本为主的历史传统，图解并不被重视，与之相比，韩国儒学中图比文字解说更显重要，并形成以图为主的图说新传统。本书则认为，并不能因为朱子《大学》图出现在语类中，就认为不重要，作为与文字注疏并存的解经方式，《大学》图是其《大学》思想体系的有机组成部分，统合不同形式（集注、语类、或问、图式）的经典诠解，才能完整地呈现其《大学》思想的本真意蕴。况且，朱子《大学》图作为开山之作，本身也并非千古绝音，在后世仍有回应（如清代王澍），并开创了一个延绵不断的图解《大学》的新范式和新传统。本篇即意在挖掘中国《大学》学的本有传承中这一被长期忽略的潜流。

不过，上述诘问提示我们，有必要对以图解经和文字注疏的地位轻重

---

① 李纪祥：《〈大学〉之图解》，《宋明理学与东亚儒学》，第226页。

问题，略作说明。表面上看，文字文本和图式文本似乎分别扮演者正统主脉和支流余脉的角色，但通过《大学》图史的考察，可知针对不同的类型应加以区别对待、具体分析。一般而言，说图式是作为辅助手段而出现，并没有太大问题，如朱子、黎立武、刘蕺山、伍庸伯的《大学》图；但有的则是以图为中心建立体系，如《大学知本图说》《圣学十图》；有的则更为复杂，如《四书章图》，本来是进入朱子学的辅翼之作，当作为一部独立的特色著作时，它又可被视为以图为主、文字为辅的"解图"作品。更宽泛地看，在诗书礼乐诸图那里，"图"主要发挥辅助说明的作用，是配合文字文本的有益补充；而在《大学》图中，虽也有辅助性的一面，但在进行结构表达、思想阐发时，它或多或少会带有"寓作于图"的意味，表现出意义"再创造"的一面。因此，在《大学》图的系统内，对于图解和文字注疏，笔者更愿意强调二者之间"相得益彰"的互补性，而不主张一概而论地评定孰轻孰重。

《大学》图之"图式与思想"之关系，还有一个理论维度值得探究：图式可以表达思想，思想也可以选择图式；不同的思想需求，会对图式做出相应的不同选择。有一个有趣的例子，比较突出地说明了这一问题。韩儒李退溪①作有《圣学十图》，有图有说，乃韩儒图式文本的集大成之作。该作一本于朱子理学，其中许多内容选用朱子之作，如《仁说图》《仁说》《小学题辞》《白鹿洞书院学规后序》《敬斋箴》；其余的图式和解说亦多为朱学系统的作品，如王柏、程复心的图作等。然而《圣学十图》第四图《大学》图，退溪却没有采用朱子的《大学》图，而是采用了韩儒权近的《大学指掌之图》。从李退溪的其他著作看，他对朱子的语类特别熟悉，若谓退溪未见朱子《大学》图，恐怕很难让人相信。也正因此，退溪对《大学》图的选择，就颇值得玩味了。退溪《圣学十图》所录《大学指掌之图》如图32②所示，为方便比照，同时列出朱子《大学》图③，如图33所示：

---

　　① 李滉（1501—1570），字景浩、季浩，号退溪，朝鲜朱子学的主要代表人物，被公认为是朝鲜儒学泰斗，著有《圣学十图》《朱子书节要》《心经释义》《四端七情录》等。
　　② 原载李退溪：《圣学十图》，《增补退溪全书》第1册，成均馆大学校大东文化研究院（汉城），1985。转引自陈昭瑛：《李退溪〈圣学十图〉的诗性智慧与形象思维》，《台湾东亚文明研究学刊》2009年6月第6卷第1期，第129页。
　　③ 朱熹：《朱子语类》（孔子文化大全本），山东友谊书社，1993，第576页。与图1所示朱子《大学》图为同一底本。

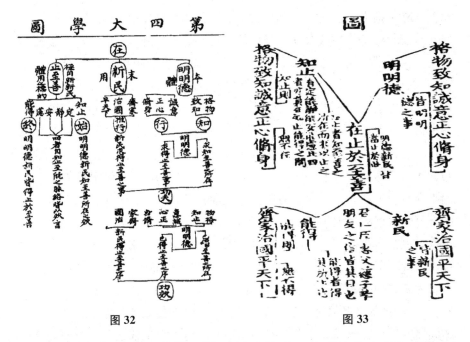

图 32　　　　　　　　　　　　　　　　图 33

　　《大学指掌之图》分纵、横两层。纵看，以"格物、致知"属于"知"，以"诚意、正心、修身"属于"行"，并以"齐家、治国、平天下"为"推行"；横看，"明明德"为"体""本"，"新民"为"用""末"，与"止至善"关联起来看，明德新民又是体用、本末的一体，而"止至善"作为二者推至之极，是"体用之标的"。"体用"未出现于朱子《大学》图中，"行""推行"亦未出现。由"知"到"行"，再引申出"推行"，即不断的工夫修炼，不断的修身实践。权近的图还出现"始""终"，强调由"知止"到"能得"是一个有始有终的过程，在"始"之下有"明明德新民知至善所在之效"，"效"即图末的"功效"。整体上看，权近的图以"终始""知行""推行""工夫""功效"几组关键词作为收束，以"在"作为全图提挈点，将整幅图囊括在工夫切实力行的论域内。图最上端显得至高无上的"在"字，乃权近之图最有深意之处，下面的全部内容，似乎皆是由此"在"字得以生成展开。"在"作为核心地位的突出，体现出与朱子图的最大不同。朱子图中心"在止于至善"，虽也有"在"字，但只是指出"止于至善"的方向，"至善"才是朱子所欲凸显的核心。而在权近图中，"在"字不再仅是"虚词"，作为确立进路、当下实行的工夫指引，具有了统领全局的"实际"意义。

　　分析清楚此图的内涵旨要，我们再看退溪选择此图而不用朱子之图的原因。陈荣捷曾发现这个问题，并给出了富有启发性的解读，他认为：
"朱子之图与退溪之图，目的全然不同也。朱子志在阐释《大学》，以图表
表明其《大学章句》与《大学或问》之所论。故全图重其思想全部之结
构"，退溪所用权近之图则"所重者在乎体用、知行、本末、始终。重点
在程序与方法，而与朱子《大学》图之机体结构大异其趣。退溪目的，在
帝王为圣之学。不重'什么'而重'如何'。其十图集中于敬，即是此
意"。换言之，"朱子之图，乃为《大学》整个思想而作。退溪所用之图，
乃为人主修养而作。其目的不同，故所采之图亦异"①。李纪祥先生则提
出不同看法，认为朱子此图乃仅就《大学》经文而作，并不涉及对传文的
图解，而权近的《大学指掌之图》乃是以整个《大学章句》的思想为指导
而作，更全面更详细，因此李幌《圣学十图》不选用朱子《大学》图，而
选用权近之图。② 李纪祥先生以涉及的文本范围来评论两图之异，这点笔
者认为未看到问题的本质。虽然朱子《大学》图附在《朱子语类》讨论
《大学》经文部分的第十五卷之后，而非讨论完传文的十八卷之后，但此
图涵括的思想意蕴却并非完全不涉及传文，这一点从前文关于此图的分析
就可看出来。此外，若退溪因权近之图是涵盖《大学章句》而作而选用此
图，那么为何此图后所附解说只列《大学》经一章，而不列朱子的注解
呢，要知道《圣学十图》多幅图后的解说都是引用朱子之作的。笔者更为
赞同陈荣捷先生的分析，即权近《大学》图所重者在乎方法、体用、知
行、本末、始终，重在程序和方法，便于退溪解说帝王为圣之学，为人主
说明修养应"如何"做。③ 一言以蔽之，退溪之所以选择权近之图，是以
其思想需要为指引的。

　　退溪对朱、权二者《大学》图的抉择，从个案的角度体现出《大
学》图所蕴含思想指向及其间的差异，说明图式和思想之间的紧密联
系，故不能仅将图式看作对文字文本的简单重复。"图式"实乃通过提
炼（主旨）、整合（内容）、熔铸（结构）而进行的"新创作"，"图像不
仅用模拟表达着取向，以位置传递着评价，以比例暗示着观念，更以变异

---

①　陈荣捷：《退溪不用朱子大学图》，《朱子新探索》，第 246 页。

②　李纪祥：《〈大学〉之图解》，《宋明理学与东亚儒学》，第 238 页。

③　《大学指掌之图》右侧本有竖写的"外有以及其规模之大　三纲""内有以尽其节目之详
八目"，出自朱子《大学章句序》，但退溪在将此图选入《圣学十图》时，这句话却没有显示出
来。笔者推测可能是由于退溪更想强调工夫修养的指引意义，突出本末、终始、推行等易于理解
的词汇，而不欲掺杂"内外"，以免枝节。可参《国际儒藏·韩国编四书部》编纂委员会编：《国
际儒藏·韩国编四书部》，华夏出版社、中国人民大学出版社，2010，"大学卷"，第 3 页。

凸显着想象"①。在图式中，出现哪些"关键词"，安排在何种顺序、次第和位置，整体呈现为怎样的架构等等问题，都是经过了作者选择、排列和组合的慎重考虑，总体涵括着作者的价值意图和思想旨趣。所以说，图式本身即内蕴着理论性和思想性于其内的。历代《大学》图的变迁，纵然有其内容和类型方面的不同，然其间差异的实质，主要在于各《大学》图对《大学》文本的不同理解和诠释，内蕴着各自不同的思想观念。

四、《大学》图的理论价值与局限

从逻辑认知的角度看，图式逻辑乃是一种"镜像逻辑"，是表达逻辑概念以及演绎成分的新方式，用图形的、图表的、空间的、拓扑的和镜像的表征方式取代了线性的、规约的和符号的方式，与自然语言书面的、口头表达的方式明显不同，"用图说话"构造出的是一种"思维的动画"。②康德则提出，"图式"作为一种概念性的感性结构方式和构架原则，使我们可以从具体的、个别的、特殊的感性经验中，得到普遍性的知性范畴。③ 通过图式化将概念带入图像，图像背后的思想动力源自"想象力"。海德格尔曾对此有深刻分析："这样的感性化活动源初地发生在想象力中。'想象力为一个概念提供其图像，我把对想象力的这样一种普遍的做法的表像，称为导向该概念的图式'。图式-成像的整个过程，作为概念的感性化表达方式，就叫作图式化。虽然图式和图像之间尚有区别，但它仍然还是和图像这样的东西有着关联，也就是说，图式中必然含有图像的特征。它有着其本己的本质。它既不仅仅是一种简单的外观（第一层意义上的'图像'），也不是一个映射（第二层意义上的'图像'）。因此，它或许可被称作为图式-图像。"④ 以上说明，"图式"具有先天的概念构架功能，以一种独特的"图式逻辑"发挥作用，并通过源于想象力的"图式-图像化"，蕴含着"想象力"必然导向的思想再扩展的本性实现，提供着概念直观和感性综合基础上，不仅可进行思想表述，还能进行思想生产的内在

---

① 葛兆光：《思想史研究视野中的图像》，《中国社会科学》2002 年第 4 期。

② 阿赫提-维科·皮尔塔瑞南：《存在图：逻辑和认知》，刘新文译，《哲学分析》2014 年第 1 期。

③ 康德：《纯粹理性批判》，韦卓民译，华中师范大学出版社，2016，第 147 页。

④ 海德格尔：《康德与形而上学疑难》，王庆节译，上海译文出版社，2011，第 91-92 页。

可能性。

在对"图式"本身所具有的结构特性和思维逻辑的认识基础上，不难理解作为"图式"的《大学》图所具有的理论价值：

第一，《大学》图是对《大学》及其《大学》学著作义理结构的显现、价值观念的外化，具有简明、直观、扼要、具象的特色。"画图以形其妙，析段以显其义"①，直指全提，一目了然，是对《大学》文字注疏的反映、补充和完善——"图谶之属，虽非正文之制，然以取其纵横有义，反复成章"②。程复心就认为自己的《四书章图》"櫽括朱子《章句》《集注》《或问》，分纲布目，总要会繁，本末始终，昭然义见"③。可见，图式可以成为经典解读的有效手段。

第二，图式具有象思维的特质，"立象以尽情伪"（《易传》），"所谓象，就是用一种形象表示一个道理"④。言不尽意、尽意莫若象，象思维下的《大学》图并非可有可无，它不再停留于辅助讲说的功能，而是呈现文字所不可及处，以更具涵纳性和开放性的符号形式，发挥不可替代的诠释效用。王柏道："有一图之义，极千万言而不能尽者；图之妙，实不在书之后"⑤，讲的正是此意。

第三，"寻象以观意""得意而忘象"，故不宜胶执于"图式"，图外尚有可得可会之"意"。本于文字，紧扣字词句义来理解，具有义理内聚的特性，但作之以图式，寓诸形象化，亦能跳出文本的局限，从而"超越"文本，使图式具有义理理解上的创造性和再生性。"图像资料的意义并不仅仅限于'辅助'文字文献，也不仅仅局限于被用作'图说历史'的插图，当然更不仅仅是艺术史的课题，而是蕴涵着某种有意识的选择、设计和构想，隐藏了历史、价值和观念。"⑥《大学》图表达《大学》原型的同时又具有超出原型的可能，可以增进新意，具有思想再生产、再创造的内在意蕴，本身也具有了研究和思考的独立价值。通过"图式诠释学"的独特路径，对图式作适当地延展和发挥，发掘其中涵具的"微言大义"。

第四，图式"深入浅出"地表达思想和义理，有助于增进对精深义理

---

① 吴师道：《读四书丛说序》，朱彝尊撰，林庆彰、蒋秋华、杨晋龙等主编：《经义考新校》（九），上海古籍出版社，2010，第4554页。

② 挚虞：《文章流别论》，郭绍虞编：《中国历代文论选》上册，中华书局，1962，第159页。

③ 程复心：《四书章图》，凡例。

④ 冯友兰：《中国哲学史新编》第5册，人民出版社，1988，第54页。

⑤ 王柏：《研几图》，自序。

⑥ 葛兆光：《思想史研究视野中的图像》，《中国社会科学》2002年第4期。

的理解，普及性强，受众广，对接引初学尤有价值。韩儒权近指出："《大学》一书，纲领备而节目详，文简而易知，理切而易明。为学之序，用力之方，至为精密。在初学者，尤为当务之急。然初学之士，其于体用、本末、知行、功效，多不能察。语之虽勤，识之不易。今为此《图》，使之先观一经全体，了然在目。然后即是书而读之，则不烦指诲而自知其节次矣。苟能常目在之，潜心熟玩，则一部《大学》在胸中矣。"① 《四书章图》在接引初学方面，有更深切的体认："使读者因图以玩解，则可以见文公用力之深；因解以求经，则可以见□□垂教之初。是于初学之士，亦不无小补云。"② 不仅由图作为进学之初，指点体见之要，而且指示出图—解—经的层级，使读者既得门径，亦明归趣。《四书章图》"凡例"指出："初学子弟先且逐章取图细玩，然后熟读《章句》《集注》《或问》，则于各章之意，如驾轻就熟，指掌可求，不烦口授，亦训蒙之一助也。"可谓后学之指南、读书之快捷方式。

第五，"图多实践意"③。《大学》图作为对工夫论著作——《大学》的图式解读，本身也蕴含着指点修养的工夫论价值，并且便于日常观看，时时省察，时时持守，勉于日用，崇养德业。李退溪在《小学图》和《大学图》后曾专门说明："然非但二说当通看，并与上下八图，皆当通此二图而看。盖上二图（指《太极图》《西铭图》）是求端扩充，体天尽道极致之处，为小学、大学之标准本原。下六图是明善诚身，崇德广业用力之处，为小学、大学之田地事功。而敬者又彻上彻下，著工收效，皆当从事而勿失者也。故朱子之说如彼，而今兹十图，皆以敬为主焉。"《圣学十图》所作的目的即希冀观者能"因图致思"，"体玩警省于日用之际，心目之间"，培养护持"敬"的工夫。《圣学十图》明确提出："圣学有大端，心法有至要，揭之以为图，指之以为说，为入道之门，积德之基。"有学者进一步将"图式"所具的这类修养工夫上的价值，称之为"形象工夫论"，亦即"强调在人的道德修为中形象具有警示惕厉的作用"，"形象不只是表意传达的工具，形象本身具有存有学的意义"，对人之修养亦具有了"存在的扩充"（伽达默尔语）意义。④

① 权近：《大学指掌之图》，《国际儒藏·韩国编四书部》，"大学卷"，第 4 页。
② 程复心：《四书章图》，自序。
③ 陈荣捷语，见陈荣捷：《论朱子之仁说》，《朱学论集》，学生书局（台北），1982，第 55 页。
④ 陈昭瑛：《李退溪〈圣学十图〉的诗性智慧与形象思维》，《台湾东亚文明研究学刊》2009 年 6 月第 6 卷第 1 期，第 126 页。

　　长处所及，短亦伏焉。"图式"传达思想的作用机制诉诸视觉，与现象学方法的"描述"所具有的首要作用相关。不过，在现象学的诠释学转向"语义学革新"（利科语）的过程中，视觉的优先性被语言替代，"作为一种从描述到解释，从本质直观到理解的运动，想象与其说是以视觉不如说是用语言来考虑"①，尤其是在"双重或多重意义"的诠释层次上，"语言"具有图式不具备的"面对意识的直接的现象学呈现来正确理解"②。何况，图式本身的构成往往包含着文字、语词等要素，并不是与"语言"完全无涉。图式文本的理论应用也需借助文字的表达，需待"书"以明："象数可以图言，名意不可以图言。以图言之，其亦有所本乎？昔者圣人观象著图，因图为书，范围发挥，由书而始通。则图之秘，非书不能以尽，是书明于图者也。"③ 故一方面需警惕对图式文本的过度诠释，另一方面"图式化"的理论价值不能完全抹杀"语词模式"的存在价值。文字、语词首先要求智识的理解，重视逻辑性、理论性、抽象性，而图式则诉诸视觉观看的优先性，会更加强调直观性、形象性。这使得《大学》图可能具有作为"图式"而普遍存在的某些局限性，如：显现理论逻辑时其前后关联可能会被省略甚至消失，内涵分析的粗略和意义结构层次的简化可能会使复杂的思想内涵发生扭曲甚至走向否定，精细阅读退却可能会减弱深层意义体知……。因此，既要看到《大学》图及其他图式文本、图像数据的积极价值，予以充分的重视和利用，也要清楚其可能具有的局限性，适当予以规避。图式文本不能取代文字文本，文字文本也不能忽视图式文本。

五、小结：《大学》图谱与经典诠释的新面向

　　上文有关图式价值及局限的分疏、图式文本的意义定位，不仅要从思想史的角度进行阐发，还要从图式本身所具之特性加以审视。胡渭考辨《易》图时曾说道："古者有书必有图，图以佐书之所不能尽也。凡天文、

---

① 洪汉鼎：《当代哲学诠释学的前沿问题——实践哲学、修辞学与想象力》，参考自洪汉鼎先生 2013 年 11 月 12 日至 29 日于北京师范大学哲学与社会学学院诠释学专题系列讲座所印发的讲稿，后收入《实践哲学 修辞学 想象力：当代哲学诠释学研究》，中国人民大学出版社，2014。

② 洪汉鼎：《当代哲学诠释学的前沿问题——实践哲学、修辞学与想象力》。

③ 程复心：《四书章图》，袁桷序。

地理、鸟兽、草木、宫室、车旗、服饰、器用、世系、位置之类，非图则无以示隐赜之形，明古今之制，故《诗》《书》《礼》《乐》《春秋》皆不可以无图。"① 诗书礼乐之图，多为展示具体实物的样式，以尽语言所不能描摹之处，但"唯《易》则无所用图"，因为《易》不像其他诸经，不需要"示隐赜之形，明古今之变"。胡渭这段话的主要目的是辩驳《易》图，对理学所倚重之《易》图（以《太极图》为代表）进行辩难、攻讦，以釜底抽薪的方式来批驳理学徒见异说。其意图非此处关注的重点，撇开此点不论，结合《大学》图的源流、类型、理论价值等方面可知，《大学》图可以生动地呈现中国哲学思想的发展尤其是宋元明清理学的发展谱系，可知"图"不仅能用来表达具体事物，对于《易》《大学》等偏重理论体系的经典文献而言，"图"同样可以"佐书之所不能尽"，成为表达思想、诠释经典的有效工具。

西方曾有"图像证史"的理论，力图说明"图像如同文本和口述证词一样，也是历史证据的一种重要形式"②。葛兆光先生亦曾旗帜鲜明的主张"图像资料本身也是思想史应当注意与研究的文献"③。近来，又有学者提出"形象史学"的主张，即"把形与象作为史料，用以研究历史的一门学问"④。作为一个特例，《大学》图再次表明图式（或图像）在历史研究中可以发挥独特之作用，应成为思想史、哲学史的重要资料来源。

图式具有的重要价值，使《大学》图作为对《大学》的解读，呈现出文字注疏之外对《大学》诠释方式的多样化和多元性。同时，通过"图-说"的结合，《大学》图可以保有"解读图式"的诠释有效性。尤有进者，作为图式文本，《大学》图彰显出比文字注疏类文本更具丰富性和含蕴性

---

① 胡渭：《易图明辨》"题辞"，《易图明辨导读》，齐鲁书社，2004，第75页。

② 彼得·伯克：《图像证史》，杨豫译，北京大学出版社，2008，第9页。

③ 葛兆光：《思想史研究视野中的图像》，《中国社会科学》2022年第4期。

④ 中国社会科学院历史研究所孙晓研究员在《形象史学研究》杂志"前言"中指出，所谓"形象史学"就是"把形与象作为史料，用以研究历史的一门学问。具体来说，专门指传世的岩画、造像、铭刻、器具、书画、服饰等一切实物，作为证据，结合文献来考察史实的一种新的史学研究模式"。他认为，"形象史学"也许可以成为继王国维二重证据（传统文献、出土文献）法、第三重证据（口头证据）法之后的一种新方法。"形象史学"与西方史学界自20世纪80年代以来兴起的"图像证史"也有区别。"形象史学"并非把历史形象作为唯一的证据运用到历史研究中，而是对形象的生产领域、传播途径和社会功能等进行综合分析，并在此基础上，将形象与传统文献、口头传播联结起来，构筑一个完整的证据链，借以探讨中国文化史演进的基本脉络。因此，"形象史学"并不局限于分析形象本身的文化和历史意义，而且超越了传统的精英文化史学的范畴，具有一定的包容性和拓展性。（转引自周学军：《"形象史学"成新学科生长点》，《中国社会科学报》2014年5月14日A05版）

的思想生成性。与《大学》诠释史相伴随，《大学》的图式谱系，对《大学》"儒学代数学"之旨趣作出了生动的呈现，同时，也为考察《大学》学的变迁提供了新视野和新面向。

总之，本篇力图呈现《大学》谱系的一个缩影。在《大学》图以及其他图解经典的诠释中，图说之间的互动和张力，图式的价值与局限，有待于更深入地探索。尤其图式文本对于思想阐发、传教授学、工夫指引等方面的积极价值，值得引起重视。"图，经也；书，纬也。一经一纬，相错而成文"，"古之学者为学有要，置图于左，置书于右，索象于图，索理于书。故人亦易为学，学亦易为功"①。"图-书"有机结合，交互为用，相得益彰，可更好地表达思想，增进理解，启示教化。在文字文本之外，应充分注意图的存在及价值，"以图解经"不失为经典诠释的一个重要方法和手段。此外，长期以来，历史上潜存的《大学》图及以此为代表的"四书图"暗而不彰，还未见有现代学者进行过系统研究，今后的《大学》学、四书学研究，似应在文献资料和研究视野方面作出相应地拓展。

---

① 郑樵：《通志》，中华书局，1987，第 837 页。

结　语

　　《大学》展开的人生规模，作为生命教化的历程，体现着个体生命的完成、群体生命的实现和止于至善价值目标的达至。伽达默尔讲道："对传承物的每一次成功的占有都会使它消融于一种新的、本身的熟悉性之中，在这种熟悉性之中，传承物属于我们，我们也属于传承物。双方都汇入一个包容了历史和当代、自己和他者的共同的世界，这个世界可以在人们的互相讲话中感受其自己的语言表达。"①《大学》影响深远，很重要的原因正是它作为人生价值与人生态度而被深深认同和"占有"，将历史与当代、自我和他者包容其中，成为隐藏于百姓生活世界、持存于人们个体生命中的"文化心理"和"思想结构"。

　　如何通过作为儒家"为学纲领"的《大学》来更好地透视儒家哲学的价值理念及其系统，除"经学"式研究外，还应有一个"经学史"式的视域，这样才能经由每一时代传承中所创造的经学、所构筑的历史来把握中国传统价值理念的文化生命连续性及动态整体性。每一时代的价值及其传承总是要经由经典和义理的双重建构而成，这一时代的哲学或形而上学，亦蕴含于其中而构成其核心的内容。经学与经学史的双向互动，正体现了中国哲学尤其是儒学在每一时代形成其哲学、建构其价值理念的一种基本方式。

　　《大学》总共不过一千七百余字，但在《大学》学的视域下，《大学》并不为文本自身及其创作年代所封闭，而是作为《大学》之"道"，蔓延于思想史、哲学史中，形成对思想文化观念的影响。在《大学》学的文本诠释中，对其发展脉络之道以及理念观念之道予以揭示，无疑正是展现《大学》之"道"的一个基本前提。本书提出"儒学代数学"的说法，作为《大学》的重要思想特质之一，即是对《大学》与《大学》学内在一体

---

　　①　伽达默尔：《真理与方法》第 2 卷，洪汉鼎译，商务印书馆，2010，第 295 页。

的观察和概括，以期彰显《大学》的思想结构特性及其在儒学价值变迁史上实际发生的理论影响。

本书并未采取寻章摘句式的诠释模式，也没有单纯因循历史演进而罗列人物，而是采取类似于专题化的研究视角，对《大学》影响下的理论范式、政教结构、脉络谱系等方面分别予以专题化探索，同时使书稿整体章节透显出《大学》"八目"的体系架构，力图进一步彰显《大学》之于儒家哲学及价值理念的基础性影响。本书的理论主线有两条，一是围绕《大学》学哲学精神的理论指向，对《大学》学进行了哲学史视域的初步探索；二是以《大学》学的发展为视点，对宋明理学这一主要的理论资源及其思想范式变迁进行了多维考察。

两方面的结合，也体现出研究视域的相应调整。从宋明理学视域审视《大学》的发展，《大学》学就不会满足于文献资料的梳理与介述，而应以哲学问题和思想逻辑（此处主要指宋明理学）为重心，着重刻画《大学》对思想范式和哲理脉络的影响和形塑。立足《大学》学关切宋明理学，宋明理学对经典（此处主要指《大学》）的解释就不再仅仅呈现为某些哲学概念或抽象命题的碎片化推衍，而是在整体性的解经、传经过程中展现自身哲学思想的发展和转进。这两方面实际分别反映着经学与哲学两条研究进路走向融合的应然取向。不立足经学史（《大学》学）来谈其中的哲学问题（宋明理学），相应的哲学研究可能难逃空疏、抽象的流弊，无法真正认清其论说的渊源流变；而缺乏哲学视域的理论审视，仅仅从学术、文献的角度研究经学史，无法深入经学发展的深层思想缘由。

从经学角度来看，"一部作品继续存在的直接表达力基本上是无界限的"[1]，"理解甚至根本不能被认为是一种主体性的行为，而要被认为是一种置自身于传统过程中的行动"[2]。从哲学角度而观，"它意指自身并解释自身，也就是以这种方式所说的东西，即它不是关于某个过去东西的陈述，不是某种单纯的、本身仍需要解释证明的东西"[3]。两方面绾合一体，可交相辉映、相得益彰，这也促使《大学》的"古典型"特质得以彰显："古典型乃是对某种持续存在东西的意识，对某种不能被丧失并独立于一切时间条件的意义的意识，正是在这种意义上我们称某物为'古典型

---

① 伽达默尔：《真理与方法》第1卷，洪汉鼎译，商务印书馆，2010，第410页。
② 伽达默尔：《真理与方法》第1卷，第411页。
③ 伽达默尔：《真理与方法》第1卷，第410页。

的'——即一种无时间性的当下存在，这种当下存在对于每一个当代都意味着同时性。"①《大学》的"古典型"特质提示着我们，《大学》思想的诠释和践行，是我们理解《大学》意义的重要途径，它本身就是《大学》意义持续保存的必要环节。在此基础上，《大学》的学史效应和理论魅力可以得到充分而全面地展示。

本书着重强调了《大学》对宋明理学的影响，它不仅为宋明理学提供了"发论依据"，还塑造着理论范式的"演进大势"，使理学整体呈现为从朱子"格物教"到阳明"良知教"到蕺山"诚意教"再到船山"正心教"的逻辑演进。应该说，这一逻辑的某些部分是学界比较熟知的内容，但在《大学》学视域中对此予以完整地审思，似未多见。对于宋明理学的思想精神建构而言，《大学》确有其独特性，这是《大学》在唐宋之际能够升格的重要因由，它作为"入德之门"而被理学重视，并由此进入理学思想的建构而发挥奠基性的作用。以往关于理学的探究，对于《周易》《中庸》等之于理学建构的影响研究较多，事实上《大学》对于理学内圣之学理论依据的建构，对于理学内圣外王理论格局的奠定，影响都应是最大的。然而以往理学视域中关于《大学》的探究，以独立个案研究为主，这就需要我们继续推进在思想动态生成的理论脉络中深入探究《大学》之于理学理论建构的影响，《大学》学的研究视域因此就显得非常必要了。

唐君毅先生有段论述，生动地刻画出《大学》的历史效应和理论价值，对本书之主旨极富提点和启发意义，他讲道："吾昔尝观宋明至今中国儒学之发展，实大体有类于绕《大学》中所谓八目之次第一周"②，"是见八百年来中国思想之发展，实有如循《大学》八条目之次序，由程朱之格物为始教，至阳明之以致知为宗，刘蕺山之以诚意为宗，历顾、黄、王而由正心修身之内圣之学以转至重治国平天下之外王之学。既历《大学》之八条目一周，乃再归于清末以来，以格致之学之名，为引入西方科学之资，宛若二千数百年前之为《大学》一文者，及朱子之列《大学》为四书之首卷，即意在预定此规模次第，以供此八百年来中国思想之潮流，循之以进行，虽曰偶合，亦足为奇，而《大学》一文之重要，亦可姑假此以言之"③。通过过去指引现在，经由现在打开未来，循此以观，当今时代应

①　伽达默尔：《真理与方法》第 1 卷，第 407 页。
②　唐君毅：《中国哲学原论·导论篇》，第 181 页。
③　唐君毅：《中国哲学原论·导论篇》，第 183 页。

该到了从"格致"进一步走向"诚意""正心"的阶段。这是否戳中了我们所处之时代的某些精神弊病呢？今日的《大学》诠释与研究是否对此有足够的理论自觉呢？今日的思想研究与关怀是否对此有充分的历史理性之省思呢？这是否正为当今文化发展指出了应该关切之方向呢？

附录一 《大学》古本与改本举隅

《大学》古本[①]

大学之道，在明明德，在亲民，在止于至善。知止而后有定，定而后能静，静而后能安，安而后能虑，虑而后能得。物有本末，事有终始，知所先后，则近道矣。古之欲明明德于天下者，先治其国。欲治其国者，先齐其家。欲齐其家者，先修其身。欲修其身者，先正其心。欲正其心者，先诚其意。欲诚其意者，先致其知。致知在格物。物格而后知至，知至而后意诚，意诚而后心正，心正而后身修，身修而后家齐，家齐而后国治，国治而后天下平。自天子以至于庶人，壹是皆以修身为本，其本乱而末治者否矣。其所厚者薄，而其所薄者厚，未之有也。此谓知本，此谓知之至也。所谓诚其意者，毋自欺也，如恶恶臭，如好好色，此之谓自谦。故君子必慎其独也。小人闲居为不善，无所不至，见君子而后厌然，掩其不善，而著其善。人之视己，如见其肺肝然，则何益矣？此谓诚于中形于外，故君子必慎其独也。曾子曰："十目所视，十手所指，其严乎？"富润屋，德润身，心广体胖，故君子必诚其意。《诗》云："瞻彼淇澳，菉竹猗猗。有斐君子，如切如磋，如琢如磨。瑟兮僩兮，赫兮喧兮。有斐君子，终不可諠兮。""如切如磋"者，道学也。"如琢如磨"者，自修也。"瑟兮僩兮"者，恂栗也。"赫兮喧兮"者，威仪也。"有斐君子，终不可諠兮"者，道盛德至善，民之不能忘也。《诗》云："於戏，前王不忘。"君子贤其贤而亲其亲，小人乐其乐而利其利，此以没世不忘也。《康诰》曰"克

---

① 参郑玄注，孔颖达疏：《礼记正义》，北京大学出版社，1999，第 1592 - 1613 页。标点略有调整。

明德"，《太甲》曰"顾諟天之明命"，《帝典》曰"克明峻德"，皆自明也。汤之《盘铭》曰："苟日新，日日新，又日新。"《康诰》曰："作新民。"《诗》曰："周虽旧邦，其命惟新。"是故君子无所不用其极。《诗》云："邦畿千里，惟民所止。"《诗》云："缗蛮黄鸟，止于丘隅。"子曰："于止，知其所止，可以人而不如鸟乎?"《诗》云："穆穆文王，於缉熙敬止。"为人君止于仁，为人臣止于敬，为人子止于孝，为人父止于慈，与国人交止于信。子曰："听讼，吾犹人也。必也使无讼乎?"无情者不得尽其辞，大畏民志。此谓知本。所谓修身在正其心者，身有所忿懥，则不得其正；有所恐惧，则不得其正；有所好乐，则不得其正；有所忧患，则不得其正。心不在焉，视而不见，听而不闻，食而不知其味。此谓修身在正其心。所谓齐其家在修其身者，人之其所亲爱而辟焉，之其所贱恶而辟焉，之其所畏敬而辟焉，之其所哀矜而辟焉，之其所敖惰而辟焉。故好而知其恶，恶而知其美者，天下鲜矣。故谚有之曰："人莫知其子之恶，莫知其苗之硕。"此谓身不修，不可以齐其家。所谓治国必先齐其家者，其家不可教，而能教人者无之，故君子不出家而成教于国。孝者，所以事君也；弟者，所以事长也；慈者，所以使众也。《康诰》曰："如保赤子。"心诚求之，虽不中不远矣。未有学养子而后嫁者也。一家仁，一国兴仁；一家让，一国兴让；一人贪戾，一国作乱。其机如此。此谓一言偾事，一人定国。尧、舜率天下以仁，而民从之。桀、纣率天下以暴，而民从之。其所令反其所好，而民不从。是故君子有诸己而后求诸人，无诸己而后非诸人。所藏乎身不恕而能喻诸人者，未之有也。故治国在齐其家。《诗》云："桃之夭夭，其叶蓁蓁。之子于归，宜其家人。""宜其家人"，而后可以教国人。《诗》云："宜兄宜弟。""宜兄宜弟"，而后可以教国人。《诗》云："其仪不忒，正是四国。"其为父子、兄弟足法，而后民法之也。此谓治国在齐其家。所谓平天下在治其国者，上老老而民兴孝，上长长而民兴弟，上恤孤而民不倍，是以君子有絜矩之道也。所恶于上，毋以使下；所恶于下，毋以事上；所恶于前，毋以先后；所恶于后，毋以从前；所恶于右，毋以交于左；所恶于左，毋以交于右。此之谓"絜矩之道"。《诗》云："乐只君子，民之父母。"民之所好好之，民之所恶恶之，此之谓"民之父母"。《诗》云："节彼南山，维石岩岩。赫赫师尹，民具尔瞻。"有国者不可以不慎，辟则为天下僇矣。《诗》云："殷之未丧师，克配上帝。仪监于殷，峻命不易。"道得众则得国，失众则失国。是故君子先慎乎德。有德此有人，有人此有土，有土此有财，有财此有用。德者本也，财者末也。外本内末，争民施夺。是故财聚则民散，财散则民聚。是故言悖而出者，亦悖而入，货悖而入者，亦悖而出。《康诰》曰："惟命不于常。"道善则得之，不善则失之矣。《楚书》曰："楚国无以为宝，惟善以为宝。"舅犯曰："亡人无以为宝，仁亲以为宝。"《秦誓》曰："若有一介臣，断断兮，无他技，其心休休焉，其如有容焉。人之有技，若己有之。人之彦圣，其心好之，不啻若自其口出，实能容之，以能保我子孙黎民，尚亦有利哉！人之有技，媢嫉以恶之。人之彦圣，而违之，俾不通，实不能容，以不能保我子孙黎民，亦曰殆哉！"唯仁人放流之，迸诸四夷，不与同中国。此谓唯仁人，为能爱人，能恶人。见贤而不能举，举而不能先，命也。见不善而不能退，退而不能远，过也。好人之所恶，恶人之所好，是谓拂人之性，灾必逮夫身。是故君子有大道，必忠信以得之，骄泰以失之。生财有大道，生之者众，食之者寡，为之者疾，用之者舒，则财恒足矣。仁者以财发身，不仁者以身发财。未有上好仁而下不好义者也，未有好义其事不终者也，未有府库财非其财者也。孟献子曰："畜马乘，不察于鸡豚。伐冰之家，不畜牛羊。百乘之家，不畜聚敛之臣。与其有聚敛之臣，宁有盗臣。"此谓国不以利为利，以义为利也。长国家而务财用者，必自小人矣。彼为善之，小人之使为国家，灾害并至，虽有善者，亦无如之何矣！此谓国不以利为利，以义为利也。

明道先生改正《大学》[①]

程　颢

大学之道，在明明德，在亲民，在止于至善。知止而后有定，定而后能静，静而后能安，安而后能虑，虑而后能得。物有本末，事有终始，知所先后，则近道矣。《康诰》曰"克明德"，《太甲》曰"顾諟天之明命"，《帝典》曰"克明峻德"，皆自明也。汤之《盘铭》曰："苟日新，日日新，又日新。"《康诰》曰："作新民。"《诗》曰："周虽旧邦，其命惟新。"是故君子无所不用其极。《诗》云："邦畿千里，惟民所止。"《诗》云："缗蛮黄鸟，止于丘隅。"子曰："于止，知其所止，可以人而不如鸟乎？"

---

① 参程颢、程颐：《二程集》，第 1126－1129 页。标点略有调整。

《诗》云："穆穆文王，於缉熙敬止。"为人君止于仁，为人臣止于敬，为人子止于孝，为人父止于慈，与国人交止于信。古之欲明明德于天下者，先治其国。欲治其国者，先齐其家。欲齐其家者，先修其身。欲修其身者，先正其心。欲正其心者，先诚其意。欲诚其意者，先致其知。致知在格物。物格而后知至，知至而后意诚，意诚而后心正，心正而后身修，身修而后家齐，家齐而后国治，国治而后天下平。自天子以至于庶人，壹是皆以修身为本，其本乱而末治者，否矣。其所厚者薄而其所薄者厚，未之有也。此谓知本，此谓知之至也。

所谓诚其意者，毋自欺也，如恶恶臭，如好好色，此之谓自谦。故君子必慎其独也。小人闲居为不善，无所不至，见君子而后厌然，掩其不善，而著其善。人之视己，如见其肺肝然，则何益矣？此谓诚于中形于外，故君子必慎其独也。曾子曰："十目所视，十手所指，其严乎！"富润屋，德润身，心广体胖，故君子必诚其意。

所谓修身在正其心者，身有所忿懥，则不得其正；有所恐惧，则不得其正；有所好乐，则不得其正；有所忧患，则不得其正。心不在焉，视而不见，听而不闻，食而不知其味。此谓修身在正其心。

所谓齐其家在修其身者，人之其所亲爱而辟焉，之其所贱恶而辟焉，之其所畏敬而辟焉，之其所哀矜而辟焉，之其所敖惰而辟焉。故好而知其恶，恶而知其美者，天下鲜矣。故谚有之曰："人莫知其子之恶，莫知其苗之硕。"此谓身不修不可以齐其家。

所谓治国必先齐其家者，其家不可教，而能教人者无之，故君子不出家而成教于国。孝者，所以事君也；弟者，所以事长也；慈者，所以使众也。《康诰》曰："如保赤子。"心诚求之，虽不中不远矣。未有学养子而后嫁者也。一家仁，一国兴仁；一家让，一国兴让；一人贪戾，一国作乱。其机如此。此谓一言偾事，一人定国。尧、舜帅天下以仁，而民从之。桀、纣帅天下以暴，而民从之。其所令反其所好，而民不从。是故君子有诸己而后求诸人，无诸己而后非诸人。所藏乎身不恕而能喻诸人者，未之有也。故治国在齐其家。《诗》云："桃之夭夭，其叶蓁蓁。之子于归，宜其家人。""宜其家人"，而后可以教国人。《诗》云："宜兄宜弟。""宜兄宜弟"，而后可以教国人。《诗》云："其仪不忒，正是四国。"其为父子、兄弟足法，而后民法之也。此谓治国在齐其家。

所谓平天下在治其国者，上老老而民兴孝，上长长而民兴弟，上恤孤而民不倍，是以君子有絜矩之道也。所恶于上，毋以使下；所恶于下，毋以事上；所恶于前，毋以先后；所恶于后，毋以从前；所恶于右，毋以交于左；所恶于左，毋以交于右。此之谓"絜矩之道"。《诗》云："乐只君子，民之父母。"民之所好好之，民之所恶恶之，此之谓"民之父母"。《诗》云："节彼南山，维石岩岩。赫赫师尹，民具尔瞻。"有国者不可以不慎，辟则为天下僇矣。《诗》云："瞻彼淇澳，菉竹猗猗。有斐君子，如切如磋，如琢如磨。瑟兮僩兮，赫兮喧兮。有斐君子，终不可諠兮。""如切如磋"者，道学也。"如琢如磨"者，自修也。"瑟兮僩兮"者，恂栗也。"赫兮喧兮"者，威仪也。"有斐君子，终不可諠兮"者，道盛德至善，民之不能忘也。《诗》云："於戏！前王不忘！"君子贤其贤而亲其亲，小人乐其乐而利其利，此以没世不忘也。子曰："听讼，吾犹人也。必也使无讼乎！"无情者不得尽其辞，大畏民志。此谓知本。《诗》云："殷之未丧师，克配上帝。仪监于殷，峻命不易。"道得众则得国，失众则失国。

　　是故君子先慎乎德。有德此有人，有人此有土，有土此有财，有财此有用。德者本也，财者末也。外本内末，争民施夺。是故财聚则民散，财散则民聚。是故言悖而出者，亦悖而入，货悖而入者，亦悖而出。《康诰》曰："惟命不于常。"道善则得之，不善则失之矣。《楚书》曰："楚国无以为宝，惟善以为宝。"舅犯曰："亡人无以为宝，仁亲以为宝。"《秦誓》曰："若有一个臣，断断兮无他技，其心休休焉，其如有容焉。人之有技，若己有之。人之彦圣，其心好之，不啻若自其口出，实能容之，以能保我子孙黎民，尚亦有利哉！人之有技，媢疾以恶。人之彦圣，而违之俾不通，实不能容，以不能保我子孙黎民，亦曰殆哉！"唯仁人放流之，迸诸四夷，不与同中国。此谓唯仁人，为能爱人，能恶人。见贤而不能举，举而不能先，命也。见不善而不能退，退而不能远，过也。好人之所恶，恶人之所好，是谓拂人之性，灾必逮夫身。

　　是故君子有大道，必忠信以得之，骄泰以失之。生财有大道，生之者众，食之者寡，为之者疾，用之者舒，则财恒足矣。仁者以财发身，不仁者以身发财。未有上好仁而下不好义者也，未有好义其事不终者也，未有府库财非其财者也。孟献子曰："畜马乘，不察于鸡豚。伐冰之家，不畜牛羊。百乘之家，不畜聚敛之臣。与其有聚敛之臣，宁有盗臣。"此谓国不以利为利，以义为利也。长国家而务财用者，必自小人矣。彼为善之，小人之使为国家，灾害并至，虽有善者，亦无如之何矣！此谓国不以利为利，以义为利也。

伊川先生改正《大学》①

程　颐

大学之道，在明明德，在亲_{当作新}民，在止于至善。知止而后有定，定而后能静，静而后能安，安而后能虑，虑而后能得。物有本末，事有终始，知所先后，则近道矣。古之欲明明德于天下者，先治其国。欲治其国者，先齐其家。欲齐其家者，先修其身。欲修其身者，先正其心。欲正其心者，先诚其意。欲诚其意者，先致其知。致知在格物。物格而后知至，知至而后意诚，意诚而后心正，心正而后身修，身修而后家齐，家齐而后国治，国治而后天下平。自天子以至于庶人，壹是皆以修身为本，其本乱而末治者否矣。其所厚者薄，而其所薄者厚，未之有也。

子曰："听讼，吾犹人也。必也使无讼乎？"无情者不得尽其辞，大畏民志。此谓知本。_{四字衍。}此谓知本，此谓知之至也。《康诰》曰"克明德"，《太甲》曰"顾谀天之明命"，《帝典》曰"克明峻德"，皆自明也。汤之《盘铭》曰："苟日新，日日新，又日新。"《康诰》曰："作新民。"《诗》曰："周虽旧邦，其命惟新。"是故君子无所不用其极。《诗》云："邦畿千里，惟民所止。"《诗》云："缗蛮黄鸟，止于丘隅。"子曰："于止，知其所止，可以人而不如鸟乎？"《诗》云："穆穆文王，於缉熙敬止。"为人君止于仁，为人臣止于敬，为人子止于孝，为人父止于慈，与国人交止于信。

所谓诚其意者，毋自欺也，如恶恶臭，如好好色，此之谓自谦。故君子必慎其独也。小人闲居为不善，无所不至，见君子而后厌然，掩其不善，而著其善。人之视己，如见其肺肝然，则何益矣？此谓诚于中形于外，故君子必慎其独也。曾子曰："十目所视，十手所指，其严乎！"富润屋，德润身，心广体胖，故君子必诚其意。

所谓修身在正其心者，身_{当作心。}有所忿懥，则不得其正；有所恐惧，则不得其正；有所好乐，则不得其正；有所忧患，则不得其正。心不在焉，视而不见，听而不闻，食而不知其味。此谓修身在正其心。

所谓齐其_{其字衍。}家在修其身者，人之其所亲爱而辟焉，之其所贱恶而

---

① 参程颢、程颐：《二程集》，第 1129 - 1131 页。标点略有调整。

辟焉，之其所畏敬而辟焉，之其所哀矜而辟焉，之其所敖惰而辟焉。故好而知其恶，恶而知其美者，天下鲜矣。故谚有之曰："人莫知其子之恶，莫知其苗之硕。"此谓身不修，不可以齐其家。

所谓治国必先齐其家者，其家不可教，而能教人者无之，故君子不出家而成教于国。孝者，所以事君也；弟者，所以事长也；慈者，所以使众也。《康诰》曰："如保赤子。"心诚求之，虽不中不远矣。未有学养子而后嫁者也。一家仁，一国兴仁；一家让，一国兴让；一人贪戾，一国作乱。其机如此。此谓一言偾事，一人定国。尧、舜帅天下以仁，而民从之。桀、纣帅天下以暴，而民从之。其所令反其所好，而民不从。是故君子有诸己而后求诸人，无诸己而后非诸人。所藏乎身不恕而能喻诸人者，未之有也。故治国在齐其家。《诗》云："桃之夭夭，其叶蓁蓁。之子于归，宜其家人。""宜其家人"，而后可以教国人。《诗》云："宜兄宜弟。""宜兄宜弟"，而后可以教国人。《诗》云："其仪不忒，正是四国。"其为父子、兄弟足法，而后民法之也。此谓治国在齐其家。

所谓平天下在治其国者，上老老而民兴孝，上长长而民兴弟，上恤孤而民不倍，是以君子有絜矩之道也。所恶于上，毋以使下；所恶于下，毋以事上；所恶于前，毋以先后；所恶于后，毋以从前；所恶于右，毋以交于左；所恶于左，毋以交于右。此之谓"絜矩之道"。《诗》云："乐只君子，民之父母。"民之所好好之，民之所恶恶之，此之谓"民之父母"。《诗》云："节彼南山，维石岩岩。赫赫师尹，民具尔瞻。"有国者不可以不慎，辟则为天下僇矣。《诗》云："瞻彼淇澳，菉竹猗猗。有斐君子，如切如磋，如琢如磨。瑟兮僩兮，赫兮喧兮。有斐君子，终不可諠兮。""如切如磋"者，道学也。"如琢如磨"者，自修也。"瑟兮僩兮"者，恂栗也。"赫兮喧兮"者，威仪也。"有斐君子，终不可諠兮"者，道盛德至善，民之不能忘也。《诗》云："於戏！前王不忘！"君子贤其贤而亲其亲，小人乐其乐而利其利，此以没世不忘也。《康诰》曰："惟命不于常。"道善则得之，不善则失之矣。《楚书》曰："楚国无以为宝，惟善以为宝。"舅犯曰："亡人无以为宝，仁亲以为宝。"《秦誓》曰："若有一个臣，断断兮，无他技，其心休休焉，其如有容焉。人之有技，若己有之。人之彦圣，其心好之，不啻若自其口出，实能容之，以能保我子孙黎民，尚亦有利哉！人之有技，媢疾以恶。人之彦圣，而违之俾不通，实不能容，以不能保我子孙黎民，亦曰殆哉！"唯仁人放流之，迸诸四夷，不与同中国。此谓唯仁人，为能爱人，能恶人。见贤而不能举，举而不能先，命也。作怠之误也。见不善而不能退，退而不能远，过也。好人之所恶，恶人之所好，是谓拂人之性，灾必逮夫身。

是故君子有大道，必忠信以得之，骄泰以失之。《诗》云："殷之未丧师，克配上帝。仪监于殷，峻命不易。"道得众则得国，失众则失国。是故君子先慎乎德。有德此有人，有人此有土，有土此有财，有财此有用。德者本也，财者末也。外本内末，争民施夺。是故财聚则民散，财散则民聚。是故言悖而出者，亦悖而入，货悖而入者，亦悖而出。

生财有大道，生之者众，食之者寡，为之者疾，用之者舒，则财恒足矣。仁者以财发身，不仁者以身发财。未有上好仁而下不好义者也，未有好义其事不终者也，未有府库财非其财者也。孟献子曰："畜马乘，不察于鸡豚。伐冰之家，不畜牛羊。百乘之家，不畜聚敛之臣。与其有聚敛之臣，宁有盗臣。"此谓国不以利为利，以义为利也。长国家而务财用者，必自小人矣。彼为善之，小人之使为国家，灾害并至，虽有善者，亦无如之何矣！此谓国不以利为利，以义为利也。一本云："彼为不善之小人，使之为国家。"

《大学章句》本①

朱　熹

大学之道，在明明德，在亲（新）民，在止于至善。知止而后有定，定而后能静，静而后能安，安而后能虑，虑而后能得。物有本末，事有终始，知所先后，则近道矣。古之欲明明德于天下者，先治其国；欲治其国者，先齐其家；欲齐其家者，先修其身；欲修其身者，先正其心；欲正其心者，先诚其意；欲诚其意者，先致其知；致知在格物。物格而后知至，知至而后意诚，意诚而后心正，心正而后身修，身修而后家齐，家齐而后国治，国治而后天下平。自天子以至于庶人，壹是皆以修身为本。其本乱而末治者否矣，其所厚者薄，而其所薄者厚，未之有也！

《康诰》曰："克明德。"《大甲》曰："顾諟天之明命。"《帝典》曰："克明峻德。"皆自明也。

汤之《盘铭》曰："苟日新，日日新，又日新。"《康诰》曰："作新

① 参朱熹：《四书章句集注》，中华书局，2011，第 3－13 页。标点略有调整。

民。"《诗》曰:"周虽旧邦,其命惟新。"是故君子无所不用其极。

《诗》云:"邦畿千里,惟民所止。"《诗》云:"缗蛮黄鸟,止于丘隅。"子曰:"于止,知其所止,可以人而不如鸟乎!"《诗》云:"穆穆文王,於缉熙敬止!"为人君,止于仁;为人臣,止于敬;为人子,止于孝;为人父,止于慈;与国人交,止于信。《诗》云:"瞻彼淇澳,菉竹猗猗。有斐君子,如切如磋,如琢如磨。瑟兮僩兮,赫兮喧兮。有斐君子,终不可諠兮!"如切如磋者,道学也;如琢如磨者,自修也;瑟兮僩兮者,恂栗也;赫兮喧兮者,威仪也;有斐君子,终不可諠兮者,道盛德至善,民之不能忘也。《诗》云:"於戏,前王不忘!"君子贤其贤而亲其亲,小人乐其乐而利其利,此以没世不忘也。

子曰:"听讼,吾犹人也,必也使无讼乎!"无情者不得尽其辞。大畏民志,此谓知本。

此谓知本(衍文)。(所谓致知在格物者,言欲致吾之知,在即物而穷其理也。盖人心之灵莫不有知,而天下之物莫不有理,惟于理有未穷,故其知有不尽也。是以大学始教,必使学者即凡天下之物,莫不因其已知之理而益穷之,以求至乎其极。至于用力之久,而一旦豁然贯通焉,则众物之表里精粗无不到,而吾心之全体大用无不明矣。此谓物格,)此谓知之至也。

所谓诚其意者,毋自欺也,如恶恶臭,如好好色,此之谓自谦,故君子必慎其独也!小人闲居为不善,无所不至,见君子而后厌然,掩其不善,而著其善。人之视己,如见其肺肝然,则何益矣。此谓诚于中,形于外,故君子必慎其独也。曾子曰:"十目所视,十手所指,其严乎!"富润屋,德润身,心广体胖,故君子必诚其意。

所谓修身在正其心者,身(心)有所忿懥,则不得其正;有所恐惧,则不得其正;有所好乐,则不得其正;有所忧患,则不得其正。心不在焉,视而不见,听而不闻,食而不知其味。此谓修身在正其心。

所谓齐其家在修其身者,人之其所亲爱而辟焉,之其所贱恶而辟焉,之其所畏敬而辟焉,之其所哀矜而辟焉,之其所敖惰而辟焉。故好而知其恶,恶而知其美者,天下鲜矣!故谚有之曰:"人莫知其子之恶,莫知其苗之硕。"此谓身不修不可以齐其家。

所谓治国必先齐其家者,其家不可教而能教人者,无之,故君子不出家而成教于国。孝者,所以事君也;弟者,所以事长也;慈者,所以使众也。《康诰》曰"如保赤子",心诚求之,虽不中不远矣。未有学养子而后嫁者也！一家仁，一国兴仁；一家让，一国兴让；一人贪戾，一国作乱；其机如此。此谓一言偾事，一人定国。尧舜帅天下以仁，而民从之；桀纣帅天下以暴，而民从之；其所令反其所好，而民不从。是故君子有诸己而后求诸人，无诸己而后非诸人。所藏乎身不恕，而能喻诸人者，未之有也。故治国在齐其家。《诗》云："桃之夭夭，其叶蓁蓁；之子于归，宜其家人。"宜其家人，而后可以教国人。《诗》云："宜兄宜弟。"宜兄宜弟，而后可以教国人。《诗》云："其仪不忒，正是四国。"其为父子兄弟足法，而后民法之也。此谓治国在齐其家。

　　所谓平天下在治其国者，上老老而民兴孝，上长长而民兴弟，上恤孤而民不倍，是以君子有絜矩之道也。所恶于上，毋以使下；所恶于下，毋以事上；所恶于前，毋以先后；所恶于后，毋以从前；所恶于右，毋以交于左；所恶于左，毋以交于右：此之谓絜矩之道。《诗》云："乐只君子，民之父母。"民之所好好之，民之所恶恶之，此之谓民之父母。《诗》云："节彼南山，维石岩岩，赫赫师尹，民具尔瞻。"有国者不可以不慎，辟则为天下僇矣。《诗》云："殷之未丧师，克配上帝；仪监于殷，峻命不易。"道得众则得国，失众则失国。是故君子先慎乎德。有德此有人，有人此有土，有土此有财，有财此有用。德者本也，财者末也，外本内末，争民施夺。是故财聚则民散，财散则民聚。是故言悖而出者，亦悖而入；货悖而入者，亦悖而出。《康诰》曰："惟命不于常！"道善则得之，不善则失之矣。《楚书》曰："楚国无以为宝，惟善以为宝。"舅犯曰："亡人无以为宝，仁亲以为宝。"《秦誓》曰："若有一个臣，断断兮无他技，其心休休焉，其如有容焉。人之有技，若己有之，人之彦圣，其心好之，不啻若自其口出，实能容之，以能保我子孙黎民尚亦有利哉。人之有技，媢疾以恶之，人之彦圣，而违之俾不通，实不能容，以不能保我子孙黎民，亦曰殆哉。"唯仁人放流之，迸诸四夷，不与同中国。此谓唯仁人为能爱人，能恶人。见贤而不能举，举而不能先，命也；见不善而不能退，退而不能远，过也。好人之所恶，恶人之所好，是谓拂人之性，灾必逮夫身。是故君子有大道，必忠信以得之，骄泰以失之。生财有大道，生之者众，食之者寡，为之者疾，用之者舒，则财恒足矣。仁者以财发身，不仁者以身发财。未有上好仁而下不好义者也，未有好义其事不终者也，未有府库财非其财者也。孟献子曰："畜马乘不察于鸡豚，伐冰之家不畜牛羊，百乘之家不畜聚敛之臣，与其有聚敛之臣，宁有盗臣。"此谓国不以利为利，以义为利也。长国家而务财用者，必自小人矣。彼为善之，小人之使为国家，灾害并至。虽有善者，亦无如之何矣！此谓国不以利为利，以义为利也。

《大学》石经本①

丰 坊

大学之道，在明明德，在亲民，在止于至善。

古之欲明明德于天下者，先治其国。欲治其国者，先齐其家。欲齐其家者，先修其身。欲修其身者，先正其心。欲正其心者，先诚其意。欲诚其意者，先致其知。致知在格物。

物有本末，事有终始，知所先后，则近道矣。《诗》云："缗蛮黄鸟，止于丘隅。"子曰："于止，知其所止，可以人而不如鸟乎？"知止而后有定，定而后能静，静而后能安，安而后能虑，虑而后能得。《诗》云："邦畿千里，惟民所止。"子曰："听讼，吾犹人也。必也使无讼乎？无情者不得尽其辞，大畏民志。"此谓知本。自天子以至于庶人，壹是皆以修身为本，其本乱而末治者，否矣。其所厚者薄，而其所薄者厚，未之有也。此谓知本，此谓知之至也。

物格而后知至，知至而后意诚，意诚而后心正，心正而后身修，身修而后家齐，家齐而后国治，国治而后天下平。

所谓诚其意者，毋自欺也，如恶恶臭，如好好色，此之谓自谦。故君子必慎其独也。小人闲居为不善，无所不至，见君子而后厌然，掩其不善，而著其善。人之视己，如见其肺肝然，则何益矣？此谓诚于中形于外，故君子必慎其独也。曾子曰："十目所视，十手所指，其严乎！"富润屋，德润身，心广体胖，故君子必诚其意。

所谓修身在正其心者，身有所忿懥，则不得其正；有所恐惧，则不得其正；有所好乐，则不得其正；有所忧患，则不得其正。心不在焉，视而不见，听而不闻，食而不知其味。颜渊问仁。子曰："非礼勿视，非礼勿听，非礼勿言，非礼勿动。"此谓修身在正其心。

所谓齐其家在修其身者，人之其所亲爱而辟焉，之其所贱恶而辟焉，

---

① 参《古石经大学》，见唐伯元：《唐伯元集》，上海古籍出版社，2023，第 196－203 页。标点略有调整。

之其所畏敬而辟焉，之其所哀矜而辟焉，之其所敖惰而辟焉。故好而知其恶，恶而知其美者，天下鲜矣。故谚有之曰："人莫知其子之恶，莫知其苗之硕。"此谓身不修，不可以齐其家。

所谓治国必先齐其家者，其家不可教，而能教人者无之，故君子不出家而成教于国。孝者，所以事君也；弟者，所以事长也；慈者，所以使众也。一家仁，一国兴仁；一家让，一国兴让；一人贪戾，一国作乱。其机如此。此谓一言偾事，一人定国。《康诰》曰："如保赤子。"心诚求之，虽不中不远矣。未有学养子而后嫁者也。故治国在齐其家。《诗》云："桃之夭夭，其叶蓁蓁。之子于归，宜其家人。""宜其家人"，而后可以教国人。《诗》云："宜兄宜弟。""宜兄宜弟"，而后可以教国人。《诗》云："其仪不忒，正是四国。"其为父子、兄弟足法，而后民法之也。此谓治国在齐其家。

所谓平天下在治其国者，上老老而民兴孝，上长长而民兴弟，上恤孤而民不倍，是以君子有絜矩之道也。所恶于上，毋以使下；所恶于下，毋以事上；所恶于前，毋以先后；所恶于后，毋以从前；所恶于右，毋以交于左；所恶于左，毋以交于右。此之谓"絜矩之道"。《诗》云："乐只君子，民之父母。"民之所好好之，民之所恶恶之，此之谓"民之父母"。《秦誓》曰："若有一个臣，断断兮，无他技，其心休休焉，其如有容焉。人之有技，若己有之。人之彦圣，其心好之，不啻若自其口出，实能容之，以能保我子孙黎民，尚亦有利哉！人之有技，媢疾以恶之。人之彦圣，而违之俾不通，实不能容，以不能保我子孙黎民，亦曰殆哉！"唯仁人放流之，迸诸四夷，不与同中国。此谓唯仁人，为能爱人，能恶人。见贤而不能举，举而不能先，命也。见不善而不能退，退而不能远，过也。好人之所恶，恶人之所好，是谓拂人之性，灾必逮夫身。《诗》云："节彼南山，维石岩岩。赫赫师尹，民具尔瞻。"有国者不可以不慎，辟则为天下僇矣。

是故君子先慎乎德。有德此有人，有人此有土，有土此有财，有财此有用。德者本也，财者末也。外本内末，争民施夺。是故财聚则民散，财散则民聚。《诗》云："殷之未丧师，克配上帝。仪监于殷，峻命不易。"道得众则得国，失众则失国。《楚书》曰："楚国无以为宝，惟善以为宝。"是故言悖而出者，亦悖而入，货悖而入者，亦悖而出。《康诰》曰："惟命不于常。"道善则得之，不善则失之矣。舅犯曰："亡人无以为宝，仁亲以为宝。"仁者以财发身，不仁者以身发财。未有上好仁而下不好义者也，未有好义其事不终者也，未有府库财非其财者也。生财有大道，生之者众，食之者寡，为之者疾，用之者舒，则财恒足矣。孟献子曰："畜马乘，不察于鸡豚。伐冰之家，不畜牛羊。百乘之家，不畜聚敛之臣。与其有聚敛之臣，宁有盗臣。"此谓国不以利为利，以义为利也。长国家而务财用者，必自小人矣。彼为善之，小人之使为国家，灾害并至，虽有善者，亦无如之何矣！此谓国不以利为利，以义为利也。

是故君子有大道，必忠信以得之，骄泰以失之。尧舜帅天下以仁，而民从之；桀纣帅天下以暴，而民从之；其所令反其所好，而民不从。是故君子有诸己而后求诸人，无诸己而后非诸人。所藏乎身不恕，而能喻诸人者，未之有也。

《康诰》曰"克明德"，《太甲》曰"顾𬤇天之明命"，《帝典》曰"克明峻德"，皆自明也。《盘铭》曰："苟日新，日日新，又日新。"《康诰》曰："作新民。"《诗》曰："周虽旧邦，其命惟新。"是故君子无所不用其极。《诗》云："穆穆文王，於缉熙敬止。"为人君止于仁，为人臣止于敬，为人子止于孝，为人父止于慈，与国人交止于信。《诗》云："瞻彼淇澳，菉竹猗猗。有斐君子，如切如磋，如琢如磨。瑟兮僩兮，赫兮喧兮。有斐君子，终不可諠兮。""如切如磋"者，道学也。"如琢如磨"者，自修也。"瑟兮僩兮"者，恂栗也。"赫兮喧兮"者，威仪也。"有斐君子，终不可諠兮"者，道盛德至善，民之不能忘也。《诗》云："於戏前王不忘。"君子贤其贤而亲其亲，小人乐其乐而利其利，此以没世不忘也。

《大学》重订章句本[①]

唐君毅

大学之道，在明明德，在新（依朱子改亲作新）民，在止于至善。古之欲明明德于天下者，先治其国；欲治其国者，先齐其家；欲齐其家者，先修其身；欲修其身者，先正其心；欲正其心者，先诚其意；欲诚其意者，先致其知；致知在格物。物格而后知至，知至而后意诚，意诚而后心正，心正而后身修，身修而后家齐，家齐而后国治，国治而后天下平。

---

① 参唐君毅：《中国哲学原论·导论篇》，第193—194页。标点略有调整。

　　《康诰》曰：克明德。《太甲》曰：顾諟天之明命。《帝典》曰：克明峻德。皆自明也。

　　汤之《盘铭》曰：苟日新，日日新，又日新。《康诰》曰：作新民。《诗》曰：周虽旧邦，其命惟新。是故君子无所不用其极。

　　《诗》云：邦畿千里，惟民所止。《诗》云：缗蛮黄鸟，止于丘隅。子曰：于止，知其所止，可以人而不如鸟乎？《诗》云：穆穆文王，於缉熙敬止。为人君，止于仁；为人臣，止于敬；为人子，止于孝；为人父，止于慈；与国人交，止于信。

　　知止而后有定，定而后能静，静而后能安，安而后能虑，虑而后能得。物有本末，事有终始，知所先后，则近道矣。自天子以至于庶人，壹是皆以修身为本。其本乱而末治者否矣，其所厚者薄，而其所薄者厚，未之有也。此谓知本，此谓知之至也。

　　所谓诚其意者，无自欺也。……大畏民志，此谓知本。

　　（以下全据古本。）

附录二 《大学集说》校点

（宋）卫湜/撰　程旺/校点

校点说明

1. 《大学集说》乃宋儒卫湜所辑《礼记集说》之卷一四九至卷一五三，"《大学》第四十二"篇的集说整理。

2. 卫湜，字正叔，南宋经学家，平江府昆山人（今江苏昆山）。官至朝散大夫、直宝谟阁、知袁州。好古博学，酷嗜书典，家中书籍"山聚林列"，起"栎斋"以藏之，志学于其中，世称栎斋先生。嘉熙三年（1240）知严州时，刻印《礼记集说》。

3. 《礼记集说》共一百六十卷，前后历三十余载成书，采集诸说逾一百四十余家，对于两宋时期的《礼记》学文献有存古之功。其特色在于：博采众家，广涉郑注孔疏而下共百余家解《礼》之说；除《礼》学专书外，凡语录、文集、讲说及杂著等涉及《礼记》并可开晓后学者，皆兼收并蓄；同时，又谨严择取、审慎采摘，凡沿袭陈说、牵强饾饤、妄加讥诋者，皆弃不取；选入的诸家解说，仅鳞次罗列，而不妄加己意。由于《礼记》宋注的大部分著作已经亡佚，因此卫著《集说》汉宋兼采、以宋为重的宏富征引和衰辑编次，为今人重新进行宋代《礼记》（包括《大学》）诠释文献资料的辑佚工作提供了可能。一句之解，常列十数家精要解说，博而不杂，诚为"礼家之渊海"！此外，对于宋人流传至今的著作，如朱子《章句》《或问》《语类》等，《集说》所引与今通行本内容多有不同处，两相比照而观，一般以《集说》更为简略，这一方面是采择选录造成的，另一方面也有不少是因为版本所录本自不同，《集说》对于了解宋人经解著作的早期版本及其后世修订、增补之演变，或可有补益之助。

4. 需特别指出的是，卫著《礼记集说》中的《大学》《中庸》两篇之集说，尤为值得珍视。元代陈澔亦撰有《礼记集说》，并被定为官学而得后世注目，保存的也主要是宋人的观点，但其《大学》《中庸》部分仅录朱子章句，其他不复具载。对比之下，可见卫著《集说》对于《大学》《中庸》研究的独特文献学价值。而且从卫著《集说》内部各篇相较来看，其《大学》《中庸》两篇所费笔墨也更为厚重，每卷次所征引各家解义明显高于其他各篇，说明其对《学》《庸》两篇的格外重视。卫著《集说》的《中庸》部分，已有《中庸集说》（杨少涵整理，漓江出版社，2011年）整理出版。本篇特将卫著《集说》的《大学》部分单独抽出予以校点，以便《大学》学研究、两宋哲学相关研究等参考。

5. 此次点校以文渊阁四库全书版为底本，以钦定四库全书荟要本、通志堂本为校本。此外还有中华再造善本收录的南宋嘉熙严州刻本影印本为参。北大儒藏《精华编》第52—54册为《礼记集说》，当为该书目前唯一校点本，但至本篇校点时仍未见其正式出版。

6. 按《礼记集说》卷一四九至卷一五三，《大学集说》原为五卷。为便于查看，现以《集说》原文中列出的《大学》文本分段为依据，重新划分、编列为十九卷，并以篇首词句为题，以便于读者查看。醒目起见，《大学》文本用仿宋字显示，每段首的诸家名氏用黑体字显示。

7. 为便于读者了解《礼记集说》（包括《大学集说》）的文本内容、特点、价值，将魏了翁序、卫湜自序、四库提要，照录于下。

8. 卫著原有"集说名氏"，为保留原貌，照录于下。为便于查考，将《大学集说》各卷所引名氏汇总列表整理附后。

《礼记集说》魏序

人生而莫不有仁义之性存乎其心，经礼三百，曲礼三千，圣人禀诸天地，所以合内外之道而节文乎仁义者也。自周衰，诸侯去籍，虽以二代之后，而不足征，犹赖夫子之所雅言，群弟子之所记录，故尚有存者。迨是古挟书之令作，而《礼》再厄，又得河间献王、二戴、马、郑相与保残补坏，晋、宋、隋、唐诸儒迭为发挥，三《礼》得不尽亡。自《正义》既出，先儒全书，泯不复见，自列于科目，博士诸生，亦不过习其句读，以为利禄计。至金陵王氏又罢《仪礼》取士，仅存《周官》、戴《记》之科，而士习于礼者滋鲜。就戴《记》而言，如《檀弓》《丧礼》诸篇，既指为凶事，罕所记省，则其所业，仅一二十篇耳。苟不得其义，则又诿曰此汉儒之说也，弃不复讲，所谓解说之详，仅有方、马、陈、陆诸家，然而述王氏之说者也。惟关洛诸大儒，上接洙泗之传，乃仅与门人弟子难疑答问，而未及著为全书。呜呼！学残文阙，无所因袭，驱一世而冥行焉，岂不重可叹与！平江卫氏，世善为《礼》，正叔又自郑注、孔义、陆释以及百家之所尝讲者，会稡成书，凡一百六十卷。如范宁、何晏例，各记其姓名，以听览者之自择，此非特以备《礼》书之阙也。洒扫、应对、进退、恭敬、辞逊、搏节，非由外心以生也，非忠信之薄也，非人情之伪也，凡皆人性之固有，天秩之自然，而非有一毫勉强增益也。学者诚能即是仅存而推寻之，内反诸心，随事省察，充而至于动容周旋之会，揖逊征伐之时，则是礼也，将以宅天衷而奠民极，岂形器云乎哉？正叔名湜，自号"栎斋"，今为武进令云。宝庆元年冬十有一月甲申，临邛魏了翁序。

《礼记集说》自序

《礼记》四十九篇，自二戴分门，王郑异注，历晋迄陈，虽南北殊隔，家传师授，代不乏人。唐贞观中，孔颖达等详定疏义，稍异郑说，罔不芟落，诸家全书，自是不可复见。由贞观至五代，逾三百年，世儒竞攻专门之陋学，《礼》者几无传矣。本朝列圣相承，崇显经学，师友渊源，跨越前代，故经各有解，或自名家，或辑众说，逮今日为尤详。《礼记》并列六籍，乃独阙焉。诸儒间尝讲明，率散见杂出，而又穷性理者略度数，推度数者遗性理，欲其参考并究，秩然成书，未之有也。予晚学孤陋，滥承绪业，首取郑注、孔义，翦除芜蔓，采摭枢要，继遂博求诸家之说，零篇碎简，收拾略遍。至若说异而理俱通，言详而意有本，抵排孔郑，援据明白，则亦并录，以俟观者之折衷。其有沿袭陈言，牵合字说，于义舛驳，悉置弗取。日编月削，几二十余载而后成，凡一百六十卷，名曰《礼记集说》。传《礼》业者，苟能因众说之浅深，探一经之旨趣，详而度数，精而性理，庶几贯通而尽识之矣。或曰：是书稡聚诸家之善，逾数十万言，毋乃务博而忘约乎？予曰："博学之，审问之"，夫子尝以诲人也；"博我以文，约我以礼"，颜子亲得于师也；"博学而详说之，将以反说约也"，孟子之所深造也；"吾道一以贯之"，为曾子言之也；"予欲无言"，子贡有未省也。陵节而求，躐等而议，越见闻以谈卓约，后学大患也。矧会《礼》之家，名为聚讼，傥率意以去取，其能息异同之辨，绝将来之讥乎？近世朱文公著《诗传》，多刊削前言，张宣公谓诸先生之见虽不同，然自各有意，在学者玩味如何尔。盖尽载程、张、吕、杨之说，而诸家有可取者，亦兼存之。予之《集说》，窃取斯义，是则此书之博也，非所以为学者造约之地邪？犹愧寡闻，访论未尽，然六经之典，敷畅发明，至是粗备，或于圣代阙文小有补云。宝庆丙戌七月既望，吴郡卫湜正叔叙。

《礼记集说》四库提要

《礼记集说》一百六十卷（两江总督采进本）。宋卫湜撰。湜字正叔，吴郡人。其书始作于开禧、嘉定间。自序言日编月削，几二十余载而后成。宝庆二年官武进令时，表上于朝，得擢直秘阁。后终于朝散大夫、直宝谟阁、知袁州。绍定辛卯，赵善湘为锓版于江东漕院。越九年，湜复加核订，定为此本。自作前序、后序，又自作跋尾，述其始末甚详。盖首尾阅三十余载，故采摭群言，最为赅博，去取亦最为精审。自郑注而下，所取凡一百四十四家。其他书之涉于《礼记》者，所采录不在此数焉。今自郑注、孔疏而外，原书无一存者。朱彝尊《经义考》采摭最为繁富，而不知其书与不知其人者，凡四十九家，皆赖此书以传，亦可云礼家之渊海矣。明初定制，乃以陈澔注立于学官，而湜注在若隐若显间。今圣朝钦定《礼记义疏》，取于湜书者特多，岂非是非之公，久必论定乎。又湜《后序》有云："他人著书，惟恐不出于己。予之此编，惟恐不出于人。后有达者，毋袭此编所已言，没前人之善也。"其后慈溪黄震《读礼记日钞》、新安陈栎《礼记集义详解》，皆取湜书删节，附以己见。黄氏融汇诸家，犹出姓名于下方（案此见黄氏《日钞》）。陈氏则不复标出（案栎书今不传，此见《定宇集》中栎所作《自叙》）。即此一节，非惟其书可贵，其用心之厚，亦非诸家所及矣。（《四库全书总目提要》卷二一）

集说名氏

后汉郑氏玄，字康成，因涿郡卢植，事扶风马融，以《礼记》乃融、植所考定，遂为之注。

唐孔氏颖达，字仲达，先与朱子奢、李善信、贾公彦、柳士宣、范义颍、张权等取皇甫侃、熊安生二家义疏删定，续与前修疏人及周玄达、赵君赞、王士雄等覆更详审，为《正义》凡七十卷。案郑氏《注》，虽间有拘泥，而简严该贯，非后学可及。孔氏《正义》，以一时崇尚谶纬，多所采录，然记载详实，未易轻议。尝读朱文公《中庸章句》以"戒谨其所不睹，恐惧其所不闻"与"莫见乎隐，莫显乎微"为两事，剖析精诣，前所未有，今观郑《注》，已具斯旨。又刘原父《七经小传》载《檀弓》"圣人之葬人与，人之葬圣人也"，以"与"为语助辞，世多称之，然《正义》已有是说。姑摭此二端言之，历考诸家训解、发明经旨者固不为少，其祖述先儒之意者实多。欧阳公曰："学者迹前世之所传而校其得失，或有之矣。若不见先儒中间之说，欲特立一家之学，吾未之信。"可谓至论。第自晋宋而下，传《礼》学者，南人有贺循、贺玚、庾蔚、崔灵恩、沈重、范宣、皇甫侃等，北人有徐道明、李崇兴、李宝鼎、侯聪、熊安生等，何止十数家，《正义》实据皇甫侃以为本，而以熊安生补其所不备，后世但知为孔氏之书而已。今仍以孔氏冠其首，他说有可采，而姓氏幸不为孔氏所去者，具载于下：

魏田氏琼

晋淳于氏纂

晋贺氏循

晋曹氏述初

皇甫氏侃

崔氏灵恩

北齐熊氏安生

庾氏蔚

唐贾氏公彦

唐丘氏光庭

唐中山成氏伯玙

唐赵氏匡采，字伯循

唐陆氏元朗，字德明

唐陆氏贽，字敬舆

山阴陆氏佃，字农师

象山陆氏九渊，字子静

晋范氏宣

华阳范氏祖禹，字淳甫

吴郡范氏成大，字至能

金华范氏钟，字仲和

晋刘氏世明

长乐刘氏彝，字执中

清江刘氏敞，字原父

建安刘氏

刘氏孟冶

元魏王氏肃

临川王氏安石，字介甫

新安王氏

王氏昭禹，字光远

王氏苹

王氏

唐魏氏徵，字玄成

临邛魏氏了翁，字华甫

唐张氏守节

横渠张氏载，字子厚

广汉张氏栻，字敬夫

范阳张氏九成，字子韶

吴郡张氏幼伦

张氏

东山何氏

何氏胤

何氏洵直

何氏平叔

濂溪周氏敦颐，字茂叔

延平周氏谞，字希圣

永嘉周氏行己，字恭叔

柯山周氏处约

河南程氏颢，字伯淳；弟颐，字正叔

沙随程氏迥

建安游氏酢，字定夫

广安游氏桂，字元发

延平杨氏时，字中立

秦溪杨氏复

慈湖杨氏简，字敬仲

蓝田吕氏大临，字与叔

东莱吕氏本中，字居仁；祖谦，字伯恭

海陵胡氏瑗，字翼之

庐陵胡氏铨，字邦衡

武夷胡氏安国，字康侯

五峰胡氏宏，字仁仲

王氏子墨

盱江李氏觏，字泰伯

仁寿李氏道传

四明李氏元白

李氏格非，字文叔

长乐陈氏祥道，字用之；弟旸，字晋之

温陵陈氏知柔，字体仁

永康陈氏亮，字同甫

天台陈氏骙，字叔进

北溪陈氏淳，字安卿

陈氏

石林叶氏梦得，字少蕴

龙泉叶氏适，字正则

叶氏棣

叶氏

四明沈氏焕，字晦叔

沈氏括，字存中

吴兴沈氏清臣，字正卿

演山黄氏敏求

延平黄氏裳，字冕仲

长乐黄氏榦，字直卿

涑水司马氏光，字君实

南丰曾氏巩，字子固

河东侯氏仲良，字师圣

严陵方氏恁，字性夫

马氏晞孟，字彦醇

上蔡谢氏良佐，字显道

河南尹氏焞，字彦明

新安朱氏熹，字元晦

嵩山晁氏以道，字说之

兼山郭氏忠孝，字立之

毗陵慕容氏彦逢，字叔遇

金华唐氏仲友，字与政

庆源辅氏广，字汉卿

金华应氏镛，字子和

永嘉徐氏自明，字诚甫

江陵项氏安世，字平甫

永嘉戴氏溪，字少望

永嘉薛氏季宣，字士隆

高要谭氏惟寅

宣城奚氏士达

霅川倪氏思，字正甫

建安潘氏植

四明袁氏甫，字广微

会稽高氏闶，字文彪

眉山家氏颐

临卬宋氏远孙

四明宣氏缯，字子平

建安真氏德秀，字景元

钱塘于氏有成，字君锡

新定顾氏元常，字平甫

鄱阳洪氏迈，字景卢

吴氏华

钱塘吴氏知愚，字子发

晋陵喻氏樗，字良能

严陵喻氏仲可，字可中

严陵钱氏文子

新定钱氏时，字子是

莆阳郑氏耕老，字谷叔

郑氏

眉山孙氏似

孙氏景南

莆阳林氏光朝，字谦之

林氏垌

金华邵氏渊，字万宗

新定邵氏甲，字仁仲

海陵查氏

西蜀董氏

晏氏光

湛氏循

毛氏信卿

蔡氏渊

蒋氏君实

庄氏夏

施氏

虑氏

费氏

卢氏

谯氏

许氏

俞氏

　　张氏①

　　讲义十卷，不知作者，又有传录训解不著姓名，阙而存之。

　　以上解义，唯严陵方氏、庐陵胡氏，始末全备，自余多不过二十篇，或三数篇，或一二篇，或因讲说仅十数章，其他如语录，如文集，凡有及于《礼》经，可以开晓后学者，裒辑编次，粗已详尽。唐杜佑《通典》论议丧制者，亦已编入。独绍兴间进士夏休撰《破礼记》二十卷，断章析句，妄加讥诋，《中庸》《大学》犹且不免，其不知量甚矣。大抵解经非其他著书，比前后诸儒，类尝讲究，后学偶得昔贤未竟之旨，曾未一二，动欲牵强饾钉，自为一书以垂世，不无差谬蹈袭之患，至有立意毁訾如休者，亦登载中兴馆阁书目，今不取。

本篇所引名氏汇总

卷次	集说名录（按征引次序）	各卷数目	总数目
卷一　大学第四十二	孔氏；河南程氏；蓝田吕氏；延平杨氏；涑水司马氏；新安朱氏；象山陆氏	7	
卷二　大学之道	郑氏；孔氏；河南程氏；蓝田吕氏；延平杨氏；新安朱氏；涑水司马氏；广汉张氏；龙泉叶氏；范阳张氏；山阴陆氏；建安真氏；雪川倪氏；晋陵喻氏；钱塘吴氏；新定邵氏；金华邵氏；严陵方氏	18	255
卷三　古之欲明明德于天下者	孔氏；河南程氏；濂溪周氏；横渠张氏；涑水司马氏；蓝田吕氏；上蔡谢氏；延平杨氏；武夷胡氏；五峰胡氏；新安朱氏；新定顾氏；新定钱氏；龙泉叶氏；范阳张氏；山阴陆氏；广汉张氏；吴兴沈氏；东莱吕氏；建安真氏；庐陵胡氏；新定邵氏；雪川倪氏；钱塘吴氏	24	

---

　　①　部分名氏后列有所著篇目，此处从简，不再一一照录。

续表

卷次	集说名录（按征引次序）	各卷数目	总数目
卷四 所谓诚其意者	郑氏；河南程氏；蓝田吕氏；涑水司马氏；新安朱氏；严陵方氏；山阴陆氏；石林叶氏；新定钱氏；庐陵胡氏；东莱吕氏；龙泉叶氏；建安真氏；新定邵氏；雪川倪氏；延平周氏；长乐陈氏	17	
卷五 诗云瞻彼淇澳	郑氏；孔氏；蓝田吕氏；山阴陆氏；石林叶氏；庐陵胡氏；莆阳林氏；新安朱氏；龙泉叶氏；建安真氏	10	
卷六 康诰曰克明德	郑氏；孔氏；河南程氏；蓝田吕氏；严陵方氏；山阴陆氏；石林叶氏；庐陵胡氏；东莱吕氏；延平周氏；新安朱氏；新定邵氏；长乐陈氏；永嘉薛氏；龙泉叶氏；建安真氏；钱塘吴氏	17	
卷七 诗云邦畿千里	孔氏；河南程氏；蓝田吕氏；石林叶氏；庐陵胡氏；新安朱氏；永嘉薛氏；龙泉叶氏；东莱吕氏；建安真氏；新定邵氏	11	255
卷八 子曰听讼	郑氏；孔氏；河南程氏；横渠张氏；清江刘氏；延平周氏；严陵方氏；马氏；蓝田吕氏；新安朱氏；新定邵氏	11	
卷九 所谓修身在正其心者	郑氏；孔氏；河南程氏；蓝田吕氏；石林叶氏；庐陵胡氏；永嘉薛氏；范阳张氏；东莱吕氏；新安朱氏；龙泉叶氏；建安真氏；四明李氏；钱塘吴氏；新定邵氏	15	
卷十 所谓齐其家在修其身者	郑氏；孔氏；横渠张氏；蓝田吕氏；山阴陆氏；延平周氏；石林叶氏；庐陵胡氏；范阳张氏；永嘉薛氏；新安朱氏；龙泉叶氏；四明李氏；新定钱氏	14	
卷十一 所谓治国必先齐其家者	郑氏；孔氏；河南程氏；蓝田吕氏；延平周氏；严陵方氏；石林叶氏；莆阳林氏；庐陵胡氏；东莱吕氏；范阳张氏；新安朱氏；永嘉薛氏；龙泉叶氏；江陵项氏；雪川倪氏；新定钱氏；新定邵氏	18	
卷十二 所谓平天下在治其国者	郑氏；孔氏；蓝田吕氏；范氏；范阳张氏；石林叶氏；莆阳林氏；新安朱氏；龙泉叶氏；建安真氏；钱塘于氏；雪川倪氏；新定邵氏	13	

续表

卷次		集说名录（按征引次序）	各卷数目	总数目
卷十三 是故君子先慎乎德		郑氏；孔氏；涑水司马氏；延平周氏；严陵方氏；山阴陆氏；石林叶氏；蓝田吕氏；东莱吕氏；延平黄氏；范阳张氏；新安朱氏；龙泉叶氏；雪川倪氏；新定邵氏	15	
卷十四 康诰曰惟命不于常		郑氏；孔氏；严陵方氏；蓝田吕氏；新安朱氏；龙泉叶氏；四明李氏；金华邵氏	8	
卷十五 秦誓曰若有一介臣		郑氏；孔氏；蓝田吕氏；山阴陆氏；范阳张氏；石林叶氏；新安朱氏；东莱吕氏；龙泉叶氏	9	
卷十六 见贤而不能举		郑氏；孔氏；河南程氏；山阴陆氏；石林叶氏；永嘉薛氏；新安朱氏；龙泉叶氏；金华邵氏；新定邵氏；雪川倪氏	11	255
卷十七 生财有大道		郑氏；孔氏；横渠张氏；蓝田吕氏；延平周氏；严陵方氏；山阴陆氏；石林叶氏；永嘉薛氏；东莱吕氏；新安朱氏；范阳张氏；龙泉叶氏；雪川倪氏；钱塘于氏；新定邵氏	16	
卷十八 孟献子曰畜马乘		郑氏；孔氏；山阴陆氏；石林叶氏；蓝田吕氏；新安朱氏；范阳张氏；新定邵氏；龙泉叶氏；严陵方氏	10	
卷十九 长国家而务财用者		郑氏；严陵方氏；石林叶氏；新安朱氏；龙泉叶氏；东莱吕氏；范阳张氏；蓝田吕氏；建安真氏；四明李氏；新定邵氏	11	

卷一　大学第四十二

《大学》第四十二

孔氏曰：案郑《目录》云：“名曰‘大学’者，以其记博学，可以为政也。此于《别录》属通论。”

河南程氏曰：《大学》乃孔子遗书，须从此学则不差。或问伊川先生曰：“初学如何？”曰：“初学入德之门，无如《大学》者。今之学者，赖有此篇书存，其他莫如《论》《孟》。”

蓝田吕氏曰：《大学》之书，圣人所以教人之大者，其序如此。盖古之学者，有小学，有大学。小学之教，艺也、行也；《大学》之教，道也、德也。礼、乐、射、御、书、数，艺也；孝、友、睦、姻、任、恤，行也。自致知至于修身，德也；所以治天下国家，道也。古之教者，学不躐等，必由小学，然后进于大学。自学者言之，不至于大学所止则不进；自成德者言之，不尽乎小学之事则不成。子夏之门人从事乎洒扫应对，在圣人亦莫不然。恂恂、便便，曲尽于乡党朝廷之间，勃如、躩如、襜如、翼如，从容乎进退趋揖之际，盖不如是不足谓之成德矣。后之学者穷一经至于皓其首，演五字至于数万言，沉没乎章句诂训之间，没世穷年学不知所用，一身且不能治，况及天下国家哉！此不及乎《大学》者也。荒唐缪悠出于范围之中，离于伦类之外，慢疏亲戚上下等差，以天地万物为幻妄，视天下国家以为不足治，卒归于无所用而已。此过乎《大学》者也。此道之所以不明且不行，秦汉之弊政薄俗陋百世而不革，杨墨庄老之道肆行于天下而莫知以为非。巍冠博带，高谈阔论，偃然自以为先生君子，诬罔圣人，欺惑愚众，皆《大学》不传之故也。

延平杨氏曰：《大学》一篇，圣学之门户，其取道至径，故二程先生多令初学者读之。盖《大学》自"正心诚意"至"齐家治国平天下"只一理，此《中庸》所谓合内外之道，不合则所守与所行自判而为二矣。孔子曰"子率以正，孰敢不正"，子思曰"君子笃恭而天下平"，孟子曰"其身正而天下归之"，皆明此也。 又曰：《大学》之书，其圣学之门乎。不由其门而欲望其堂奥，非余之所知也。

涑水司马氏曰：夫离章断句，解疑释结，此学之小者也；正心、修身、齐家、治国以至盛德著明于天下，此学之大者也，故曰《大学》。

新安朱氏曰：《大学》之书，古之大学所以教人之法也。盖自天降生民，则既莫不与之以仁义礼知之性。然其气质之禀或不能齐，是以不能皆有以知其性之所有而全之也。一有聪明睿知能尽其性者出于其间，则天必命之以为亿兆之君师，使之治而教之，以复其性。此伏羲、神农、黄帝、尧、舜所以继天立极，而司徒之职、典乐之官所由设也。三代之隆，其法浸备，然后王宫、国都以及闾巷，莫不有学。人生八岁，则自天子以下至于庶人之子弟，皆入小学，而教之以洒扫、应对、进退之节，礼乐、射御、书数之文。及其十有五年，则自天子之元子、众子，以至公、卿、大夫、元士之适子，与凡民之俊秀，皆入大学，而教之以穷理、正心、修己、治人之道。此又学校之教，大小之节所以分也。夫以学校之设，其广如此；教之之术，其次第节目之详又如此；而其所以为教，则又皆本之人君躬行心得之余，不待求之民生日用彝伦之外；是以当世之人无不学；其学焉者，无不有以知其性分之所固有、职分之所当为，而各俯焉以尽其力。此古昔盛时所以治隆于上、俗美于下，而非后世之所能及也。及周之衰，贤圣之君不作，学校之政不修，教化陵夷，风俗颓败。时则有若孔子之圣，而不得君师之位以行其政教，于是独取先王之法，诵而传之，以诏后世。若《曲礼》《少仪》《内则》《弟子职》诸篇，固小学之支流余裔。而此篇者，则因小学之成功，以著大学之明法，外有以极其规模之大，而内有以尽其节目之详者也。三千之徒，盖莫不闻其说，而曾子之传独得其宗，于是作为传义，以发其意。及孟子没而其传泯焉，则其书虽存，而知者鲜矣。自是以来，俗儒记诵词章之习，其功倍于小学而无用；异端虚无寂灭之教，其高过于大学而无实；其他权谋术数，一切以就功名之说，与夫百家众技之流，所以惑世诬民、充塞仁义者，又纷然杂出乎其间。使其君子不幸而不得闻大道之要，其小人不幸而不得蒙至治之泽，晦盲否塞，反覆沉痼，以及五季之衰，而坏乱极矣！天运循环，无往不复。宋德隆盛，治教休明。于是河南程氏两夫子出，而有以接乎孟氏之传，实始尊信此篇而表章之，既又为之次其简编，发其归趣，然后古者大学教人之法、圣贤经传之旨，粲然复明于世。虽以熹之不敏，亦幸私淑而与有闻焉。顾其为书犹颇散失，是以忘其固陋，采而辑之，间亦窃附己意补其阙略，以俟后之君子。极知僭逾，无所逃罪，然国家化民成俗之意、学者修己治人之方，则未必无小补云。　　又曰：圣人作《大学》，便要使人皆入于圣贤之域。　　又曰：学者须是为己，圣人教人只在《大学》第一句"明明德"上。

象山陆氏曰：此言《大学》指归。欲明明德于天下是入《大学》标的。格物致知是下手处。《中庸》言博学、审问、慎思、明辨，是格物之方。（学说）

卷二　大学之道

大学之道，在明明德，在亲民，在止于至善。知止而后有定，定而后能静，静而后能安，安而后能虑，虑而后能得。物有本末，事有终始，知所先后，则近道矣。

郑氏曰：止，犹自处也。得，谓得事之宜也。

孔氏曰：章明己之明德，亲爱于民，止于至善之行。大学之道，在此三事也。知止于至善，而后心能有定，心定无欲故能静，静故情性安和，情性安和故能思虑于事，能虑然后于事得宜。天下万物有本有末，经营百事有终有始。

河南程氏曰：明德者，明此理也。 又曰：亲当作新，言既自明其德而使人用此道以自新也。（伊川） 又曰：至善者，义理之精微，无可得而名，姑以至善目之也。 又曰：止于至善，反己守约是也。 又曰：止于至善，如子止于孝、父止于慈之类，非谓务观物理于外，泛然如游骑无所归也。 又曰：明德新民，岂分人我？此成德者之事也。（明道） 又曰：知止则自定，万物挠不动，非是别将定来助知止也。 又曰：得而后动，与虑而后动异。得在己，如自使手举物无不从者；虑则未在己，如手持物知其不利。 又曰：人之学，莫大于知本末终始。致知在格物，则所谓本也、始也；治天下国家，则所谓末也、终也。治天下国家必本诸身，其身不正而能治天下国家者，无之。（伊川）

蓝田吕氏曰：大学者，大人之学也，穷理尽性而已。性者，合内外之道，以天地万物为一体者也。人伦物理皆吾分之所固有，居仁由义皆吾事之所必然。物虽殊类，所以体之则一；事虽多变，所以用之则一。知此然后谓之明，明则穷理者也；至此然后谓之诚，诚则尽性者也。在明明德者，穷理以自明其明德者也。在亲民者，推吾明德以明民之未明，所谓先知觉后知、先觉觉后觉者也。己则不明而以明民，则不知；自明其德而不以明民，则不仁。二者皆非大人之事，不可与穷理尽性者也。在止于至善者，所谓诚也，善之至者，无以加于此也。为人君止于仁，为人臣止于敬，为人子止于孝，为人父止于慈，与国人交止于信，所止者皆善之至者也。所居之位不同，则所止之善不一，其所以止于至善则一也。盖学至于诚，则天之道也，非有我之得私也。故不勉而中，不思而得，从容中道，虽善不足以明之。然天下之善，何以加此？故所止者止于是而已。人之所以不定者，以其不知所止而已，犹行者之未得舍，则不能不求其他。故人莫不欲知所止，所止未在于至善，则终亦莫之定矣。夫学至于诚，则莫非天道之自然，盛行不加，穷居不损，先圣后圣，若合符节，可以不勉不思，自中于道，岂容人之智力措于其间哉！知此则其心定矣。故曰知止而后有定。定则无所事，故能静。无所事则莫非吾分之所固有、吾事之所必然，故能安。安则有诸己而不去，然后可以用之，而谋虑生焉。以此谋虑则未有不得者也。穷理则本末终始莫不有序，昭然成列而不可乱也。知天下皆吾体也，则不得不以吾身为本、以天下为末。知尽性者，必以明明德于天下为主，则不得不以致知为始，以明明德于天下为终。知此则可以进道，故曰近德。至此则与道为一，夫何远近之有哉！

延平杨氏曰：大学之道，必知其所止。知止，然后能定。不知所止，而欲应酬曲当，是犹射者未知正鹄之所在而欲取中也。　又曰：古之善学者必先知其所止，然后可以渐进。若伥伥然莫知所止而欲望圣贤之域，多见其难也。　又曰：自"致知"至于"虑而后得"，进德之序也。譬之适四方者未知所之，必问道所从出，所谓致知也。知其所之，则知止矣。语至则未也，知止而至之，在学者力行而已，非教者所及也。

新安朱氏曰：自此至"未之有也"为经第一章，盖孔子之言，而曾子述之。下传十章，则曾子之意而门人记之也。旧本颇有错简，今因程子所定，更考经文，以为序次。大学者，大人之学也。明，明之也。明德者，人之所得乎天，虚明不昧以具众理而应万事者也。但为气禀所拘，人欲所蔽，则有时而昏。然其本体之明，则有未尝息者。故学者当因其所发而遂明之，以复其初也。新者，革其旧之谓也。言既自明其明德，又当推以及人，使之亦有以去其旧染之污也。止者，必至于是而不迁之意。至善，则事理当然之极也。言明明德、新民，皆当至于至善之地而不迁。盖必其有以尽夫天理之极，而无一毫人欲之私也。三者，大学之纲领也。止者，所当止之地，即至善之所在也。知之，则志有定向。静，谓心不外驰。安，谓所处而安。虑，谓思无不审。得，谓得其所止。明德为本，新民为末。知止为始，能得为终。本、始，所先；末、终，所后。此结上文两节之意。　或问曰：然则此篇所谓在明明德、在亲民、在止于至善者，亦可得而闻其说之详乎？曰：天道流行，发育万物。其所以为造化者，阴阳五行而已。而所谓五行阴阳者，又必有是理，而后有是气。及其生物，则必是气之聚，而有是形。故人物之生，必得是理，然后有以为健顺、仁义、礼知之性；必得是气，然后有以为百骸、九窍、五藏之身。周子所谓"无极之真，二五之精，妙合而凝者"，正谓是也。然以理言之，万物一原，固无人物贵贱之殊。以其气而言之，则得其正且通者为人，得其偏且塞者为物。是以或贵或贱，而不能齐也。彼贱而为物者，既梏于形气之偏塞，而无以充其本体之全矣。唯人之生，乃得其气之正而且通者，而其性为最贵，故其方寸之间，虚灵洞彻，万理咸备。盖其所以异于禽兽者，正在于此。而其所以可以为尧舜，能参天地赞化育者，亦不外是焉。是则所谓明德者也。然其通也，或不能无清浊之异；其正也，或不能无美恶之殊。故其所赋之质，清者知而浊者愚，美者贤而恶者不肖，又有不能同者。必其上知大贤之资，乃能全其本体而无小不明。其有不及乎此，则所谓明德者，已不能无蔽而失其全矣。况乎人以气质有蔽之心接乎事物，无穷之变，则其耳之欲声，目之欲色，口之欲味，鼻之欲臭，四肢之欲安佚，所以害乎其德者，又岂可胜言哉！二者相因，反覆深固。是以此德之明，日益昏昧，而此心之灵，其所知者不过情欲利害之私而已。是则虽曰有人之形，而实何以远于禽兽；虽曰可以为尧舜而参天地，然亦不能有以自充矣。然其本体之明得之于天，盖有终不可得而昧者。是以虽其昏愚之极，而介然之顷，而吾心一有觉焉，则即此空隙之中而其本体已洞然矣。是以圣人施教，既已养之于小学之中，而后开之以大学之道。其必先之以格物致知之说者，所以使之即其所养之中，而因其所发以启其明之之端也。继之以诚意、正心、修身之目者，则又所以使之因其已明之端，反之于身而致其明之之实也。夫既有以发其明之之端，而又有以致其明之之实，则吾之所得于天而未尝不明者，岂不超然无有气质物欲之累，而复全其本体之明哉！是则所谓明明德者，而非有所作为于性分之外也。然其所谓明德者，又人人之所同得而非有我之得私也。向也俱为物欲之所蔽，则其贤愚之分固无以大相远者。今吾既幸有以自明矣，则视彼众人之同得乎此而不能自明者，方且甘心迷惑没溺于卑污苟贱之中，而不自知也，岂不为之恻然而思，有以救之哉？故必推吾之所自明者以及之，始而齐家，中于治国，而终及于平天下，使彼有是明德而不能自明者，亦皆如我之有以自明，而去其旧染之污焉。是则所谓亲民者，而亦非有所付畀增益之也。然德之在己而当明，与其在民而当新者，则又皆非人力之所为，而吾之所以明而新之者，又非可以私意苟且而为也。是其所以得之于天，而见于日用之间者，固已莫不各有本然一定之则矣。以其义理精微之极，有不可得而名者，故姑以至善目之。而传所谓君之仁、臣之敬、子之孝、父之慈、与人交之信，乃其目之大者也。众人之心固莫不有是，而或不能知。学者虽或知之，而亦鲜能必至于是而不去。此为大学之教者，所以虑其理虽复而有不纯，欲虽克而有不尽，将无以尽夫修己治人之道，而必以是为明德、新民之标的也。欲明德而新民者，诚能求必至是，而不容其少有过不及之差焉，则其所以去人欲而复天理者，无毫发之遗恨矣！大抵《大学》一篇之旨，总而言之不出乎八事，而八事之要，总而言之又不出乎此三者。此愚所以断然以为《大学》之纲领而无疑也。然自孟子没，而道学不得其传。世之君子各以其意之所便者为学，于是乃有不务明其明德，而徒以政教法度为足以新民者；又有耽嗜空寂自谓足以明其明德，而不屑乎新民者；又有略知二者之当务，顾乃安于小成、狃于近利而不求止于至善之所在者。是皆不考乎此篇之过，其能成己成物而不缪者鲜矣。　　曰："知止而后有定，定而后能静，静而后能安，安而后能虑，虑而后能得"，何也？曰：此推本上文之意，言明德、新民所以止于至善之由也。盖明德、新民，固皆欲其止于至善，然非先有以知其所当止之地，则不能有以得其所当止者而止之。如射者固欲其中夫正鹄，然不先有以知其所当中之地，则不能有以得其所当中者而中之也。知止云者，物格知至而于天下之事皆有以知其至善之所在，是则吾所当止之地也。能知所止，则方寸之间事事物物皆有定理矣。理既有定，则无以动其心，而能静矣。心既能静，则无所择于地，而能安矣。能安，则日用之间从容闲暇，事至物来有以揆之，而能虑矣。能虑，则随事观理、极深研几无不各得其所止之地而止之矣。然既真知所止，则其必得所止，固已不甚相远。其间四节，盖亦推言其所以然之故。有此四者，非如孔子之志学以至从心，孟子之善信以至圣神，实有等级之相悬，为终身经历之次序也。　　曰："物有本末，事有终始，知所先后，则近道矣"，何也？曰：此结上文两节之意也。明德、亲民两物而内外相对，故曰本末。知止、能得一事而首尾相因，故曰终始。知先其本而后其末、先其始而后其终也，则其进为有序而至于道也，不远矣。

涑水司马氏曰：明明德，所以修身也。亲民，所以治天下、国家也。君子学斯二者，必至于尽善然后止，不然不足谓之大学也。定者，能固执于至善也。静者，不为纷华盛丽之所移夺也。安者，悦而时习之也。虑者，专精致思以求之也。得者，入于圣人之道也。

广汉张氏曰：在明明德，成己也。在亲民，成物也。而成己成物，非二致也。又曰：在止于至善，此则合内外之道，会人物于一己，圣学之渊源也。所谓至善者，其太极之蕴钦！盖明德本也，新民末也，而本末一事也。明明德始也，止于善终也，而终始一道也。此圣学也，知止是知所谓至善也，止于至善是得其所止而天矣。

龙泉叶氏曰：明德者，人之本也。治己待人、遇事接物以至于死生变故之际，皆有至明而不可乱者。自众人而视圣贤，疑其所独至者出于寻常知虑之外，以为不可及。而不知圣贤由乎天人之常理，而无所加损焉。理无不明，而学者必蒙。自蒙以发明，如云雾之除，膏火之光、昏夜之旦；日月之出，光辉洞达、表里无间。此《大学》之所以为明也。利欲蔽之则不明，私意乱之则不明。可喜者诱之，可畏者挫之，与之为敌者障之，先有所入者执之，此其所以不明也。明明德者，去其所以不明而已。在亲民者，天地虽大，万物虽多，其体同也，况于人乎，无不得乎吾之所同然者。然而人之常情，私己而异人，其外特为同耳，而好恶向背、交际往来之间，盖有邱山之崇、江河之深，不啻若胡越之扞拒者。况欲其体万物为一身，天地为一性乎。夫是以相戕相杀，海内横于三纲九畴斁坏亡灭之祸，皆起于此，故学莫大于新民。反而合之，默^①而验之，推而通之，扩而同之，人之与我不相近者几何？知此则然亲民矣！亲民则天地万物之体可见矣！然必至其所止而后可以行，必知其所止而后可以学。《诗》曰："终南何有，有纪有堂。君子至止，黻衣绣裳。"圣贤所止之地，平易、正直、广大、坚实，满足于其间而无憾，所以能终身由之而不息者，其地至善而不可易故也。过此则荡，不及此则野。观尧、舜、禹、汤、文、武、孔子之所止，则可以见至善之所在矣。学者最患于私止而意行之，故虽有所止而非善也。三者皆《大学》之要道也，而以知止为先。鸟止于巢，兽止于丘，鱼止于渊，物未有无所止者也，未有非其所止而可以强止者也。行路者，必先定其所止。所止既定，虽百舍重趼而不敢息焉。学不先求其所止，则终身之所行者为何事，日夜之所讲明者为何说？是故莫先于知止。知止而后有定，则向之驰骛者息矣，向之嗜玩者亡矣，向之往来上下欲进而不能、欲退而不决，今皆隐然得其所定矣。定而后能静，则非对动之静；静而后能安，则非求息之安；安而后能虑，则非役物之虑；虑而后能得，则非妄意之得。夫是以物见其本末，事识其终始，辨内外之分，审先后之序，则德可明、民可新，穷理尽性以至于命，而行于万物之所同然，故曰莫先于知止也。

范阳张氏曰：知止而不已，则此止变而为定。止犹似用力也，定则不用力，而深于止矣。定不已，则动静由我而不由人。欲莫易乎动、莫难乎静，吾欲静则静耳，何难之有？故谓之能静。

山阴陆氏曰：若后世学者举皆躐等，生未足知而语死，人未足知而语鬼神。譬如一叶之在江湖也，信风漂流莫知所届矣。虑而后能得，《书》曰："弗虑胡获"，此之谓也。

建安真氏曰：明德乃天赋与之德性也，本自光明。缘人始生之初，所禀之气不同。有禀得清明纯粹之气者，则为圣为贤。有禀得半清半浊之气者，则为中人。全禀昏浊之气者，则为愚不肖。此所谓"气禀所拘"也。

---

① 四库本作"黜"，荟要本校记指出此处"默"讹为"黜"。据文义，当为"默"，今从之。

及生而为人，既有知识与外物接，则耳欲声、目欲色、鼻欲香、口欲味，私欲一胜则本心为其所乘，遂流于不善，而所谓明德者亦从而昏矣。此所谓"物欲所蔽"也。　又曰：《大学》之"止至善"正是《孟子》"美与大"之地，位久而不息，则大而化之至于圣矣。盖功夫到此，已是十分，更无可用力者，但优游涵泳以俟其自化尔。故《易》曰："穷神知化，德之盛也"，横渠曰："大可能也，化不可能也"，盖化则不可用力矣。　又曰：知止者，谓知为君必止于仁，为臣必止于敬，为子必止于孝，为父必止于慈，方知得此理，未曾实到其地。能得者，谓为君已仁，为臣已敬，为子已孝，为父已慈，是实到其地矣。　又曰：定、静、安三字相类但有浅深，学者用工且从定字起，如此心摇动不定，如何讲得学问、穷得义理？此心既定，方可渐到静与安之地，此心未定，便要得静与安，无是理也。

雪川倪氏曰：学者之功用，不过修己安人而已。明明德，所以修己也。亲民，所以安人也。两者皆欲止于至善也。惟人万物之灵，具秉彝之性，未有不明者。至于昏，则物欲有以蔽之。譬之于镜，圣人之明德，镜之无尘者也。然犹曰明明德者，镜无尘矣，更加以磨拭，则愈明矣。亲民者，伊川读"亲"作"新"，以下文"作新民"为证，朱氏祖之。然先儒皆不敢改，盖于民言亲自有义。亲，近也、爱也。《书》曰："民可近，不可下"，亲近之义也。孟子曰："亲亲而仁民"，亲爱之义也。圣人为民父母，视民如子，推爱子之心以爱民，不止于近之而已。《中庸》曰："子庶民"，此篇引《康诰》曰："如保赤子"，又曰："此之谓民之父母"，皆亲民之义。至善者，善而又善，进进不已，至于大善，无地可进乃为至善。止者，至于其极，无进地则止矣。然学以知为先，先知之而后能行。先知可止之地，则有定向矣。有如"所立卓尔"之有，见其所有之实，则可以为准，而后吾心定。自此以下，言"能"者，必加学力而后能之也；物之本，则自修身以上者也；物之末，则自修身以下者也；事之宜终者，则当治之于其终；事之宜始者，则当行之于其始；物之本、事之始，则所当先；物之末、事之终，则所当后；自本及末，顺而言之也；因终原始，逆而推之也。　又曰：以首章言之，明明德者先也，亲民者后也。自三章言之，致知格物者先也，治国平天下者后也。

晋陵喻氏曰：止而定，定而静，静而安，安而虑，虑而得，皆自然而然也。非一日而止，二日而定，三日而静也。

钱塘吴氏曰：明德者，得于此心之同然，本自昭明。所谓昭明，有融者也。明明德者，所谓自昭明德也。人之生也，均有是德，感物而动，或为所蔽，非有格物之学以致其知，则是德无由而明。此大学之道所以在明明德也。亲民者，德明而民亲也。考诸《孟子》《学记》，其义本明。孟子对滕文公曰："学则三代共之，皆所以明人伦也。"先言人伦明于上，次言小民亲于下，而后告以"'周虽旧邦，其命维新'。子力行之，亦以新子之国"，由孟子之言观之，则亲与新之意可见矣。孟子所谓"人伦"，即下文所谓"君仁、臣敬、子孝、父慈、交信"者是也。《大学》以"明明德"言，孟子以"明人伦"言，至于论民之亲，初无异辞，又何疑焉？《学记》曰："化民易俗，近者悦服，而远者怀之。""化民易俗"，言其新也。"近者悦服""远者怀之"，言其亲也。由《学记》之言观之，"化民易俗"，岂非孟子所谓"新子之国"者乎？"近者悦服""远者怀之"，岂非孟子所谓"小民亲于下"者乎？则知新者亲民之效也，亲者明明德之验也。此大学之道，在明明德，所以继以在亲民也。（如愚）

新定邵氏曰：明明德者，成己之事也。明德之上，不假他语，径以明之一字重复言之，则知至明之德，己所自有，君子非能有所增加于此心之外也，特明其明而使之勿蔽耳。《易》曰"君子以自昭明德"是也。新民者，成物之事也。味新之一辞，则知导民有方，化民以渐，民日迁善而不知为之者，所以为新民之道也。《易》曰"君子以振民育德"是也。夫始于明明德，已而新其民，复继之曰在止于至善，何也？盖至善即明德新民极致之地。明德而未极于至善，则其明为未周。新民而未极于至善，则其化为尚浅。此总论大学之道在乎明德、新民、止于至善也。继此即言知止之在所先焉。止者何？至善是也。至善者，明德新民所止之地，而吾宅心措躬之所也。果知乎此，则天下之事事物物皆由此出，虽变态万状不能以惑；吾之所见，异议纷纭不能以夺吾之所得。如此而后有定。所见既定，则道之本体不外此心。心境内融，寂然无际，如此而后能静。静则日享恬淡之乐，而无外驰之劳，夫是以能安。安则灵扃湛然常明而无物欲之蔽，夫是以能虑。虑则事之隐微曲折无不了然洞见矣，夫是以能得。知止者，其本也虑，而能得者其末也；知止者，其始也虑，而能得者其终也。

金华邵氏曰：安、静、虑、得，皆曰能，而定独曰有者，盖天下事物皆有定理，惟无所止则自为迁转，今既知之，则能有诸此而不失也。若其他，能乎彼，始能乎此耳。物也、知也、意也、心也，以至于身与国家天下，皆物也。曰格、曰致、曰诚、曰正，以至于修、齐、平、治，皆事也。其理虽一贯，而本末终始自有次第。惟能知本与始在所当先，末与终在所当后，则由己以成物，此道虽未可径造，然亦不远矣。道即大学之道也。

严陵方氏曰：物与事一也。物固无非事，事固无非物。曰物，则以形言之也，形故有本末。曰事，则以理言之也，理故有终始。

卷三　古之欲明明德于天下者

古之欲明明德于天下者，先治其国。欲治其国者，先齐其家。欲齐其家者，先修其身。欲修其身者，先正其心。欲正其心者，先诚其意。欲诚其意者，先致其知。致知在格物。物格而后知至，知至而后意诚，意诚而后心正，心正而后身修，身修而后家齐，家齐而后国治，国治而后天下平。自天子以至于庶人，壹是皆以修身为本，其本乱而末治者否矣。其所厚者薄，而其所薄者厚，未之有也。此谓知本，此谓知之至也。

孔氏曰：此经从盛以本初，又从初以至盛，上下相结也。

河南程氏曰：致知则有知，有知则能择。又曰：涵养须用敬，进学则在致知。（伊川）　又曰：知者吾之所固有，因物有迁则迷而不知，迷而不知则天理灭矣。故圣人欲格物以致其知也。　又曰：格，至也。格物，言穷理也。但立诚意去格之，其迟速却在人明暗也。明者格物速，暗者格物迟。　又曰：凡一物有一理，须是穷至其理。穷亦多端：或读书，讲明道理；或论古今人物，别其是非；或应接事物，皆穷理也。　又问："格物者，物物而格之乎？将格一物而万理皆知也？"曰：虽颜子亦但闻一知十而已，岂敢自谓如此。及其达理之后，则虽亿万可通矣。学者须是遍求，若能今日格一物，明日又格一物，积习既多，然后脱然有贯通处。（伊川）　又曰：物不必事物然后谓之物也，自一身之中，至万物之理，理会得多，相次自然豁然有个觉处。　又曰：所务于穷理者，非谓尽穷了天下万物之理，又非谓穷得一理便到，只是要积累多，后自然见知。　又曰：格物之理，不若察之于身尤切。　又曰：或问"格物是外物邪？性中物邪？"曰：不拘，凡眼前无非物也。物物皆有理，如火之所以热、水之所以寒，至于君臣父子之间，皆是理也。　又曰：物理须是要穷，若言天地之所以高深、鬼神之所以幽显，若言天只是高、地只是深，则是已了，复何可穷之有？　又曰：格物穷理，非是尽要穷天下之物。所谓穷理也，但于一事上穷得尽，则其他可以类推矣。至如言孝，须穷所以为孝者如何，所谓穷理也。如一事上穷不得，即且别穷一事，或先其易者，或先其难者，各随人浅深。譬如千蹊万径，皆可适国，但得一道入得斯可矣。所以能穷者，只为万理皆是一理，至于一事一物虽小，皆有是理。（伊川）

又曰：随事观理，而天下之理得矣。　又曰：物来则知起，物各付物，不役其知，则意诚不动。意诚自定则心正，始学之事也。（明道）　又曰：入道莫如敬，未有致知而不在敬者。今人立心不定，视心如寇贼而不可制，非事累心乃心累事。当知天下无一物是合少得者，不可恶也。　又曰：知至意须诚，若知而不诚者，皆知未至耳。　又曰：知之既至，其意自诚，其心自正。颜子有不善未尝不知，知之未尝复行，他人复行，知之不至也。　又曰：《大学》论“意诚”以下，皆穷其意而明之，独“格物”则曰“物格而后知至”，此盖可以意得而不可以言传也。自格物而充之，然后可以至于圣人。不知格物而先欲诚意、正心、修身，未有能中于理者也。　或问：进修之术，何先？曰：莫先于正心诚意。而诚意在致知，致知在格物。　或问：忠信进德之事，固可勉强，然致知甚难。曰：予以诚意可勉强，且恁地说。至底，须是知了方行得。若不知，只是觑却尧学他行事，无尧许多聪明睿知，怎生得他动容周旋中理。有诸中必形诸外，德容安可妄学？如子所言，是笃信固执之，非固有之也。未致知便欲诚意，则是躐等也。学者固当勉强，然不致知，怎生行得？勉强行者，安能持久？除非烛理明，自然乐循理。性本善，循理而行是顺理事，本亦不难，但为人不知，旋安排着，道难也。知有多少般数？然有深浅。向亲见一人曾为虎所伤，因言及虎，色便变，旁有数人见他说虎，非不知虎之猛可畏，然不如他说了有畏惧之色，盖真知虎者也。学者深知亦如此。且如说脍炙，贵公子与野人莫不皆知其美，然贵人闻着便有欲嗜之色，野人则不然。学者须是真知，才知得便泰然行将去也。某年二十时解释经义与今无异，然思今日，觉得意味与少年自别。　又曰：知至则当至之，知终则当遂终之。须以知为本，知之则行之，必至无有知之而不能行。知而不行，是知得浅。饥而不食乌喙，人不蹈水火，只是知。人为不善，只是不知。知至而至之，几之事故常至。知终而终之，故可与存义。知至是致知、博学、明辨、审问、慎思，皆致知、知至之事。笃行便是终之，如始条理、终条理。因其始条理，故能终条理，犹知至即能终之。　或问：今人有志于学，然知识蔽固，力量不至，则如之何？先生曰：只是不致知。若致知，则知识自当渐明，不曾见一物事终思不到也。知识明，则力量自进。问：何以致知？曰：能明理，或多识前言往行。识之多则理明，然全在强勉。（伊川）

濂溪周氏曰：治天下有本，身之谓也。治天下有则，家之谓也。本必端。端本，诚心而已矣。则必善。善则，和亲而已矣。家难而天下易，家亲而天下疏也。家人离必起于妇人，故《暌》次《家人》，以"二女同居，而其志不同行"。尧所以厘降二女于妫汭，舜可禅乎，吾斯试矣。是治天下观于家，治家观于身而已矣。身端，心诚之谓也。诚心，复其不善之动而已矣。不善之动，妄也。妄复则无妄矣，无妄则诚焉。故《无妄》次《复》，而曰"先王以茂对时，育万物"。深哉！

横渠张氏曰：一国一家一身，皆在处其身。能处一身，则能处一家；能处一家，则能处一国；能处一国，则能处天下。心为身本，家为国本，国为天下本。心能运身，心所不欲身能行乎？　又曰：虚心则能格物，格物则能致知。其择善也，必尽精微，无毫发之差，无似是之疑，原始要终，知不可易，然后为至也。　又曰：致知在格物。格，去也。格去物，则心始虚明，见物可尽，然后极天下之虑而能思善也。致知者，乃为学之大本。夫学之始，亦必先知其一贯之道，其造则固有序也。格物，外物也。外其物则心无蔽，无蔽则虚静，虚静故思虑精明而知至也。

涑水司马氏曰：人之情莫不好善而恶恶，慕是而羞非。然善且是者盖寡，恶且非者实多，何哉？皆物诱之也，物迫之也。桀、纣亦知禹、汤之为圣也，而所为与之反者，不能胜其欲心故也。盗跖亦知颜、闵之为贤也，而所为与之反者，不能胜其利心故也。不轨之民，非不知穿窬探囊之可羞也，而冒行之，驱于饥寒故也。失节之臣非不知反君事仇之可愧也，而忍处之，迫于形祸故也。况于学者，岂不知仁义廉耻之尚哉，斗升之秩、锱铢之利诱于前，则趋之如流水，岂能安展禽之黜、乐颜子之贫乎？动色之怒、毫末之害迫于后，则畏之如烈火，岂能守伯夷之饿、徇比干之死乎？如此则何暇仁义之思、廉耻之顾哉？不惟不思与不顾也，抑亦莫之知也。譬如逐兽者不见泰山，弹雀不觉露之沾衣，皆物蔽之也。故水诚清矣，泥沙汨之，则俯而不见其影。烛诚明矣，举掌翳之，则咫尺不辨人眉目。况富贵之汨其志，贫贱之翳其心哉？惟好学君子为不然。己之道，诚善也、是也，虽茹之以藜藿如粱肉，临之以鼎镬如茵席；诚恶也、非也，虽位之以公相如涂泥，赂之以万金如粪壤。如此则视天下之事，善恶是非，如数一二，如辨白黑。如日之出，无所不照，如风之入，无所不通，洞然四达，安有不知者哉？所以然者，物莫之蔽故也。于是依仁以为宅，遵义以为路，诚意以行之，正心以处之，修身以帅之，则天下国家何为而不治哉？《大学》曰："致知在格物。"格犹扦也、御也，能扦御外物，然后能知至道矣。

蓝田吕氏曰："致知在格物"。格之为言至也。致知，穷理也。穷理者，必穷万物之理同至于一而已。所谓格物也，合内外之道，则天人物我为一；通昼夜之道，则生死幽明为一；达哀乐好恶之情，则人与鸟兽鱼鳖为一；求屈伸消长之变，则天地山川草木人物为一。孔子曰"吾道一以贯之"，又曰"天下同归而殊途，一致而百虑"，又曰"天下之动，贞夫一者也"。故知天下通一气、万物通一理。此一也，出于天道之自然，人谋不与焉。故《大学》之序，必先致知。致知之本，必知万物同出于一理，然后为至。一物之不至，则不能无疑。疑存乎胸中，欲至于诚，不啻犹天壤之异、千万里之远。欲卒归于道而无惑，难矣！知万物同出于一理，知之至也。故曰"物格而后知至"。知至则心不惑而得所止，心不惑而得所止则意诚矣。故曰"知止而后意诚"。意诚则慎独，慎独则不为异端所移。不为异端所移，则心正矣。故曰"意诚而后心正"。身者，视听言貌之谓也。心正而视听言貌之不正者，未之有也。所谓"心诚求之，虽不中不远矣"。有是心也，则未有不谨于礼。故曰"心正而后身修"。自身修而上在己者也，自家齐而下在人者也。合内外之道，则身也、家也、国也、天下也，无远近之间，无彼我之异，特施之有先后而已。意诚身修，则德谐顽嚚矣，家有不齐者乎！老以及老、幼以及幼、妃以及妃、子以及子，举斯而加诸彼，国有不治者乎！国与天下，小大之间尔，推是心也，无所往而不可，此所以天下平也。及人之功，自天子以至于庶人，皆自修身始，有诸己而后责诸人，无诸己而后非诸人。己则不修而责人之修，可以力服而不可以心服，此末世之所以不能治也。于所厚者薄，则无所不薄，此管仲所以知公子开方、奄人竖貂、易牙卒不忠于桓公也。故本末先后之序，天地也，父子也，君臣也，差之毫厘则天地易位，违道逆理则必至于大乱。故君子不可以不知，"知此则近道矣，此谓知本，此谓知之至也"。

上蔡谢氏曰：格物，穷理也。物物皆有理，自然之理也。穷理则是寻个是处，格物必至于知至，故必知至然后能意诚。穷理之至，自然不勉而中，不思而得，从容中道。问：理须物物穷否？曰：理一而已，一处通则触处皆通。物虽细者亦有理，思其穷理之本欤。　又曰：明道先生教人，先使学者有所知识，却从敬入。所谓有知识，须是穷物理。只如黄金，天下至宝，须先辨认得体性始得。不然被人将鍮石来唤作黄金，辨认不过，便生疑惑。才有疑惑，便执不定。故经曰"物格然后知至，知至然后意诚"。所谓格物穷理，须是识得天理始得。所谓天理者，自然道理，无一毫杜撰。今人乍见孺子入于井，皆有怵惕恻隐之心。方乍见时，其心怵惕，所谓天理也。要誉于乡党，内交于孺子父母兄弟，恶其声而然，即人欲耳。天理与人欲相对，有一分人欲，即减却一分天理；有一分天理，即胜得一分人欲。人欲才肆，天理灭矣。任私用意杜撰做事，所谓人欲肆也。

延平杨氏曰：致知在格物，言当极尽物理也。理有不尽，则天下之物皆足以乱吾之知，思于正心诚意，远矣！又曰：学始于致知，终于知止而止焉。致知在格物，而物固不可胜穷也。反身而诚，则天下之物在我矣。《诗》曰："天生烝民，有物有则。"凡形色之具于吾身，无非物也，各有则焉。目之于色，耳之于声，口鼻之于臭味，接乎外而不得遁焉者，其必有以也。知其体物而不可遗，则天下之理得矣。天下之理得，则物与吾一也。其有能乱吾之心思，而意其有不诚乎？由是而通天下之志，类万物之情，赞天地之化，其则不远矣。则其知，可不谓至矣乎？知至矣，则宜其有止也。譬之四方万里之远，不可御也。苟无止焉，则将焉归乎？故见其进未见其止，孔子之所惜也。又曰：夫圣人，人伦之至也，岂有异于人乎哉！尧舜之道，曰孝悌不过行止疾徐而已，皆人之所日用，昧者不知也。夏葛而冬裘，渴饮而饥食，日出而作，晦而息，无非道者。譬之莫不饮食，而知味者鲜矣。为是道者，必先乎明善，然后知所以为善也。明善在致知，致知在格物，号物之多至于万，则物盖有不可胜穷者，反身而诚，则举天下之物在我矣。又答胡处晦书曰：示喻欲持忍字，某窃谓学者以致知格物为先。知之未至，虽欲择善而固执之，未必当于道也。人避鼎镬、陷阱者，以其知之审故也。致身下流，天下之恶皆归焉，固无异于鼎镬陷阱也。而士或蹈之，而莫之避，以其未尝真知之故也。使其真知，为不善如蹈鼎镬陷阱，则人孰有为不善者。若夫物格而知至，则目无全牛，游刃自有余地矣，不待忍而能也。忍而不为，恐物或诱之有不可忍者，更切勉之。又曰：自修身而至于平天下，莫不有道焉，而皆以诚意为主。苟无诚意，虽有其道不能行也。故《中庸》论"天下国家有九经"，而卒曰："所以行之者一"。一者何？诚而已。盖天下国家之大，未有不诚而能动之也。然则非格物致知，乌足以知其道哉？《大学》所论诚意、正心、修身、治天下国家之道，其源乃在乎格物，推之而已。若谓诚意便足以平天下，则先王之典章文物皆虚器也。故明道先生尝谓"有《关雎》《麟趾》之意，然后可以行周官之法度"，正谓此耳。　或问曰：正心诚意，如何便可以平天下？曰：后世自是无人正得心。正得心，其效自是如此。心一念之间毫发有差，便是不正。要得常正，除非圣人始得。且如吾辈，还便敢道心已得其正否？此须于喜怒哀乐未发之际，能体所谓中；于喜怒哀乐已发之后，能得所谓和。致中和，则天地位、万物育。其于平天下也，何有！因论孟子，直以禹稷比方颜子，只颜子在陋巷时，如禹稷事业，便可为之无难。若正心诚意不足以平天下，则禹稷功业巍巍如此，如颜子者如何做得？　又曰：正心到寂然不动处，方是极处。以此感而遂通天下之故。其于平天下也何有！

武夷胡氏曰：格，度也，犹曰品式也，所谓物之则也。　又曰：夫穷理尽性，乃圣门事业，物物而察，知之始也，中人所可能者。一以贯之，知之至也，非上知不与焉。是故以子贡之明达，犹疑于其师，以为多学而识之也。且置是事，而以致知格物为先，物物而察，则知益明、心益广、道可近矣。然物物而察者，又岂逐物而不知反哉！又岂以己与物为二哉！察于天行，以自强也；察于地势，以厚德也；察于云雷，以经纶也；察于山泉，以果行也；察于日月，通昼夜也；察于尺蠖，明屈伸也。远察诸物，其略如此。察于耳目身舌，克私心也；察于辞貌颜色，尊德性也；察于洒扫应对，兼本末也；察于心性四体，养浩然之气也。近察诸身，其要如此。无所不在者，理也；无所不有者，心也。物物致察，宛转归己，则心与理不昧，故知循理者，士也；物物皆备，反身而诚，则心与理不违，故乐循理者，君子也；天地合德，四时合序，则心与理为一，无事乎循矣，故一以贯之，圣人也。岂易言哉！释氏虽有了心之说，然疑有未了者，正谓不先穷理反以理为障也，故穷大而失其居。失其居则旅人也，故无地以崇其德。儒者则以致知为始，以穷理为要，知至理得，不昧本心，如日方中，万象皆见，则不疑其所行，而内外合也。故自修身至于天下国家，无所处而不当矣。夫适千里者，必得路头。而路有险夷通塞，故知穷理，心如户牖，既夷且通；息念坐禅，心如墙壁，既险且塞。择斯二者，将孰从乎？（安国）

五峰胡氏曰：人非生而知之，则其所知，皆缘事物而知。故迷于事物，流荡失中，无所攸止。然所谓事物者，乃人生所不可无，而亦不能扫灭使之无者也。故儒之道，即事即物，不厌不弃，必身亲格之以精其知焉。格之之道，立志以定其本，而居敬以持其志。志立乎事物之表，而敬

行乎事物之内，则物可格而知可精矣。（宏）

　　新安朱氏曰：明明德于天下者，使天下之人皆有以明其明德也。心者，身之所主也。诚，实也。意者，心之所发也。实其心之所发，欲其一于善而无所杂也。致，推极也。知，犹识也。推极吾之知识，欲其所知无不尽也。格，至也。物，犹事也。穷至事物之理，欲其极处无不到也。此八者，《大学》之条目也。物格者，物理之极处无不到也。知至者，吾心之所知无不尽也。知既尽，则意可得而实矣。意既实，则心可得而正矣。修身以上，明明德之事也。齐家以下，新民之事也。物格知至，则知所止矣。意诚以下，则皆得所止之序也。壹是，一切也。正心以上，皆所以修身也。齐家以下，则举此而错之耳。其本乱而末治者，本谓身也。所厚，谓家也。此两节结上文两节之意。此谓知本，此谓知之至也，此传之五章，盖释格物致知之义而今亡矣，此特其结语耳。程氏曰："'此谓知本'，衍文也。"尝取其义补之曰：所谓致知在格物者，言欲致吾之知，在即物而穷其理也。盖人心之灵莫不有知，而天下之物莫不有理。唯于理有未穷，故其知有不尽也。是以《大学》始教，必使学者即凡天下之物，莫不因其已知之理而益穷之，以求至乎其极。至于用力之久，而一旦豁然贯通焉，则众物之表里精粗无不到，而吾心之全体大用无不明矣。此谓物格，此谓知之至也。　　或问曰："古之欲明明德于天下，先治其国。欲治其国者，先齐其家。欲齐其家者，先修其身。欲修其身者，先正其心。欲正其心者，先诚其意。欲诚其意者，先致其知。致知在格物。"何也？曰：此言《大学》之序，其详如此。盖纲领之条目也。格物、致知、诚意、正心、修身者，明明德之事也。齐家、治国、平天下者，新民之事也。格物致知，所以求知至善之所在；自诚意以至于平天下，所以求得夫至善而止之也。所谓明明德于天下者，自明德而推以新民，使天下之人皆有以明其明德也。人皆有以明其明德，则各诚其意、各正其心、各修其身、各亲其亲、各长其长，而天下无不平矣。然天下之本在国，故欲平天下者，必先有以治其国。国之本在家，故欲治国者，必先有以齐其家。家之本在身，故欲齐家者，必先有以修其身。至于身之主则心也，一有不得其本然之正，则身无所主，虽欲勉强以修之，亦不可得而修矣，故欲修身者必先有以正其心。心之发则意也，一有私欲杂乎其中，而掩护覆藏不能尽去，则心为所累，虽欲勉强以正之，亦不可得而正矣。故欲正心者，必先有以诚其意。若夫知，则心之神明妙众理而宰万物者也，人莫不有而或不能推而致之，使其表里洞然无所不尽，则隐微之际真妄错杂，虽欲强以诚之，亦不可得而诚矣。故欲诚意者，必先有以致其知。致者，推致之谓，如"丧致乎哀"之致，言推之而至于尽也。至于天下之物，则必各有所以然之故，与其所当然之则，所谓理也。人固莫不知其梗概①，然不能即而穷之，使其精粗隐显究极无余，则理所未穷，知必有蔽。虽然勉强以致之，亦不可得而致矣。故致知之道，在乎即事观理，以格夫物。物格者，极致之谓，如"格于文祖"之格，言穷之而至其极也。 曰："物格而后知至，知至而后意诚，意诚而后心正，心正而后身修，身修而后家齐，家齐而后国治，国治而后天下平。"何也？曰：此覆说上文之意也。物格者，事物之理各有以诣其极而无余之谓也。理之在物者，既诣其极而无余，则知之在我者，亦随所诣而无不尽矣。知无不尽，则心之所发可一于理而无所杂矣。意不自欺，则心之本体物不能动而无不正矣。心得其正，则心之所处可不陷于其所偏而无不修矣。身无不修，则推之天下国家亦举而措之耳。岂外此而求之知谋功利之末哉？ 曰："自天子以至于庶人，壹是皆以修身为本。其本乱而末治者，否矣。其所厚者薄，而其所薄者厚，未之有也。"何也？曰：结上文两节之意也。以身对天下国家而言，则身为本而天下国家为末。以家对国与天下而言，则其理虽未尝不一，然其厚薄之分亦不容无等差矣。故不能格物致知以诚意正心而修其身，则本必乱而末不可治。不亲其亲、不长其长，则所厚者薄而无以及人之亲长。此皆必然之理也。孟子所谓"于所厚者薄，无所不薄"，其言盖亦本于此云。 曰：此经之序，自诚意以下，其义明而传悉矣。独其所谓格物致知者，字义不明而传复阙焉。且为最初用力之地，而无复上文语绪之可寻也。子乃自谓取程子之意以补之，然则吾子之意亦可得而悉闻之乎？曰：吾闻之也，天道流行，造化发育，凡有声色貌象而盈于天地之间者，皆物也。既有是物，则其所以为是物者，莫不各有当然之则而自不容已，是皆得于天之所赋，而非人之所能为也。今且以其至切而近者言之，则心之为物，实主于身，其体则有仁义礼知之性，其用则有恻隐、羞恶、恭敬、是非之情，浑然在中，随感而应，各有攸主，而不可乱也。次而及于身之所具，则有口鼻耳目四肢之用。又次而及于身之所接，则有君臣、父子、夫妇、长幼、朋友之常。是皆必有当然之则，而自不容已，所谓理也。外而至于人，则人之理不异于己也；远而至于物，则物之理不异于人也。是乃《书》所谓"降衷"，《诗》所谓"秉彝"，刘子所谓"天地之中"，子思所

---

① 四库本、通志堂本作"槩"，荟要本作"概"。古时两字相通，改为"概"。后放此。

谓"天命之性",孟子所谓"仁义之心",程子所谓"天然自有之中",张子所谓"万物之一原",邵子所谓"道之形体"者。但其气质有清浊偏正之殊,物欲有浅深厚薄之异,是以圣之与愚,人之与物,相与悬绝而不能同耳。以其理之同,故以一人之心,而于天下万物之理无不能知;以其禀之异,故于其理或有所不能穷也。理有未穷,故其知有不尽;知有不尽,则其心之所发,必不能纯于义理,而无杂乎物欲之私。此其所以意有不诚,心有不正,身有不修,而天下国家不可得而治也。昔者圣人盖有忧之,是以于其始教,为之小学,而使之习于诚敬,则所以养其德性,收其放心者,已无所不用其至矣。及其进乎大学,则又使之即夫事物之中,因其所知之理推而究之,以到其极,则吾之知识亦得以使之周遍精切而无不尽也。若其用力之方,则或考之事为之著,或察之念虑之微,或求之文字之中,或索之讲论之际。使于身心性情之德,人伦日用之常,以至天地鬼神之变,鸟兽草木之宜,莫不有以见其所当然而不容已[①],与其所以然而不可易者。表里精粗无所不尽,而又益推类以通之,至于一日脱然而贯通焉,则于天下之物,皆有以究其义理精微之所极,而吾之聪明睿知,亦皆有以极其心之本体而无不尽矣。此愚之所以补乎本传阙文之意,虽不能尽用程子之言,然其指趣要归,则不合者鲜矣,读者其亦深考而实识之哉!曰:然则子之为学,不求诸心而求诸迹,不求之内而求之外,吾恐圣贤之学,不如是之浅近而支离也。曰:人之所以为学,心与理而已矣。心虽主乎一身,而其体之虚灵,足以管乎天下之理;理虽散在万物,而其用之微妙,实不外乎一人之心,初不可以内外精粗而辨也。然或不知此心之灵,而无以存之,则昏昧杂扰,而无以穷众理之妙。不知众理之妙,而无以穷之,则偏狭固滞而无以尽此心之全。此其理势之相须,亦有必然者矣。是以圣人设教,使人默识此心之灵,而存之于端庄静一之中,以为穷理之本。使人知有众理之妙,而穷之于学问思辨之际,以致尽心之功。巨细相涵,动静交养,初未尝有内外精粗之择,及其真积力久而廓然贯通焉,则亦有以致其浑然一致,而果无内外精粗之可言矣。今必以是为浅近支离,而欲藏形匿景,别为一种幽深恍惚、艰难阻绝之论,务使学者莽然措其心于文字言语之外,而曰道必如此然后可以得之,则是近世佛学诐淫邪遁之尤者,而欲移之以乱古人明德新民之实学,其亦误矣!　　又曰:近世大儒有为格物致知之说者曰,格犹扞也,御也,能扞御外物,而后能知至道

---

① 四库本作"己",通志堂本、再造善本均作"巳",荟要本作"已"。当为"已"。

也。又有推其说者曰，人生而静，其性本无不善，而有为不善者，外物诱之也，所谓格物以致其知者，亦曰扞去外物之诱，而本然之善自明耳。是其为说，不亦善乎？曰：天生烝民，有物有则，则物之与道，固未始相离也。今曰御外物而后可以知至道，则是绝父子而后可以知孝慈，离君臣然后可以知仁敬也，是安有此理哉！若曰所谓外物者，不善之诱耳，非指君臣父子而言也，则夫外物之诱大①，莫甚于饮食男女之欲，然推其本，则固亦莫非人之所当有而不能无者也，但于其间自有天理人欲之辨，而不可以毫②厘差耳。唯其徒有是物，而不能察于吾之所以行乎其间者，孰为天理，孰为人欲，是以无以致其克复之功，而物之诱于外者，得以夺乎天理之本然耳。今不即物以穷其原，而徒恶物之诱乎己，乃欲一切扞而去之，则是必闭口枵腹，然后可以得饮食之正，绝灭种类，然后可以全夫妇之别也。是虽裔戎③无君无父之教，有不能充其说者，况乎圣人大中至正之道，而得以此乱之哉？ 曰：自程子以格物为穷理，而其学者传之，见于文字多矣，是亦有以发明其师之说者耶？曰：程子之说，切于己而不遗于物，本于行事之实而不废文字之功，极其大而不略其小，究其精而不忽其粗。学者循是而用力焉，则既不务博④而陷于支离，亦不径约而流于狂妄；既不舍其积累之渐，而其所谓豁然贯通者，又非见闻思虑之可及也。是于说经之意，入德之方，其亦可谓反复详备，而无俟于发明矣。若其门人，虽曰祖其师说，然以愚考之，则恐其皆未足以及此也。盖有以必穷万物之理同出于一为格物，知万物同出乎一理为知至。如合内外之道则天人物我为一，通昼夜之道则死生幽明为一，达哀乐好恶之情则人与鸟兽鱼鳖为一，求屈伸消长之变则天地山川草木为一者，似矣。然其欲必穷万物之理而专指外物，则于理之在己者有不明矣；但求众物比类之同而不究一物性情之异，则于理之精微者有不察矣；不欲其异而不免乎四说之异，必欲其同而未极乎一原之同，则徒有牵合之劳而不睹贯通之妙矣。其于程子之说，何如哉？又有以为穷理只是寻个是处，然必以恕为本，而又先其大者，则一处理通，而触处皆通者。其曰"寻个是处"者则得矣，而曰"以恕为本"，则是求仁之方而非穷理之务也。又曰"先其大者"，则不若先其近者之切也。又曰"一处通而一切通"，则又颜子之所不能及，程子之所

---

① 四库本、荟要本、通志堂本均作"大"，今朱子全书本作"人"。备参。
② 四库本作"豪"，荟要本、通志堂本作"毫"。当为"毫"。
③ 四库本作"戍"，荟要本、通志堂本均作"戎"。当为"戎"。
④ 四库本、通志堂本作"博"，荟要本作"博"，再造善本似为"博"。据文义，当为"博"。

不敢言，非若类推积累之可以驯而至也。又有以为天下之物不可胜穷，然皆备于我而非从外得也，所谓格物，亦曰反身而诚，则天下之物无不在我者，是亦似矣。然反身而诚，乃为物格知至以后之事，言其穷理之至，无所不尽，故凡天下之理，反求诸身而皆有以见，其如目视、耳听、手持、足行之毕具于此，无毫发之不实耳。固非以是方为格物之事，亦不谓但务反求诸身而天下之理自然无不诚也。《中庸》之言明善，即物格知至之事，其言诚身，即意诚心正之功。故不明乎善，则有反诸身而不诚者，其功夫地位固有序，而不可诬矣。今为格物之说，又安得而遽以是为言哉？又有以"今日格一件、明日格一件"为非程子之言者，则诸家所记程子之言，此类非一，不容皆误。且其为说，正《中庸》"学问思辨""弗得弗措"之事，无所咈于理者，不知何所病而疑也。岂其习于持敬之约，而厌夫观理之烦耶？抑直以己所未闻而不信他人之所闻耶？夫持敬观理，不可偏废，程子固已言之。若以己偶未闻而遂不之信，则以有子之似圣人，而速朽之论犹不能无待于子游而后定。今又安得遽以一人之所未闻，而尽废众人之所共闻者哉？又有以为物物致察，而宛转归己，如察天行以自强，察地势以厚德者，亦似矣。然其曰"物物致察"，则是不察程子所谓"不必尽穷天下之物"也。又曰"宛转归己"，则是不察程子所谓"物我一理，才明彼即晓此"之意也。又曰"察天行以自强，察地势以厚德"，则是但欲因其已定之名，拟其已著之迹，而未尝如程子所谓"求其所以然与其所以为"者之妙也。独有所谓"即事即物，不厌不弃，而身亲格之以精其知"者，为得致字向里之意。而其曰"格之道，必立志以定其本，居敬以持其志，志立乎事物之表，敬行乎事物之内，而知乃可精"者，又有以合乎所谓"未有致知而不在敬"者之指，但其语意颇伤急迫，既不能尽其全体规模之大，又无以见其从容潜玩、积久贯通之功耳。呜呼！程子之言，其答问反覆之详且明也如彼，而其门人之所以为说乃如此，虽或仅有一二之合，而不免犹有所未尽也。是亦不待七十子丧而大义已乖矣，尚何望其能有所发明哉？闲独惟念昔闻延平先生之教，以为"为学之初，且当常存此心，勿为他事所胜，凡遇一事，即当且就此事反复推寻，以究其理，待此一事融释脱落，然后循序少进，而别穷一事，如此既久，积累之多，胸中自当有洒然处，非文字言语之所及也。"详味此言，虽其规模之大，条理之密，若不逮于程子，然其功夫之渐次，意味之深切，则有非他说所能及者。唯尝实用力于此者，为能有以识之，未易以口舌争也。　　又曰：然则所谓格物致知之学，与世之所谓博物洽闻者，奚以异？曰：此以反身穷理为主，彼以徇外逐物为功。穷理者，知愈博而心愈明；逐物者，识愈多而心愈窒。此正为己为人之所以分，不可不察也。 又曰：格物只是就事上理会，知至便是此心透彻；格物是零细说，致知是全体说。 又曰：格物便要闲时理会，不是要临事理会。 又曰：致知格物，便是择善；诚意正心修身，便是固执。 先生说《大学》次序曰：致知格物，是穷此理；诚意正心修身，是体此理；齐家治国平天下，是推此理。要做三节看。 又曰：外面事要推阐，故齐家而后治国平天下；是推事切己愈小，故先修身正心诚意致知。 又曰：格物致知，是求知所止；诚意正心修身齐家治国平天下，是求得其所止。物格知至，是知所止；意诚心正身修家齐国治天下平，是得其所止。《大学》是圣门最初用工处，格物又是《大学》最初用工处。若理会得透彻，后面便容易。 又曰：物未格，知未至，纵有善，亦不过是不善中之善。到得格物知至后，或有不善，亦已是善中未善处。格物诚意，其事似小，然若打不透，却是大病痛；治国平天下，规模虽大，然若未到，其病却小，盖前面大本领已自正了。 又曰：《原道》中举《大学》，却不说"致知在格物"一句。苏子由《古史论》举《中庸》"不获乎上"后，却不说"不明乎善，不诚乎身"二句，这两个好做对。司马温公议仪秦处，说"立天下之正位，行天下之大道"，却不说"居天下之广居"。看得这样底，都是个无头学问。 又曰：知至意诚，是凡圣界分。未过此关，虽有小善，犹是黑中之白；已过此关，虽有小过，亦是白中之黑。过得此关，正好着力进步也。 又曰：胡安定云"知至故能知言，意诚故能养气"，此语好。

新定顾氏曰：人不可不先于致知，然知了须是行始得。某尝谓致知亦只是为学中一事，不可谓知得便了。人之贤否，但判于所行，若知而不行，却只是干得一件事，如做时文，做得到好相似，其实无益于我。 有问格物之说：伊川云"物物去格"，象山云"格此大物"，二说如何？答曰：只为此，却是《大学》。 又曰：知与行俱不可相无，譬如人知水火能焚溺，断不肯蹈，是他知得分晓，故如此然。世间未尝无溺于水、焚于火者，非不知之罪也，少不兢兢则陷罹其中也，于此见得亦须要行。

新定钱氏曰："致知在格物"，是物也，混成无亏，范围无外，是谓太①极，是之谓一，至精至粹，至明至灵，至大至中，而谓之至善者也。壹者，志壹之壹，断断乎是无他道也。以是为本，乃知所先。

---

① 四库本、通志堂本、再造善本均作"大"，荟要本作"太"。当为"太"。

龙泉叶氏曰：此章极体用而言之也。天下一本也，尧舜文武一人也，人之生也，固有位天地育万物之功，天未尝私其道于一人也，其充之有小大，学之有至不至而已，是故明明德于天下，而要之以尧舜文武之功，此学者之所当然也。然而天下之人，悦其外而忘其内，安其末而不思其本，莫知其所以致知者，何也？故敛其用以反其本，收其远而归于近，则明明德于天下者必先治其国，治其国者必先齐其家，以至于正心诚意，敛之无余力，用之无余功。举天地之大，万物之众，而反之于吾一念之顷，未有不厌然充足者也。学至此，则尧舜禹汤文武固不得以独私其道，而孔子孟子亦未尝自异于人，盖必有推一念之功见大道之本，循序而不躐，体物而不遗者，而后古人一贯之理可得而识矣。"欲诚其意者先致其知""致知在格物""物格而后知至"者，均是人也，其流品之殊，贤否之异，其间等级不啻千万，而卒不能以相一者，何也？所知之不同也。师旷之聪不能为离娄之明，造父之辔不能为羿之弓，所知之异，而人与物判焉不能以相通也久矣。圣人兼致天下之知，而无所不尽于万物之理，其远至于不可历而止，其深至于不可测而识，是知之用大矣哉！今夫人朝夕从事于物也，目之所视，耳之所听，是物未尝不在也；意之所向，心之所思，是物未尝不具也。由之而不著焉，习矣而不察焉，而人与物盖不相通矣。其甚者乱天理恣人欲，执一物以害万物，而卒至于忘物，是故物不格则知不至，所谓正心诚意推而行之，皆莫得其要矣。

范阳张氏曰：夫古之学者，其规模远大，初不为一己之私，将与天下同其公，故志则欲通天下之志，务则欲成天下之务，业则欲断天下之疑，岂止为一己之私哉！其规模如此，此所以为圣人也。审知此意，则欲明明德于天下者，可见其用心之远矣。格物者，何也？格言穷，物言理也。内而一念，外而万事，微而万物，理皆在焉。吾能一念之间、一事之上、一物之微，皆穷其始，穷其终，穷其所由起，又穷其所由归，自一念而穷之以通天下之念，自一事而穷之以通天下之事，自一物而穷之以通天下之物，往来阖辟，显晦幽明，其理森然，炳然可烛照而数计者，此所谓格物而物格也。格物则一念之微、一事之微、一物之微，有兆于象、有发于萌者，无不默而识之，此之谓知至。知至则恶念不生、恶事不积、恶物不滋，而吾所趣乡者、所愿欲者、所思虑者，无非在天理中矣，此之谓意诚。

山阴陆氏曰：诚，内也；修，外也。修，诚之失也；诚，无成亏也。有成有亏而后修之，《易》曰"损，德之修也"。格，犹极也。言致知在极物，物极而后知至，杨了曰"深知器械舟车宫室之为，则礼由之"。

广汉张氏曰：大学之道，莫要于格物。人者天地之心，其良知所素具也，孩提之童莫不知爱其亲，及其长也莫不知敬其兄，则端倪可见矣。唯夫物至知知，好恶形而无节，其良知乃日壅闭而不能自达，是以贵夫格物也。近而吾身，远而盈于天地之间者，皆物也。天命流行，密而无间，无乎不存，格物所以明天地，而有诸躬也。格之之道，在于虑思以潜通之，力行以亲切之，无惰于斯须，无忽于隐微，盖思与行互相发也。优游涵濡，而后可以有见大体，见大体谓之格物而知至，可乎？未也。太①极之蕴，精微深妙，无穷极也，毫厘未莹，则为未完见大体，斯有以用其力，用其力盖将穷竟万理，而贯于一也。思虑力行之功，至此密矣。贯于一则无一物之不体也，斯谓之物格而知至。盖良知于是为完具而复其初也，夫然后可以言意诚心正身修家齐国治而天下平。若一理未昭，则一事有滞，意有时而不诚矣，唯夫万理无蔽，而战兢以终之，其颜曾之事乎！《大学》"物格而知至"，是大《易》"知至至之，而知终者也"。盖极夫知之事也，过此则唯终之而已，圣之事也。 又曰：格物，犹"格于上帝"；物格，犹"祖考来格"。格物与物格不同，格物是学者下工夫处，物格透也。人为事物所迷乱，而不知其体之所存，须是事事物物上身亲切之，要见得此体分明，所谓格物也；物格则会万殊于一理，而知我之为我矣。得此体然后意诚、心正、身修，而家可齐、国可治、天下可平也。

吴兴沈氏曰：先儒以格物为穷极物理，又以为格去外物，窃以为穷极物理然后能格去外物，不能穷极物理则亦不能格去外物也。然是二者皆未免于用力，若能一切照破，则物自无不格矣。格若"大人能格君心之非"之格，大人之格君非，岂用力也哉？其充实而有光辉之谓大，自然照破其非心，则不期格而自格矣。诚能一切照破于物，则真知自然至矣，仁义礼智、百行万善与夫天地万物之理，举无不知也。

东莱吕氏曰：圣贤千言万句，会其有极，归其有极，皆在乎致知。致知是见得此理于视听言动、起居食息、父子夫妇之间，深察其所以然，识其所以然，便当敬以守之。 又曰：《大学》固是以致知为本，然人之根性有利钝，未能致知，要须有个栖泊处，敬之一字即是。

建安真氏曰：《尧典》诸书皆自身而推之天下，至于先之以格物致知诚意正心，而后次之以修其身，则是《大学》始发前圣未言之蕴，示学者

---

① 四库本、通志堂本、再造善本作"大"，荟要本作"太"。当为"太"。

以从人之端，厥功大矣！　　又曰：物，谓事物也。自吾一身以至于万事万物，皆各各有个道理，须要逐件穷究，且如此。一身是从何来？须是知天地赋我以此形，与我以此性，形既与禽兽不同，性亦与禽兽绝异。何谓性？仁义礼智信是也。惟其有此五者，所以方名为人。便当力行此五者，以不负天之所与。而所谓仁者是如何，义者是如何，礼智信又是如何，一一须要理会得分晓，此乃穷一心之理。其次则我为人子事亲当如何，为人弟事兄当如何，为人幼事长当如何，逐件理会。如事亲，须知冬便须温，夏便须清，出便用告，反便用面，如《曲礼》《内则》等书所载，事亲说话都要晓得，以至事兄事长等事，一一如此穷究，此则穷一身之理也。心之与身，乃是最切要处，其他世间事物皆用以次考究，令其一一分明，皆所谓格物也。格训至，言于事物之理穷究到极至处也。穷理既到至处，则吾心之知识，日复一日，既久且熟，则于天下之理无不通晓，故曰物格而后知至也。此一段，圣人教人最紧要处，盖天下之理能知得一分，方能行得一分，知得十分，方能行得十分，所以用逐事穷竟也。今学者穷理之要，全在读书，如读此一书，须穷此一书道理，一字一句都用考究，如未晓了，即须谘问师友，求其指归。然后又读一书，自头至尾穷究过，理会既多，自然通悟。若泛泛读过，何缘知得义理透彻，胸中见识亦无由进。虽穷理不止于读书，而其大要却以读书为本，不可不知也。

庐陵胡氏曰：格有三义。《书》曰"格汝舜"，《缁衣》曰"民有格心"，来也；《书》曰"惟先格王"，至也；《语》曰"有耻且格"，正也。此云物格，亦谓正也。致知，明道也。明道者必明于物理，使一出于正，是格物也。其所厚者薄，而其所薄者厚，未之有也。尧不敦睦九族，而能协和万邦，无是理也。

新定邵氏曰：他书言平天下本于治国、治国本于齐家、齐家本于修身者有矣，言修身本于正心者亦有矣，若夫推正心之本于诚意，诚意之本于致知，致知之在于格物，则他书未之言也。六籍之中，唯此章而已。且夫格物致知诚意正心修身者，明明德之事也；齐家治国平天下者，新民之事也。记《大学》者，宜曰"古之欲平天下者先治其国"，否则曰"古之欲新民于天下者先治其国"，而顾曰"古之欲明明德于天下者"，何也？言吾之自明其明德者，即他日新民之本，而所以新天下之民者，非外立一道以新之，即明此德以达之天下耳。致，极也，犹"丧致乎哀"之致。格，至也，犹"格于上下"之格。格至于此，则知极其致矣。然则所谓物者，何也？指斯道而言也，伊川先生所谓"今人看《易》，皆不识得《易》是何物"，正此意也。是物也，尧舜禹相授，名之曰中，汤亦曰中，武王名之曰极，夫子名之曰仁，又名之曰中庸，其在《易》名之曰太①极，此章名之曰明德，又名之曰至善，一而已矣。其为物也，清明广大，无际无方，天得此而清也，地得此而宁也，人得此而秀也，举万汇之殊，无非得此而生也。君子患不能格此大物耳，能格此物，则天地万物本吾同体。意而不诚，欲欺谁乎？心而不正，是贼谁乎？心苟正矣，身不患其不修；身苟修矣，家不患其不齐；自家形国，自国而推之天下，举而措之，盖不可胜用也。《大学》继此复曰"自天子至于庶人，壹是皆以修身为本"。壹是，犹言同此也，大学之道，上下共之，明此以南面尧之为君也，明此以北面舜之为臣也，在上则美其政，在下则美其俗，道一而已，孰不以修身为本哉！盖修身者本也，化人者末也，正己②而物自正，未有不能正身而能正人者也。亲者所厚也，疏者所薄也，能厚其所爱，然后能推以及其所不爱，于所厚者薄，将何所往而不薄哉？故曰"其本乱而末治者，否矣。其所厚者薄，而其所薄者厚，未之有也"。　此章不曰"欲致其知者，先格夫物"，而变文曰"致知在格物"，"在"之一辞，所指盖可见矣，继此即曰"物格而后知至"，是格此而后知极其至也，如必待物物格之然后知至，则天下事物何可穷尽，皓首穷年未能遍格。夫苟未能遍格，是意终无由诚，心终无由正也，其为学也，不亦艰乎！此子贡以"多学而识"求夫子，夫子所以深明其不然也。然则欲格此大物者，将若之何而格之？《洪范》有云"思曰睿，睿作圣"，《孟子》有云"心之官则思，思则得之，不思则不得也"。

雪川倪氏曰：伊川谓"新当作亲"，朱氏改新为亲，郑康成于《杂记》"内子以鞠衣、褒衣、素沙"下注云"当在'夫人狄素沙'下，烂脱在此"，其注"皆有枕席下"云"'皆沐浴之后'，宜承'濡濯弃于坎'下，乱脱在此"。朱氏轻改其字，郑氏轻改其次，孔子曰"吾犹及史之阙文也"。

钱塘吴氏曰：格之为义不一，唯孟子言"大人格君心之非"，以正为训，于义近之。盖致知在正物，物正而后知至，所以孟子论大人之格君，终之以"一正君而国定"，是以正训格也。然此不言正物而言格物者，盖欲学者于物交物之际而用其力焉，故谓之格物。物格则正，不格则不正，

---

① 四库本、通志堂本、再造善本均作"大"，荟要本作"太"。当为"太"。
② 四库本、荟要本、通志堂本、再造善本均作"已"。据文义，当为"己"。

所以孟子言"耳目之官不思，而蔽于物，物交物，则引之而已"，引之则大者不立，小者夺之，此心无自而明，安能致其知乎？是知物交物而不为所引者，是所谓格物者也。且以目之于色、耳之于声言之，目物也，色亦物也，以目视色，物交物也，目不为色所引，则物格矣，物格则所视者明，不唯目正，而色亦正矣；耳物也，声亦物也，以耳听声，物交物也，耳不为声所引，则物格矣，物格则所听者聪，不惟耳正，而声亦正。此所以不言正物而言格物也。《诗》曰"有物有则"，此所谓物在我者也。《乐记》曰"感于物而动"，是所谓物在外者也。在外者不能不交于我，其交于我也，欲斯形焉。若以在外之物皆为私欲，一切绝去，不惟百物皆废，吾之一身亦无所施其用矣，又何格之有？是知所谓格物之物，指两物相交而言，惟其引之则惑，所以贵乎格也。《乐记》又曰"物至知知，然后好恶形焉"，于此而不知格，则"好恶无节于内，知诱乎外，天理灭矣"，是焉得为知乎？此致知所以在格物也。《易》之艮止也，《彖》明止义有曰"上下敌应，不相与也"，知上下敌应不相与之为止，则知物交物而不为所引其为格物也，明矣。盖不为物引，则止，即格物之义也。所以《大学》推明止义为尤详，《书》言"安汝止""钦厥止"，无非格物之功用。（如愚）

卷四　所谓诚其意者

　　所谓诚其意者，毋自欺也，如恶恶臭，如好好色，此之谓自谦。故君子必慎其独也。小人闲居为不善，无所不至，见君子而后厌然，掩其不善，而著其善。人之视己，如见其肺肝然，则何益矣？此谓诚于中形于外，故君子必慎其独也。曾子曰："十目所视，十手所指，其严乎？"富润屋，德润身，心广体胖，故君子必诚其意。

郑氏曰：谦，读为慊，慊之言厌也。厌，读为黡，黡，闭藏貌也。严乎，言可畏敬也。胖，犹大也。"富润屋，德润身，心广体胖"三者，言有实于内，显见于外。

河南程氏曰：人须知自谦之道。自谦者，无不足也。若有不足，则张子所谓有外之心不足以合天心也。（伊川）　又曰：孔子言仁，只说出门如见大宾，使民如承大祭。看其气象，便须心广体胖、动容周旋中礼，惟慎独便是守之法。　又曰：要持循他这天理，则在德，须有不言而信者。

更难为形状，养之则须直、不愧屋漏与慎独，这是个持循气象也。　又曰：洒扫应对便是形而上者，理无大小故也。故君子只在慎独。（明道）

蓝田吕氏曰：诚者天之道也，性之德也，非人知之所能谋，非人力之所能造也。见好色则爱之，闻恶臭则恶之，发于心之自然，不思不勉者也。如知水之寒、知火之热、知蘗之苦、知饴之甘、疾痛疴痒心为之感者，莫非诚也。故孟子谓孺子将入井，则莫不有怵惕恻隐之心，非有内交要誉之伪也；见其亲死，委之于壑，狐狸食之、蝇蚋姑嘬之，其颡有泚，非为人泚，中心达于面目者也。由此观之，仁义本出于人之诚心，如好色恶臭之比。则君子之慎其独者，见仁义之本，皆吾性分之所当然，不为人之知不知也。不识不知，顺帝之则，无所往而不为善，一毫自欺，则邈为一物，与天地不相似矣。理义人心之所同然，虽小人岂无是心哉！惟其为形体所梏，区区自处于一物之中，与万物以争胜负，故丧其良心，不与天地相似，所以以人为可欺，而闲居为不善也。人犹可欺也，心不可欺也。故见君子则厌然，掩其不善而著其善。掩其不善而著其善，则其良心犹存，知不善之为不善，故不欲人知之也。胸中之正不正，必见于眸子瞭眊之间，辞之多寡枝游，亦见乎吉躁叛诬之实，至于容貌举止，无所不见，故人之视己①，如见肺肝。诚于中必形于外，虽人亦不能欺也。既不足以自欺，又不足以欺人，使其良心有愧而不慊，浩然之气从而为之馁，则为欺者果何益乎！夫为善而不出于诚，犹不足以入德，况为不善乎！"曾子曰'十目所视，十手所指，其严乎'"，"富润屋，德润身，心广体胖"，言诚于中形于外，充实而有光辉，非诚不至也。故君子必诚其意。

涑水司马氏曰：慊者足于心。君子见不善必去之，然后慊；见善必得之，然后慊。

新安朱氏曰：此传之六章，释诚意。毋者，禁止之辞也。自欺者，知有不善之杂而不能去，又掩覆以自安也。欲自修者，先察乎此而禁之，则心之所发皆一于善而无不实矣。如恶恶臭，恶之深也。如好好色，好之切也。慊，快也、足也。独者，人所不知而己所独知之地也。则与诚其意者相去远矣，然其诚伪之判，特在于自欺、自慊毫厘之间耳。且其念虑之微，虽或人所不知，然既有其实，则终不可掩。此君子所以重以为戒而必慎其独，欲其必自慊而无自欺也。闲居，独处也。厌然，消沮闭藏之貌。小人为恶于隐微之中，而诈善于显明之地，其自欺亦甚矣。言毋自欺者，

---

① 四库本、荟要本、再造善本均作"已"，通志堂本作"己"。当为"己"。

欲去其恶当如恶恶臭，欲实其善当如好好色，是皆必尽力以求快足乎已，而非以为人，所谓自慊也。然慊与不慊，其几甚微，是乃人所不知己所独知之地而诚伪之所由分也，是以君子必于此而致其戒谨省察之功焉。引曾子所言，以明上文深戒自欺之意，言虽幽独之中，而其善恶不可掩如此，可畏之甚也。胖，安舒也，言富则能润屋矣，德则能润身矣。故心无愧怍，则广大宽平，而体常舒泰，德之润身者，然也。盖善之实于中而形于外者，如此。又以明不自欺而常自慊之验也。　又曰：诚意是萌芽上理会，正心修身各自就地位上理会。　或问六章之指。曰：传文章句，其说备矣。然探其本而言之，则其发之实与不实，特系乎心之明与不明。而欲其尽明，则必格物之功有以开之于其始；欲其常明，则必慎独之助有以养之于其终也。盖人之本心，至虚至灵，众理毕具，其体未尝不明也。使人于应物之际，好恶取舍皆由此心，以发而无所杂，则好善也，必诚好之，而自其中以及外无一毫之不好，其恶恶也，必诚恶之，而自其中以及外无一毫之不恶。是以其好之也，如好好色，求以自快于己之目而已，非为人而好之也；其恶之也，如恶恶臭，求以自足于己之鼻而已，非为人而恶之也。但以气禀物欲之私有以蔽之，而于理之当然有所不尽，故其好恶取舍不尽出于本心。而或杂于私欲，虽或知其不可而不敢肆然，亦有所畏慕于外而强为之耳，非出于诚心而有为己之实也。是以名为好善而常有不好者，隐以拒之于内，故其好之不能如好好色之真；名为恶恶而常有不恶者，以引之于中，故其恶之不能如恶恶臭之切。中外乖殊，首尾衡决，不曰"自欺"而何哉？然既曰有所蔽而不明矣，则非即物穷理不足以致其知，而复乎其明之初，吾已论之于前章矣。果能从事于其间而有得焉，则本心之体自无所蔽，而其应物无往而非至善之发也，亦何待于自欺哉！然圣人之教，本末兼举，无所偏废，虽曰本体既明而善端自著，然亦未尝不使人慎之于隐微之间也。盖隐微之间，已所独见，本心之体其在于此者，特与物辨而最为昭著，以故尤为操存之要，然以其耳目之所不接，而常情之所易忽也，故凡所谓私意人欲者，亦未尝不潜萌而窃伏于其中。苟于此焉不有以谨之，则失是心之体，虽曰已明，亦安能保其不昧善端之发？虽曰已著，亦安能保其无杂？所以为此传者，于慎独之一言，必丁宁反复而重言之，欲其谨之又谨，无所间断，则本心之明得以常明，善端之著得以无杂也。其示诸人之意，亦深切矣！　或曰：知虽已至，而不可不慎其独则闻命矣，抑知未至，而欲慎其独亦何不可？且若必以致知为先，则固有自谓知至而不能慎独者，此又何耶？曰：方此心之未尽也，凡其明之所未及，既不免夫真妄交拿、是非纷纠之患矣，及其应于事，则善端之发又未足以胜夫恶习之强，是以于夫隐微之际，虽欲谨之而不能，又况私意为主、义理为客。其偷心窃发，常必阴为众恶之地而左右之，惟恐夫理之胜而失其所好，是以于夫隐微之际，设使力能谨之，而亦将有所不欲矣。故必其心之已明而无毫发之蔽，然后由中而发无非义理，而视彼私意人欲之为吾害者，不啻深仇巨怨之不可一日而同处于是，乃能慎其独而诚乐为之，不待强心努力而自不容已也。然则彼有自谓知之已至而不能谨独者实未至，而强自名耳。知果至矣，则何不能慎独之有哉！虽然，知至以上，学问之事也；意诚以下，自修之事也。此章上承学问之终，而下启自修之首，与夫物格而知至者，其事若不相谋而实相为用，正一篇之枢纽，而《大学》之牢关也。诚度此关，则入德之途坦然平直，自可安行必达，而无复有龃龉矣。学者可不深考而实用其力也！　或曰：然则慊之为义，或以为少，又以为恨，与此不同，何也？曰：慊之为字，有作嗛者，而《字书》以为"口衔物"也。然则慊亦但为心有所衔之义，而其为快、为足、为恨、为小，则以所衔之异而别之耳。《孟子》所谓"慊于心"，《乐毅》所谓"慊于志"，则以衔其快与足之意而言者也。《孟子》所谓"吾何慊"，《汉书》所谓"嗛①栗姬"，则以衔其恨与少之意而言者也。读者各随所指而观之，则既并行而不悖矣。《字书》又以其训"快与足"者，"读与惬同"，则义愈明而音又异，尤不患于无别也。

严陵方氏曰：恶恶如恶恶臭，好善如好好色，则其所好恶必诚矣，此由毋自欺故也。厌然者，有厌故从新之意。小人闲居，所为皆不善也，果然厌故从新，则善矣。然而小人之所厌，见君子而后厌然，非其诚心也，姑以掩其不善而著其善而已。十目所视，言所视者多也；十手所指，言所指者多也。

山阴陆氏曰：厌，读如字。著，未尝厌也，《书》曰"凶人为不善，亦惟日不足"。富润屋、德润身，虽皆有所润，然屋与身孰亲哉？

石林叶氏曰：在独而能慎，则其在见不必慎之也。小人在独不能慎，见君子然后掩其不善，亦将何益乎！《传》曰"莫见乎隐，莫显乎微"。诚于中则隐而微，形于外则显而见，此君子之谨其独与小人之掩其不善，虽所主不同，而形于外一也。人之富足则能润屋而已，德之修则非特润身

---

① 四库本作"嗛"，通志堂本作"嗛"，荟要本校记据《汉书》改作"嗛"，但刻板字体有误。今《朱子全书》本作"嗛"。据文义，当为"嗛"。

而已，充实在内，则其心也广辉光在外，则其体也胖。《孟子》曰"仁义礼智根于心，其生色也，晬然见于面，盎于背，施于四体，四体不言而喻"。

新定钱氏曰：独非必暗室屋漏之谓，虽大庭广众而一念之动，我自知耳，于此致谨，正是做不自欺功夫。常人只谓心之隐微，人不知不见，便走作了，若于此时凛乎其严，便如十目所视十手所指，如何敢欺！一个毋字，三个必字，立词甚严，学者所宜深体。

庐陵胡氏曰：诚，无妄也。自欺，则妄矣。人之恶臭好色根于心，非伪为也，是诚也。凡耳目口鼻之所欲，其心之所乐，岂有异哉？谓其好恶与人异者，妄也。蹈水火者之求免于人也，彼介于其侧者，不唯其父兄子弟之慈爱然后往而全之也，虽有所憎怨，苟不至乎欲其死者，则将极奔尽气，濡手足焦毛发救之，而不辞也。若是者何哉？其势诚急，而其情诚可悲也。吾之救之也，非有求而然也，中心恻怛而其情诚不忍也。若彼有可救之道，而吾终莫之救也，尚可以为仁人乎哉？犹此观之，诚其意如好色恶臭，非由外铄我也，自慊自敬也。诚生乎谦敬，《易》"一谦而四益"，盖谦敬之大也。如此，小人见君子，掩其不善而著其善，盖其良心犹存，知不善之为可羞也。是谓人可欺也，心可欺乎？人视己见肺肝，则心已露矣，其严乎！严犹畏惮也，言众所指视不足畏惮，唯独居为不善，甚可畏也。

东莱吕氏曰：掩不善而著其善，此小人之良心犹存也，由不能充之，故其自暴如是。如其知万物一理，中外一致，作于此者见于彼，至隐至微之间，而有所谓昭昭不可欺者，则亦知所以反身矣。知所以反身者，知格物之道也。（居仁）

龙泉叶氏曰：意者始发而未形，去心之全体尚未远矣。然而有爱恶之别，有公私之异，端绪之差，源流之分，皆见于此。尧舜之为尧舜，桀纣之为桀纣，天下之人终日安焉而不悟，皆兆于此。故诚其意者，所以实是理于将发之初也。彼其本无不善，而异日之成有君子小人之分焉，盖始发之际所以自欺而掩抑之者，众矣。如恶恶臭，如好好色，中心诚然，其坚实而不破，纯一而无所疑者，君子与小人同也。唯其善恶邪正之念，泛然往来于其间，二而不一，杂而不纯，然后外物乘之，夺其至微者而为之主，此不可以不察也。自慊者，所谓毋自欺也，见君子而厌然，谁谓之无其意哉！私意乱于其先，用事既久，戕贼已成，虽有善意之发，不足以救其祸，而徒足以形其恶。人之所以兢兢然，畏屋漏如畏宫庭，出门阈如严宾师，高其闲闳，设其干橹，学者不可以毫厘犯者，惧私意之贼而一日之厌然者著于外也。此君子之所独致，人安得而共之？故人莫不有此独也，溺于所同，流荡委靡，而其所谓独者，败矣！十目所视，十手所指，人伦之内常见此理，而人不自觉，唯君子畏之为甚严也。丘山积于微尘，江海聚于涓流，此知者之所深察。富润屋，德润身，由毫末之微积而至于不可掩之效，润字当细玩。

建安真氏曰：自慊是为己言，己之所以为善者，乃是我合当如此，若不为善，则此心自不快足，自不能安，非是为他人而为善也。自欺是为人，本无实意为善，但外面略假借以欺人，欲人称好而已。殊不知人心之灵昭如日月，何可欺也？只是自欺而已。

新定邵氏曰：为善之意，发于真实之谓诚，假于浮虚之谓伪。诚则笃实辉光，人虽潜窥密察，而在我者终不可没也。伪则心劳日拙，己①虽巧覆曲护而在人者终不可欺也。世之人，固有于恶未必真知所恶，而阳为恶之之状者矣；于善未必真知所好，而矫为好之之形者矣。非所谓诚也。必也恶恶如恶恶臭，而后其恶始真；好善如好好色，而后其好始实。好善恶恶，真实如此，则其舍卑汙而趣高明也，无异杂溷浊而游清都也，弃人欲而从天理也，无异远臭腐而袭芝兰也，岂不欣乎快所欲而足所愿哉！此之谓自嗛也。　独非特孤居独处之谓也，虽与人同堂合席，而意藏于中，人所不知己所独知者，皆君子致谨之时也。能谨其独，则能诚其意矣。尧舜禹之相传、拳拳乎人心道心之分、惟精惟一之戒者，所以谨此独也。诗人之咏文王，一则曰"不闻亦式，不谏亦入"、二则曰"不显亦临，无射亦保"者，所以谨此独也。窃怪夫世之小人，闲居之时，恣为不善，无所不至，及见君子，乃始厌然闭藏，掩其不善而著其善，其意盖谓众人为不足恤，而君子可以矫饰欺也。不知念虑仅萌于方寸之微，识者已得之眉睫之间，故目动言肆，肝鬲洞见，足高气扬，心膂毕露，在己虽自谓城府之深，而在人已不啻肺肝之视，如是则人心至灵不可欺也。己之为伪，只足以自欺而已，竟何益哉！此足以见实有诸中者，无闲于善恶，必形诸外也。此君子所以必谨其独也。每爱东莱吕成公论《春秋》之公侯卿大夫，未尝致力于暗室屋漏之学，及会盟聘享之际，虽欲勉强修饰，终有时而不能掩，歃血而忘者，不自知其忘也，受玉而惰者，不自知其惰也。呜呼！此十目十手之地，所以为可畏也欤？

---

① 四库本、荟要本、通志堂本均作"已"，再造善本作"己"。当为"己"。后放此。

雪川倪氏曰：自谦，注及诸家皆作慊，窃谓不必改经文，只作谦可也。谦之《象》曰"人道恶盈而好谦"，此好恶之正也。人能知谦之好恶，则公矣。又谦者有其实而若虚者也，不谦之人以虚为实，务矜夸以欺人，不惟欺人又以自欺。　　又曰：诚一也而有善恶之异，诚于为善，诚也，诚于为恶，亦诚也。诚于中必形于外，君子与小人皆然。君子知其如此，故谨其独而诚于为善。世有攻人之伪者，其人奸恶又甚于所攻，而其说曰"吾所为表里如一，不欺也，诚实也"，此乃敢于为恶者尔。彼则伪于为善，尔乃诚于为恶，是小人之无忌惮者。故诚则若一而有善恶不同，不可不辨。重言必慎其独，申其义而谆海之也。

延平周氏曰：必曰心广体胖者，盖有以根于一心，然后有以施于四体也。

长乐陈氏曰：人非不知诚之为善，欺之为不善，而其所为每不免于欺者，直以欺之可为也。殊不知心不可欺，人亦不可欺。苟知心不可欺，人亦不可欺，而专于诚焉，则何所不至哉！

卷五　诗云瞻彼淇澳

《诗》云："瞻彼淇澳，绿竹猗猗。有斐君子，如切如磋，如琢如磨。瑟兮僩兮，赫兮喧兮。有斐君子，终不可諠兮。""如切如磋"者，道学也。"如琢如磨"者，自修也。"瑟兮僩兮"者，恂栗也。"赫兮喧兮"者，威仪也。"有斐君子，终不可諠兮"者，道盛德至善，民之不能忘也。《诗》云："於戏！前王不忘。"君子贤其贤而亲其亲，小人乐其乐而利其利，此以没世不忘也。

郑氏曰：此"心广体胖"之诗也。澳，隈崖也。猗猗，喻美盛。斐，有文章貌也。諠，忘也。道，犹言也。恂字或作"峻"，读如严峻之"峻"，言其容貌严栗也。民不能忘，以其意诚而德著也。圣人既有亲贤之德，其政又有乐利于民。君子小人，各有以思之。

孔氏曰："瞻彼淇澳，绿竹猗猗"，此《诗·卫风·淇澳》之篇，美卫武公之德也。如骨之切，如角之磋，如玉之琢，如石之磨。瑟然颜色矜庄，僩然性行宽大，赫然颜色盛美，喧然威仪宣著。"恂栗"谓颜色庄栗。"有斐君子者"，论道武王盛德至极美善，人之爱念不能忘也。"於戏！前王不忘",《周颂·烈文》之篇也。"於戏",犹言呜呼。以文王、武王意诚于天下,故诗人叹美之云"此前世之王,其德不可忘也"。

蓝田吕氏曰:切磋者,解割之谓也;琢磨者,修治之谓也。有璞玉于此,将以为圭,则必先解而为圭之质;将以为璧,则必先解而为璧之质。如学者之志欲止于小善,则以小善为之质;欲止于至善,则以至善为之质。琢磨者,即其质以修治其文。小善之质,止可以修小善之文;至善之质,然后可以修至善之文。故如圭之质,不能琢磨而成璧。璧之质,不能琢磨而成圭。故曰"如切如磋,道学也;如琢如磨,自修也"。恂栗者,敬其学也;威仪者,见之文也,斐文之著也。学止于至善,积而为盛德,至于文章著见,则入于民心者深矣,此诚之不可掩也,故民不能忘也。诚之至者,非特入于民心,其所以导民者,泽流于后世矣。贤其贤、亲其亲,君子化其善也;乐其乐、利其利,小人蒙其惠也。

山阴陆氏曰:"'赫兮喧兮'者,威仪也"者,所谓威仪棣棣,光美相逮,如此。《经》曰"乃出,揖私朝,辉如也,登车则有光矣"。德言盛,善言至,亦言之法。"此以没世不忘也",进于武公矣。武公老而如此,虽死犹如此也。

石林叶氏曰:道学,求诸人;自修,求诸己。恂栗者,诚于内;威仪者,文于外。求诸人,求诸己,所以有至善也,故曰"发虑宪,求善良"。诚于内,文于外,所以有盛德也,故曰"动容周旋中礼,盛德之至"。善则民归之不忘也,故曰"有斐君子,终不可諠兮"。有盛德至善则民无间于君子小人,皆在所不忘也。然而君子怀德,故贤其所贤者,义也,亲其所亲者,仁也;小人怀惠,故乐其所乐者亦义也,利其所利者亦仁也。

庐陵胡氏曰:民不忘,美卫武之诚。没世不忘,美文武之诚。夫诚至于民怀不忘,其诚至矣。

莆阳林氏曰:此《诗序》云"美武公之德",言其表里相称也,故能先诚其意,自然修身可观。绿竹生于水傍,自然猗猗而盛,斐然如君子气象,盖由切磋琢磨而成就其材,如此终是令人不能忘也。下文乃《戴记》解此诗,盖训诂之学,其来也远,自汉以前有之矣。道,治也,谓学问以治之,由学问然后日渐月渍,所谓自修也。言其学问而治之,如切如磋也;日渐月渍,非一朝一夕之故,如琢如磨也。后又引"於戏!前王不忘",说不能忘之义。谓君子所以不能忘前王者,谓其贤者则知其贤,其可亲者则亲之。小人所以不能忘前王者,谓民之所乐,前王亦与之同其乐,民之所利,前王亦与之同其利。君子小人不能一日忘之也。

新安朱氏曰：此与"《诗》云'邦畿千里'"至"止于信"，皆传之三章。释止于至善。淇，水名。澳，隈也。切以刀锯，琢以椎凿，皆裁物使成形质也。磋以鑢锡，磨以沙石，皆治物使其滑泽也。治骨角者，既切而复磋之。治玉石者，既琢而复磨之。皆言其治之有绪，而益致其精也。瑟，严密之貌。僴，武毅之貌。赫、喧，宣著盛大之貌。諠，忘也。道，言也。学，谓讲习讨论之事。自修者，省察克治之功。恂栗，战惧也。威，可畏也。仪，可象也。引《诗》而释之，以见能得至善之所由，而又以赞其德容之盛也。於戏，叹辞。前王，谓文武也。君子，谓后贤后王。小人，谓后民也。此言前王所以新民者止于至善，能使天下后世无一物不得其所，所以既没世而人思慕之，愈久而不忘也。此两节咏叹淫泆，其味深长，当孰玩之。　　曰：复引《淇澳》之诗，何也？曰：上言止于至善之理备矣，然其所以求之之方，与其得之之验，则未之及，故又引此诗以发明之。夫如切如磋，言其所以讲于学者，已精而益求其精也；如琢如磨，言其所以修于身者，已密而益求其密也。此其所以择善固执，日就月将，而得止于至善之由也。恂栗者，严敬之存乎中也；威仪者，辉光之著乎外也。此其所以晬面盎背，施于四体，而为止于至善之验也。盛德至善，民不能忘，盖人心之所同然，圣人既先得之，而其充盛宣著又如此，是以民皆仰之而不能忘也。盛德，以身之所得而言也；至善，以理之所极而言。切磋琢磨，求其止于是而已矣。　　曰：切磋琢磨，何以为学问、自修之别也？曰：骨角脉理可寻，而切磋之功易，所谓始条理之事也；玉石浑全坚确，而琢磨之功难，所谓终条理之事也。　　曰：引《烈文》之诗而言前王之没世不忘，何也？曰：贤其贤者，闻而知之，仰其德业之盛也；亲其亲者，子孙保之，思其覆育之恩也；乐其乐者，含哺鼓腹而安其乐；利其利者，耕田凿井而享其利也。此皆先王盛德至善之余泽，故虽没世而人犹思之，愈久而不能忘也。

龙泉叶氏曰：学者以密察之功，微细以验之，积渐以充之。诚意所贯，本末光明，其或文或质，或浅或深，疾徐反复之际，式有可观之义。盖君子察之于内，众人察之于外，唯其中无可愧、外无可憾，所以诗人之形容，若此之盛也。学者强为善而已，非以求之于人也，及其为善之至纯实著见而不可掩，则斯民记之矣。

建安真氏曰："如切如磋，道学也"，主知而言；"如琢如磨，自修也"，主行而言。此言致知力行之功当并进也。知到十分精处，而行处有一分未密，亦未得为至善。须是知极其至，行亦极其至，方谓之至善。

卷六 康诰曰克明德

《康诰》曰："克明德。"《太甲》曰："顾諟天之明命。"《帝典》曰："克明峻德。"皆自明也。汤之《盘铭》曰："苟日新，日日新，又日新。"《康诰》曰："作新民。"《诗》曰："周虽旧邦，其命惟新。"是故君子无所不用其极。

郑氏曰：克，能也。顾，念也。諟，犹正也。《帝典》《尧典》，亦《尚书》篇名。峻，大也。皆自明明德也。盘铭，刻戒于盘也。极，犹尽也。

孔氏曰：周公封康叔，作《康诰》。《太甲》，伊尹戒太甲之辞。《盘铭》，汤沐浴之盘，刻铭为戒。必于沐浴之盘者，戒之甚也。"苟日新"，苟，诚也。非唯沐浴自新，诚使道德日益新也。非唯一日之新，当使日日益新。非唯日日益新，又须恒常日新。皆是丁宁之辞。作新民者，周公使康叔作新殷民也。"周虽旧邦，其命维新"，此《大雅·文王》之篇。言周虽旧是诸侯之邦，其受天之命，谓为天子而更新也。

河南程氏曰："克明峻德"，"顾諟天之明命"，皆自明也者，皆由于明也。

蓝田吕氏曰：古者大人之学，未尝不先自明其德，然后及于天下，故引《汤诰》《太甲》《尧典》之言以明文王、汤、康皆自明也。新之为言，革其故也。理义者，人心之所同然，唯大人为先得之。德之不明也，以民之未知乎此也；德之不行也，以民之未得乎此也。先知觉后知，先觉觉后觉，则易昏为明，易恶为善。变化气质，如螟蛉之肖蜾蠃，是岂不为新乎！虽然，自明明德者，亦日新也。合内外之道，故自新然后新民也。汤之《盘铭》"自新"者也，《康诰》文王之诗"新民"者也，君子治己治人，其究一也。故曰"无所不用其极"。

严陵方氏曰：日新者，日新其德也，《易》曰"日新之谓盛德"。苟日新者，言日新之有始也。日日新者，言日新之有继也。又日新者，言日新之有加也。既有始，又有继，又有加，则日新其德于是为至。极之为言，至也。所与《书》言"君子所其无逸"之所同义，盖有所则有用，有用则有极。既有所矣，其可不用其极乎！故其言如此。然君子之日新，非特在己，下以治民，上以承天，亦莫不然。故又引《诗》《书》之言以证之，则无所不用其极又在乎此。

山阴陆氏曰：谌之在前，顾之在后，极至也，未有不用其极而能新者也。

石林叶氏曰：新之至于又新者，德之在己也。作新民，德之在人也。其命新者，德之在天也。盖君子之德，至于受天之命，而后极其明德也。

庐陵胡氏曰：日新，自明也。新民，明民也。自明、明民，物我一致，两造其极，是谓无所不用其极。极，中也。民不协于极者，由不明也。上之人能易昏为明，变化气质，使之自新以趋于中道，是为用其极也。

东莱吕氏曰：《易》曰"天行健，君子以自强不息者"，新之谓也。於穆不已，天之所以为天也；纯亦不已，文王之所以为文也。其不已者，新之谓也。新者，天之道也，日月之运行，万物之发生，无穷已也。君子无所不用其极者，知此道也。其自新也，以尧舜之道为必可行，以尧舜之德为必可至。其新民也，使是君为尧舜之君，使是民为尧舜之民，所谓无所不用其极也。然非不息不已，则不能至此。

延平周氏曰：《易》曰"穷理尽性"，穷其在己之理，然后能穷其在物之理，尽其在己之性，然后能尽其在物之性。未有不自明其在己者，而能明其在物者也，此君子所以贵乎自明。新之无已而至于极，则圣人也，此君子所以用其极。

新安朱氏曰：太甲，殷书。顾，谓常目在之也。天之明命，即天之所以与我，而我之所以为德者也。常目在之，则无时不明矣。皆自明也，结所引书，皆言自明已德之意。此传之首章，释明明德也。汤之《盘铭》以下，此传之二章，释新民也。铭，名其器以自戒之辞也。苟，诚也。汤以人之洗濯其心以去恶，如沐浴其身以去垢。故铭其盘，言诚能一日有以涤其旧染之污而自新，则当因其已新者，而日日新之，又日新之，不可略有间断也。作新民，鼓之舞之之谓作，言振起其自新之民也。"《诗》曰：'周虽旧邦，其命维新'"，言周国虽旧，至文王能新其德以及于民，而始受天命也。"是故君子无所不用其极"，自新新民，皆欲止于至善也。曰：然则其曰"克明德"者，何也？曰：此言文王能明其德也。盖人莫不知德之当明而欲明之，然气禀拘之于前，物欲蔽之于后，是以虽欲明而有不克也。文王之心，浑然天理，亦无待于克之而自明矣。然犹云尔者，亦见其独能明之，而他人不能，又以见夫未能明者之不可不致其克之之功也。　　曰："顾谌天之明命"，何也？曰：人受天地之中以生，故人之明德非他也，即天之所以命我而至善之所存也。是其全体大用，盖无时而不发见于日用之间，人唯不察于此，是以汩于人欲，而不知所以自明。常目在之，而真若见其参于前、倚于衡也，则成性存存而道义出矣。 曰："克明峻德"，何也？曰：言尧能明其大德也。 曰：是三者，固皆自明之事也，然其言之亦有序乎？曰：《康诰》通言明德而已。《太甲》则明天之未始不为人，而人之未始不为天也。《帝典》则专言成德之事，而极其大焉。其言之浅深，亦略有序矣。 或问：盘之有铭，何也？曰：盘者，常用之器。铭者，自警之辞也。古之圣贤，兢兢业业，固无时而不戒谨恐惧，然犹恐其有所怠而忽忘之也。是以于其常用之器，各因其事而刻铭，以致戒焉。欲其常接乎目，每警乎心，而不至于忽忘之也。然则沐浴之盘，而其所期之辞如此，何也？曰：人之有是德，犹其有是身也。德之本明，犹其身之本洁也。德之明而利欲昏之，犹身之洁而尘垢污之也。一旦存养省察之功真有以去其前日利欲之昏而日新焉，则亦犹其疏沦澡雪而有以去其前日尘垢之污也。然既新矣，而所以新之之功不继，则利欲之交将复有如前日之昏，犹既洁矣，而所以洁之之功不继，则尘垢之集将复有如前日之污也。故必因其已新而日日新之，又日新之，使其存养省察之功无少间断，则明德常明而不复利欲之昏，亦如人之一日沐浴而日日沐浴，又无日而不沐浴，使其疏沦澡雪之功无少间断，则身常洁清而不复为旧染之污也。昔成汤所以反之而至于圣者，正唯有得于此。故称其德者，有曰"不迩声色，不殖货利"，又曰"以义制事，以礼制心"，有曰"从谏弗咈，改过不吝"，又曰"与人不求备，检身若不及"，此皆足以见其日新之实。至于所谓圣敬日跻云者，则其言愈约，而意愈切矣。然本其所以得此，又其学于伊尹而有发焉。故伊尹自谓与汤《咸有一德》，而于复政太甲之初，复以"终始惟一，时乃日新"，为丁宁之戒。盖于是时，太甲方且自怨自艾，于桐处仁迁义而归，是亦所谓苟日新者。故复推其尝以告于汤者告之，欲其日进乎此，无所间断，而有以继其烈祖之成德也。其意亦深切矣。其后周之武王受师尚父丹书之戒，而谓"敬胜怠者吉，怠胜敬者灭，义胜欲者从，欲胜义者凶"。退而于其几席、觞豆、刀剑、户牖莫不铭焉。盖闻汤之风而兴起者。今其遗语尚幸颇见于大戴之《礼书》。愿治之君，志学之士，亦不可以莫之考也。 曰：此言新民，其引此何也？曰：此自其本而言之，盖以是为自明之至，而新民之端也。 曰：《康诰》之言"作新民"，何也？曰：武王之封康叔也，以殷之余民染纣污俗而失其本心也，故作《康诰》之书，而告之以此。欲其有以鼓舞而作兴之，使之振奋踊跃以去其恶而迁于善，舍其旧而进乎新也。然此岂声色号令之所及哉！亦自新而已矣。　　曰：孔氏小序以《康诰》为成王周公之书，而子以武王言之，何也？曰：此五峰胡氏之说也。盖尝因而考之，其曰"朕弟""寡兄"者，皆为武王之自言。乃得事理之实，而其他证亦多。小序之言不足深信，于此可见。然非此书大义所关，故不暇于致详，当别为读书者言之耳。　　曰：《诗》之言"周虽旧邦，其命惟新"，何也？曰：言周之有邦，自后稷以来千有余年，至于文王，圣德日新而民亦丕变。故天命之以有天下。是其邦虽旧，而命则新也。盖民之视效在君，而天之视听在民。君德既新，则民德必新。民德既新，则天命之新亦不旋日矣。　　曰：所谓"君子无所不用其极者"，何也？曰：此结上文诗书之意也。盖《盘铭》言自新也，《康诰》言新民也，文王诗言自新新民之极也。故曰君子无所不用其极。极，即至善之云也。用其极者，求其止于是而已矣。

新定邵氏曰：以事情揆之，日日盥靧，人之所同也，日日沐浴，恐未必然。《内则》篇记人子之事父母，亦不过五日则燂汤请浴，三日具沐而已。斯铭也，其殆刻诸盥靧之盘欤？

长乐陈氏曰：贤者以其昭昭，使人昭昭。然则欲明明德于天下，必先自明也。新民者，必先自新也。至于所止不同，亦皆至善也。

永嘉薛氏曰：明德，峻德也。日新，德新也。

龙泉叶氏曰：人之于德，皆自明也，岂有明之者哉！火有不息之光，泉有不竭之流。人之欲自明也，穷天下之欲不能蔽；其达而行之也，合天下之力不能遏。如水火焉，益深益热，而不可御也。圣贤亲身行之，则知自明之为功矣。徒口耳记问而已者，若之何哉！新与明，皆学者功用之要也。新则明，明则新，《太甲》曰"终始惟一，时乃日新"，人无日新之效，苟惟一善以自恕，记其旧而忘其新，得于昔而遗于今，颓惰委靡，日就耗散，而其本然者忘矣。有新有故者，物也，物已故而不复新者也，此汤之所以铭也。国之已故者不复新，周故国也，而文王能新之，此《诗》之所以颂也。一性之诚，无故无新，持之不倦，存之若一，人之于身，鲜有不以新旧为别者，自欺其身者也。不二不息，有始有卒，则日新之功见矣。一段说成德就贤之功效，一段说明德是自明，一段前辈所以移易在前，谓是解新民，然细看，却只是自说日新意思。

建安真氏曰：身之有垢，特形骸之碍耳，然人犹知沐浴以去之，惟恐尘垢存，则其体污秽。至于心者，神明之府，甘心为利欲所溺以昏蔽之，甚如积粪壤如聚蛞蚰，不肯一用其力以去之，是以形体为重，以心性为轻也，岂不缪哉！唐人栉铭曰"人之有发，旦旦思理，有身有心，胡不如是"，深得成汤铭盘之意。

钱塘吴氏曰：德既明矣，终始惟一，时乃日新，于是又取《诗》《书》言新者明之。日新则德益辉光，新其在己者也。民新则风移俗易，新其在人者也。命新则祈天有永，新其在天者也。"是故君子无所不用其极"，极者，至也，至则止矣，故又取诗人所言止者明之。止者，止于至善而已。（如愚）

卷七 诗云邦畿千里

《诗》云："邦畿千里，惟民所止。"《诗》云："缗蛮黄鸟，止于丘隅。"子曰："于止，知其所止，可以人而不如鸟乎?"《诗》云："穆穆文王，於缉熙敬止。"为人君止于仁，为人臣止于敬，为人子止于孝，为人父止于慈，与国人交止于信。

孔氏曰：诚意，在知所止。引《殷颂·玄鸟》之篇，言殷之邦畿千里，惟人所居止。引《小雅·缗蛮》之篇，言黄鸟止在岑蔚丘隅之处，得其所止。孔子见其《诗》而论之，云观于鸟之所止，则人亦知其所止也。又《大雅·文王》之篇，言文王之德缉熙光明，又能敬其所止，以自居处也。

河南程氏曰：释氏多言定，圣人便言止。如物之好须道是好，物之恶须道是恶。物自好恶，关我这里甚事。若说道我只定，更无所为，然物之好恶亦自在里，故圣人只言止。所谓止，如人君止于仁，如人臣止于敬之类也。《易》曰"艮其止，止其所也"，言随其所止而止之。人多不能止，盖人万物皆备，遇事各因其心之所重更互而出，才见得这事重便有这事出，若能物各付物，便自分出。　又曰：人多思虑，不能自宁，只是做他心主不定。要作得心主，唯是止于事。为人君止于仁，为人臣止于敬，父子止于孝慈之类。如舜之诛四凶，已作此恶，从而诛之，舜初何与焉? 人不止于事，只是揽他事，不能使物各付物。物各付物，则是役物。为物所役，则是役于物。有物必有则，须止于事。　又曰：于止，知其所止，谓当止其所也。夫有物必有则，父止于慈，子止于孝，君止于仁，臣止于忠，万物庶事莫不各有其所。得其所则安，失其所则悖。圣人所以能使天下顺治，非能为物作则也，唯止之各于其所而已。（伊川）

蓝田吕氏曰：民之所止，止于邦畿而已；鸟之所止，止于丘隅而已。

是皆知其所止矣。人之于学，不知所止，流遹失守，无所适归，终亦必亡而已矣。虽黄鸟之不若也。故文王之学，所以缉熙者，在敬其所止而已。所谓仁敬孝慈信者，乃为人君、为人臣、为子、为父、与国人交之至善者也。其所居之地不同，故所止之善不一，其所以为至善则一也。所谓止者，犹行者之所欲至，射者之所欲中，虽未至也，虽未中也，必至必中而后已。此之谓知所止。

石林叶氏曰："邦畿千里，惟民所止"，居而止之也。"缗蛮黄鸟，止于丘隅"，择而止之也。"穆穆文王，於缉熙敬止"，安而止之也。

庐陵胡氏曰：止，得其所则善。君臣、父子、国人，止于仁敬、孝慈、信，是为止其所。虽然，不明乎善，虽欲择善而止之，未必得其所也。故先于明明德。

新安朱氏曰：此与前引《淇澳》诗，皆传之三章，释止于至善。邦畿，王者之都也。止，居也，言物各有所当止之处也。"缗蛮黄鸟，止于丘隅"，岑蔚之处。"子曰"以下，孔子说《诗》之辞，言人当知所当止之处也。穆穆，深远之意。於，叹美辞。缉，继续也。熙，光明也。敬止，言其无不敬而安所止也。引此而言圣人之止，无非至善。五者乃其目之大者也。学者于此，究其精微之蕴，而又推类以尽其余，则于天下之事，皆有以知所止而无疑矣。　　曰：引"缗蛮"之诗，而系以孔子之言，孔子何以有是言也？曰：此夫子说《诗》之辞也。盖曰鸟于其欲止之时，犹知其当止之处，岂可人为万物之灵而反不如鸟之能知所止而止之乎！其所以发明人当知止之义，亦深切矣。　　曰：引《文王》之诗，而继以君臣、父子与国人交之所止，何也？曰：此因圣人之止，以明至善之所在也。盖天生烝民，有物有则，是以万物庶事莫不各有当止之所。但所居之位不同，则所止之善不一。故为人君，则其所当止者在于仁；为人臣，则其所当止者在于敬；为人子，则其所当止者在于孝；为人父，则其所当止者在于慈；与国人交，则其所当止者在于信。是皆天理人伦之极致，发于人心之不容已者。而文王之所以为法于天下，可传于后世者，亦不能加毫末于是焉。但众人类为气禀物欲之所昏，故不能常敬而失其所止，唯圣人之心，表里洞然无有一毫之蔽，故连续光明，自无不敬，而所至者莫非至善，不待知所止而后得所止也。故传引此诗而历陈所止之实，使天下后世得以取法焉。学者于此，诚有以见其发于本心之不容已者而缉熙之，则其敬止之功，是亦文王而已矣。《诗》所谓"上天之载，无声无臭；仪刑文王，万邦作孚"，正此意也。　　曰：五者之目，词约而义该矣。子之说，乃复有所谓究其精微之蕴，而推类以通之者。何其言之衍而不切耶？曰：举其德之要而总名之，则一言足矣。论其所以为是一言者，则其始终、本末，岂一言之所能尽哉！得其名，而不得其所以名，则仁或流于姑息，敬或堕于阿谀，孝或陷父而慈或败子，且其为信，亦未必不为尾生、白公之为也。又况传之所陈，姑以见物各有止之凡例，其于大伦之目，犹且阙其二焉，苟不推类以通之，则亦何以尽天下之理！

永嘉薛氏曰：止，极也，仁之至、义之尽也。知止而后能定，能定则不它矣，此谓知本。古人之所以大过人者，无所不用其极也。能知所止，无所往而不建其极也。黄鸟尚知安身之，所人而不求所止，可乎？

龙泉叶氏曰：学者之于道，非有可止之法，其所为力行而不息者，将以成就其所止也。故君力行以成就其所止之仁，臣力行以成就其所止之敬，子力行以成就其所止之孝，父力行以成就其所止之慈。人之行于世也，苟知其所止，虽行千里之远而可以无厌；其不知也，则左足未举而右足蹶矣。故动则入陷阱，行则入网罗，以至于死而不得其止也。

东莱吕氏曰：止则一，不止则二。人之行也，未得其所居，则其心茫然不杂则乱也；及得其所居，则心自定矣。此止则一也。君子之学，择其所止而已矣。（居仁）

建安真氏曰：大学之道，在止于至善。为人君，为人臣，与国人交，各有所当止。止云者，必至于是而不迁之谓也。以君道言之，有一毫未至于仁，不可以言止；知仁之当为，或出焉或入焉，亦不可以言止。何谓仁？克己复礼，仁之体也；爱人利物，仁之用也。为人君者，内必有以去物欲之私，使视听言动无一不合乎礼；外必有以广民物之爱，使鳏寡孤独无一不遂其生。此所谓仁也。必有是体，然后其用行焉故。圣人论仁，莫先于克己也。人君为天下民物之主，痒疴、疾痛，孰非同体？故君道必主于仁，而为仁必极其至，所谓"止于至善"也。自古帝王独称尧舜为至仁者，以其兼体用之全，无纤微之间故也。若宋襄以不禽二毛为仁，梁惠以移民移粟为仁，是特区区之小善耳。其可以言至乎？其可遽止于是乎？以此推之，则臣之敬、子之孝、父之慈、与国人交之信，皆以极至为当止之地。若夫以貌恭为敬，以从令为孝，以长恶为慈，以小谅为信，而曰止于是焉，则非所敢知也。 又曰："文王於缉熙敬止"，此"敬"字，举全体而言，无不敬之敬也。"为人臣止于敬"，专指敬君而言，乃敬中之一事也。文王之敬，包得仁敬孝慈信。

新定邵氏曰：此章所以释"止于至善"之义也。至善之道，乃夫人安止之地。自其大体而言之，人之一身，其生也，生乎此道之中；其处也，处乎此道之内；未有能出于范围之外者也。自其事为而言之，视听言动皆当由礼，喜怒哀乐皆当中节，亦未尝无所止也。古昔圣贤洞明乎此，故其告语所及，经指此道为所止之地。曰"安汝止"者，安乎此也；曰"钦厥止"者，钦乎此也；谓之"广居"，谓之"安宅"，无非推明乎此也。自夫人讲学不明，蔽于物欲，始旷其安宅而弗居，血气驰骛，殆如寄身于逆旅，甚者堕①于荆棘，投于陷阱，溺于深渊而不自知也，岂不重可叹哉！

卷八　子曰听讼

子曰："听讼，吾犹人也。必也使无讼乎？"无情者不得尽其辞，大畏民志。此谓知本。

郑氏曰：情，犹实也。无实者多虚诞之辞。圣人之听讼，与人同耳，必使民无实者不敢尽其辞，大畏其心志，使诚其意不敢讼。本，谓"诚其意"也。

孔氏曰："无情者"以下，记者释夫子之意也。

河南程氏曰：或问：此谓知本，止说"听讼吾犹人也，必也使无讼乎？无情者不得尽其辞，大畏民志"，何也？先生曰：且举此一事，其它皆要知本。听讼则必使无讼，是本也。（伊川）

横渠张氏曰：大畏民志，大畏服其民志，使民诚服，犹神武而不杀也。威德素著，则民自畏服。无情者，不敢尽其辞，则知过必改，不可幸免，故无讼也。此则三不欺，圣人皆有之，爱则不忍，明则不能，威则不敢。

清江刘氏曰：听讼能判曲直，岂不为美。然而圣人之意，以无讼为先者，贵息争于未形也。

延平周氏曰：圣人听讼与人同，使无实之人不得尽其辞则异。

严陵方氏曰：子路之折狱，不及孔子之无讼。《召南》之听讼，不及《周南》之无犯。此所以为圣贤之辨欤！夫讼者，以其两辞之情伪未辨也。至若无情之人不得尽其辞，岂复有讼乎？非夫大畏民志，固不能若是。《易》于《讼》言："有孚窒惕"，盖谓是矣。

---

① 四库本、通志堂本作"惰"，荟要本作"堕"。据文义，当为"堕"。

马氏曰：诚其意，则使民心服，不可得而欺矣。大畏民志者，心服之谓也。

蓝田吕氏曰：孔子"上好信则民莫敢不用情"，故诚其意则使民服，民不得而欺矣。大畏民志者，心服之谓也。中心悦而诚服，如七十子之服仲尼。虽巧言如簧，苟无其实，为天下所不容，此无情者所以不得尽其辞而可使无讼。是谓诚意之效，故曰知本。

新安朱氏曰：此传之四章，释本末。犹人，不异于人也。情，实也。引夫子之言，而言圣人能使无实之人不敢尽其虚诞之辞。盖我之明德既明，自然有以畏服民之心志，故讼不待听而自无也。观于此言，可以知本末之先后矣。　曰：然则听讼无讼，于明德新民之义，何所当也？曰：圣人德盛仁熟，所自明者，皆极天下之至善，故能大有以畏服其民之心志，而使之不敢尽其无实之辞。是以虽其听讼，无以异于众人，而自无讼之可听，盖已德既明而民德自新，则得其本之明效也。或不能然，而欲区区于分争辨讼之间，以求新民之效，其亦末矣。此传者释经之意也。

新定邵氏曰：民生有欲，群居则竞，民之不能无讼也久矣。鼠牙雀角，疑似惑人，讼之未易听察也尚矣。有能裁决明审，使奸猾无所遁情，善良得以吐气，是亦足以为政矣。然人之情伪无穷，己之精力有限，与其分拿斗阅，劳吾之听决，孰若和顺雍睦，相安于无事。是故虞芮质成未足以见文王，至其目观礼逊之俗，忸怩而不忍争，然后见文王道化之懿耳。夫所谓大畏民志者，岂必峻厉威刑，使之畏惧而不敢犯哉！盖其羞愧之心潜动于中，则稍犯不韪，措躬无地，《中庸》所谓"不怒而民威于铁钺"是也。昔夫子之仕于鲁也，将为司寇，而沈犹氏之徒，已为之息心而改行。此其德望素隆，大畏民志，厥有明验。傥得邦家，则绥来动和，使民无讼，尚奚难哉！

卷九　所谓修身在正其心者

所谓修身在正其心者，身有所忿懥，则不得其正；有所恐惧，则不得其正；有所好乐，则不得其正；有所忧患，则不得其正。心不在焉，视而不见，听而不闻，食而不知其味。此谓修身在正其心。

郑氏曰：懥，怒貌也，或作懥，或作疐。

　　孔氏曰：此覆说前修身正心之事。因忿怒恐惧而违于正。心既不在，视听与食，不觉知也。

　　河南程氏曰：或谓：有忿懥、恐惧、好乐、忧患，心不得其正，是无此数者，心乃正乎？程先生曰：非是要无，只是不以此动其心。学者未到不动处，须是执持其志。（伊川）

　　蓝田吕氏曰：大人者，不失其赤子之心。赤子之心，良心也，天之所以降衷，民之所以受天地之中也。寂然不动，虚明纯一，与天地相似，与神明为一。传曰"喜怒哀乐之未发，谓之中"，其谓此欤！此心自正，不待人正而后正，而贤者能勿丧，不为物欲之所迁动。如衡之平，不加以物，如鉴之明，不蔽以垢，乃所谓正也。唯先立乎大者，则小者不能夺，如使忿懥、恐惧、好恶、忧患一夺其良心，则视听食息从而失守，欲区区修身以正其外，难矣！

　　石林叶氏曰：有忿懥、恐惧、好乐、忧患，则心有所系矣，故不得其正。有系而不得正，则其视也必不见，听也必不闻，食也必不知其味，以心不在焉故也。孟子曰："存其心，养其性，所以事天"，盖能正心，则能存而不失，故忿懥、恐惧、好乐、忧患皆无所系，此所以养性事天，而修身之道也。

　　庐陵胡氏曰：古之君子无所不用其正，坐毋箕坐，必正也；立毋跛立，必正也；游毋倨行，必正也；视毋淫视，必正也；听毋倾听，必正也；言不惰言，必正也；动不遽动，必正也。至于祭则正已，居则正位，坐则正席，射则正鹄，投壶则正爵，无所不用其正。此无他，凡以正其心也。心正则先立乎大者，而小者不能夺，忿懥、恐惧、好乐、忧患皆其小者，尔心一为小者所夺，则坐立、视听、言动、饮食颠倒失措，而天地四方易位矣。故养心不可不正。然古之圣人，以蒙养正，盖未发之谓。蒙，谓喜怒哀乐未发时也。能于此时养之以正，则发而皆中节矣。若发而后禁，则扞格而难胜。故正心必曰先，谓正于未发之前。

　　永嘉薛氏曰：《中庸》之学，以率性为道，喜怒哀乐未发谓之中。有所忿懥、恐惧，则非所谓中，而本性昏矣。心者，神明之舍，居中虚以治五官者也。心为事夺，五官皆失其正，非所以安神明也。一正心而本性正矣。

　　范阳张氏曰：心之正体，无忿懥、恐惧、好乐、忧患也。其所以为忿懥、恐惧、好乐、忧患者，皆血气也。此所以言身有所忿懥至忧患，而不曰心也。是心者，出乎忿懥、恐惧、好乐、忧患之外者也，惟忘忿懥以至忧患，则心之本体见矣。故正心者，视而不见，听而不闻，食而不知其味，则以心之正体无见、无闻、无味处是也，一流于见闻、滋味之间，则心之正体偏矣。故正其心者，消尽血气，忘忿懥以至忧患，乃可耳。心体既见，寂然不动可也，感而遂通亦可也。此心正者之事。正心者，岂可遽言此哉！学者不可不察。

东莱吕氏曰： 四者皆非心之正也，然则如之何而谓之心正？非知至意诚不足以识之。今夫视听言动，求合乎礼以正其心，则可谓之正心乎？曰：此求正其心，而非心正也。心正者，非言语拟议所能形容也。故唯知至意诚者能默识之。（居仁）

新安朱氏曰： 此传之七章，释正心修身。自此以下，并以旧文为正。忿懥，怒也。湛然虚明，随感而应者，心之正也。不能操而存之，而苟以应物，则必反为所动而累乎其中，是以不得其正耳。心有不存，则无以检其身矣。 或问：喜怒忧惧，人心之所不能无也，而曰心一有是则不得其正，何哉？曰：人之一心，湛然虚明，以为一身之主者，固其本体；而喜怒忧惧随感而应者，亦其用之所不能已者也。人能即其日用之间，动静之际，戒慎恐惧有以存之，则夫物之未感，而其本体寂然不动，如鉴之空，如衡之平，此固心之正。及其既感，而其为用流行不滞，凡其妍媸、轻重之变，皆因彼之自然而随以应之，则其喜怒忧惧之用，虽各不同，而吾之本心鉴空衡平之体，固自若也，亦何害于正哉！唯其不知谨戒，以操而存之，使其未感则昏昧而无所知，已感则昏乱而无所主。是以四者之应，得以动乎其中，而不能自定。是以当其忿懥，则有是忿懥而不能平也；当其恐惧，则有是恐惧而不能安也；以至于好乐、忧患，莫不皆然。则方寸之地，日用之间，纷纷扰扰，而心之体用无不失其正矣。心之体用既失其正，则其身在此，其心在彼，泮散支离，不能复相管摄，其不为仰面贪看鸟、回头错应人者，几希矣。视而不见，听而不闻，食而不知其味，何足怪哉！孟子所谓"平旦之气""从其大体"，意正如此。然经复有"欲正其心，先诚其意者"，盖意有未诚，则念虑之间，无非邪伪，固无实可用力之处；而不诚无物，亦无肯实用其力之人。故必意之已诚，然后能正其心，而不肯不正其心矣。大抵意诚以后，规模渐阔，而功夫愈密，由中以及外，而功夫亦不难矣。 又曰：《大学》正心章已说尽了，至修身章又从头说起，至齐家治国章又依前说，教他节节去照顾。 又曰：正心是就心上说，修身是就应事接物上说。

龙泉叶氏曰： 忿懥、恐惧、好乐、忧患，皆物也，非心也。是物交于其心，不出于此，必入于彼，物为之制，则心之所存者寡矣。无私主者，心也。物物而不物于物者，心也。举喜怒哀乐无以见之，而非无者，心也。正心之至，至于不以一物累其心，则视而必见，听而必闻，食而必知其味，推之于身，皆一心之用也。意言其所发，心言其所存。

建安真氏曰：喜怒忧惧，乃心之用，非惟不能无，亦不可无。但平居无事之时，不要先有此四者在胸中。如平居先有四者，即是私意。人若有些私意塞在胸中，便是不得其正。须是涵养此心未应物时，湛然虚静，如鉴之明，如衡之平，到得应物之时方不差错，当喜而喜，当怒而怒，当忧而忧，当惧而惧，恰好则止，更无过当，如此方是本心之正。　又曰：文公鉴空衡平之体，鉴空衡平之用，此二句切须玩味。盖未曾应物之时，此心只要清明虚静，不可先有一物。如鉴未照物，只有一个空；衡未称物，已有一个平。此乃心之本体，即喜怒哀乐未曾发动，浑然一理，不偏不倚，故谓之中也。此所谓鉴空衡平之体。及至事物之来，随感而应，因其可喜而喜，因其可怒而怒，因其当忧而忧，因其当惧而惧，在我本未尝先有此心，但随所感而应之耳。此即中节，而谓之和，所谓鉴空衡平之用。　或问：《大学》不要先有恐惧，《中庸》却要恐惧，何也？曰：圣贤之言，有似同而实异也。《中庸》只是事物未形之时，常常持敬，令心不昏昧而已。《大学》之恐惧，却是俗语，恐怖之类，自与《中庸》有异。

四明李氏曰：始焉心足以制其身，今也身反以戕其心。故经不曰"心有所忿懥"，而特曰"身有所忿懥"。挈其身而言之，所以明数者之累乃生于身，而非生于心也。然身之与心常相关而不相违，安有身为物累而心为我有者乎？吾见忿怒之横生，嗜好之纷起，而恐惧忧患且交战于方寸，则心之存焉者寡矣。故经列四者于前，而继之曰"心不在焉"。（元白）

钱塘吴氏曰：忿懥、恐惧、好乐、忧患，四者惟忿懥在人不可有。《易》言"惩忿"，《书》戒"忿嫉"，是矣。其余三者，如恐惧修省，好贤乐友，生于忧患，皆学者所不能无。今乃与忿懥俱以不得其正言之，何欤？盖所以不得其正者，以其身有之也。身有之者，血气所使也，是私欲也。故其所忿懥，则是好勇斗狠，忿忘其身者也，与一怒安其民者，异也。其所恐惧，则是怯懦无勇，见义不为者也，与恐惧所不睹、临事而惧者，异矣。其所好乐，则是好色好利、乐骄乐逸游者也，其与好礼乐善者，异矣。其所忧患，则是忧贫患得失者也，其与忧民忧国、患不知患不能者，异矣。此其所以不得其正也。乃若喜怒哀乐，发而中节，何有于我哉？而心之正，则自若也。是知不得其正者，以身有之，而心不在焉故也。故曰"心不在焉，视而不见，听而不闻，食而不知其味"。（如愚）

新定邵氏曰：昔之圣贤，固有一怒安民者矣，非无忿懥也，然当怒而怒，所可怒者在物而不在我，故怒而不迁，所过者化；固有恐惧修省者矣，非无恐惧也，然当惧而惧，所可惧者在时而不在我，故震雷虽惊，不丧匕鬯。唯仁者能好人，以其无所作好也，好乐如是夫，奚伤天下；忧吾不得不忧，在我本无所忧也，忧患如是夫，奚损此。如水中之万象，鉴中之妍媸，物至则见物，去则寂，水之与鉴，无所增减，亦无所爱憎也。未应物之前，忿懥、恐惧、好乐、忧患一毫不立，固所以为此心之正当接物之时，忿懥、恐惧、好乐、忧患随感而应，亦孰非此心之正。诗人形容文王宅心之妙，必曰"无然畔援，无然歆羡"，而孔门高弟形容夫子心术之精微者，亦曰"毋意、毋必、毋固、毋我"，正以方寸之地，一毫意念未始或萌。如此也，则夫忿懥、恐惧、好乐、忧患四者，苟有一焉，岂不甚为此心之累哉！盖心者，身之主宰，而四肢百骸之所由以听命也。心不在焉，则目虽视，而不见，"逐鹿者，不见泰山"是也。耳虽听，而不闻，"端冕而听古乐，则唯恐卧"是也。口虽食，而不知其味，"中怀忧惕，不觉匕箸之失"是也。夫耳目与口之用，若无预于此心，而此心一或不在，则随之而俱废。由是而观，欲修其身者，乌可不先正其心哉！欲正其心者，乌可使忿懥、恐惧、好乐、忧患之念为此心之累哉！

卷十 所谓齐其家在修其身者

　　所谓齐其家在修其身者，人之其所亲爱而辟焉，之其所贱恶而辟焉，之其所畏敬而辟焉，之其所哀矜而辟焉，之其所敖惰而辟焉。故好而知其恶，恶而知其美者，天下鲜矣。故谚有之曰："人莫知其子之恶，莫知其苗之硕。"此谓身不修，不可以齐其家。

郑氏曰：之，适也。辟，犹喻也。言适彼而以心度之，曰：吾何以亲爱此人，非以其有德美与？吾何以敖惰此人，非以其志行薄与？反以喻己，则身修与否可自知也。鲜，罕也。人莫知其子之恶，犹爱而不察。硕，大也。

孔氏曰：此覆明前经，齐家修身之事。农家种田，常欲其盛，苗虽硕大，犹嫌其恶。若能以己子而方人子，以己苗而匹他苗，则好恶可知矣。

横渠张氏曰：学者能自察其不善，进莫量焉。若有未明，则观于他，《大学》所谓"之而辟焉"是也。见人之善则师之，其不善则改而不为，乃内外相养之道也。

蓝田吕氏曰：所谓亲爱，德厚者也。所谓贱恶，德薄者也。畏敬，贤于己者也。哀矜，无所知能者也。敖惰，不率教者也。见贤思齐，则之其所亲爱畏敬而辟焉。见不贤而内自省，则之其所贱恶哀矜敖惰而辟焉。众人之情，察于人而蔽于己，如以人之贤不肖，反求诸己，则己可得而察也。好而不知其恶，恶而不知其美，情乱之也。子溺于私爱，故不能察其有恶。苗求其实利，故唯恐其不硕。皆非好恶之正也。家人之象，君子以言有物而行有恒，之其所爱敬而修其言行，则人亦将爱敬之。之其所贱恶而去其不善，则人不可得而贱恶之。如此则人将矜式之，况其家乎！故曰：其身不修，不可以齐其家也。

山阴陆氏曰：不言"此谓齐其家在修其身"，以其所齐渐广故，其词严。下云"所谓治国必先齐其家"，亦以此。

延平周氏曰：传曰"能近取辟，可谓仁之方也已"。果能近之其身之所亲爱者，以譬于人之所亲爱，近之其身之所贱恶者，以譬于人之所贱恶，与夫之其所畏敬、哀矜、敖惰者皆然，则其所行者，莫非公恕之道。故好之者，知其有恶之为可恶；恶之者，知其有美之为可好。然好而知其恶，恶而知其美者，天下常鲜，盖不能参之以彼己，而尽其公恕之道而已矣。故蔽于爱子之善，所以莫知其恶；蔽于欲苗之长，所以莫知其硕。是齐其家者，贵乎能参以彼己，勿[①]蔽乎吾身之爱与恶也。

石林叶氏曰：所藏乎身不恕，未有能喻诸人者也。故齐家在乎用恕。孔子言仁之方，则所谓恕也。盖好己之好而不知人之所恶，恶己之恶而不知人之所好，此其失在于不恕，不能近譬者也。孟子曰："所欲与之聚之，所恶勿施尔也。"好恶同于人，则己之所亲爱，必思以及[②]人之所亲爱；己之所敖惰，必思以及[③]人之所敖惰，是之谓恕也。虽然，子者人所爱，

---

① 四库本、通志堂本作"而"，荟要本校记指出此处"勿"讹为"而"。据文义，当为"勿"，今从之。

② 四库本、通志堂本、再造善本均作"反"，荟要本校记指出此处"及"讹为"反"。据文义，当为"及"，今从之。

③ 四库本、通志堂本、再造善本均作"反"，荟要本校记指出此处"及"讹为"反"。据文义，当为"及"，今从之。

蔽于子而不知其恶，苗者人所殖，蔽于苗而不知其大，此天下常多也。以其恕，已而譬诸人则无蔽，虽齐家之道，亦若此而已矣。

庐陵胡氏曰：譬，犹省察也。人适其所亲爱、所贱恶而省察焉，则知亲爱者善，而贱恶者之不善也。适所畏敬、所哀矜、所敖惰而省察焉，则知所畏敬者善，而所哀矜敖惰者之不善也。见善如不及，见不善如探汤，而吾身之善不善，与他人之善不善，昭然可睹矣。《易》曰"观我生，观民也"，观民以察己之道，此亦观人以省己也。虽然，于所亲爱、畏敬，虽好也而不知其恶，于所贱恶、哀矜、敖惰，虽恶也而不知其善者，情汩之也。是以狃于私爱，莫知其子之恶，莫知其苗之硕也。

范阳张氏曰：修身之道，自省而已矣。善者吾师也，不善者亦吾师也。岂非修身之道哉！夫人之所亲爱者，仁人也；所贱恶者，不仁者也；所畏敬者，有德也；所哀矜者，无辜者也；所敖惰者，愚不肖者也。方其亲爱仁者，畏敬有德者，哀矜无辜者也，则反而自省，曰：吾有仁乎？有德乎？其所以罹忧患者。果无辜乎？果有仁矣，有德矣，无辜矣，则吾为人所亲爱、所畏敬、所哀矜，无疑。方其贱恶不仁者，敖惰愚不肖者，则又反而自省，曰：吾不仁如若人乎？愚不肖如若人乎？果不仁似之，愚不肖似之，则吾为人所贱恶、所敖惰亦无疑也。譬也者，省也。如此则凡目之所见，心之所思，若亲爱者、贱恶者、畏敬者、哀矜者、敖惰者，皆足以为吾儆戒。岂非善不善皆吾师乎？是吾日用中，凡所好恶，皆取之为自省之资。念兹在兹，释兹在兹，身之不修，无是理也。夫人之常情，明于责人而暗于责己。傥吾见善而好之，则反而自照，曰：彼能是，吾乃不能焉，是吾之恶德也，吾当日夜去其恶而从其善！此好而知己之恶者也。见恶而恶之，则又反而自照，曰：彼为是，而我乃不为焉，是吾之美德也，吾当日夜保守此善而勿失焉！此恶而知己之美者也。有行此道者，天下鲜矣！喻好而不知其恶者多，此所以好他人之子贤，而不自知其子之恶也。唯恶而不知其美者多，此所以恶他人之苗槁，而不自知其苗之硕。明于责人，故好他人之子贤，恶他人之苗槁。暗于责己，故私蔽爱之，至不知其子之恶，贪心乘之，至不知其苗之硕。如此则岂特一身不自知其善恶，一家善恶亦且不知，而颠倒失序矣。身不修不可以齐其家，此理之自然也。

永嘉薛氏曰：有一言而可以终身行之者，其恕乎！己所不欲，勿施于人。君子之道无他，善推其所为而已。譬所亲爱，譬所畏敬，譬所哀矜，譬所敖惰，取譬反覆视我心之轻重，则失其正者见矣。好而不知其恶，恶而不知其善，皆有所偏也。心有所偏，则吾之是非错缪失伦，轻重无准，失其所以成，已近而无以齐家，犹爱而不知其子，贪而不知其苗也。无偏无党，王道荡荡，则会归有极矣。是故修身以正心为本，心正而天下平矣。

新安朱氏曰：此传之八章，释修身齐家。辟，犹偏也。五者，在人本有当然之则，今接其事而不审其则，则蹈于心所向之偏而身不修矣。谚，俗语也。溺爱者不明，贪得者无厌，是则偏之为害，而家之所以不齐也。

或问：辟，旧读为譬，而今为僻，何也？曰：旧音旧说，以上章例之而不合也，以下文逆之而不通也。是以间者窃以类例文意求之，而得其说如此。盖曰：人之于此五者，情有所偏，则失其好恶之公，而身不修故不能齐其家耳。然是五者，乃身之接物所不能无，而亦固有当然之理矣。苟于是焉徒与之接而不能随事省察，以审其所当然之理，则未有不因其所重而陷于所偏者也。故偏于爱则溺焉，而不知其恶矣；偏于恶则阻焉，而不知其善矣。是其身之不修，而目前之是非黑白且不能辨，而况于闺门之内，恩常掩义，亦何以胜其情爱昵比之私，而能有以齐之哉？然原其所以不能察夫当然之理，则又本于心不正，而上章既言之矣。

龙泉叶氏曰：所同所与者，必亲爱之。所异所非者，必贱恶之。贤能者，必敬畏之。陷溺者，必哀矜之。是心之出，因物而迁，然未尝反之以自喻也。使其能反己以自喻，则因人之是非贤否而可以自修其身。好恶自公，取舍自正，又安有专好独恶而失于偏胜者哉！子不知其恶，苗不知其硕，徇已太重而失其中。是故善修身者无他道焉，好恶取舍，日交于吾前，而莫若反之以自喻而已矣。此言修身至，处其事愈明白可验，只就人情物理见之，今所日用常行者便是，不必精微妙穷，益深测益远也。

四明李氏曰：大抵事之能累其心者，莫甚于好恶。人之欲正于其心者，亦莫若公其好恶。然古今天下，喜者多溢其美，怒者多盖其恶，誉人者必过其实，毁人者必失其真。故见人之有善，则亲爱之、畏敬之，本不为失也。自因其所亲爱、所畏敬，而过有所好焉，则是其所是而非天下之公是矣。见人之不善，则贱恶之、哀矜敖惰之，亦本不为失也。自因其所贱恶、所哀矜、所敖惰，而过有所恶焉，则非其所非而非天下之公非矣。是非之在天下，初无两立之理，一离于公则必入于僻。故《大学》一书丁宁于好恶者尤详。前论正心，既曰"心有所好乐，则不得其正"。此论修身，复曰"好而知其恶，恶而知其美"。及论治国，则曰"民之所好好之，民之所恶恶之"，又曰"惟仁者能好人，能恶人"，而又戒之曰"好人之所恶，恶人之所好"。反覆谆谆，不一而足。学者能平心以察之，反己以思之，接于耳目者，无非进德之基，无非内省之要，殆见虚明洞达，正平坦夷，无有作好，无有作恶，推此以平天下可也。岂特齐家而已哉！

新定钱氏曰：论齐家在修其身，却只说身之所以不修处，若说身之所以修，即是上章正心事矣。立辞严密，极宜细玩。且于齐家利害，愈更深切。上章只说心之所以不正处，文意亦如此。上章四个"有所"字，此章六个"辟"字，其实皆心之病。但上四者止是自身里事，此六者却施于人，即处家之道也，所以不同。

卷十一　所谓治国必先齐其家者

所谓治国必先齐其家者，其家不可教，而能教人者无之，故君子不出家而成教于国。孝者，所以事君也；弟者，所以事长也；慈者，所以使众也。《康诰》曰："如保赤子。"心诚求之，虽不中不远矣。未有学养子而后嫁者也。一家仁，一国兴仁；一家让，一国兴让；一人贪戾，一国作乱。其机如此。此谓一言偾事，一人定国。尧、舜率天下以仁，而民从之。桀、纣率天下以暴，而民从之。其所令反其所好，而民不从。是故君子有诸己而后求诸人，无诸己而后非诸人。所藏乎身不恕而能喻诸人者，未之有也。故治国在齐其家。《诗》云："桃之夭夭，其叶蓁蓁。之子于归，宜其家人。""宜其家人"，而后可以教国人。《诗》云："宜兄宜弟。""宜兄宜弟"，而后可以教国人。《诗》云："其仪不忒，正是四国。"其为父子、兄弟足法，而后民法之也。此谓治国在齐其家。

郑氏曰：一家、一人，谓人君也。戾之言利也。机，发动所由也。偾，犹覆败也。民从之，言民化君行也。君若好货而禁民淫于财利，不能止也。有于己，谓有仁让也。无于己，谓无贪戾也。

孔氏曰：此一节覆明前经治国齐家之事。成王戒康叔，治民如保赤子，爱之甚也。"心诚求之，虽不中不远"，言爱赤子者，内心精诚，求赤子之嗜欲，虽不能正中其所欲，然亦不甚远。治人之道亦当如此。"未有学养子而后嫁者"，言母之养子，自然而爱，中其嗜欲，非由学习而能，皆其本心如此。"一言偾事"，谓人君一言覆败其事，谓恶言也。一人能定其国，谓善政也。古有此言，记者引以结上事。令，谓号令。所好者是恶，所令者是善，则是反其所好，虽欲禁人，人不从也。"非诸人"，非谓非责也。"所藏乎身不恕"，言无善行于身，欲喻人为善行，不可得也。引《周南·桃夭》之篇，夭夭少壮，蓁蓁茂盛，喻妇人也。之子，是子也；归，嫁也。"宜其家人"，宜其夫家之人也。又引《小雅·蓼萧》之篇，言成王有德，兄弟相善相宜也。引《曹风·鸤鸠》之篇，忒，差也，言威仪不差，则可以正四方之国。

河南程氏曰：今夫赤子未能言，其志意嗜欲人所未知，其母必不能知之，然不至误认其意者，何也？诚心爱敬而已。若使爱敬其民如其赤子，何错缪之有？故心诚求之，虽不中不远矣。　又曰：母之保养赤子，始何尝学？当保养时，自然中所欲，推此心以保民，设不中其下之所欲，亦不远矣。

蓝田吕氏曰：孟子曰"为政不难，不得罪于巨室"，巨室之所慕，一国慕之。巨室，大家也。仰而有父母，俯而有妻子，有兄、有弟、有臣、有妾，尊卑疏戚，一国之事具矣。严而不厉，宽而有闲，此家之所以正也。大家难齐也，不得罪于大家，则于治国也何有？齐桓公，五霸之盛，由不能正其家，死未及敛而国已乱矣。故虞舜之世，天下之为父子者，定以瞽瞍底豫而已。文王之时，天下无犯非礼，以刑于寡妻而已。举治家之心，以加之于国，虽有大小之间，宜不远矣。故未有学养子而后嫁者也。所谓一家一人者，皆谓君也。君者国之机也。君仁莫不仁，君义莫不义，一正君而国定矣，其机如此。故国之本在家，家之本在身，可不慎欤！民可使心服，而不可使力服。可以身帅，而不可以令帅。尧舜之仁，桀纣之暴，所以皆从其所好，而不从其所令也。有诸己而后求诸人，无诸己而后非诸人，此所以身帅而使人心服者也。其道也，自一人一家始，故所以先之也。宜其家人，宜兄宜弟，其父子兄弟之道，不待谆谆教告，家至而日见之也。至诚足以孚其心，仪刑足以亲其外，国之不治，未之有也。

延平周氏曰：一家仁，一国兴仁；一人贪戾，一国作乱。治乱之机，常发于一人，而卒至于天下也，如此。

严陵方氏曰：事君以忠，本乎事父之孝。事长以顺，本乎事兄之弟。使众以仁，本乎爱子之慈。《孝经》曰："君子之事亲孝，故忠可移于君；事兄弟，故顺可移于长；居家理，故治可移于官。"正与此合。所谓"不出家而成教于国"也。赤子，言新生体赤也。母之养子，以心度心，皆其自然，不必学也。以言慈之所以使众，亦举斯心加诸彼而已。于仁让皆曰一家，于贪戾止曰一人者，盖贪戾之致乱，其效尤易见也。一言偾事，则

《语》所谓"一言可以丧邦"是也。一人定国，则《诗》所谓"一国之事，系一人之本"是也。戾，违于道也。率者，身为之先也。"有诸己而后求诸人，无诸己而后非诸人"，皆内恕及人之道。止言"父子、兄弟足法"者，本孝弟言之也。

石林叶氏曰：上有好者，下必有甚焉。尧舜桀纣之率民者，岂谆谆然命之哉！以所好示之而已矣。有诸己则人易从，无诸己而后非诸人则人不怨。先闺门则宜其家人，次亲族则宜其兄弟，后国人则民以为法。故孟子曰："天下之本在国，国之本在家，家之本在身。"

莆阳林氏曰：治天下要领，不出闺门衽席之上。天下国家皆有父兄子弟，唯在我者先正，则推此而行亦皆如是。文王之治岐也，刑于寡妻，至于兄弟，以御于家邦，故三百篇之《诗》遂以《关雎》为首。非独文王为然，自尧、舜、禹、汤以来，皆用此道以治天下。故在家莫亲于父子兄弟，家不正何以教人。是以君子不出一家之中，推此可以成教于国。

庐陵胡氏曰：《家人》之《象》，先内后外，以内为本，内正而后家可齐也。齐有威严之义。凡物以猛为本者，则患在寡恩；以爱为本者，则患在寡威。《家人》主爱，故尚威严，其《象》曰"有严君焉"，其爻曰"嗃嗃，悔厉，吉"，又曰"威如，终吉"。如此而后威克厥爱，而家可齐矣。"如保赤子，心诚求之"，谓当以诚存心也。故《家人》又贵乎"有孚"，未有威信不行乎家而国人化之者也。养子者推心为之，而得赤子之嗜欲。盖赤子之心，唯诚而已，心诚求之，则不失赤子之心矣。机，谓发于近，中于远。君者国之机，其善恶亦发于身，而加乎民也。尧舜躬行仁，而比屋可封，从其仁也。桀纣躬行暴，而比屋可诛，从其暴也。率，谓躬行也。若己不行仁，而禁民为暴，是谓所令反所好。有诸己，己有善也。无诸己，己无恶也。观人善恶，当于其私。父子兄弟，私也。故父子兄弟足法，而后民法之也。《家人》初九"闲有家"，志未变也。凡教在初而法在始，家渎而后严之，志变而后闲之，而无及矣。故齐家必曰先，谓闲于未变。

东莱吕氏曰：有善于己，然后可以责人之善。无恶于己，然后可以非人之恶。恕，谓推己及人也。不能推己及人，而但欲以言语晓谕人，不可得也。闻诸先生曰：有诸己不必求诸人，以求诸人而无诸己，则不可也；无诸己不必非诸人，以非诸人而有诸己，则不可也。（居仁）

范阳张氏曰：事君之忠，即在家之孝也。事长之顺，即在家之弟也。使众之仁，即在家之慈也。岂有二道哉！推孝事君，推弟事长，推慈使众，虽或时有龃龉不合、参差不齐，然其要处，不过如是而已。故《大学》引《康诰》"如保赤子"为证。涵泳于斯，而歌《桃夭》之诗以证此理，又歌《蓼萧》之诗以证此理，又歌《鸤鸠》之诗以证此理。想见《大学》之道，雍容善端，有如此之乐也。

新安朱氏曰：此传之九章，释齐家治国。孝、弟、慈者，家之所以齐者也。能修之身以致其教，则一家之人皆孝、弟、慈，而国之所以事君、事长、使众之道不外是矣。引《书》而释之，以言慈幼之心，非由外铄，推以使众，亦犹是耳。有善于己，然后可以责人之善；无恶于己，然后可以正人之恶。皆推己以及人，所谓恕也。不如是，则所令反其所好，而民不从矣。喻，晓也。此三引《诗》，皆以咏叹上文之事，而又结之以"治国在齐其家"。其味深长，最宜潜玩。　　或问：如保赤子，何也？曰：程子有言，赤子未能自言其意，而为之母者，慈爱之心出于至诚，则凡所以求其意者，虽或不中，而不至于大相远矣，岂待学而后能哉？民能自言其意，而使之者反不能无失于其心，则以本无慈爱之实，而于此有不察耳。传之引此，盖以明夫能教其家使无不慈，则国人化之亦无不慈者。而所以教之之本，则在心诚求之一言耳，初岂有他道哉。　　曰：仁让言家，贪戾言人，何也？曰：善必积而后成，恶虽小而可惧，古人之深戒也。《书》所谓"尔惟德罔小，万邦惟庆；尔惟不德罔大，坠厥宗"，亦是意尔。曰：此章本言上行下效，有不期然而然者，今曰"有诸己而后求诸人，无诸己而后非诸人"，则是适修于内，而遽欲以求乎外，以己之仅免，而遂欲责人之必无也。曰：此为治其国者言之，则推吾所有，与民共由，其条教法令之施，赏善罚恶之政，固有理所当然而不可已者。但以其所令反其所好，则民不从，故又推本言之，而欲其先有以成己，非欲矜己之长，愧人之短，而胁之以必从也。故先君子之言曰："有诸己，不必求诸人。"以为求诸人而无诸己，则不可也。"无诸己，不必非诸人。"以为非诸人而有诸己，则不可也。正此意也。　　曰：然则未能有善而遂不求人之善，未能去恶而遂不非人之恶，斯不亦恕而终身可行乎哉？曰：恕字之指，以如心为义，盖曰如治己之心以治人，爱己之心以爱人，而非苟然姑息之谓也。然人之为心，必当穷理以正之，使其所以治己爱己者，皆出于正，然后可以即是推之以及于人，而恕之为道，有可言者。故《大学》之传，最后两章始及于此，则其用力之序，亦可见矣。至即此章而论之，则欲如治己之心以治人者，又不过以强于自治为本。盖能强于自治，至于有善然后可以求人之善，无恶然后可以非人之恶，然后推以及人，使之亦如我之所以自治而自治焉，则表端影正，源洁流清，而治己治人，无不尽其道矣，所以终身力此，而无不可行之时也。今乃不然，而直欲以不肖之身为标准，视吾治教之所当及者，以姑息待之，不相训诰，不相禁戒，使天下之人，皆如己之不肖而沦胥以陷焉，是乃大乱之道，岂所谓终身可行之恕哉！近世名卿之言有曰："人虽至愚，责人则明；虽有聪明，恕己则昏。苟能以责人之心责己，恕己之心恕人，则不患不至于圣贤矣。"此言近厚，世亦多称之者。但恕字之义，本以如心而得，故可以施之于人，而不可施之于己。今曰"恕己则昏"，则是己知其如此矣，而又曰"以恕己之心恕人"，则未知所谓恕己之心何耶，其或未得此心之正，则恐其犹未免于昏也，若之何其可以推己及人哉！借令其意但欲反此心以施于人，其亦只可以言下章爱人之事，而于此章治人之意，与夫《中庸》"以人治人"之说，则皆有未合者。盖其为恕虽同，而一以及人为主，一以自治为主，则二者之间，毫厘之异，正学者所当深察而明辨也。至汉光武谓郅恽善恕己量主，此又启为人臣者以贼其君之罪，一字之义不明，其祸乃至于此，可不谨哉！　曰：三《诗》之序，首言家人，次言兄弟，终言四国，亦"刑于寡妻，至于兄弟，以御于家邦"之意也。　曰：既结上文，而复引《诗》者三，何也？曰：古人言必引《诗》，盖取其嗟叹咏歌，优游厌饫，有以感发人之善心，非徒取彼之文，证此之义而已也。夫以此章所论齐家治国之事，文具而意足矣，复三引《诗》，非能于其所论之外，别有所发明也。然尝试读之，则反复吟咏之间，意味深长，义理通畅，使人心融神会，有不知手舞而足蹈者，是则引《诗》之助，与为多焉。盖不独此也，凡引《诗》云者，皆以是而求之，则引者之意可见，而《诗》之为用亦得矣。

永嘉薛氏曰：内外之合，所谓恕也。己所不欲，勿施于人，一言而可以终身行之者。笃恭而天下平，用此道也。孔子曰："其身正，不令而行。其身不正，虽令不从。"

龙泉叶氏曰："君子不出家而成教于国"，不知足而为屦，我知其不为蒉也。患不为屦耳，岂有为蒉者哉！古人有慈孝之实，推而行之，则事其父者所以为事君，事其兄者所以为事长，使天下容受群众，皆由此见之。若徒即其名而不尽其实，则虽行于一家而格于其人者，乃其势也。不自知其不至，而托孝慈之空言，与徒即其名而望天下之自化，二者皆失之矣。又曰："心诚求之，虽不中不远矣。未有学养子而后嫁者也"，此言至切，施于当事者，对病之神药，照形之明镜也。自下以首尾次第论，如必待齐家、治国、平天下而后用之，则有所系缚，效反不得专矣。所谓"大学"

者，以其学而大成，异于小学处，可以修身齐家，出可以治国平天下也。然其书开截笺解，彼此不相顾，而贯穿通彻之义终以不明，学者又逐逐焉章句分析，随又为说，名为习大学，而实未离于小学。此其可惜也哉！

江陵项氏曰："有诸己而后求诸人，无诸己而后非诸人"，此为治人者言之也，左氏《传》所谓"无瑕者可以戮人"也。"子欲善而民善矣"，有诸己而后求诸人也。"苟子之不欲，虽赏之不窃"，无诸己而后非诸人也。此所谓治国在齐其家也。若谓治己，则有诸己而求诸人，是以其所能者病人也，无诸己而非诸人，是以人之所不能者愧人也，非制行之法也。故尝谓此章当与《表记》"仁之难成"章并观。

雪川倪氏曰：嫁而有子，必知养之之方，不待预学而后能。此譬养民之道，不待临政而后学也。宜兄者，兄友其弟，宜为人兄，而弟亦宜之。宜弟者，弟敬其兄，宜为人弟，而兄亦宜之。以其兄弟友睦而更相教，故能推一国之人为兄弟者，皆化之无不相宜者。

新定钱氏曰："君子之德风，小人之德草，草上之风必偃"，不幸为人上者，为贪刻、为暴戾，则从风而靡必有甚焉者矣。仁让说一家，贪戾却只说一人，仁让之化止于仁让，贪戾之祸遂至作乱，可不谨欤！可不惧欤！所藏乎身不恕，而欲以空言呱呱于人，不可得矣。恕字是一章之纲领，己行得，人亦行得，国亦行得，此所以成教，所以兴，所以从。若只是自家偏私之说，如何能喻。

新定邵氏曰：于文如心为恕，己所不欲勿施于人者，恕也。己所不欲而施于人，是谓不如其心，非恕也。"所藏乎身不恕而能喻诸人者，未之有也"，喻，犹晓也，闻有仁义根心、晬面盎背、瞻其容貌不言而喻者矣，未闻矫饰为欺、色取仁而行违者，能使夫人心孚而意喻者也。

卷十二　所谓平天下在治其国者

所谓平天下在治其国者，上老老而民兴孝，上长长而民兴弟，上恤孤而民不倍，是以君子有絜矩之道也。所恶于上，毋以使下；所恶于下，毋以事上；所恶于前，毋以先后；所恶于后，毋以从前；所恶于右，毋以交于左；所恶于左，毋以交于右。此之谓"絜矩之道"。《诗》云："乐只君子，民之父母。"民之所好好之，民之所恶恶之，此之谓"民之父母"。《诗》云："节彼南山，维石岩岩。赫赫师尹，民具尔瞻。"有国者不可以不慎，辟则为天下僇矣。《诗》云："殷之未丧师，克配上帝。仪监于殷，峻命不易。"道得众则得国，失众则失国。

郑氏曰：老老、长长，谓尊老敬长也。恤，忧也。"民不倍"，不相倍弃也。絜，犹结也，挈也。矩，法也。君子有挈法之道，谓常执而行之，动作不失之。倍，或作偝。矩，或作巨。"絜矩之道"，善持其所有，以恕于人耳。治国之要尽于此。引《诗》言治民之道，取于己而已。岩岩，喻师尹之高严也。师尹，天子之大臣，为政者也。言民皆视其所行而则之，可不慎其德乎？邪辟失道，则有大刑。师，众也。克，能也。峻，大也。言殷王帝乙以上，未失其民之时，德亦有能配天者，谓天飨其祭祀也。及纣为恶，而民怨神怒，以失天下。监视殷时之事，天之大命，持之诚不易也。道，犹言也。

孔氏曰：自此至终篇，覆明上文"平天下在治其国"之事。盖治国非一义可了，故广而明之。此经申明絜矩之义，上有不善之事加己，己恶之，则不可持此事使己下者为之。下不善事己，己恶之，则不可以此事己之君上也。前，谓在己之前。后，谓在己之后。左右，谓与己平敌，或在己右，或在己左。举一隅，余可知也。引《小雅·南山有台》，美成王之诗，言以己化民，从民所欲，则可为民父母。只，语辞也。上言恕己待民，此经言己须戒慎。引诗《小雅·节南山》之篇，节，高峻貌。赫赫，显盛貌。具，俱也。僇，谓刑戮，若桀纣是也。"殷之未丧师"以下，《大雅·文王》之篇。仪，宜也。

蓝田吕氏曰：孟子曰"道在迩而求诸远，事在易而求诸难。人人亲其亲、长其长而天下平"。盖所谓平者，合内外、通彼我而已。天下同归而殊途，一致而百虑。天下虽广，出于一理，举斯心以加诸彼，推而放诸四海而准，无往而非斯心也。犹五寸之矩，足以尽天下之方，此絜矩之道也。上下也，左右也，前后也，彼我之别也，通乎彼我，交见而无蔽，则民也、君也将何间哉！此所以为民父母，而天下瞻仰之矣。故所以得国以得众也，所以得众以有德也。

范氏曰：《汉书》云"度长絜大"，注曰"絜，围束之也"。《庄子》"絜之百围"，亦谓围而度之也。矩所以为方，絜矩言度之，以求其方也。既度其上，又度其下；既度其下，又度其上；于前于后，于左于右，莫不皆然。不使少有大小、长短之差焉，是以物我各适其适，无往而不得其方

也。天下者，国之积耳。以此推之，则自一国以至于万国，一理而已。（祖禹）

范阳张氏曰：修身齐家治国平天下，虽所由不同，其理则一而已。其一如何？审好恶而已矣。故修身之法无他，省吾所亲爱、贱恶、畏敬、哀矜、敖惰而已，岂非当审吾好恶乎？齐家之道无他，"一家仁，一国兴仁；一人贪戾，一国作乱"而已，岂非当审吾好恶乎？治国之道无他，"民之所好好之，民之所恶恶之"，岂非当审吾好恶乎？而平天下之道，亦在于好恶之审，则老老而民起孝，长长而民起弟，恤孤而民皆为忠厚之行，所恶之审，则毋以吾所恶于上者施之于下，毋以吾所恶于下者施之于上，毋以吾所恶于后者施之于前，毋以吾所恶于右者施之于左，是则平天下之理，果在审好恶而已矣。　　又曰：文王之诗，言商未失众时克配上帝，至纣失天下，其肤敏之士反为周裸将之役，天命如此，可不以为戒乎！且断之曰"得众则得国，失众则失国"。何以得众？曰德。此君子所以先慎乎德也。

石林叶氏曰：老者近于亲，故民兴于孝；长者近于兄，故民兴于弟；恤孤近于子，故民不倍。以此倡于上，絜之道也；以此法于下，矩之道也。上下以位言之也，前后以事言之也，左右以人言之也。位之与事，事之与人，虽不同，而其好恶则一也。故好同其所好，恶同其所恶，而后可以为民父母。

莆阳林氏曰：一人在上，使天下人心固结而不可解者，必有正道焉。盖四方万里之远，若非有以固结之则，如何长有天下？故《诗》以为民之父母者无他，唯与天下同其好恶而已。若是好恶与天下不相关，此之谓"独夫"尔。

新安朱氏曰：自此至篇末，传之十章，释治国平天下。皆推广絜矩之意也。老老，所谓老吾老也。兴，谓有所感发而兴起也。孤者，幼而无父之称。絜，度也。矩，所以为方也。言此三者，上行下效，捷于影响，所谓家齐而国治也。亦可以见人心之所同，而不可使有一夫之不获矣。是以君子必当因其所同，推以度物，使彼我之间各得分愿，则上下四旁均齐方正，而天下平矣。又覆解上文絜矩二字之义。如不欲上之无礼于我，则必以此度下之心，而亦不以此使之。不欲下之不忠于我，则必以此度上之心，而亦不以此事之。至于前后左右，无不皆然，则身之所处，上下、四旁、长短、广狭，彼此如一，而无不方矣。彼同有是心而兴起焉者，又岂有一夫之不获哉。所操者约，而所及者广，此平天下之要道也。故章内之

意，皆自此而推之。《南山有台》之篇，言能絜矩而以民心为己心，则是
爱民如子，而民爱之如父母矣。《节彼南山》，节，读为截，节然高大貌。
师尹，周之大师尹氏也。具，俱也。辟，偏也。言在上者人所瞻仰，不可
不谨。若不能絜矩而好恶徇于一己之偏，则身弑国亡，为天下之大戮矣。
引《诗·文王》篇，配，对也。配上帝，言其为天下君，而对乎上帝也。
监，视也。不易，言难保也。引《诗》而言此，以结上文两节之意。有天
下者，能存此心而不失，则所以絜矩而与民同欲者，自不能已矣。　或
问：上章论齐家治国之道，既以孝弟慈为言矣，此论治国平天下之道，而
复以是为言，何也？曰：三者，人道之大端，众心之所同得者也。自家以
及国，自国以及天下，虽有大小之殊，然其道不过如此而已。但前章专以
已推而人化为言，此章又申言之，以见人心之所同而不能已者如此，是以
君子不唯有以化之，而又有以处之也。盖人之所以为心者，虽曰未尝不
同，然贵贱殊势，贤愚异禀，苟非在上之君子，真知实蹈，有以开之，则
下之有是心者，亦无所感而兴起矣。虽幸其有以倡焉，而兴起之矣，然上
之君子乃不能察彼之心，而失其所以处之之道，则其所兴起者，或不得遂
而反有不均之叹。是以君子于其心之所同，而得夫絜矩之道焉，所以处
此，而遂其兴起之善端也。　曰：何以言絜之为度也？曰：此庄子所谓
"絜之百围"，贾子所谓"度长絜大"者也。前此诸儒，盖莫之省，强训以
挈，殊无意谓，而先友太史范公乃独尝言此，而后其理可得而通。盖絜，
度也。矩，所以为方也。以己之心度人之心，知人之所恶者不异乎己，则
不敢以己之所恶者施之于人。使吾之身一处乎此，则上下四方、物我之
际，各得其分，不相侵越，而就其中，较其所占之地，则广狭长短，平均
如一，截然正方，无有余不足之处，是则所谓絜矩者也。夫为天下国家，
而所以处心制事者，一出于此，则天地之间，无一物不得其所，而凡天下
之欲为孝弟不倍者，皆得以自尽其心，而无不均之叹矣。天下其有不平者
乎？然君子之所以有此，亦岂自外至而强为之哉？亦曰物格知至，故有以
通天下之志，而知千万人之心即一人之心；意诚心正，故有以胜一己之
私，而能以一人之心为千万人之心。其如此而已矣。一有私意存乎其间，
则一膜之外，便为胡越，虽欲絜矩，亦将有所隔碍而不能通矣。若赵由为
守则易尉，而为尉则陵守，王肃方于事上，而好人佞己，推其所由，盖出
于此。而充其类，则虽桀、纣、盗跖之所为，亦将何所不至哉！　曰：然
则絜矩之云，是则所谓恕者已乎？曰：此固前章所谓如爱己之心以爱人者
也。夫子所谓"终身可行"，程子所谓"扩充得去，则天地变化草木蕃；

充拓不去，则天地闭而贤人隐"，皆以其可以推之而无不通尔。然必自其正心穷理而推之，则吾之爱恶取舍，皆得其正，而所推以及人者，亦无不得其正，是以上下四方以矩度之，莫不截然各得其分。若于理有未明，而心有未正，则吾之所欲者，未必其所当欲；吾之所恶者，未必其所当恶。乃不察此，而遽欲以是为施于人之准则，则其意虽公，而事则私。是将见其物我相侵，彼此交病，即虽庭除之内，跬步之间，亦且参商矛盾，而不可行矣，尚何终身之望？是以圣贤凡言恕者，又必以忠为本，而程子亦言如形与影，欲去其一而不可得。盖唯忠，然后所如之心始得其正，是亦此篇先后本末之意也。然则君子之学，可不谨其序与！　　或曰：齐家治国平天下，均为治人之事，而传于齐家以审爱恶为言，于治国以躬化道为说，于平天下则必以絜矩明之，岂三者之用各有所施而不可以相通耶？曰：此亦各随所重而言之，其用益广而法益详耳。若论其实，则齐家者岂无待于躬化道而参彼己？治国者亦安可不审爱恶而参彼己？况平天下必自齐家治国而来，则二者之用固有不得遗者。但以其先后、广狭而言，则三者之序必如此而不可乱耳。　　曰：所谓"民之父母"者，何也？曰：君子有絜矩之道，故能以己之好恶，知民之好恶；又能以民之好恶，为己之好恶也。夫好其所好，而与之聚之，恶其所恶，而不以施焉，则上之爱下，真犹父母之爱其子矣。彼民之亲其上，岂不亦犹子之爱其父母哉？　　曰：此所引《节南山》之诗，何也？曰：言在尊位者，人所观仰，不可不谨。若人君恣己徇私，不与天下同其好恶，则为天下僇，如桀、纣、幽、厉也。曰："得众得国，失众失国"，何也？曰：言能絜矩，则民父母之，而得众得国矣；不能絜矩，则为天下僇，而失众失国矣。

龙泉叶氏曰：絜是矩者，非难也。天下之方，至于矩而止；天下之圆，至于规而止；天下之长短，至尺度而止；天下之曲直，至绳墨而止；天下之轻重，至权量而止。是物之在我也，絜以示之，而何患焉！虽然，其所以为矩，则难矣。使其毫厘之不尽，斯须之或亏，自内至外，由本及末，而或有不足焉，则矩不成，则虽欲絜之以示人，不可得矣。圣贤之学，自其内心之发，推之于外，修身齐家，搏节端序，各有伦等而不可乱者，皆为矩之地也。尧、舜、禹、汤、文、武，絜成矩以示天下，而天下从之。故凡天下之有未安者，必求于我，而我不以其所未至者病天下也。孟子曰"舜为法于天下，可传于后世"，则舜之矩也，大矣！究极絜矩之道，不过于恕而已。上下、左右、前后，物未有不具四隅而能独立者也。然而天下之人，所藏于身者不恕，则见于前者必忘其后，得于上者必失于下，以其所恶者尽力施之，而不知彼之不能受也。夫是以患莫大于自利，而害常生于有所偏。君子尽己而及人，因人而通己，交取互见，仰观俯察，在我欲其无憾，在彼欲其无怨，知天下之一理，彼我之一心，则规矩在我，而物之方圆者莫能逾，权量自我，而其自为轻重者无所惑。自致知格物以至于平天下，其必有出于是道。不出于是，则意有诚而非其意，心有正而非其心，施于天下国家者，且有不合矣。

建安真氏曰：絜矩"絜"字，本出贾谊《过秦论》"度长絜大"，度谓以尺量物之长短，絜谓以带量物之小大，如今人之围木也。言我有此心，人亦有此心，在上之君子，当以己之心度人之心，如以矩而度物也。矩，制方之器，俗谓曲尺是也。荀子曰"五寸之矩，尽天下之方"，言矩虽止长五寸，然天下之为方器者，必以此焉。则以譬一心虽微，而推之以度人之心，虽千万人无不同者。我欲孝于亲，人亦欲孝于亲；我欲弟于长，人亦欲弟于长。故为君子者，必使人各得以遂其孝弟之心。我欲安，人亦欲安；我欲寿，人亦欲寿；我欲富，人亦欲富。故君子者必使人各遂其所欲，此皆所谓絜矩也。

钱塘于氏曰：君子以此三者为絜矩之道，以明明德于天下者，苟不由是三者之善以为矩，则民情未易平也。平之之道如何？使上下、前后、左右皆不以其所恶自累，则是皆以其所好者相与，无一人不孝、不弟、不慈矣。其为矩也莫明焉，故曰"此之谓絜矩之道"，盖言天下无一人不明于矩也。《易》言"万物之絜齐"，《记》言"主人之洁著此水"，亦其义也。鸣呼！天下之所真可好者，孰非孝、弟、慈之三者；而其所真可恶者，孰非不孝、不弟、不慈之三者！今因民之所好而好之，因民之所恶而恶之，则上之好恶平；上之好恶平，则人心平；人心平，则天下平矣。

霅川倪氏曰：前言絜矩之道，谓正己格民；后言絜矩之道，谓体物正己。

新定邵氏曰：矩所以为方也，上下、四旁、长短、广狭均齐若一，而后成方。所谓"絜矩"者，犹言斟量忖度，举斯加彼，使之均平也。"所恶于上，毋以使下；所恶于下，毋以事上"，味斯言也，则君使臣以礼，臣事君以忠，其或上之使我不以礼，吾之所恶也，则吾之所以使下者，乌可不以礼？下之事我不以忠，吾之所恶也，则吾之所以事上者，乌可不以忠？审度彼我，事皆若此，则上下各得其所欲矣。"所恶于前，毋以先后；所恶于后，毋以从前"，充此类也，则户外有二屦，言闻则入，言不闻则不入者，虑其有妨于前也，有后入者，阖而勿遂，虑其有妨于后也。审度彼我，事皆若此，则前后各得其所愿矣。以至右之所恶者，则不以交于左；左之所恶者，则不以交于右。姑即夫"并坐不横肱"之义而推之，则其理亦可见矣。夫上下、前后、左右，皆得其平，则截然正方，合于矩矣。《大学》于是释之曰"此之谓絜矩之道"，斯道也，岂非平治天下者所当举而措之乎！吾尝求诸古矣！"老吾老，以及人之老"，固可以兴民心之孝也，然考之《王制》，必"五十而异粮，六十而宿肉，七十而贰膳，以至八十而后常珍，九十而后饮食不离寝"，何其斟酌剂量曾不一概也？不如是，则可以暂而不可以久，区处未适其平，非所谓"絜矩之道"也。"长吾长，以及人之长"，固可以兴民心之弟也，然质之《祭义》，如是而弟达乎朝廷，如是而弟达乎道路，如是而弟达乎州巷，以至放乎蒐狩，修乎军旅，莫不隆长而尚齿，何其流通周溥靡有或遗也？不如是，则达于此而不达于彼，区处未适其平，非所谓"絜矩之道"也。"矜寡孤独废疾者，皆有所养"，固可以使民相收、相受、不相弃倍也，然古人抑岂概而施之，不思为可继之道哉！孤、独、矜、寡，四者天民之穷而无告者也，皆有常饩以养之矣。至于喑聋、跛躄、断者、侏儒，则百工各随其器，能而食之，使废疾者不患于无所收，而百工亦不虚于推所养也。古人絜矩之道一至于此，则经理、区画曲尽其宜，天下其有不得其平者乎？

卷十三　是故君子先慎乎德

　　是故君子先慎乎德。有德此有人，有人此有土，有土此有财，有财此有用。德者本也，财者末也。外本内末，争民施夺。是故财聚则民散，财散则民聚。是故言悖而出者，亦悖而入，货悖而入者，亦悖而出。

郑氏曰：用，谓国用也。施夺，施其劫夺之情也。悖，犹逆也。言君有逆命，则民有逆辞也。上贪于利，则下人侵畔。《老子》曰："多藏必厚亡"。

孔氏曰：此明治国之道，在贵德贱财。有德之人，人所附从，有人则境土宽大，有土则生殖万物，有财则有以供国用。德能致财，财由德有，故德为本，财为末。外，疏也；内，亲也。亲财疏德，则争利之人皆施其劫夺之情也。

涑水司马氏曰：君有德，则人归之。人归之，则其土地且奚去我而适他？言其要在得人心也。

延平周氏曰：财之与德，其犹阴之与阳乎！阴能辅阳，亦能害阳。财本辅德，亦能害德。德者本也，财者末也。内本而外末，则本重而末轻，虽不争民之施夺，而施夺之权自归于上也。外本而内末，则本轻而末重，虽欲争民之施夺，而施夺之权不免在于民也。

严陵方氏曰："外本内末，争民施夺"，孟子所谓"苟为后义而先利，不夺不餍"者，亦此之意。"言悖而出，亦悖而入"者，报施之理，然也。"货悖而入，亦悖而出"者，消长之理，然也。

山阴陆氏曰："争民施夺"，言争民之所施，亦争民之所夺，是与民争利者也。

石林叶氏曰：得道则多助，故有德此有人；得众则得国，故有人此有土；非财无以聚人，故有土此有财；理财不以义，则物必屈于欲，故有财此有用。财也、土也、人也，非德不能有，故曰"德者本也"。有德则人归矣，财必生于土，故曰"财者末也"。内本而外末，则人之所贵者德，故天下各怀仁义以事其上，虽不争民之施夺而财自足也。外本而内末，则人所贵者财，故上下交征以利，则虽争民之施夺而财亦不得而足矣。盖财聚而不能散，则民离，财虽多亦无以守。财聚而能散，则民附，财虽少亦可以生。故君人者，修德以得人，聚财以养人。未有用财以道而民不聚，亦未有聚财不以道而终能守也。犹之言出于身，既悖于道，而召祸乎外，亦悖而入，此必至之理也。曾子曰："出乎尔，反乎尔"，其此之谓乎！

蓝田吕氏曰：知以德为之本。有人、有土、有财、有国，非吾患也，不知以德为本而本于财，上下交征利，不夺不餍矣。此所谓"外本内末，争民施夺"者也。天下之事未有不反者也。恶言加于人，则人亦将加恶言于己。以非义之事取其财，则必有非义之事费其财。盖不知义为利者也。

东莱吕氏曰：外本，谓以本为外。内末，谓以末为内。"争民施夺"，谓争夺之民，施其劫夺之情也。言在上之人，外本内末，则是使争斗之民，施其劫夺之情也。言之出也，不善则人亦以恶言反之，悖出而悖入也。货之入也，不善则亦必以不善失之，悖入而悖出也。此以言之出入，明货之出入。

延平黄氏曰：财用自其有德而致之。其取也有义，非悖而入也；其用也有礼，非悖而出也。

范阳张氏曰：德者本也，财者末也。德者义也，财者利也。以利为尚，则天下相率而为利，故起争民施夺之心。施者，无所禁制也。且义者何也？忠信也，德也。财者何也？利也，骄泰也，争夺也。好义则得民心，好利则失民心，失民心则天下社稷宗庙不保矣。是以大学之道以义用财，而不以财胜义。盖财聚则民散，以利为主则失民心矣；财散则民聚，以义为主则得民心矣。夫何故？言悖而出者，必有悖理之言以应之；货悖而入者，必有悖理之事以散之。故君子生财之道，一以俭约为先也。

新安朱氏曰：先慎乎德，承上文不可不慎而言。德，即所谓明德。有人，谓得众。有土，谓得国。有国则不患无财用矣。"德者本也，财者末也"，本上文而言。人君以德为外，以财为内，则是争斗其民，而施之以劫夺之教也。盖财者人之所同欲，不能絜矩而欲专之，则民亦起而争夺矣。外本内末故财聚，争民施夺故民散，反是则有德而有人矣。悖，逆也。自先慎乎德以下至此，又因财货以明能絜矩与不能者之得失也。曰：所谓"先慎乎德"，何也？曰：上言有国者不可不慎，此言其所慎而当先者，尤在于德也。德，即所谓明德，所以慎之，亦曰格物、致知、诚意、正心，以修其身而已矣。　曰：此其深言务财用而失民，何也？曰：有德而有人有土，则因天分地，不患乎无财用矣。然不知本末，而无絜矩之心，则未有不争斗其民而施之以劫夺之教者也。《易大传》曰："何以聚人？曰财。"《春秋外传》曰："王人者，将以道利而布之上下者也。"故财聚于上，则民散于下矣，财散于下，则民归于上矣。"言悖而出者，亦悖而入，货悖而入者，亦悖而出"，郑氏以为君有逆命，则民有逆辞，上贪于利，则下人侵畔，得其旨矣。

龙泉叶氏曰：甚矣！利之可畏也。聚天下不可以无利，而利聚则民必携。圣人知其然也，散天下之财，使之疏通流演，而无壅遏偏聚之患，若此则民聚矣。以民聚为财之本，而以财聚为民之病。故以道权之以法，御之天下，本无可聚之财也。其聚之者，非义也，悖。言当顺以出，货当顺以入，出入各得其当，而天下治。小人则不然，言以悖出，货以悖入，至其报应之来，速于影响，验于符节，拱手视之，而莫能救也。

霅川倪氏曰：人之性善，其德本明，所以昏之者，贪求近利。谓道德为无所利也，孰知德之中自有利存乎？其间为人上者，有德以拊民，人怀而归之，有人以治其田畴，扞其外侮，以什一之法取于民，通三十年之积，有九年之蓄，则有财矣。前之本末，以明德修身为本，其余为末，本末之大者也。今论德之与财，亦以本末言，本末之次者也。争民者，争民之利也。上既与民争，下必效之，不夺不餍矣。施，言用之广也，用争夺之术广施之，而无限节也。

新定邵氏曰：财聚敛于上，则民失所养，而离散于下；财布散于下，则民得所养，而聚戴乎上。二者正相反也。鹿台、钜桥，为世永鉴，然三代而下，人主富民之念常轻，富国之意常重，虽号为英明，刻意为善，而充府库实、仓廪之念终未尽，忘其故何也？良由《大学》不讲，而所以明其明德者未至耳。果能先谨乎德，使此心天理湛然常明，则民吾同胞，疴痒、疾痛举切吾身，发政施仁，唯恐赤子之不得其所，而何忍括民财以聚于其上哉！

卷十四　康诰曰惟命不于常

《康诰》曰："惟命不于常。"道善则得之，不善则失之矣。《楚书》曰："楚国无以为宝，惟善以为宝。"舅犯曰："亡人无以为宝，仁亲以为宝。"

郑氏曰：于，于也。天命不于常，言不专佑一家也。《楚书》，楚昭王时书也。言以善人为宝。时谓观射父、昭奚恤也。舅犯，晋文公之舅狐偃也。亡人，谓文公也。时辟骊姬之谗，亡在翟。而献公薨，秦穆公使子显吊，因劝之复国，舅犯为之对此辞也。仁亲，犹言亲爱仁道也。明不因丧规利也。

孔氏曰：《书》之意，言善则得之，不善则失之。

严陵方氏曰："惟善以为宝"者，君也。"仁亲以为宝"者，子也。君能宝善，则足以为贵于一国。子能宝亲，则足以为贵于一家。虽其大小不同，所以为宝则一而已。

蓝田吕氏曰：自此至"骄泰以失之"，宜在"平天下在治其国"一章后。平天下者，善与人同，故取诸人以为善；利与人同，故好货好色与百姓同之；善不与人同，则媢疾之心生，故无好善之心；利不与人同，则贪吝之心生，故无好义远利之诚。观《康诰》之言，则知天命无常，惟善是与也。观《楚书》曰舅①犯之言，则天下之宝，惟善为宝也。

---

① 四库本、通志堂本、再造善本均作"咎"，荟要本作"舅"。统改为"舅"。后放此。

新安朱氏曰：道，言也。因上文引《文王》诗之意而申言之，其丁宁反覆之意益深切矣。《楚书》，《楚语》。言不宝金玉而宝善人也。狐偃，字子犯。亡人，文公时为公子，出亡在外也。仁，爱也。事见《檀弓》。此两节又明不外本而内末之意。曰：前既言命之不易矣，此又言命之不常，何也？曰：以天命之重，而致其丁宁之意，亦承上文言之也。盖善则得之者，有德而有人之谓也；不善则失之者，悖入而悖出之谓也。然则命之不常，惟人之所自为耳，可不谨哉！

龙泉叶氏曰：得失观其善恶而已矣。世固有得天下之大如舜禹，而行道人，乞一箪食豆羹之微或不可，而辄丧之者焉。学者考其得失之际，则善恶自我，而物莫能违耳。目之常者不可恃，而一身之德不敢忽，盖晋楚之富，未有可以因循而常守者也。山高忽摧，河深忽竭，岂可几乎！《楚书》曰："楚国无以为宝，惟善以为宝。"舅犯曰："亡人无以为宝，仁亲以为宝。"楚国虽大，亡人虽微，然所宝者非外假也。亡人以仁亲，而后反楚国以为善而永存。当重耳逋亡奔困于忧患险厄之余，追念父母之所以遇己者深矣。唯其克责咎悔之意，足以消怨尤喟叹之心，仁亲爱笃之诚，足以弭疏薄谗间之祸，则桑落之下，固所以为晋室隆昌之符也。

四明李氏曰：晋楚之为国，特夷狄之雄耳；舅犯之为臣，特伯主之佐耳。《大学》参稽格言，以垂训万世，乃于此乎取何歟？盖天下之善无穷，君子之取善亦无穷，一言当理皆可为法，一言契心皆可服行，学者诚能多识前言，以蓄其德，则片辞只字莫非实用，博学详说莫非切已。苟徒徇口耳之习，果何益哉？（元白）

金华邵氏曰：自古人君急货财、失人心以至于丧天命者，必有小人以功利导之，故至于此。无小人，则人君决不自为聚敛。故引《楚书》及舅犯之言，又引《秦誓》所言尊贤容众之君子、忌刻浅隘之小人，而小人必屏之四方，不与同处中国。盖道其君以功利，至于失人心、丧天命，皆此等人也。

卷十五　秦誓曰若有一介臣

《秦誓》曰："若有一介臣，断断兮，无他技，其心休休焉，其如有容焉。人之有技，若己有之。人之彦圣，其心好之，不啻若自其口出，实能容之，以能保我子孙黎民，尚亦有利哉！人之有技，媢嫉以恶之。人之彦圣，而违之俾不通，实不能容，以不能保我子孙黎民，亦曰殆哉！"唯仁人放流之，迸诸四夷，不与同中国。此谓唯仁人，为能爱人，能恶人。

郑氏曰：《秦誓》，《尚书》篇名也。秦穆公伐郑，为晋所败于殽，还誓其群臣，而作此篇。断断，诚一之貌也。他技，异端之技也。有技，才艺之士也。"若己有之"，"不啻若自其口出"，皆乐人有善之甚也。美士为"彦"。黎，众也。尚，庶几也。媢，妒也。违，犹戾也。俾，使。拂戾贤人所为，使功不通于君也。殆，危也。彦，或作"盘"。放去恶人媢疾之类者，独仁人能之，如舜放四罪而天下咸服。

孔氏曰：此明君臣进贤绌恶之事。兮是语辞。《古文尚书》"兮"为"漪"。休休，宽容似有包含也。"不啻如自其口出"，谓心爱此彦圣之美，多于口说，言其爱乐之甚也。实，是也。"美士为彦"尔，《雅·释训》文。唯仁人之君，能放流此蔽贤之人，使迸远在四夷也。

蓝田吕氏曰：仁者以天下为度者也。天下之所共好者仁也，吾所以好仁；天下之所同恶者不仁也，吾所以恶不仁。此所以能爱人能恶人也，此所以能举贤退不肖也，此所以能好人之好、恶人之恶、不拂人之性而远夫灾害者也。

山阴陆氏曰：唯仁人为能爱恶仁者，必有勇故也，亦仁人然后能放流之。孔子曰："怀恶而讨，谁不服？"

范阳张氏曰：修身、齐家、治国、平天下，无非以审好恶为先。《大学》于"平天下"，既歌《南山有台》之诗，以明好恶之审；又歌《节南山》之诗，以明好恶之僻；且杂引《康诰》《楚书》、舅犯、《秦誓》之言，以明好善恶恶之理；且断之以唯仁人放流害贤之人，又言仁者能爱人能恶人。予窃怪正心之说贵于无忿懥、恐惧、好乐、忧患，而修身、齐家、治国、平天下之说皆在于审好恶，何与正心之说相辽邪？及读唯仁人能爱人恶人之说，然后知所以无忿懥、恐惧、好乐、忧患者，将以求心之本体，本体既见，则私欲消融，天理炳见，好恶皆公，天下而非其私矣。

石林叶氏曰：技言其能。己有技，而人有之，不媢疾者，克己也。彦言其才。圣言其德。己薄于才德，而人有之，其心好焉者，爱人也。能克己以爱人，则人乐为之用，故虽有一介之贱、断断之弱，亦可以为有。盖资诸己不足，能资诸人以有为，君子亦与之也。忌人之能，与不容人之才德，则所谓蔽贤匿善也。仁人恶之，故不与同中国。

新安朱氏曰：圣，通明也。迸，犹逐也。言有此媢疾之人，妨贤而病国，则仁人必深恶而痛绝之。以其至公无私，故能得好恶之正如此也。又曰：其引《秦誓》，何也？曰：言好善之利，及其子孙，不好善之害，流于后世，亦由絜矩与否之异也。　曰：媢疾之人，诚可恶矣，然仁人恶之之深，至于如此，得无疾之已甚之乱邪？曰：小人为恶，千条万端，其可恶者，不但媢疾一事而已。仁人不深恶乎彼，而独深恶乎此者，以其有害于善人，使民不得被其泽，而其流祸之长，及于后世而未已也。然非杀人于货之盗，则罪不至死，故亦放流之而已。然又念夫彼此之势虽殊，而苦乐之情则一，今此恶人放之不远，则其为害虽得不施于此，而彼所放之地，其民复何罪焉，故不敢以己之恶，施之于人，而必远而置之无人之境①，以御魑魅而后已。盖不唯保安善人，使不蒙其害，亦所以禁伏凶人，使不得稔其恶。虽因彼之善恶，而有好恶之殊，然所以仁之之意，亦未尝不行乎其间也。此其为御乱之术至矣，而何致乱之有？　曰：屏之为迸，何也？曰：古字之通用也多矣，汉石刻辞有引"尊五美，屏四恶"者，而以尊为遵，以屏为迸，则其证也。　曰：仁人之能爱人，能恶人，何也？曰：仁人者私欲不萌，而天下之公在我，是以是非不谬，而举措得宜也。

东莱吕氏曰：断断专悫而无他技，则贼之者寡矣，故其心广大易直。"休休然，其如有容"，固心之本体也，所以迫隘忌克者，小知贼之也。曰"其如有容"者，莫测其限量，而难乎其形容也。论君子之乐善，终之以"不啻如自其口出"，好之笃也。论小人之忌善，终之以"俾不达"，恶之遂也。小人之于君子，不唯疾之、恶之、违之而已，必左右沮遏，千虑百图，非使君子不能自达，则其心终不厌。恶之未遂，虽欲自已有所不能，思其反则可知君子之于善矣。

龙泉叶氏曰：此固其国家之所宝，而一介臣者亦所恃以自宝也。夫善不可以有形，德不可以有心。山岳之所藏，江河之所受，诚有长养润泽之功也。天下之人好为有形之善，而各务自为，其始本出于善意，而其终遂至于媢疾，其祸遂至于丧邦者，众矣！仁人其好善也笃，则其去恶也果，盖非仁人之至善，不足以知不仁之为害也。

---

①　四库本、荟要本、通志堂本均作"竟"，再造善本作"境"。当为"境"。

卷十六　见贤而不能举

见贤而不能举，举而不能先，命也。见不善而不能退，退而不能远，过也。好人之所恶，恶人之所好，是谓拂人之性，灾必逮夫身。是故君子有大道，必忠信以得之，骄泰以失之。

郑氏曰：命，读为慢，声之误也。举贤而不能使君以先己，是轻慢于举人也。拂，犹佹也。逮，及也。大道行所由。

孔氏曰：拂，谓拂戾善人之性，灾必及于身矣。大道，谓所由行孝弟仁义之大道也。

河南程氏曰：命，当作怠，字之误也。先，犹早也。远，谓迸诸四夷之类，自古用贤人而不能早，退小人而不能远，以陷于祸败者多矣。（伊川）

山阴陆氏曰：孟子曰："莫非命也。"命，读如字。"见贤而不能举，举而不能先"，虽过也，自天观之，命也。"见不善而不能退，退而不能远"，虽命也，自人观之，过也。举贤，好先；退不肖，恶近。

石林叶氏曰：在下位而见贤有不能举，举贤而有不能先，犹可归之命。若夫居上位而见不善不能退，虽退而不能远之于己，则不可归之命，亦过矣哉。一人之情，千万人之情是也。好其所恶，恶其所好，则拂其情矣，故曰灾必及其身。忠信，吉德也。骄泰，凶德也。修其吉以违其凶，则君子之道。

永嘉薛氏曰：进贤之法，莫崇礼貌。去恶之要，莫先克己。"见贤而不能举，举而不能先"，吾命之出者未至耳。"见不善而不能退，退而不能远"，是谁之过欤？惟能公其心者可与论进贤退不肖之实，以百姓之心为心，忠信君子所以仁。"灾必逮夫身"者，骄泰害之者也。得失之要在我而已，果能忠信，则身修而能公其好恶，贤不肖之进退在此，而不在彼也。

新安朱氏曰：命，郑氏云："当作慢。"程子云："当作怠。"未详孰是。若此者，知所爱恶矣，而未能尽爱恶之道，盖君子而未仁者也。拂，逆也。好善而恶恶，人之性也；至于拂人之性，则不仁之甚者也。自《秦誓》至此，又皆以申言好恶公私之极，以明上文所引《南山有台》《节南山》之意。君子，以位言之。道，谓居其位而修己治人之术。发己自尽为忠，循物无违谓信。骄者矜高，泰者侈肆。此因上所引《文王》《康诰》之意而言。章内三言得失，而语益加切，盖至此而天理存亡之几决矣。曰："命"之为"慢"，与其为"怠"也，孰得？曰：于义则皆通矣，然无他书而证焉，则两存以俟知者可也。　　曰：好善恶恶，人之性然也，而有拂人之性者，何哉？曰：不仁之人，阿党媢疾，陷溺其心，是以其所好恶，戾于常性如此，与民之父母，能好恶人者，正相反。使其能胜私而絜矩，则不至于是矣。忠信骄泰之所以为得失者，何也？曰：忠信者，尽己之心，而不违于物，絜矩之本也。骄泰，则恣己徇私，以人从欲，不能与人同好恶矣。

龙泉叶氏曰：人之所好恶者，天下之心也。故其好之也，非以为己利；其恶之也，非以为己怨。凡以为人而已，君子岂有私意于其间哉！夫惟好恶因物而无心，旷然率性以合于大道，远祸求福无大于此矣。"是故君子有大道，必忠信以得之，骄泰以失之"，此最紧要，是彻头彻尾事，此得失之常理也。忠信，有必得之理而无求得之心，不志于得而不废其道，此所以为忠信也，至于骄泰之失则亡矣。非敬无守也，非礼无行也，平居之用力于忠信者，所以求免乎此也。

金华邵氏曰：小人以聚敛失人心，盖本于奢侈无节而用度不足。至君子之大道，则以忠信得之。忠信者，诚实不事华靡之意也。《经》曰："忠信礼之本。"苟骄以自矜，泰而自侈，则失之矣。

新定邵氏曰：前既言为人君者当顺民之好恶，此遂言臣下之好恶不可以不察。盖臣佐君以平治天下者也，臣果好善邪，必能进贤辅君以仁其民矣；臣不好善而反恶人之善邪，则必不能进贤以辅君，而上下俱受其害矣。仁人又当如此明其好恶以为之用舍也。夫善人，天地之纪世患无是人耳，幸有其人，是固君上所赖，以赞襄国家，所赖以经理生民，所赖以抚绥也。古之圣王，汲汲以求贤为务，古之贤臣，汲汲以进贤为忠，凡以此尔。否则，贤者有致君泽民之蕴，而抑之使不得伸，排之使不得进，在贤者一身之荣悴，夫何足计，而君心无所启沃，国家无所倚赖，生民无所庇庥，其害可胜言哉！不特此尔，善人隐伏则憸人竞进，其好恶任情，举措舛逆，后患余祸且将蔓延，而莫知所止，又岂但为一时之害而已哉！此不祥之实，蔽贤者当之，自昔圣贤所以深恶于媢疾之人也。若使人主徒知媢疾之可恶而不能斥远之，善亦何由伸？唯仁人在上，放之、流之，迸逐于四夷，不与同居于中国，所谓"投诸四裔，以御魑魅"是也。此非仁人疾恶之已甚，媢疾一事妨贤病国为害最深，必如是而后当其罪尔。故曰"唯仁人为能爱人，能恶人"。盖仁人之心纯乎天理，黜陟刑赏如权衡然，或轻或重，铢两不差，此其所以为能爱能恶欤。苟为不然，见贤而不能举，举之而不能先，是虽知其人之可爱，而不尽夫爱人之道也。君子得以尤其慢。见不善而不能退，退之而不能远，是虽知其人之可恶，而不尽夫恶人之道也。君子得以咎其过。然是二者，虽未尽夫爱恶之道，而犹未全昧夫爱恶之正也，若夫"好人之所恶，恶人之所好"，则其拂戾于人之性也甚矣，灾害并至，必将逮其身。如前所谓"辟则为天下僇者"，其斯之谓欤！

雪川倪氏曰：前言去恶，此言举贤，欲去恶，必举贤可也。此章本为去聚敛之臣，兼言举贤者，相况取义也。言举贤不能先，此其权在他人，尚可以命言。若见不善不能退，退而不能远，此则在我不能无过，不可言命也。民之所好好之，民之所恶恶之，人所公恶而上反好之，人所公好而上反恶之，是拂逆人之性，宜灾祸之及身矣。

卷十七　生财有大道

生财有大道，生之者众，食之者寡，为之者疾，用之者舒，则财恒足矣。仁者以财发身，不仁者以身发财。未有上好仁而下不好义者也，未有好义其事不终者也，未有府库财非其财者也。

郑氏曰：财恒足者，不务禄不肖，而勉民以农也。发，起也。言仁人有财，则务于施与，以起身成其令名。不仁之人，有身贪于聚敛，以起财务成富。"未有上好仁而下不好义"，言君行仁道，则其臣必义。以义举事无不成者。其为诚然，如已府库之财为己有也。

孔氏曰：此经明人君当先行仁义，爱省国用，以丰足财物。"生之者众"，谓[1]农桑多。"食之者寡"，谓减省无用之费。"为之者疾"，谓百姓急营农桑事业。"用之者舒"，谓君缓于费用。

横渠张氏曰：知用财而不知养财，天下所以穷；知养财而不知用财，天下所以不治。仁者能散，以显己之仁；不仁者能聚，以显己之富。仁者

---

① 四库本作"为"，再造善本作"谓"，荟要本校记指出此处"谓"讹为"为"。据文义，当为"谓"，今从之。

无富于己，则克俭于骨肉，则恩及之。利心多而义心少，是不仁也。

蓝田吕氏曰：国无游民，则生之者众矣。朝无幸位，则食之者寡矣。不违农时，则为之者疾矣。量入为出，则用之者舒矣。此生财之道也。以财发身，唯富足然后可以推吾济人之惠也；以身发财，则非骄奢无以矜己之富也。此仁不仁之分也。故唯仁者能与天下同其利，上有不私之仁，下有乐输之义。心诚乐之，如孝子之养父母，未有子富而父贫、百姓足而君不足者也。

延平周氏曰：有生财者众，然后求其食财者寡，有为财者疾，然后求其用财者舒，此先王理财之成法也。若不求生财为财之道，而徒欲食之寡、用之舒者，特墨子之私爱者耳。以财发身者，为身而不为财者也；以身发财者，为财而不为身者也。上不好仁则下不好义，下不好义则其事不能有终，其事不能有终，虽有府库而财非其财，此鹿台之财所以不用于商而用于周者也。

严陵方氏曰：仁者以财发身。不仁者以身发财，则身为财所害。利害之际在乎仁不仁之间而已。上以仁而接下，下以义而事上，君臣上下报施之道，如此而已。然孟子曰"君仁莫不仁，君义莫不义"者，盖孟子言教化之验，此言报施之宜，教化之道上下无异，报施之道上下不同。义所以制事，臣所以代终，故曰"未有好义而其事不终者也"。好义而贱利，则无争民施夺之患，故继之以"未有府库财非其财者也"。

山阴陆氏曰："未有府库财非其财者也"，言民之所藏，其府库也。荀息曰："宝出之内府①，藏之外府；马出之内廐，系之外廐。"

石林叶氏曰："生之者众，为之者疾"，用天时也。"食之者寡，用之者舒"，节人欲也。得其时而不敢纵欲，生财之道也。为仁者不富，故凡聚财者，欲其发身之仁也。为富者不仁，故凡发身者，欲其聚财之富也。上能好仁则下不敢后其君，故能义；下能好义则可以有为，故终其事；上下以仁义相与而事成矣。凡府库所积者，无不义之财，此德所以为本，财所以为末也。

永嘉薛氏曰：《易》称："何以聚人？曰财。"财者，国用所出，其可缓乎？虽然，为国，务民之义而已。财者利之所在，人之所必争也。人必争而我夺之，则利心生而礼义消矣。务民之义，则天下一家，而财不可胜

---

① 四库本、通志堂本、再造善本均作"藏"。荟要本校记指出此处"府"讹为"藏"。据文义，当为"府"，今从之。

用，藏之于下，犹在君也。以财发身用之者也，不知所以用之，身为财之役矣。故君子先正其本，为上有节，为下敦本，财用之出，庸有穷乎？是故务民之义在乎修身以仁民，民化于仁，则爱之如父母，畏之如雷霆。上下情通，财皆可得而用。率斯道也，其有不终于义者乎！一家仁而一国兴仁，非他道也，务民之义不以利为先尔。

东莱吕氏曰：君子创业垂统，为可继也，若夫成功，则天也。然则有好义而其事不终者矣，而《大学》以为"未有好义其事不终者"，何也？曰：好义则其志伸矣，其志伸则其事终矣。（居仁）

新安朱氏曰：愚案：此因有土有财而言，以明足国之道在乎务本而节用，非必外本内末而后财可聚也。自此以至终篇，皆一意也。发，犹起也。仁者散财以得民，不仁者亡身以殖货。上好仁以爱其下，则下好义以忠其上；所以事必有终，而府库之财无悖出之患也。 曰：上文深陈财用之失民矣，此复言生财之道，何也。曰：此所谓有土而有财者也。夫《洪范》八政，食货为先；子贡问政，而夫子告之亦以足食为首。盖生民之道，所不可一日无者，圣人岂轻之哉！特以为国者以利为利，则必至于剥民自奉，而有悖出之祸，故深言其害以为戒耳。至于崇本节用，有国之常政，所以厚下而足民，则固未尝废也。吕氏之说，得其旨矣。有子曰："百姓足，君孰与不足？"孟子曰"无政事，则财用不足。"正此意也。然孟子所谓政事，则所以告齐、梁之君，使之制民之产者是矣，岂若后世厉民自养之云哉！ 曰："仁者以财发身，不仁者以身发财"，何也？曰：仁者不私其有，故财散民聚而身尊；不仁者唯利是图，故捐身贾祸以崇货也。然亦即货而以其效言之尔，非谓仁者真有以财发身之意。 曰："未有府库财非其财"者，何也？曰：上好仁，则下好义矣；下好义，则事有终矣；事有终，则为君者安富尊荣，而府库之财可长保矣。此以财发身之效也。上不好仁，则下不好义，下不好义，则其事不终，是将为天①下僇之不暇，而况府库之财，又岂得为吾之财乎？若商纣自焚，而钜桥、鹿台散；德宗出走，而琼林、大盈掠。皆以身发财之效。

范阳张氏曰：《大学》平天下之道也，其末皆论财利之说，何也？盖有德此有人，有人此有土，有土此有财，有财此有用，不讲所以用财之说，非失于侈汰，必堕于聚敛。故《大学》细极其理，而以谓平天下者更

---

① 四库本、通志堂本作"谓天"，再造善本作"为天"，荟要本校记指出此处"为"讹为"谓"，并脱"下"字。据文义，当为"为天下"，今从之。

当知所以用财之道也。汉武帝罢黜百家，表章六经，似矣不知用财之道，筭及舟车，榷及盐铁，以资淫侈之费。唐明皇平定内难，委任贤相，似矣不知用财之道，括田搔扰，六使掊克，亦以资淫侈之费。唐德宗初即位，放象豸①，出宫人，似矣不知用财之道，大盈琼林，间架除陌之贪，其聚敛无所不到，是皆不知用财之说至是也。故君子生财之道，一以俭约为先。俭约者，义也。生之虽众，食之乃寡，非俭乎？为之虽疾，用之乃舒，舒，简也，非约乎？俭约为心，则无所往而不足矣。盖仁者以义为主，故财散之于民，而其身之义亦因财以发见于天下。不仁者以利为主，故财敛之于己，而好利之心乃因财以发见于天下。君人者将因财以扬己之义德乎？抑将因财以扬己之利心乎？宜知所自处也。上好仁则下好义，天下可长保矣。岂有不善终之理乎？所好者义，则人君府库之财皆什一之法所取于民者耳，未尝有一毫横敛之物置于其间也，是则府库之财无非其所当有之财也。说者谓民府库之财无非人君之财，此岂可以为训！得不启后世暴君污吏贪欲之心，借此以为口实乎！故余以为财非其财者，皆所当得之财也。何谓不当得之财？下文孟献子之论是矣。

龙泉叶氏曰： 一人之所生，过于一人之所食，先王之法使天下之人皆足以生财，则其职分之所当为者，汲汲为之，唯恐不及，而不暇于用也。夫是以天下无可理之财，无可聚之利，菽粟如水火，而仁义存焉。此其所以俭而能勤，既富而教也。后世人伦不明，始有食而不生，用而不为，非特众寡、疾徐之间也。然后其上焦然，日以生财为务，而以聚敛为当然。盖舜、禹、周公之法，其谓之难明也久矣，未易以一二言也。"仁者以身发财，不仁者以财发身"，此一道也，存乎其人之仁不仁而已，钜桥之粟，鹿台之财，前日之所积，今日之所散，岂有异术哉！虽然，于陵仲子之操，非天下之所能安也。舜与跖之分，王与霸之异，全在义利之间。唯其好义也，则聚天下之人，聚天下之人则致天下之财均。其有无，约其贫富，成顺致利以安天下，所谓室家之道，君臣父子之节，养生送死之礼，皆由此而成。故曰"未有好义而其事不终者也"。天下之事，至于终极而不倦，本末相应，先后相为，其极至于无一夫之不获者，此好义之心所发也。若夫利，则止于是而已，岂复能终其事哉。

雪川倪氏曰： 君子有大道，可也。生财亦曰大道者，以见道之无所不

---

① 四库本、通志堂本、再造善本均作"貀"，荟要本校记指出此处"豸"讹为"貀"。据字义，当为"豸"，今从之。

通也。以生财言之，不以利为利，以义为利是生财之大道也。若以利为利，就使有得，不过小道耳。仁者以财发身，盖博施而名彰也。为仁不富，虽不富，然足以发其身，而为人所尊敬且得民矣。不仁者知有身而不知有仁，知有利而不知有义，徒欲以身兴发其财耳。是以为富者必不仁，季氏虽富于周公，而反以自损身，固不能发。好利而多怨，多藏必厚亡，其于财也，亦何发之云。

钱塘于氏曰：《大学》既明忠信以为生财之本，又指仁义以立用财之训。仁者以财发身，既天下之财常足于天下，而吾身不与焉。惟上好乎仁，则下归乎义，下归乎义则终其奉上之事，府库无非义之财也。

新定邵氏曰：生者众多而食者寡少，则必有余蓄矣。为者敏疾而用者舒缓，则必有积储矣。此财所以恒足欤。善乎贾生之言曰：“夫百人作之，不能衣一人，欲天下亡寒，不可得也；一人耕之，十夫聚而食之，欲天下亡饥，不可得也。”此言正与《大学》相发明。发犹起也，仁者以爱人利物为事，损上以益下，财几于散矣，卒之人怀其惠仰若父母，何荣如之？是财虽散而身日起也，故曰“以财发身”。不仁者以剥民利己为事，苛征而虐取，财非不聚也，卒之民不堪命，疾视若仇，祸孰甚焉？是财日起而身益危也，故曰“以身发财”。嗟夫！仁者唯知与民共财而已，初无心于借，是以发其身也。而爱人者人常爱之，乃天下必至之理，故惠鲜鳏寡，庶民子来，未有上好仁以爱其民，而下不好义以事其上者也。庶民攻之，不日成之，未有下好义以事其上，而所为之事有不终者也。斯民乐事劝功，则争出粟米、丝麻，作器皿、通货财以事其上，又安有府库财非其财者哉！是仁者虽不以财自私，而富有四海之内，天下之财皆一人之财也。彼不仁者之用心何其谬哉！方其切切于敛财，本以私其身也，而卒因是以亡其身，则虽有财安得而用之。唐太宗语侍臣曰：“吾闻西域贾胡得美珠，剖身以藏之，人皆知笑彼之爱珠而不爱其身也。帝王徇奢欲以亡国者，何以异于彼胡之可笑邪？”斯言可以暗合以身发财之戒矣。

卷十八 孟献子曰畜马乘

孟献子曰：“畜马乘，不察于鸡豚。伐冰之家，不畜牛羊。百乘之家，不畜聚敛之臣。与其有聚敛之臣，宁有盗臣。”此谓国不以利为利，以义为利也。

郑氏曰：孟献子，鲁大夫仲孙蔑也。"畜马乘"，谓以士初试为大夫也。"伐冰之家"，卿大夫以上，丧祭用冰。"百乘之家"，有采地者也。鸡豚、牛羊、民之所畜养以为财利者也。国家利义不利财，盗臣损财耳，聚敛之臣乃损义。《论语》曰："季氏富于周公，而求也为之聚敛，非吾徒也，小子鸣鼓而攻之可也。"

孔氏曰：此一经明治国家不可务积财。案《书传》"士饬车骈马"，《诗》云"四牡骓骓"，大夫以上，乃得乘四马。今下云"伐冰之家"，是卿大夫。今别云"畜马乘者，不察鸡豚"，故知"士初试为大夫"也。案昭四年《左传》云："大夫命妇，丧浴用冰"。《丧大记》云："士不用冰"。故知卿大夫也。士若恩赐，亦得用之，但非其常，故《士丧礼①》"则②冰赐夷槃"可也。"百乘之家"，谓卿也。故《论语》云"百乘之家"，郑云"采地，一同之广轮"是也。

山阴陆氏曰：畜马乘，士也。言乘不言车，士乘栈车，车不足言也。言察不言畜，虽畜之而不察。百乘，百邑。《春秋传》曰："唯卿备百邑"。

石林叶氏曰：劳心者治人，治人者食人，故以义为主。劳力者治于人，治于人者食人，故以利为主。百乘之家非备贵者也，然其职在于治人，故不畜聚敛之臣。畜聚敛之臣，宁有盗臣，盖盗臣止于窃命，而聚敛之臣则以掊克于民，而民困，虽有粟安得而食诸。有国者不以利为利，以义为利也。然则正德、利用、厚生、惟和，先王犹用以为治，必曰义者何也？盖以利为利，则民所知者利而已，故不夺不餍；以义为利，则民知义矣，利自存乎其间。故三代盛时民以义事上，则曰"雨我公田，遂及我私"；上以义恤民，则曰"骏发尔私，终三十里"。上下相待如此，岂争夺而厌者乎！

蓝田吕氏曰：鸡、豚、牛、羊，庶民之所畜也。卿士大夫既食于人，又与之争食，则专利矣。专利则以利为利。盗者失财于一旦矣，聚敛者诛求而无厌，此所以宁有盗臣也。

新安朱氏曰：君子宁亡己之财，而不忍伤民之力。故宁有盗臣，而不畜聚敛之臣。"此谓"以下，释献子之言也。　曰：其引孟献子之言，何也？曰：鸡豚牛羊，民之所畜养以为利者也。既已食君之禄，而享民之奉矣，则不当复与之争，此公仪子所以拔园葵、去织妇，而董子因有"与之

---

① 四库本、荟要本、通志堂本均无"礼"，据再造善本补。
② 四库本、荟要本、通志堂本均作"赐"，据再造善本改。

齿者去其角，傅之翼者两其足"之喻，皆絜矩之义也。聚敛之臣剥民之膏血以奉上，而民被其殃；盗臣窃君之府库以自私，而祸不及下。仁者之心，至诚恻怛，宁亡己之财，而不忍伤民之力，所以"与其有聚敛之臣，宁有盗臣"，亦絜矩之义也。昔孔子以臧文仲之妾织蒲，而直斥其不仁；以冉求聚敛于季氏，而欲鸣鼓以声其罪。以圣人之宏大相容，温良博爱，而所以责二子者，疾痛深切，不少假借如此，其意亦可见矣。 曰："国不以利为利，以义为利"，何也？曰：以利为利，则上下交征，不夺不厌；以义为利，则不遗其亲，不后其君。盖唯义之安，而自无所不到矣。程子曰："圣人以义为利，义之所安，即利之所在。"正谓此也。孟子分别义利，拔本塞源之意，其传盖亦出于此。

范阳张氏曰：士初为大夫，而畜马乘者不当有鸡豚之财；卿大夫丧事而得伐冰者，则不当有牛羊之财；卿大夫有采地而得百乘者，则不当有聚敛之财。有聚敛之臣以取不当得之财，不若有盗臣而耗府库之资也。耗府库止失财耳，民心不动也。有不当得之财，则失民心矣，财安用乎？

新定邵氏曰：孟献子，鲁大夫仲孙蔑也，在春秋时以贤称。方献子之未有是言也，孰不曰盗臣窃吾之货贿，是不可有也，聚敛之臣能为吾生财，是不可无也。自献子之言一出，然后知盗臣窃吾之什百，是什百而已也；窃吾之千万，是千万而已也；若聚敛之臣为吾罔利以召怨，怨积而不可解则其祸有不可胜言者，是盗窃之害犹小而聚敛之害甚大也。二者俱不可有，权轻重而论，则与其有聚敛之臣，宁有盗臣耳。异时尹铎"保障""茧丝"之论，盖有见于斯也。

龙泉叶氏曰：孟献子，衰世之大夫也，未足以知大义之所在焉，然其所存则固若此矣。天下之恶，无过于盗，而谓聚敛为甚者，非恶之而然也，计其利害之所终，然后知其甚于盗也。

严陵方氏曰：或不察于鸡豚，或不畜于牛羊，或不畜聚敛之臣，皆言受禄于公者，不宜争利于私也。

卷十九 长国家而务财用者

长国家而务财用者，必自小人矣。彼为善之，小人之使为国家，灾害并至，虽有善者，亦无如之何矣！此谓国不以利为利，以义为利也。

郑氏曰：务聚财利为己用者，必忘义，是小人所为也。彼，君也。将欲以仁义善其政，而使小人治其国家之事，患难猥至，虽云有善，不能救之，以其恶之已著也。

严陵方氏曰：君子喻于义，小人喻于利，故务财用者必自小人。小人所以得用者，君以为善政也。灾害者，天灾之、人害之也。

石林叶氏曰：聚人者财，理财者义。务财用求，所以聚人也；不务财用求，所以为义也。小人不知所以聚人，而务在于聚财，此灾害所以并至也。盖冉求尝问于孔子曰："既庶矣，又何加焉？"曰："富之。"及为季氏聚敛，则曰："鸣鼓而攻之可也。"夫始告之以富者，欲以聚人；终责之以聚敛者，为其不义。圣人之意盖可知也。

新安朱氏曰："彼为善之"，此句上下，疑有阙文误字。自，由也，言由小人道之也。此一节，深明以利为利之害，而重言以结之，其丁宁反覆之意切矣。　曰：此其言"灾害并至"，"无如之何"，何也？曰：怨已结于民心，则非一朝一夕之可解矣。圣贤深探其实而极言之，欲人有以审于未然，而不为无及于事之悔也。以此为防，人犹有用桑弘羊、孔仅、宇文融、杨慎矜、陈京、裴延龄之徒，以败其国者。故陆宣公之言曰："民者，邦之本。财者，民之心。其心伤，则其本伤，其本伤，则枝干凋瘁，而根本蹶拔矣。"吕正献公之言曰："小人聚敛，以佐人主之欲，人主不悟，以为有利于国，而不知其终为害也。赏其纳忠，而不知其大不忠也；嘉其任怨，而不知其怨归于上也。"呜呼！若二公之言，则可谓深得此章之指者矣，有国家者，可不监哉！

龙泉叶氏曰：长国家而务财用，此小人之所从入也，非其国之好利，则小人无自而进。小人进，则利门启而百患起。善为国者，明善敦化以示好恶，使小人无间可入。濡沫摩抚，左右媚悦，阴道利源，使天下不知其取之有方，其致之有故，有以自结于人，众皆悦之，而非先王之大道，此所谓为善之小人也。天下之人知其攘臂而为不义也，则其君亦何遽用之？唯其自名于善而不察也，及其为之，上不当于天心，下不合于民志，其召祸之由陷民而亡其国者，是小人之为也。

东莱吕氏曰："君不乡道，不志于仁，而求富之，是富桀也"，故长国家而务财用，无与人同利之心，是必小人矣。人之所非彼之所善，故曰"今之所谓良臣，古之所谓民贼也"。既曰善矣，则唯其言之听，求善人之立而国之无灾害，难矣！是皆不知以义为利，与人同之而已。　又曰：《大学》所记，自致知、格物以至家齐、国治而天下平，先后本末，循循有序，学者明乎此而力行之，则圣功也。而篇末乃反覆教戒为利之害，如此则知为天下国家而贼夫心术者，利为甚。何也？以其私己而外人也。私己而外人，其身且不能保，其能体人物与己为一乎？故记者极言之。战国之世，圣人之道不行，君臣父子之间所以相告语者，唯有利害，不知礼义。当是时传圣人之学者，几不立矣。凡此之论，皆以为迂阔而远事情，贤者畏之，故极言之以为是，则《大学》之终也。（居仁）

范阳张氏曰：汉武财用桑弘羊、孔仅，咸阳启之；明皇财用宇文融、王𫓧、杨慎矜，杨国忠启之；德宗财用卢杞，皇甫镈启之。彼数君者，以桑弘羊、宇文融、卢杞等为善使为国家，然而汉武晚年，盗贼四起，明皇晚年，有禄山之难，德宗晚年，有奉天之难，灾害并起，虽平时所谓善者，如桑弘羊、杨国忠、卢杞辈，亦无如之何。然则国当以利为利乎？以义为利乎？

蓝田吕氏曰："君不乡道，不志于仁，而求富之，是富桀也"，故长国家而务财用，无与人同利之心，是必小人者也。小人者，人之所非彼之所善，故曰"今之所谓良臣，古之所谓民贼"也。既曰善矣，则惟其言之听，持不仁之质以当国用事，求善人之立而国之无灾害，难矣！是皆不知以义为利、与人同之而已。

建安真氏曰：义者，天理之公也。利者，人欲之私也。二者如冰炭之相反，然一于义则利自在其中。盖义者宜也，利亦宜也，苟以义为心，则事无不宜也。不惟宜于己，亦且宜于人，人己两得，其宜何利如之？若以徇利为心，则利于己必害于人，争斗攘夺于是乎兴，己亦岂能享其利哉！

又曰：《大学》所谓"利"，专指财利而言。伊川先生云："利不独财利之利，凡有一毫自便之心即是利。"此论尤有补于心术之微。至南轩先生又谓："无为而为皆义也，有所为而为即利也。"其言愈精且微，学者不可不知也。然必先以不贪财利为根脚，基址方可说。上两节正如"贫而无谄，富而无骄"，方能渐至乐与好礼之地，驯序用力，自粗至精，方可至纯乎天理之地。

四明李氏曰：君子喻义，小人喻利，一义一利，截截乎冰炭之异，泾渭之别也。商汤惟知以义制事，而货利则不殖；周武崇信明义，而四海则大赉。今乃以义为利，则是君子之喻义，乃所以为喻利邪？曰：是不然。《大学》此语为后世言之耳！盖自功利之说兴，聚敛之门起，下焉者夸浅陋之规而排迂阔之见，上焉者阳讳其名而阴蹈其实，故《大学》君子直指利害之实，而立为以义为利之论，发明古人为义之余效，而非以推原古人为义之本心。吁！古人心事坦然明白，惟知有是非，不知有利害，非曰人徒以利为利，我独以义为利，揣量轻重，巧择其一，假义利之名以济功利之习也。读《大学》之书者，以意逆志，是为得之。（元白）

新定邵氏曰：世之人君，苟非残忍甚不仁者，初岂有心于掊克其民哉！彼小人者，志于窃君之宠禄，而无以为进身之谋，始唱为兴利之说，以动其君之听。曰："不如是，无以充府库而致富强也。"世主诱于其说，始信之任之，而不可回矣。故凡欲借是以长盛其国家，而切切焉以财用为务者，必自小人始也。"彼为善之"一语，殊不可解。朱文公云"上下疑有阙文误字"，是已。读者略其辞而会其意可也。记《大学》者，若曰世主听小人之言，其心必善之谓，真可以长国家也，不知使斯人而为国家，乃怨讟之媒，祸患之府也。及灾害并至，虽有善于营救者，亦无所措手，其将奈之何哉？所以甚言夫小人之不可听，人主当速远之。毋[①]使他日有噬脐之悔也。厥后孟子得之，极口为当时言者，"有能为君辟土地、充府库者，今之所谓良臣，古之所谓民贼"，正与此章之指相为发明。由是论之，为国者其将以利为利乎？抑以义为利乎？《大学》于篇终一再言之，后之治国平天下者，可以观矣！

---

① 四库本作"母"，荟要本、通志堂本均作"毋"。据文义，当为"毋"。

附录三 《〈大学〉沿革论》《〈大学〉沿革后论》校正

（宋）王柏/撰　程旺/校正

校正说明

1. 《〈大学〉沿革论》《〈大学〉沿革后论》（合称"二论"）乃宋儒王柏所作。王柏（1197—1274），字会之，初号长啸，更号鲁斋，婺州金华（今属浙江）人。师事何基，得朱熹理学之传，与师何基、弟子金履祥及许谦并称"北山四先生"。

2. 《〈大学〉沿革论》中记载了车若水（约1209—1275，字清臣，号玉峰）《大学》改本（主要是对"格物致知传"的调整）的主体思想，在《大学》改本研究领域具有重要文献史料价值。且二论叙述车氏改本之"如何改"，条分缕析，昭然义见；阐发"为何改"，言辞恳切，论证清晰；对《大学》文本结构、文体特点、思想逻辑均有一得之见。

3. 王柏尊信朱子理学，但勇于问难质疑而不轻信盲从。此论对车氏改本表现出鲜明的赞同态度，体现出对朱子改本的厘正，虽亦主取朱子之意以证之，实大不同于朱子后学的阐朱述朱、严尊师道，四库馆臣评之曰"柏之学，名出朱子，实则师心，与朱子之谨严绝异"。这对全面了解宋元理学的多样化发展有一定意义，亦可作为宋代以来疑经思潮的一个例证。

4. 《〈大学〉沿革论》对《大学》研究之"沿革"作了叙述，从汉唐诸儒，到二程、朱子、车氏，切合学术史的路径，虽略显粗简，但作为《大学》学类文献，实有开先之功。

5. 朱彝尊《经义考》之"《大学》卷"，列有《〈大学〉沿革论》一书。但其关于《〈大学〉沿革论》的作者有误，认为是车若水所著。车若水所著乃《重订〈大学〉章句》（1 卷，今佚）。后王柏得其书，惊喜跃然，赞之曰"洞照千古之错简"，乃作《〈大学〉沿革论》，以疏释其义。《经义考》未见其书，或受其列诸人称引的误导（如其中都穆言车若水作《〈大学〉沿革论》），遂有此讹。

6. 毛奇龄《大学证文》、谢济世《大学校议》、王定柱《大学臆古》、翟灏《四书考异》等书均谓王柏有改本，实则王柏改本应属之车氏，诸书未辨，致讹以益讹。今人李纪祥先生于《两宋以来大学改本之研究》（第 91 - 96 页）对此问题曾作过澄清，可参。今校正二帙，亦有正本清源之虑。

7. 二论编入王柏《鲁斋集》，《四库全书》入于集部，在四书学研究领域，不如经部四书类著作为人所熟知。今以《四库全书》版所收《鲁斋集》为底本，并结合中华书局 1985 年版、商务印书馆 1936 年版《鲁斋集》及 2006 年《全宋文》338 册所录王柏文，正其句读，校其漏误，以备查考。

《大学》沿革论

自昔圣人大经大法，所以宅天衷，立民极，定万世之标准者，悉已去籍于春秋之末。吾道失统，而下归于孔子，删《诗》、定《书》、系《周易》、作《春秋》之外，他无书也。今《大学》之篇，郑康成谓之通论，以为记博学可以为政也。何其陋哉！孔颖达方以首章为经，乃曰：此经从盛以本初，又从初以至盛，上下相结。① 粗释文体而文义未明，历千五六百年，莫有知其所自出。至本朝程子，始曰：此孔氏之遗书也。既刊定之，又从而表章之，以为初学入德之门。施及朱子，遂断之曰：经一章，盖孔子之言，而曾子述之；传十章则曾子之意，而门人记之也。② 《或问》③ 中又言子思以授孟子，无疑。然则曾子之门人，孰有出于子思之右？其为子思之书乎？朱子《序》④ 曰：《大学》之书，古之大学所以教

---

　　① 见《礼记正义》卷六〇《大学》第四二。原文作："'致知在格物'，此经明初以致知，积渐而大至明德。前经从盛以本初，此经从初以至盛，上下相结也。"
　　② 见《大学章句》。原文作："右经一章，盖孔子之言，而曾子述之。其传十章，则曾子之意而门人记之也。"
　　③ 即《大学或问》。
　　④ 即《大学章句序》。

人之法也。又曰：是书垂世立教之大典。后世学者，方识此书之全体大用，坦然大明矣。

其始也，遭秦大禁断续残编。出于屋壁之中，韦编烂脱，竹简淆乱。汉儒掇拾整比，使后世犹得见圣贤之遗经，可谓大有功于名教矣。然则求于大坏之余，觖望于既得之后，未止于至善，亦人情之不能无恨于此。而况世变风移，师殊旨异，非一时之所能骤正也。于是随文释义，而不知其纲目之相统；承讹踵谬，而不问其血脉之不通；穿凿传会，而不思其义理之差舛。晦蚀因循，于是讹益讹、误益误。二戴不疑也，郑康成、孔颖达不疑也，汉唐诸儒亦不疑也。至二程子方敢倡言之曰：此为错简，此为脱简，此字当作某字，此句明注为衍。学者如寐而得觉，方知圣人本意，简易明白，未尝有艰辛险绝之辞。只第二句"新"之一字稍生，则已讹而为"亲"。讲解者百余家，未尝顾传中三"新"字之相应，真是枉读圣贤之书。程伯子先取"三纲"于杂揉之中，列于首三句之下，自是一规模也。程叔子乃置于首一章之后、七传之先，又一规模也。"淇澳"一章，二程子皆于"诚意"传后，取而置于"殷未丧师"之前。朱子不是之从，乃独殿于"至善"传之末，以其内有"盛德至善"之句可证也。又以"没世不忘"为"至善"之极，考之可谓审矣。惟有"致知格物"一传独亡，自汉儒以来，未尝言其亡也。今以经统传，则知其首尾森严；以传承经，则知其义理精密。亡此一传，粲然易知，况"致知"是《大学》最初用工处，"诚意"工夫，是从"致知"[1] 做将来，此一传之不可缺也明矣。此传既缺，则何以为"明明德"之基？何以为"新民"之本？又何以知"至善"而止也？于是朱子不得已而追补之。字义非不亲切，旨意非不分明，熟复玩味，终是后世之词，不如古人之宽厚。而朱子亦自以为未善，故存斋、必大[2]问：所补"致知"章，何不效其文体？曰：亦尝效而为之，竟不能成。以朱子义精笔健，岂有所不足于此。然古人风气不同，不得而强用其力也。每读《大学》至此，未尝不为之掩卷太息。

咸淳己巳[3]，得黄岩玉峰车君书，报予曰："致知格物"传，未尝亡[4]

---

① 商务本、中华本误作"致和"。

② 许升，号存斋；吴必大，字伯丰。二人皆朱子门人。见《朱子语类》卷一六《大学》第三。原文作："问：'所补致知章何不效其文体？'曰：'亦曾效而为之，竟不能成。刘原父却会效古人为文，其集中有数篇论，全似礼记。'必大。"

③ 四库本作"己巳"，商务本和中华本作"己巳"，均误。全宋文本作"己巳"。当为"己巳"，咸淳己巳年，即咸淳五年，公元 1269 年。

④ 四库本误作"忘"，商务本、中华本、全宋文本均作"亡"。据文义，当为"亡"。

也，自"知止而后有定"以下，合"听讼"一章，俨然为"致格"一传。于时跃然，为之惊喜。有是哉，异乎吾所闻也！苟无所增补而旧物复还，岂非追亡之上功乎？虽然，程朱三先生玩索非不久，离章析句非不精，而不以为传，何哉？① 予尝反复而思之。此传之亡也，我知之矣。此传错简于"至善"之下，其逃亡也为甚切，其掩藏也为甚密。盖其承上句也为甚紧，此三先生所以确然信之而不以为疑。然三先生不以为疑，后学乃敢一旦而更之，无乃僭妄乎？夫天下所以不可易者，理也。二程子不以汉儒之不疑，而不敢不更定。朱子不以二程已定，而不复敢改。亦各求其义之至善，而全其心之所安，非强为异而苟于同也。况乎朱子亦未尝截然而不相参也。予为之条疏于后。

　　夫以经统传、以传附经，则其次第可知者，此朱子之言也。② 此章若为经文，则上无所统，而下无所附。一也。

　　两"止"字之相应承接，固紧矣。两"明德"之相应而承接③，岂不为尤紧？二也。

　　以朱子之所补，文体难于凑合。孰若移此章为传，而文气宛然，不失旧物。三也。

　　以"致知格物"之不可无传，而此章于此处尚可缓也。用其本有以补不足，不动斤斧。四也。

　　古人不区区于字义，只说大意，而字义在其中。况此既有"知"字、"物"字，自然为"格致"之一传。五也。

　　"致知"云者，因其已知推致于极之谓。"知止"，"知"也，至于"定""静""安""虑"而后"得所止"，先非④"致其知"乎？六也。

　　"物"则有本末，"事"则有先后。知其本之当先，末之当后，是谓"致知在格物"也。"听讼"者末也，"无讼"者本也。"无情者不得尽其辞，大畏民志"，此"物格"矣。此之谓"知本"，即此之谓"知至"也。七也。

　　"听讼"一章，原在"止于信"之下。程子进而置之经文之下。朱子乃列于"诚意"传之上，曰：以传之结语考之，则其为释"本末"之义可知；以经之本文乘之，则知其当属于此可见。⑤ 则知朱子亦未尝不以为当

---

① 全宋文本此句后有"必有其故矣"五字，他本皆无。
② 见《大学或问》。
③ 此言以"古之欲明明德于天下"一节接"大学之道，在明明德，在新民，在止于至善"。
④ 全宋文本作"岂非"，他本皆作"先非"。
⑤ 见《大学或问》。

在此。八也。

朱子"听讼"章句曰：观于此言，可以知本末之先后。以此可作"知止"一章甚明。九也。

《或问》又曰："知止"云者，物格知至，而于天下之事皆有以知其至善之所在，则吾所当止之地也。未尝不以"知止"为物格知至。十也。

以朱子之语，参互较之，则固以为"致格"传矣。然勇于补而不勇于移，何也？以"诚意"一章观之，至易箦前数日，改犹未了，假以岁月，乌知其不遂移也邪？朱子曰：义理尽无穷，前人恁地说，亦未必尽；须是自把来横看竖看，尽入深，尽有在。① 此可谓开后人穷理之门，而限以一定之见。是心也，大公至正之心也。欧阳公亦曰：经非一世之书，传之缪，非一人之失；刊正补葺，非一人之能也；学者各极其所见，而明者择焉，以俟圣人之复生也。② 其言精切而深远，广大而公平，既不以己说自是，亦不敢厚诬后世之无人。予于是深有味于车君之言，而为之论，与同志共评之。

《大学》沿革后论

甚矣，人心厌陈言而喜奇论也！盖陈言，人之所玩熟，故易厌；奇论，人之所创闻，故易喜。殊不知陈言虽易厌，而可常；奇论虽易喜，而必不能久也。譬之布帛谷粟③，朝夕服食，而终身不能易。譬之日月星辰，终古常见，而光景常新。而况圣人之书，正大而平实，精确而详明，亘千万世而不可磨灭。平其心，易其气，求之犹虑其不可得，而可以新奇求之哉？后世乃穿凿而好异，传会而骋巧，不几于侮圣言，而坏心术乎！此所以为先儒之所呵斥也。仆④鉴此病久矣。一日闻《大学》"格致"⑤ 章

---

① 见《朱子语类》卷九《大学》第三。

② 见《欧阳修集》卷一五三《书简》卷一〇。原文作："《与宋咸书》谓'经非一世之书，其传之谬非一日之失，其刊正补缉亦非一人之所能。使学者各极其所见，而明者择焉，十取其一，百取其十，虽未能复六经于无失，然聚众善以补缉之，庶几不至于大谬，可以俟圣人之复生'。"

③ 商务本、中华本作"菜"。

④ 旧谦称"我"。后放此。

⑤ 商务本、中华本、全宋文本均作"致格"。

不亡，不特车玉峰有是言也，自董钜堂①以来，已有是言矣。考亭后学，一时尊师道之严，不察是否，一切禁止之。此言既出，流传渐广，终不可泯，乃欲以首章"知止"至"近道矣"一段充之，未免跃如其喜。是喜也，若为新奇而然，其意非喜其新，而喜其复于旧；非喜其奇，而喜其归于常。以其不费词说之追补，而经传俨然无有亡缺，岂非后学之大幸。

仆尝作《沿革论》，而犹有所未尽。既而以《大学》首章，朝而读，暮而思。退一段读之，数十百遍。又添此一段读之，亦数十百遍。沉潜玩味，文从字顺，体正意足，然后知其不可不易也。

人生至十有五岁，自小学升之大学，故此书所以载"大学之道"以教人，就以《大学》名其书也。所谓"大学之道"者，"大"以人言，"学"以地言，"道"以教言。其道在于"明明德"，在于"新民"，在"止于至善"，此三句乃一书之纲领，而全体大用，尽于此矣。夫天命是理，为吾之性；天命是气，为吾之心。非是气，则理无所寄；非是理，则气无以灵。性，合理气者也；心，统性情者也。今教之以通明知识，谓之明理、明气、明性、明心，俱不可得。是理于心，谓之德，故曰"明德"。然此"德"本虚灵不昧，止曰"明德"，则体用混淆，故又添一"明"字于上。下"明"字，本体也；上"明"字，教之之法也。既曰"明德"，则不见其孰为理、孰为气、孰为性与心也。"明明德"，是"大学之道"之体。"新民"，是"大学之道"之用。各止于善，然后谓之"全体大用"也。"明明德"未"止于至善"，则于"明德"犹有亏，不可谓之"全"。"新民"未"止于至善"，则于"新民"犹未广，不可谓之"大"。"明"之者，因其本明而不使其昏之谓。"新"之者，因其既昏而复使其更新之谓。"至善"，则"明德""新民"之准则也。自古"善"字无正训，周子始以"纯粹不杂"目之。言其体则精矣，言其用则未切也。其用则是正好处、是中节处、是无过不及处。朱子则曰：事理当然之极。② 事理当然，释"善"

---

① 董槐（？—1262），号钜堂（商务本、中华本、全宋文本均作"矩堂"），作有《大学说》（已佚）。胡渭《大学翼真》卷三所录董氏改本为："知止而后有定，定而后能静，静而后能安，安而后能虑，虑而后能得。物有本末，事有终始，知所先后，则近道矣。子曰：听讼，吾犹人也，必也使无讼乎！无情者不得尽其辞，大畏民志。此谓知本。此谓知本。此谓知之至也。"朱彝尊《经义考》卷一五七黄震《黄氏日抄》所录董氏改本为："知止而后有定，定而后能静，静而后能安，安而后能虑，虑而后能得。物有本末，事有终始，知所先后，则近道矣。此谓知本。子曰：听讼，吾犹人也，必也使无讼乎！无情者不得尽其辞，大畏民志。此谓知本。此谓知之至也。"二说中两"此谓知本"的位置略有不同，未详孰是。

② 见《大学章句》。

也；极，释"至"也。为善或未及一分，或过一分，不可曰不善也，谓之"至善"则不可。圣人言语虽极精密，而气象却甚宽大。

既立"三纲"，法当继之以目，血脉不断，而节拍从容，非若后世之浅迫易露也。第四节首曰：古之欲明明德于天下者。此一句非圣人不能道也，是之谓直指全提，言古者所以开今之学也。"欲明明德"四字，若自本而之末，自始而之终，此顺词也；忽继之以"于天下"三①字，其势却翻转，自末而归本，自终而原始，却是逆词。此文字险处。乃以六"先"字贯之，所以溯其用力之端。自"天下"至"齐家"，皆"新民"之事也。自"修身"及"致知"，皆"明明德"之事也。"致知在格物"，忽又变此句法，而其旨益密。自三"在"六"先"而下，其势若建瓴倾泻，在"致知"二字上，文法之力，岂止万钧之重。"致"者，上之所以教也；"知"者，下之所以学也。"知"字既重，不可不授之以"致"之之方。盖"致知"只在"格物"之中，穷物之理，所以致吾之知也。第五节七"后"字，方是自始而至终，自本而及末，欲学者知效验之先后，循其序则不差。"先"之下、"后"之上，六字反覆，而体用顿异。第六节曰："自天子至于庶人，壹是皆以修身为本"。只一句总结，不特关键甚严，且包涵许多教法。博而不露，约而不晦。于半语之中剔出"修身"，束定上下。凡"格物""致知""诚意""正心"，皆成就"修身"二字，指此为本，则"齐家"至"平天下"皆末也。后又以余意一句正结，一句反结，已含蓄传中意思俱足。

此于圣人何尝留意于作文，而词章自胸中流出，自然如此。若"三纲"之下，无"致知"一语，则不知其所以学。自"物格""知至"之下，无"修身"一语，则不知其所以行。圣人之言，一字不可有无，一字不可后先也。今推首章，法度典刑，如此严密。然后见"知止"一段，虽若承接紧切，而文势语意，反成缓弛矣。盖"知"之一字，教者之所主，学者之所宗，若等闲轻道破，不特文字无精神，而于教法亦失先后之序。况未尝穷事物之理，如何据能知所止而得所止哉？如是则乃"生而知之"之知，非"学而知之"之知也。仆故曰：不可不易者此也。

夫"致知"者，知之始，学之先也。"知止"者，"致知"之效，而学之功也。诚能知其所当止，则思虑不杂，意向不偏，气质不得而胜，物欲不得而迁，此所谓"定"也。方事之未至也，则此心寂然不动。寂然，言

---

① 商务本、中华本误作"四"。

其静也；不动，言其安也。及其事之感通也，必审而后发，发必中节矣。审其虑之谓中节，则"得所止"之谓非"物格""知至"，能如是乎！仆昔谓"知止"一章，逃亡为甚。自今观之，正见拙而非巧也。然其错简于此，不为无其因。昔本在"止于至善"传之后，今乃逸在"止于至善"经之后，此错简之由也。非后世喜新奇而创为此论也。朱子之门人亦有问曰："定""静""安"在"物格""知至"之后，"意诚"以下六事未然之前，"虑"则在"意诚"以下将然之际，如此贯之，可否？朱子批云：解中似已有此意矣。① 朱子又曰："知止"至"能得"，是说"知至""意诚"中间事。② 《章句》云："物格知至"，则知所止矣；"意诚"以下，则得所止之序也。《或问》又曰："格物致知"，所以求知"至善"之所在；自"诚意"以至于"平天下"，所以求得夫"至善"而止之也。此固已③分明以"知止"章为"致知"传矣，但未决于迁也。惜乎读者未尝玩味，致此疑于沧州讲席④之上耳。此皆仆⑤前论之所未尽者，不敢不思有以补之，是岂新奇可喜之论哉！所以共天命，追圣言，以正旧章也。朱子又曰：《大学》首尾该贯，失了多时，猝急要讨寻不见；忽然讨见，即是元初底物事。⑥ 愚敢于"致格"传亦云。

---

① 见《晦庵先生朱文公文集·续集》卷一〇《答李孝述继善问目》。原文作："知止而后有定，定而后能静，静而后能安，安而后能虑，虑而后能得。孝述谨按：章句以物格知至为知止，意诚以下为得所止。又《或问》以定、静、安为知之所以得之故。孝述窃疑定、静、安在物格知至之后，意诚以下六事未然之前，虑则在意诚以下六事将然之际，如此言之，则定、静、安、虑在知止得止之间，似皆有可实之处，不知是否？""解中似已有此意矣。"

② 见《朱子语类》卷一四《大学》第一。与原文同。

③ 商务本、中华本，误作"巳"。

④ 按文意推之，当指车若水。

⑤ 四库本误作"汉"，商务本、中华本、全宋文本作"仆"。据文义，当为"仆"。

⑥ 见《朱子语类》卷一二〇《朱子》一七。原文作："光祖说：'《大学》首尾该贯，初间看，便不得如此。要知道理只是这个道理，只缘失了多年，卒急要寻讨不见。待只管会教熟，却便这个道理，初间略见得些少时也似。'曰：'生恁地，自无安顿去处。到后来理会熟了，便自合当如此。如一件器用掉在所在多年，卒乍要讨，讨不得。待寻来寻去，忽然讨见，即是元初的定底物事。'贺孙。"

附录四　正统与异端之间:《大学》的诠释学契机 *

[美] 周启荣 (Kai-wing Chow)/著　程旺/译

儒家正统的边界是想象出来的,而维持这样一条想象的边界需要运用若干不同的手段。以《大学》这部经典为例,通过对相关文本及话语策略的运用,宋儒将《大学》升格为儒家经典,明清儒者则对《大学》地位时有贬抑。不管是二程、朱熹、王阳明,还是丰坊、陈确,他们对《大学》所做的改动甚至作伪、质疑,都是在特定思想观念导向下,基于诠释学原则而作出的成果。从《大学》地位的升降浮沉来看,文本的变迁时刻蕴含着相应的诠释学契机。

正统的流变

经学家龚自珍(1792—1841)曾说过:"后世以传为经,以记为经,以群书为经,以子为经,犹以为未快意,则以经之舆僎为经。"① 龚氏之言所涉的理论问题需详加阐释,这是本附录准备着手处理的。具体来说,即关于中国经典文本研究中"正统的流变"观,以及考据在创造、挪动、消除辩论中想象性边界所起的作用。某一学派,将某一文本置于一定边界

---

* 本文原题为 Between Canonicity and Heterodoxy: Hermeneutical Moments of *the Great Learning* (*Ta-hsueh*),译自周启荣(Kai-Wing Chow)主编:《想象疆界:儒家学说、文本及诠释的变迁》(*Imagining Boundaries: Changing Confucian Doctrines, Texts, and Hermeneutics*),纽约州立大学出版社,1999,第 147 - 163 页。

① 龚自珍:《龚自珍全集》,上海人民出版社,1975,第 38 页。译者按:"舆僎",即《左传·昭公七年》所说的"人有十等"中的两个低贱的等级,蕴含低等、庸贱之义。此处龚氏所言"经之舆僎"是指《尔雅》,认为《尔雅》本是解释《诗》《书》的书,如今却也被视为"经"而与《诗》《书》齐等了。

内，其依据的标准是什么？这边界是怎样被想象出来的，又是如何得以成立的？某些特定中国"经典"的传记注疏，通常较为容易辨认，因为大多数情况下，它们所关涉文本的正统地位要么被认为是理所当然的，要么是被政府批准的。孔颖达（547—648）为五经作的正义和朱熹（1130—1200）为四书作的注就是很好的例子。但是，将某一文本重新划归儒家"经典"的过程，并不具有这种显明的特性。本附录所欲探讨的主要理论问题就集中于晚明和清初学者在辨认一部经书是否属于儒家的过程中，所运用的方法是什么，所采取的假设和策略有哪些？其中，一个文本是如何达到"正统"地位的，又是什么原因造成了其"正统"边界的变动，将是本附录解决的具体问题。我将表明将文本塑造为"伪作"或"异端"，去制造一个边界来排除那些包含着他们强烈不认同观点的文本，是学者们采用的两种常见话语策略。

文本统一性问题

正如韩德森（John Henderson）所指出的，不像大多数圣典传统，儒家经典是典型的"倾向于保持开放，而抵制导向固化和完全封闭性的姿态"①。儒家经典具有更多的流变色彩，某种程度上是因为儒家思想并不具有教堂式的机构化形态。为王朝政权提供合法性的政治性风格，仅仅是其宏大学说的一部分。在政权合法性未被质疑的范围内，并不必要将某种严格的阐述体系强加给儒家经典。没有对教义的制度性控制，儒家经典保持着相对的开放状态。只有当核心义理被评注或注释等阅读控制机制固定，以及诠释学原则被制度性约束力强制实施时，才会导致文本义理的"冻结"。不过，当阅读和制度性控制被去除或削弱以后，文本义理会再次出现流变。

什么造成了一个"文本"有别于一本书，这本身就是一个很值得讨论的话题。争论部分来自文本被设想为作品主体这一事实，而作品主体的边界，可以起到用以界定统一性或连贯性的标准的功能。文本的一个显著特

---

① John Henderson, *Scripture, Canon, and Commentary: A Comparison of Confucian and Western Exegesis*, Princeton University Press, 1991, p. 49（约翰·韩德森：《经典、经书和注经——儒家与西方的解经比较》，普林斯顿大学出版社，1991，第 49 页）.

征是其版本的不稳定性。文本需经过大量的传抄和印刷，但大量存世的某个文本，经过无数传抄者、编订者和印刷者之手传承下来，给旨在辨认、重建"原始"文本的学者和编者造成了许多难题。作为四书最重要的文本之一，《大学》的地位变迁史，为考察文本的不稳定问题和正统边界如何变迁的问题提供了一个绝佳案例。

　　本附录论述中将文本的地位变化称为文本的"契机"，由此标示出其话语地位的流动性，而非鉴别其作为正统的真实性和客观性等。使用术语"契机"，是为了避免将文本的各种不同变化形式安排成僵硬的发展演变纲要。在文本研究中有两个普遍持有的观点：第一，文本一旦创立，就会通过各种不同种类的变体使其"变质"；第二，经由删除错误以及作出更正或补充，文本可以最终恢复到原来的版本。① 这两个过程，通常被认为是在文本层面的操作。但考证的技术和方法，必会经过一系列诠释学原则来验证，即界定证据有效性的规则、编辑的适当程序以及证明的合适方法。缺少诠释学原则来谈论一套考证的独立体系，事实上是不可能的。诠释学层面是与文本层面密切关联的。正如将会揭示的，考证方法通常运作在诠释学原则设定的限度内。当诠释学原则发生变化，考证结果也会随之改变。文本的话语地位将会随着新诠释学原则认可的有效性标准的改变而改变。

宋代《大学》的经典化

　　自宋代始，《大学》就已成为作为道学（新儒学）派核心文本的四书之一。② 四书为单行儒家经典相关重要地位的重新排列提供了诠释学方面的原则。当儒家经典在汉代首次取得正统话语地位时，《大学》原不过是《礼记》的第四十二篇。③ 它在新儒家传统中作为重要论述出现，是在韩

① 对于欧洲相关看法的讨论，参 Susan Cherniak, "Book Culture and Textual Transmission in Sung China", *Harvard Journal of Asiatic Studies* 35.1（1994）：79 - 82（苏珊·切尔尼克：《中国宋代的图书文化与文本传播》，《哈佛亚洲研究学报》第 35 卷第 1 期，1994，第 79 - 82 页）。

② 宋代四书升格为儒家正统经典的过程应以唐代学者权德舆为先驱。参 David McMullen, *State and Scholars in T'ang China*，Cambridge University Press，1988，pp. 96 - 97（戴维·麦克马伦：《中国唐代的国家和学者》，剑桥大学出版社，1988，第 96 - 97 页）。

③ 关于汉代之前儒家经典的来源及其一般性质的讨论，参韩德森：《经典、经书和注经》，第一章。

愈（786—824）辟佛的作品中得到突出的。① 但它作为"篇"（《礼记》中的一篇）的姿态一直持续到宋朝。不过，在北宋时，《大学》作为独立的论著，开始获得不断增长的重要地位。早在 1030 年它就成为皇帝御赐新及第进士的礼物。② 司马光（1019—1086）则为《大学》和《中庸》都写了评注。他的评注很可能是有史以来第一个在《大学》作为独立论著基础上完成的。③ 从北宋到清初，《大学》一直享有一个独立于《礼记》的统一论述地位。但到了清初，它又被降级到其以前作为一个章节的状态，甚至被抛弃为文本异端的起源。

宋代，《大学》升格为单行的儒家经典化文本的过程经历了三个步骤。第一，程颢（1032—1085）和程颐（1033—1107）最先提出了《大学》与孔子之间的模糊关联。第二，到了南宋，朱熹在程颐观点的基础上，将《大学》划分为经、传两部分。第三，正经部分被视为孔子亲作，传注则被视为其弟子曾子所作。这三个步骤相应地被合理转换为两种话语策略的说法，即可分别称之为"知识亲缘化"和"知识谱系化"。

程颢和程颐都将《大学》视为"孔氏之遗书"。声称《大学》体现了孔子个人的教导，在该文本与孔子思想之间想象出"知识亲和力"。通过识别出《论语》中的一些同源观念，程氏兄弟在《大学》和《论语》之间构建起了一脉知识亲缘关系。尽管《大学》中大多数的基本解释和哲学观念都已被程氏兄弟提出并规定，但他们并未明确将《大学》归为孔子和其弟子的作品。是朱熹在明确主张孔子创作、其弟子传承过程中进一步阐述了"大学"思想。④ 同样是朱熹为后来的文本解读创造了两种阅读范式。第一个是关于文本的结构范式。朱熹追随二程，将《大学》定为孔氏作品；但与之不同的是，朱子将其划分为两部分：正经和传注。通过将该文本的部分内容鉴定为孔子个人的作品，朱熹既提升了文本层次，同时也将文本真实性的问题遗留下来。《大学》中的部分文本由此比其作为《礼记》

---

① 林庆彰：《清初的群经辨伪学》，文津出版社（台北），1990，第 359 页。黄进兴：《理学、考据学与政治——以〈大学〉改本的发展为例证》，《"中央研究院"历史语言研究所集刊》1989 年第 60 本第 4 分册，第 889 - 890 页。

② 林庆彰：《清初的群经辨伪学》，第 359 页。黄进兴：《理学、考据学与政治》，第 889 - 890 页。

③ 与传统描述相反，黄进兴指出，《大学》的单行本应该早在司马光的评注之前就已出现，但司马光的评注依然可能是首次单行本《大学》评注。

④ 朱熹：《朱文公文集》卷一三，第 749 页（译者按：可参朱熹：《朱子全书》第 20 册，第 632 页）。但在为《四书集注》作序时，他避开了关于作者问题的自信语气。

一篇时取得了更高的地位。将其他围绕的部分作为传注，并归为孔子弟子曾子所作，朱熹解释了传注作为这部经典组成部分的存在合理性。将传注归为孔子弟子曾子所作有另一个极其显要的企图，预先防止某个儒家身份有待商榷者的错误附加对该文本构成某种潜在的排斥。这一师徒关系在保持《大学》完整无缺上扮演了至关重要的作用，同时，也迫使朱熹为文本重订提供必要空间。坚持这一师徒关系，就是构建了某种"知识谱系"，成为建立知识亲缘性而不引起质疑的一个方便法门。

想象的知识谱系已被用于创建不同知识同一性的普遍策略。因为传注部分被视为曾子所作，朱熹继续毫无保留地信奉知识谱系为赋予传注正统性的标准。通过清楚地识别第一部分乃孔子实际所述，其他部分乃弟子的注解，朱熹创造了一个阅读文本的全新"文本范式"，主导了新儒学学术直到明末。《大学》的正宗儒学文本地位即取决于朱子的"经-传"范式，这一范式成了新儒学的诠释学原则。这种范式的建立是重要的，尤其是当《礼记》的经典地位受到宋代道学家的质疑时。《礼记》被视为在努力传经和解经中存在严重差错而广受批评的汉代学者的作品，故其中大部分章节被搁置起来。① 正如我们将要看到的，旨在理解《大学》地位的后期努力恰好集中于拒绝这样一种建立在朱熹范式基础上的内在区别。无论如何，"经-传"分割策略对于朱熹重组文本以及增加"补传"（即他声称在流传过程中缺失的一节）都是至关重要的。

朱熹创造的第二个范式是关于理论学说的性质。对他而言，《大学》明确界定了儒家道德修养及实现社会和政治义务的目标、原则、程序。他规定"三纲领"和"八条目"为《大学》的中心教义。② "三纲领"为明明德、新民、止于至善。"八条目"为格物、致知、诚意、正心、修身、齐家、治国、平天下。据朱熹，除了格物和致知，所有的三纲八目都有明确的传文解释。他认为"格物"部分的传文注释一定是遗失了。由此，基于他对这一文本的理解以及他的"完美"版本观，他提出自己的传文来填补缺口。这导致其著名"格物致知补传"的出现。朱熹的"补传"和他的范式均很好地被糅合进他为《大学》作的集注中。

---

① 朱熹：《朱子语类》（六），黎靖德编，中华书局，1986，第2193页。
② 朱熹"三纲领""八条目"的概念很可能是借鉴于林之奇（1112—1176）。

《大学》经典化的批判

　　朱熹的儒家经典注释自 1313 年成为科举考试的官方指定文本。随着政府的推崇，四书作为最重要儒家经典的契机开始定格。小的争议事件并不足以构成对朱熹范式的严峻挑战，直到去经典化进程在 16 世纪大幅展开。事实上《大学》的去经典化的种子早在朱熹的时代就已播下，不过是相关论述中相互矛盾解释的必然产物。朱熹和陆象山（1139—1193）之间哲学论证的开展，归根结底是源于对《大学》不同解释的争辩。这场争论的中心词是"格物"。朱熹青睐一种知性论或话语的方式来理解"格物"，而陆氏倡导直觉的方法，强调要调查尽可能多的知识，包括道德的和非道德的。朱熹对他的信徒和追随者施加了很高的要求。陆氏的直觉方法则鼓励道德努力和反省，使话语知识成为次要的追求。陆象山弟子杨简（1141—1225）将朱陆之间的争论降低到微不足道的层面——他直接拒绝《大学》为儒家文本。他的反对是基于他读出《大学》包含着与孔子本人思想不一致的观点。[①] 这一策略是在文本知识辩论的展示中最常运用的武器。杨简的方法涉及三个部分：第一，对文本和孔子的观点进行还原；第二，对挑选的观点进行对比；第三，驳斥文本的观点与孔子的不一致。正如我们将要论述的，同样的方法在清初被陈确（1604—1677）又一次运用。

王阳明与古本《大学》

　　明代继承元代的考试制度，继续在考试中使用朱熹的集注。通过他的集注，朱熹的《大学》解读成为明代的主导观点。一些不同的声音并没有削弱朱熹的范式，朱陆之争仍然是民间群体的学术话题。直到 16 世纪王阳明（1472—1529）批评他误解了格物致知的思想意义，才构成对朱熹的最大挑战。朱熹在他的注释中称，对于事物的严密调查，乃道德修养的必要前提。而在王阳明看来，朱熹道德修养的知性论进程对中心专注的缺

---

① 林庆彰：《清初的群经辨伪学》，第 361 页。

乏，只会导致学者误入歧途。不满于朱熹的知性论进路的道德修养方式，王阳明开始挑战朱熹的经典注释范式，即其解释以及其格物致知补传合理存在的条件。

1518 年王阳明刊印了古本《大学》，并收集朱子晚年写给弟子的信件，编为《朱子晚年定论》。前者为阳明自己的《大学》格物解提供文本基础，后者的印行可以显示朱熹晚年在格物的理解上已经出现和他一致的认识，由此预防其格物观被视作异端的任何攻击。①

作为《礼记》的第四十二篇，古本《大学》不分经、传，也不分章、节。王阳明认为，朱熹为了与其知识追求的知性论重心保持一致，而过于自由地重新整理和划分文本章节。他感叹道，《大学》分章、节，圣人之意也就失去了（"旧本析而圣人之意亡矣"②）。王阳明强调在人心中进行诚意和格物，而他发现古本《大学》的文本顺序是对他这一解读的支援。③

对于王阳明质疑朱熹文本论述的努力来说，古本《大学》的"再发现"是至关重要的。通过否认文本中正经部分和被称为"传"的部分之间存在区别，王阳明意在批判朱熹篡改经典。朱熹将免于干涉经典的罪名，如果如他所言他所改变的部分确实只是"传"而已。但是，朱熹将《大学》部分文本的地位降级为"传"的策略，却被王阳明采用来恢复它们的经典身份。"古本"显示出，朱熹所作的格致补传发挥不了什么作用，因为格致传本来就未丢失。这样王阳明就可以宣称他对格物致知含义的解释是正确的——他的解释乃是建基于原始的、未被篡改的文本。应该指出的是，对于朱熹创建的两种范式，王阳明只是驳斥了"经-传"的语篇结构范式，而并未质疑理论结构范式，他同样讲述《大学》的"三纲领"和"八条目"。

在王阳明的时代，一个普通学者往往只研习朱熹版的《大学》，却完全不了解《大学》先前作为《礼记》之一篇的身份。④ 这种无知乃缘于朱

---

① Julia Ching, *To Acquire Wisdom： The Way of Wang Yang-ming*, Columbia University Press, 1976, p. 79（秦家懿：《求智——王阳明之"道"》，哥伦比亚大学出版社，1976，第 79 页）.《朱子晚年定论》立即引发了朱熹支持者的攻击，他们指责王阳明误将朱子中年时期的观点作为晚年观点。据陈荣捷，就鉴定这些书信的年代而言，王阳明的说法是合理的，但是他选择的书信，却不是朱子的代表性观点，他仅介绍了一千六百封信件中的三四十封而已。参陈荣捷：《从朱子晚年定论看阳明之于朱子》，《朱学论集》，学生书局（台北），1982，第 358 - 361 页。

② 王阳明：《古本大学序》，《王阳明全书》，广智书局（香港），1959，第 58 页。

③ 王阳明：《传习录》，《王阳明全书》，第 4 页。

④ 毛奇龄：《大学证文》，《四库全书珍本》，影印文渊阁本四库全书·九集·第 65 册，台湾商务印书馆，1979，卷一，第 1 页下-第 2 页上。

熹的注解是与《大学》文本一并印行的，并且《四书大全》的存在又导致《大学》从《礼记》中被直接删去。当王阳明印行古本《大学》时，甚至连一些素以学识著称的官员都不相信还存在作为《礼记》之一篇的《大学》版本。然而，王阳明对古本《大学》的呼吁很快为他的《大学》解读赢得了很多追随者，即使有人对其利用文本争论来推进哲学思想的方式并不领情。例如，罗钦顺（1465—1547），一个坚定的朱学后劲，并不认为"古本"是质疑朱熹格物解释以及"经-传"范式的充分证据。1520 年，在读了古本《大学》和《朱子晚年定论》后，罗钦顺给王阳明写了一封信，他指出朱子对"博学"的强调是与孔子在《论语》中的教导完全一致的。① 罗钦顺在这里使用的策略是诉诸孔子本人的话语及其明确教义，来作为决定文本解释正确与否的标准。不过，王阳明同样诉诸孔子的权威进行回应。他说："《大学》古本乃孔门相传旧本耳。朱子疑其有所脱误，而改正补缉之。在某则谓其本无脱误，悉从其旧而已矣。"② 王阳明继续批评朱熹对文本重组的编辑是篡改经典。他认为："亦何所按据而断其此段之必在于彼，彼段之必在于此，与此之如何而缺，彼之如何而补？而遂改正补缉之，无乃重于背朱而轻于叛孔已乎？"③ 表面上看，王阳明是诉诸孔子的权威，实际上他是在程颐和朱熹关于《大学》作者身份这一特定主张基础上开展其论辩的。王阳明并未挑战朱熹将文本归属为孔子所作，而是质疑其编辑、分割及补写等工作。

当王阳明质疑朱熹划分《大学》章节以及增补传文的权威时，他并不主张对传统的因循。王说过的一段话很容易被记起："求之于心而非也，虽其言之出于孔子，不敢以为是也，而况其未及孔子者乎！求之于心而是也，虽其言之出于庸常，不敢以为非也，而况其出于孔子者乎！"④ 很显然，他对他自己格物新解的辩护，运用的是一个在他看来不容置疑的标准。就他与朱熹的分歧，甚至与孔子的分歧而言，他自己之"心"将足以证成对文本的任何变动。但在这种情况下，他的立场其实与程颐、朱熹没有太大的不同，后二者认为只要把握了"天理"，他们就有资格通过重构、删除及增补等任何方式的改动来改正和提升文本。

---

① 罗钦顺：《困知记》附录，四库全书本，卷七一四，第 1 页上-第 2 页下。（译者按：可参罗钦顺：《困知记》，中华书局，1990，第 108 页。）

② 秦家懿：《求智》，第 101 页。

③ 秦家懿：《求智》，第 102 页。

④ 秦家懿：《求智》，第 102 页。

　　作为他为古本《大学》所作宣传的结果，王阳明系统阐述的道德直觉主义的哲学论点确实得到普及。具有讽刺意味的是，对王阳明《大学》古本基础上相关论述的接受，成为一种越来越大的压力，而这反而促进了石经《大学》这一新版本的逐步流行。

修订与作伪之间

　　当丰坊（1492—1563，1532年进士）散布所谓石经《大学》的文本时，王阳明在回归古本《大学》方面的说法亦得到进一步巩固。随着传抄错误造成文本损毁所带来的共同信仰的弱化，不仅可以有力证明在纠正传输错误方面所作改动的合理性，同时促进了在努力修复原始以及未被改动文本面貌上所作修订的接受性。我将表明，作伪和修订之间的界限是极其细微的。什么可算作伪造的问题，与什么可被视为儒家文本的问题，事实上是十分类似的。

　　明朝后期的一百年见证了各种各样的猖獗伪造品。假的书、画、银器、青铜器涌入权威行货的市场之中。[①] 众多伪造文本之一——丰坊创造的石经《大学》，作为改良后的新版本，为《大学》版本之争增添了动力。丰坊是一个多才多艺的学者，以能够模仿各种不同的书法风格而闻名。他从其父那里继承了包括多种版次的丰富藏书。紧随王阳明之后，丰坊试图以石经本来挑战朱熹划分《大学》文本为经-传的文本范式。石经本中，并没有额外解释格物致知的部分。石经本包含很多对文本段落的组合调整。这种对文本的重新配置方式并不完全新颖，因为程氏兄弟和朱熹都作出过自己的组合配置。某种程度上为了效仿朱熹在格物致知部分增补的创作，丰坊则插入了一段来自《论语》的段落。[②] 这就是颜渊向孔子提出的关于仁之含义的著名问题（"颜渊问仁"）。这一段落的选择透露出丰坊自身对孔子中心教义的解释。他使用的策略又是基于孔子及其弟子之间知识

---

　　① 　Craig Clunas，*The Superfluous Things：Material Culture and Social Status in Early Modern China*，University of Illinois Press，1991（柯律格：《长物：早期现代中国的物质文化与社会状况》，伊利诺伊大学出版社，1991）.

　　② 　参刘斯原：《大学古今本通考》，《中国子学名著集成》第15册，中国子学名著集成编印基金会（台北），1971，第2页上；李纪祥：《两宋以来大学改本之研究》，学生书局（台北），1988，第145-154页。

亲缘性的信念。在朱熹那里，是曾子；在丰坊这里，则成了颜渊。然而，他们没有一个声称自己的主张是建立在外部证据的基础上的。

丰坊比朱熹多走一步，他着手于制造一些外部证据的工作。同时，他表明了对石经《大学》的占有权。他还编造一些史料来增加石经本的可信度，如声称已经找到一份北魏（220—265）"政和"年间钦定镌刻在石碑上的石经《大学》抄本。这是一个多少有些让人费解的提议，因为北魏时期并没有这一个年号。换句话说，如果他的目标散发着真实性的光环，他为何将其归诸一个并不存在的统治阶段呢。无论如何，为了进一步增加该版本的可信性，他还去支持那些负责碑文的专家学者。作为一个书法模仿方面的专家，丰坊用篆书来书写石经版本，赋予它一种历史可靠性的假象。①

早在 1562 年，石经本开始在丰坊的朋友圈流传开来。其中包括知名学者郑晓（1499—1566），他从丰坊本人那里了解了这一版本。另一位著名学者王文禄（1503—1586），基于他从丰坊处得到的版本以及郑晓作品对该文本的参考，开始确信其真实性。于是在 1564 年，他刊印了石经《大学》。② 伴随着郑晓、王文禄等学者的认同，石经《大学》的各种刊印本开始涌现，并迅速流行起来。③ 石经本获得了朱子学与王学学者的共同支持。文本成功的部分原因是意欲解决围绕格物致知"正确"解释的相关麻烦。这一文本上的问题之解决，被寄希望于能够消除关于儒家道德规范种种理解的纷争。石经本流行的原因之二，或许不得不与对石刻文本可靠性的盲目信服有关，晚明时这一信服逐渐变得更有力量，因为人们越来越意识到快速扩张的商业印刷会造成各种各样编辑和印刷错误的存在。

石经本是如何不同于其他改本的？正如上文指出的，丰坊将《论语》中的论仁章节插入其中。他这样做的目的在于强调"修身"乃《大学》的中心思想。与朱熹的"补传"一样，这一插入不过是丰坊自身对《大学》道德思想旨意所作理解的结果。我们已经看到，自二程开始，学者们对《大学》的文本规则已经作出了各式各样的变动。大多数变动都涉及对文

---

① 手抄本是以楷书写成，但稍后的刊印本则采用篆书和隶书。参毛奇龄：《大学证文》，卷二，第 4 页下-第 6 页下。

② 林庆彰：《清初的群经辨伪学》，第 413－416 页。

③ 李纪祥：《两宋以来大学改本之研究》，第 145、157－158 页。举个例子，《说郛》这部文选中就收录了石经本。参姚际恒：《古今伪书考》，《中国学术名著》，世界书局（台北），1960，第 6 页。

本组成部分的重新配置，即移动相关词语和短语、增加或删除段落等。但在一般情况下，当对进行变动的原因加以明确解释，该文本将不被视为伪作。朱熹用他自己所写的"补传"来填补所谓的"格物"缺口而备受批评，但他并未被指控为伪造文本。石经《大学》得到凸显的原因在于其中所作的变动调整根本未加解释说明，并且它们被认为是对原本面貌的恢复。基于假定的再发现的变动调整，而未加说明，在严格的文本学层面，当然可以被视为是一项作伪行为。然而，从辩证的角度看，这和朱熹为了清楚表达他对"格物"的重视而作"补传"之间，并没有什么不同。朱熹本和丰坊本在章节插入上的主要区别在于：前者对其所作的修改和附加有明确的辩解理由，而后者却没有。此外，朱熹没有编造历史记载作为支持其主张的外部证据。

对一些人来说，石经本的出现是对朱熹捍卫者和阳明支持者之间激烈辩论的一个适时的解决方案。王阳明的许多追随者趁机推行王的主张。耿定向（1524—1596）、赵大洲（1508—1576）、管志道（1536—1608）热情地推进古本。① 然而，另一些人则将石经本的出现视为反击王阳明相关解释的武器。1584 年唐伯元（1540—1597）向皇帝提交一了份奏章谴责古本《大学》。与之相对，他建议颁行石经《大学》列于学官。② 甚至像顾宪成（1550—1612）和刘宗周（1578—1645）这样有造诣的学者都被石经本吸引。③ 石经《大学》因此在许多评注本中被广泛征引和转载。在张自烈（1597—1673）的《四书大全辨》中，列有《大学》的一些版本供读者参校，石经本便是其中之一。④ 由丰坊创造的石经本及其故事的巨大吸引力所造就的另一个更具戏剧性的后果是，在崇祯时期（1628—1644）的最后几年，一次由蒋星炜主持命题的科举考试，就是在石经本基础上进行的命题。⑤ 尽管非常流行，石经《大学》的突然出现并没有得到完全普遍的认可。一些学者质疑它是其发现者丰坊的伪作。考证专家陈耀文（1524—1605）则对石经本含糊不清的来历表示怀疑。⑥ 许孚远（1535—1604）和吴应宾（1564—1635）也是少数的石经本怀疑者之一。

---

①　李纪祥：《两宋以来大学改本之研究》，第 137－141 页。
②　毛奇龄：《大学证文》，卷二，第 3 页下。也可参黄进兴：《理学、考据学与政治》，第 905 页。
③　李纪祥：《两宋以来大学改本之研究》，第 141－142 页。
④　张自烈：《四书大全辨》。
⑤　毛奇龄：《大学证文》，卷二，第 6 页下。
⑥　毛奇龄曾引用过陈耀文《经典稽疑》中的言论。参毛奇龄：《大学证文》，卷二，第 3 页。

　　除开文本的真实性问题，石经本和古本的刊印流通，均对削弱官方版本完善性有着累积效应。它们促使各式学者基于不同解释的理由提出更多的改本。刘宗周，阳明学的最重要的拥护者，对不同理解基础上《大学》改本疑案的大量出现造成儒学的纷杂混乱不能释然。① 高攀龙（1562—1626）则在谈论中说道，今日人人都在创造自己的《大学》改本，表达了他的不满和沮丧。② 不过，也许是郭子章（1542—1618）对围绕《大学》所有争论的内在理路从本质上作出了最为犀利的评论：《大学》作为《礼记》之一篇，是不分部分和章节的。对他而言，尽管石经《大学》既不同于古本，也不同于官方的朱熹改本，但它们有着一个共同的中心思想，即格物。只要格物的意思弄明白了，三个版本的差异之处就无关紧要了。③郭子章的评论涉及文本研究中的一个重要问题，即并不是文本中的每个词语都有价值。对郭子章而言，这里重要的就是"格物"的意思，只要格物的术语和观念被揭示清楚，《大学》其他部分的分歧就显得微不足道。值得注意的是，郭子章实际上是对石经本持保留意见者之一，尽管如此，出于哲学上的因由，他还是接受了这一版本。

从伪作到异端

　　满族取得统治后，《大学》各种版本的争议和混乱依然很激烈。不管这些众多的版本，当刘宗周的一个学生——陈确责难《大学》文本本身实乃彻底的异端时，这场争论出现了大幅度转向。随着儒学净化主义的兴起，有少数人主张全面清除儒家文本中的异端术语及观念，陈确便是其中一位。④ 他的激进观点立即引发了刘宗周学生的骚动，虽然位列刘门，陈

---

　　① 刘宗周：《刘子全书》，卷三六，第 1 页下。转引自黄进兴：《理学、考据与政治》，第907 页。

　　② 高攀龙：《高子遗书》，卷一〇，第 46 页下-第 47 页。转引自黄进兴：《理学、考据与政治》，第 907 页。

　　③ 郭子章：《青螺公遗书》（明代版本，未标注出版时间地点），卷一五，第 9 页下-第 10页上。

　　④ Kai-wing Chow, *The Rise of Confucian Ritualism in Late Imperial China: Ethics, Classics, and Lineage Discourse*, Stanford University Press, 1994, pp. 47 - 48（周启荣：《中华帝制晚期儒家礼教主义的兴起：伦理、经典和宗族话语》，斯坦福大学出版社，1994，第 47 - 48 页).

确却被晚明以来许多阳明后学显现出的融合趋势（三教合流）排斥。他特别批评了他认为是《大学》中心思想的、以忽略道德实践为代价来强调知识这一点。在他看来，这显然是禅宗的教义。① 他认为，"知止"之说存在两个问题：一是认为一旦认识了道德原则就无需了解更多东西；二是认为认识就足够了而无需实践。②

陈确用以抹黑《大学》的文本策略，同时涉及考证学的普通方法以及解释学的技巧。陈确宣称《大学》既非孔子也非孔门弟子所作。③ 他试图证明将《大学》归为孔子作品是没有任何证据的。在其他儒家经书中也没有任何关于"大学"的引证，如《春秋》《尚书》《诗经》。他接着解释了程颐、朱熹是如何促成这一异端文本变为儒家最重要文本的。陈确首先指出，程颐宣称《大学》"乃孔氏之遗书"是毫无根据的④，除三处关于孔子语和曾子语的直接引用外，没有任何其他证据表明整个文本体现了孔子、曾子的思想。⑤ 再者，与《中庸》不同，其他儒家经书中都未提及"大学"之题。⑥《大学》的流行应归因于宋朝皇帝的推动。⑦ 陈确的论说实际上揭示出知名人物和政治力量在赋予文本正统地位时所起到的重要作用。

陈确采用的策略通常用于建立或否定文本与系列观念之间的知识亲缘性。通过指出孔子思想的最重要来源中并没有"大学"观念的相关痕迹，陈确否认《大学》为儒家经典。他还发现"知止"观念乃《大学》文本中最为基本的教义，并辩称这一观念只会是与儒家思想不相容的异端教条。在他看来，只有禅宗主张顿悟，而《大学》"知止"的提法则意味着某种类似的理念。根据陈确的理解，儒家君子之学只有到死亡才会停止⑧，那种认为一旦理解就无需了解更多的观念（即"知止"），只不过是禅宗而已。但将"知止"塑造为一种与禅宗主张相类似的观念，明显体现着其自身对朱熹相关解释的某种反对。陈确充分意识到拿掉《大学》的儒家身份，将得以从源头上消除掉自王阳明推动古本以来占据学者重心的所有关于文本、版本问题的争论。尽管他非常忠于王阳明"知行合一"的教条，

---

① 陈确：《陈确集》，中华书局，1979，第557页。
② 陈确：《陈确集》，第586页。
③ 陈确：《陈确集》，第552页。
④ 陈确：《陈确集》，第562页。
⑤ 陈确：《陈确集》，第557－558页。
⑥ 陈确：《陈确集》，第563页。
⑦ 陈确：《陈确集》，第562页。
⑧ 陈确：《陈确集》，第554页。

但他并不关心他的文本诊断会对王学产生怎样的影响。他对《大学》的激进态度多半与他自己的道德哲学有关，即更为强调道德实践和礼仪操练。①

如何评价陈确将《大学》视为禅宗文本而加以拒斥？陈确提出的唯一证据是关于"知止"乃禅宗教条的观点。据其整理的支持此观点的贫乏论据来看，这一观点似乎并不怎么令人信服。但这与程颐和朱熹就《大学》作者身份所作的断言之间，并没有多大的区别。二者都使用了一个类似的方法，即断定某人与某文本或教条之间存在知识联结。在程颐和朱熹案例中，他们将《大学》归为孔子及其弟子所作。《大学》被当作一个正规性文本，据推测形成于汉代学者的著作中。而在与朱熹的插补和变动论辩时，王阳明依然接受程朱在孔子与文本之间所断言的知识联结。但这一联结被陈确拒绝，并反称所谓的联结乃是存在于该文本与禅宗之间。实则陈、朱均未能为这样一种联结提供令人信服的证据。《大学》作为儒家典范性文本的类别，就与上述主张密切相关。丰坊将颜渊的一段话插入石经本，显然是确定一个文本知识取向的常用策略。对一个文本边界的清晰制作是一个还原过程——抑制其异质性和复杂性，从而得出一系列可控的预定观念。同样的方法也用于从某一知识传统中消除文本——通过将其标记为异端或伪作。

选择和利用考证手法来确定作者身份、恢复原有形式，以及识别文本的知识身份等，通常要由植根于思想观念争论的诠释学原则来引导。朱熹的文本范式、王阳明的古本重建，以及丰坊贴着石经标签的《大学》重构，都体现着他们对推进自身观点的话语策略、对文本的阅读，以及对儒家传统的理解。陈确对《大学》作为儒家文本的拒绝，也清楚地表明，想象的边界，或知识亲缘、知识谱系之标记，或路标的更为精准化，都要基于一系列的策略。这些诠释学策略，通过一系列还原论的尝试——消除或否认文本的流动性、异质性和复杂性——从而以一组高度选定的观念和价值观来确定作者身份。我们看到这些策略在《大学》各种各样的诠释学契机中被采用：作为儒家的典范性文本、作为伪造的文本，以及作为带有禅宗味道的异端文本。当正统和异端之间的边界不可阻挡地发生转移时，《大学》的诠释学契机就会出现。

① Kai-wing Chow, *The Rise of Confucian Ritualism in Late Imperial China：Ethics, Classics, and Lineage Discourse*, Stanford University Press, 1994.

附录五　从《大学》图到四书图 *

图式诠释的理论特色

古人治学，"置图于左，置书于右，索象于图，索理于书"，"图"为学问之必备，与"书"共同发挥应有之作用。"画图以形其妙，析段以显其义"，用图说话可以成为一种特色鲜明的诠释方法和途径。历史地看，"图"的运用不仅非常广泛，而且形态多样，图像、图式、图表、图谱等均为其类，更宽泛去看，诸如箴铭、石刻、绘画、插图、符箓亦可视为形象化的图类文献。图式之所以得到广泛应用，与其独具的诠释特色是内在相关的。与文字诠释相较，图式诠释以直观化、形象化、结构化的形式来呈现理论体系的整体结构、刻画观念体系的联结关系、表征经典内蕴的思想信息和精神范式，具有直接性、延展性、象征性等优点，这些均为经典诠释所追求的重要特性。图式诠释当然也有其局限，比如可能会导致形式的经验性、观念的固化、义理的模糊等问题。不过，我们认为没有一种诠释手段是完美无缺的，摆脱完美主义的视角，可以更深入地发现图式诠释学的理论功能。更重要的是，所谓图式的"局限性""模糊性"，在经典诠释中也可以通过观念的转化而发挥出积极的作用，正如象思维的功能一样，对思想意涵的表述、拓展和深化，图式并非必然处于弱势地位。从诠释特色看，图式的本质即通过观念的视觉符号化，寓目于图、由观进思，来实现观念的创制、加工和生成，构造出内蕴丰富"想象力"的"思维动画"和"隐喻空间"，为思想的表述和再拓展提供高

　* 本附录内容是作者从《大学》图研究拓展出的研究论域，也是从"《大学》学"到"四书图学"的四书学研究方向的新探索。

效的实现路径，成为中国哲学，尤其是经典诠释的新途径。作为一种建构性文本，图式不能像以往一样被简单视为仅是"插图陪衬""看图帮腔"等用以辅助文字注疏的次生文本，图式自身的文本诠释价值应引起足够重视。图式文本和文字文本二者理应构筑起多元互进、相得益彰的共振诠释模式。

围绕图式文献的相关研究，除开艺术学领域本来即对图式、图像格外依赖、重视外，文学、历史领域已然出现"图像转向"的研究趋势与理论实践。在注重思想深度的经学、四书学研究领域，我们不敢倡言"图像转向"，但经典诠释的"图式面向"还是值得引起关注的。从经典诠释视域来审视，其所涉及的"图"亦十分多样，包括呈现经典中器物形制的图像类、刻画传经谱系的图谱类、补充经典注疏的插图类、解读经典及注疏体系的图表图式类等等，不一而足。朱子诠释经典时非常注重兼顾义理、象数，对图、表多有使用，这点在其易学诠释中表现尤为明显，其言礼制名物，论仁、性、学、絜矩之道等义理话题，均配有相应图式。宋以后经学范式以图释经模式逐步趋盛，实已滥觞于朱子。当然，若从图式背后的象思维看，在道学宗主周敦颐那里已发先声了。不过，与易图、礼图等研究相校，学界对四书学领域的图式文本关注还很不够。

通过图式进入四书学

从文献资源的角度看，四书图式资料丰富，仅按朱彝尊《经义考》所录，就有林处恭《四书指掌图》、吴成大《四书图》、吴苍舒《四书图考》、吴继仕《四书引经节解图》、林起宗《论语图》、朱谏《学庸图说》、朱文简《学庸图说》、饶鲁《庸学十一图》、胡炳文《大学指掌图》、程时登《大学本末图说》、叶应《大学纲领图》、李思正《中庸图说》、瞿九思《中庸位育图说》、季本《孟子事迹图谱》等图解著作。其中，形式结构性较强、笔者称之为"儒学代数学"的《大学》图解著作比较有代表性，儒学史上《大学》图解文本脉络一贯，从中可窥一斑。自朱子诠解《大学》首创《大学》图，历经宋、元、明、清，以迄近现代，诸如宋代黎立武《古大学本旨图》、元代程复心《大学章图》、明代刘宗周《三纲八目图》、清代毛奇龄《大学知本图说》、近代伍庸伯《大学》图表等等，数量丰富，源远流长，均可见《大学》图之轨迹。从图式类型上看，《大学》图至少包括表达思想结构型、梳理思想脉络型、彰显思想旨要型、"寓作于图"型、指点工夫进路型、图说结合型等多种类型，借助图式化的独特表达方式，《大学》图将《大学》工夫次第、主次、承接、效验等相应关系，更为概略化、一体化地排列和连接起来。

扩展地域而观，除中国本土的图式文本外，境外儒学经典诠释对图式的应用更为繁盛。韩国儒学甚至形成了以图解经的诠释传统，图式四书学经典诠释文本更是不乏其例。以《中庸》为例，韩国儒学就有《中庸之图》《中庸首章分释之图》《中庸七图》《中庸全图》《中庸图说》《改定中庸命性图》等图式文本。

我们知道，《中庸》所论性命、性情、慎独、中和、诚、诚之之道，均为儒家心性奥义之心法，朱子提出四书进学次第，以《中庸》为古人之微妙精论，宜在为学规模、根本、发越的经典学习基础上才能得窥其妙，也表明了这一问题。关于《中庸》的诠释解读，和其他经典文本一样，对文字注疏的关注仍是绝对主流。但从《中庸》诠释学的角度看，不管是数量和内容，《中庸》图解都应是其中不容忽视的面向。概言之，《中庸》图式中关于《中庸》分章、《中庸》主旨、《中庸》首章、《中庸》诚论、《中庸》政教论、《学》《庸》关系论、《中庸章句》、人心道心论等各个层面的理论问题均可以找到专题图式。即使是"圣学"之内，图解依然可以发挥重要的"导入"之功，而其诠释主题广泛全面，相应地也折射着其诠释方法的有效性。图式可以较好解读形式性较强的《大学》，或许不难理解，对于儒门传授"心法"的奥义之书《中庸》，图式还能发挥如此积极的诠释价值，四书图学的诠释模式就具有了更充分的论说基础。

此外，特别值得一提的是可被称为四书图学典范的《四书章图纂释》。此书为元儒程复心所著，共23卷，对《论语》《大学》《中庸》《孟子》分别予以图式诠释，计有700余幅图（《论语》部分最多）。从文本结构上看，此书由两部分构成，一为《四书章图》，一为《四书纂释》。《四书章图》涵括章句、集注、或问，分章析义，必约而为图，本末终始，精粗必备，可谓"图无巨细"，粲然可观；《四书纂释》以《四书集注》为准的，并取朱子语录、文集、纂疏等书，及诸门人、先辈之论，参订异同，增损详略。两部分有机地组合为一体。时人对此著评价甚高，认为"见者易晓，卓然有补于世教"，"有补于理学者甚大"。这些评价对于我们重估四书图学亦不无启发意义。

四书图学的理论价值

　　四书图式已然形成了行之有效的诠释传统和模式：从数量上看，四书图式的历史和资源相当厚重，以往我们不太关注的图解四书其实使用非常广泛；从思想上看，涵盖全面，重要主题都有图式；从图式形式上看，有宏观（全）图式，也有微观（分）图式，有纯图式文本，也有更多的图文结合文本；在呈现思想结构上，四书图式可以直观显明地予以全体呈现，具有文字文本所不具的特色；从经典的内容看，四书图式可以从整体结构到具体内容，分章以图式进行诠解；从具体内容的思想内涵看，即使性命、中和、诚等心性论议题，仍可用直观形象的方式呈现结构性解读，并通过核心观念的串联，引导思维动态，打开思想空间，以象思维的符号形式有效地沟通形上与形下。这些不仅显示出四书图式的数量丰富性，也表现出四书图式的形式多样性、内涵深刻性。故而，将图式文本引入四书学领域，实乃十分可行的研究视角，四书图学应是值得期待的研究领域。

　　重启尘封、固有的四书图式文本，使其成为基本的资料形态，不仅可辅助、佐证、弥补文字之不及、不足之处，更可以"了然在目""目击道存"的方式独立发挥其应有的诠释功用——提升经典的可读性、更好地接引初学、生动展示思想内涵的体系结构及其脉动关联、发掘文字未善指涉的思考切入点及思想空间等等。四书图学对于纠偏四书学研究在方法和文本场域上的单一定位也将具有重要意义，和文字诠释一道，四书图式可以成为阐教授学的门径、连通思想的媒介、思想生发的载体和进德修业的指引，进而拓宽四书诠释的方法途径。四书图理应与易图、礼图共同构成"图式经学"研究的有机组成。从四书学在心性论域的理论侧重看，四书图学亦可为心性论研究提供新的思维活力，为主体的存在扩充延展出新的理论路径，使"道德性命之理，一览而尽得之"，并在"因图致思""因图设教"的过程中，为心性修养的工夫实证和境界扩充找到更直观的契机。

后　记

本书是在笔者博士学位论文的基础上修订、增补而成。博士学位论文提交答辩时（2016 年 6 月）所写的"致谢"作为此书初创期的心路记载，原录如下：

> 四年前，第二次考博，蒙李师景林先生不弃，积极予以争取，使我得以进入师大学习。虽以扩招身份，其间也多有波折，但终得如愿，真是三生有幸。之前和李师并没有什么正式交往，只是读过老师的书，报考时发过一次征询邮件，考博后听过两次课。李师为人正派热诚，能主动为学生着想，考虑、照顾学生的情况，否则不会为我这么一个基本不相识的人而奔走（后面两届都有师弟在李老师的争取下以扩招或破格方式得以进入师大读博）。扩招对老师大概没有太多好处，培养费老师还得自己倒贴，但李师仍愿意给学生多提供一些出路，这对他而言可能只是打几个电话，介绍一下我的情况，争取一下，但对学生而言，得到这个机会，改变的可能就是一生的生活方向。至少对我而言是这样的。我当时已经是第二次考博，如果李老师这边录取不了，那么这次考博再次失利，按当时的想法我是不会再考第三次了，可能去找个工作从事其他行业了。还好我幸运地遇到李师，能继续学习自己喜爱的中国哲学专业，从事自己服膺的儒家哲学方向，这一恩情，对我而言，将是铭记终生的。
>
> 入学以来，经历种种，诸多场景仍历历在目，时间过得太快……其中，有两个时间点最让我回味无穷。一个是周三下午，一个是周六晚上。周六晚上参加常规性的辅仁读书会，研读四书，字斟句酌，有讲有论有评，砥砺共进，以友辅仁。作为缺乏经典浸润的一代人，如果我们能认真准备，以积极的甚或敬畏的心态参与进去，收获的将不仅仅是知识的积累，更是一种学养和生命的洗练。前两年的读书会，

我基本每期都参加，也是自感提升进益最快的时期，后来出于种种原因，很少能去读书会了，生命之沉沦深感日重。当然，读经可以独自进行，但会读的独特意义也是显而易见的。中国人缺乏宗教信仰，更没有固定的宗教仪式，如果能将每周末的经典会读，作为陶养性灵的"宗教性"活动，可能是再好不过的。周三下午是导师值班时间，如没有特别事情冲突，李老师每周都会前来和学生们交流两个小时，进行答疑解惑。虽然每周都要抽出两个小时值班，但省去了平时琐碎打扰的麻烦，不失为一个"经济"的做法，学生们有什么问题，都集中到这一天前去求正，也为同门提供了一次难得的聚会交流机会。形成惯例后，即使没什么问题，大家也愿意前来一块聊聊天。内容可谓天南海北，生活见闻、学术信息、读书心得、写作困惑、研究方法等等，都在其列。有时轻轻松松，其乐融融，有时讨论到严肃的学术话题，大家又凝神静思。这种亦张亦弛、漫无边际的讨论，最能给"僵化"的学习性大脑带来新鲜的想法，很多生活智慧和思想火花都在这样看似散漫的"聊天哲学"中慢慢激发并积累起来。

"如切如磋，如琢如磨"，正是基于师友的言传身教，我对问学也能逐渐偶有一些新悟。博士期间的学习，除知识积累与储备外，我认为更重要的可能还在于以下几点。一方面，理论的凝练与提升。大量摆材料，详细加注释，这样的文章现在比较流行，也是必要的、必经的学习积累阶段，但不能仅限于此，以学者定位，尤其是哲学专业的学生，似乎应该有敢于谈理论问题的意识和气魄。另一方面，方法的学习和定位也很重要。学者常被分为刺猬型和狐狸型，刺猬型的思想深邃，重分析，狐狸型的知识面广博，重综合。学习阶段都有个模仿的过程，在写作中模仿、锻炼，关键是自身的定位，清楚自身的资质。博士阶段一般而言，因为自身理论水平还在提升中，可能以重综合的狐狸型居多，但综合不应忽略分析的重要性，不能为综合而综合，内在分析的深度才决定着整体综合的高度。此外，德业双修。德、学所关非虚悬之事，都应能和做事结合，在具体的生活中落实出来，尤其对学习儒学而言，做学问做成书呆子，恐怕不能说得其真义。当然根本一点还是德在学先，做到立身有主，不要轻易为外物所动，随名逐利。

几点"夸夸其谈"不是说自己多么有"心得"，恰恰相反，这里是想借此提示自己，这几方面还非常有待提升，是自己应下大力气加以补足的方向。就这篇毕业论文的写作而言，就是如此，四年时间，仍完成得不尽如人意。

为什么选这个题目？我们师门选题先秦儒学的居多，因李老师亦是该领域的佼佼者。围绕老师自身的专长选题目，更能得到深刻的指导，当然是好的；但自己在研读了老师著作后，自感在基本的理论取向上暂难以突破师说，所以回避了这一领域，选择宋明儒学为主，争取以另一种方式接续师说。此外，一直认为儒学的理解要贯通，不管研究哪一部分，都应有从先秦儒学到现代儒学的意识贯穿其中，整体性地加以把握，才能融会贯通，作出更深入的解读。考虑到自己在硕士之前，关注点以先秦为重，但对儒学研究来说，宋明当然也是不容忽视的一环，必须经过它，所以选择这一阶段，也有为自己补课的意思。但宋明儒学研究成果汗牛充栋，从通论到个案，怎么切入？选择《大学》学。一方面，《大学》对宋明儒学的建构发展，从理论依据、理论框架、核心话题、话语体系各方面，都产生了深远的影响，可以说是最基本的经典依据，从此切入，对把握宋明儒学应是不错的选择。另一方面，这也是观察以前的经学研究后的一个选择，从经学研究角度看，《大学》学的研究开展得很不够，可以说是原始经典中最不受重视的一部，因此开展《大学》学研究也试图对此能有所弥补。该选题在论文开题时，研究框架设计得很"宏大"，几位老师虽有些许鼓励，但正如李老师一针见血所指出的，当时所列至少是一个五年的研究计划。随着开题后自己接触的资料增多，理解更加深入，才充分意识到开题所列提纲的研究难度，当时想得太过简单和容易。加之论文选题与硕士论文选题完全换了领域，做起来更觉吃力。与之伴随而来的，是更多的写作焦虑。博士学位论文是走向学界的敲门砖，可能是一个人最得力的作品，很多写出来就是精品。相信大部分博士生都会受到这方面的压力。重新反省写作规划，自己的论文只能是一个长期规划的开端，加之自知才力有限，免不了要增增补补、不断打磨，所以转变定位，不好高骛远，就从最重要的、最基础的做起。定位转变后，暂不求多求全，而首先选择攻取最重要的人物和理论点，作一些相对细致的探讨，而不是大小通吃地作堆砌式处理。写作过程试图照顾到两个层面的思考。一是哲学史和经学史相结合，既不偏重于哲学命题的抽绎，也非仅限于经学文本的探讨，而是把经学研究和哲学研究结合起来，对以往的相关研究加以调教，但目前来看做得还远不够深入和醇熟，只能算勉强搭起了一个架构。二是将"大传统"与"小传统"结合起来。"大传统"，宋明时期《大学》研究繁盛，人物有太多选择，取舍难定，但如朱子、阳明、蕺山、船山这几座大山无论如何是无法绕过的，这是本论文以之为主的原因；而"小传统"，是说本论文注重选择以往研究中少受重视的一些面向，当然这一选择应该能够较好地紧扣并反映思想主脉的一般面貌，最好对相关的拓展性研究不无补足。总的来看，即力图把握已有研究的基本态势和主要走向，积极融汇吸取已有的成熟成果和结论，同时避免过分的重复性研究，详人所略略人所详，争取能够与学界形成一个互动互补的自觉意识。

　　总之，四年也不过写出这么一个远不够成熟的文稿。所有不足，完全在自己努力不够。或有点滴进步，则均离不开诸师长的勉谕点拨，离不开诸师友的关怀鼓励。感谢恩师李景林先生，除给予我一个读博机会外，在理论学习方面，对我自身思想认识的提升也一直起着重要的导向作用。李老师着眼教化建立起对中国哲学尤其是儒学的独特理解和系统诠释，独成一派，自成一体，我觉得可称之为"教化儒学"，自己十分认同并深受教益。以后将要开展的研究，除继续进行《大学》学的研究外，教化理论的阐发和弘扬也是自己想要开展的一个研究方向。感谢中哲所张奇伟老师、李祥俊老师、强昱老师、章伟文老师、田智忠老师、蒋丽梅老师，诸位老师在诸种时机和场合对我多有教诲、提点、指引和帮助。感谢硕导姚春鹏老师一直关心和叮嘱着我的学习。感谢"老景师门"各位同门的夹持扶养。感谢于师母不时地垂问与关怀。感谢"辅仁读书会"以及中哲专业同窗学友的切磋交流。感谢宿舍哥们儿在精神及物质食粮上的"大力补给"。还有很多校外师友，多有垂教，或督促叮咛，或提供信息，或指教经验，等等，不仅对我的前行帮扶助力，更使我感到生命的暖意，点滴之恩，凝结在心，交谊之情，期待再续……

　　最后，感谢我的父母及亲人们的默默支持，自己一直受业问学，从未给出过像样的回报，只能将这满心的愧疚，化作日后努力的动力。尤其是我的爱人车丽娟女士，自 2011 年来京，她工作，我考博上学，坚持到现在，没有她在背后执着地支持与奉献是无法想象的，感谢对此而言已不那么重要，在我的人生历程中，这一段相伴将占据心中最柔软的那块地方。

　　述而不作也，文不在兹乎！虽不能至，心向往之！希望自己以后在博士阶段的学习基础上，对儒学能有更深入的研究、更切实的体会，能更好地承担自身所肩负的历史责任。

博士毕业后，我进入北京中医药大学工作，学校教研平台提供了相对宽松的研究氛围。不过，"毕业非同学成"，在工作和学术道路上的蹒跚学步，仍离不开诸多师友的扶持和帮助。毕业之后我仍深深受惠于李景林老师、郑万耕老师、张学智老师、张奇伟老师、李祥俊老师、章伟文老师的扶持与指点，也感恩王梅红老师、姚春鹏老师、张超中老师的指导和帮助，感谢孟庆楠兄、刘增光兄、甘祥满兄、高海波兄、赵金刚兄、李卓兄、张利明兄、辛亚民兄、李敬峰兄、冯俊兄、袁和静师姐等对我的多方关照。同门华军师兄、许家星师兄、田智忠师兄、张永奇师兄、董卫国师兄、云龙兄等对我多有帮助和支援。尤其是许师兄和田师兄，不仅在书稿修订过程中提出了很多细致的专业建议，平时亦不时加以提点和督促，不断用自身的出色研究成果对我予以鞭策，使我在学术研究中不至过于沉沦……

本书部分章节曾于《光明日报（国学版）》《中国哲学史》《国学研究》《哲学门》《京师中国哲学》《朱子学研究》《船山学刊》《国际儒学论丛》《儒家典籍与思想研究》《贵阳学院学报》等学术刊物发表，很多不成熟的观点得以有机会在与学界的互动中得到审视和检验，对以上刊物深表谢意！还要特别感谢美国伊利诺伊州立大学历史与东亚语言文学系的周启荣教授，附录四的译文乃译自周教授大作，周教授此文与小书主题关联甚密，2017年译文经周教授审阅过目后发表在了《儒家典籍与思想研究》第九辑，现又蒙周教授慨允，同意将译文收入本书，定可为本书的鄙拙论述增加一抹亮色！本书的研究也有幸得到国家社科基金后期资助，在此向国家社科基金以及学校、学院的资助与支持表示真挚的感谢！还要特别感谢国家社科基金后期资助项目的五位匿名评审专家，他们的修订建议让我能够尽快认清进一步完善的方向。结项在即，全国哲学社会科学工作办公室将拙稿分派至中国人民大学出版社出版，谨对策划编辑和责任编辑的认真工作表示诚挚谢意。

李师景林先生和师兄许家星教授于百忙之中拨冗为小书作序，耗费了不少心力，我深深铭感于心。序中多有褒扬之词，是小书实不敢当的，只能视为师长的一份勉励。书稿仍有不小的提升空间，勉乎来日也夫！

程旺

甲辰初冬谨识于北中医守望刺猬斋

图书在版编目（CIP）数据

《大学》学引论 / 程旺著. -- 北京：中国人民大
学出版社，2025.3. -- ISBN 978-7-300-33549-0

Ⅰ. B222.15

中国国家版本馆 CIP 数据核字第 2025BQ9225 号

国家社科基金后期资助项目

《大学》学引论

程旺　著

《DAXUE》XUE YINLUN

出版发行	中国人民大学出版社				
社　　址	北京中关村大街 31 号		**邮政编码**	100080	
电　　话	010 - 62511242（总编室）		010 - 62511770（质管部）		
	010 - 82501766（邮购部）		010 - 62514148（门市部）		
	010 - 62515195（发行公司）		010 - 62515275（盗版举报）		
网　　址	http://www.crup.com.cn				
经　　销	新华书店				
印　　刷	唐山玺诚印务有限公司				
开　　本	720 mm×1000 mm　1/16		**版　　次**	2025 年 3 月第 1 版	
印　　张	21.5 插页 2		**印　　次**	2025 年 3 月第 1 次印刷	
字　　数	360 000		**定　　价**	89.00 元	